想象另一种可能

理
想
国
imaginist

扫地出门

美国城市的贫穷与暴利

Matthew Desmond

EVICTED:
Poverty and Profit in the American City

［美］马修·德斯蒙德 著　　胡䜣谆 郑焕升 译

图书在版编目(CIP)数据

扫地出门：美国城市的贫穷与暴利 /（美）马修·德斯蒙德著；胡䜣谆，郑焕升译. -- 太原：山西教育出版社，2022.5

ISBN 978-7-5703-2287-9

Ⅰ.①扫… Ⅱ.①马…②胡…③郑… Ⅲ.①贫困问题—研究—美国 Ⅳ.①F171.247

中国版本图书馆 CIP 数据核字 (2022) 第 060539 号

Evicted: Poverty and Profit in the American City by Matthew Desmond
Copyright © 2016 by Matthew Desmond
Published in agreement with Baror International, Inc., Armonk, New York, U.S.A.
through The Grayhawk Agency Ltd.
All rights reserved.
Cover Photo © John Moore/Staff/Getty Images

本书译文由时报文化出版企业股份有限公司授权使用。

扫地出门：美国城市的贫穷与暴利
SAODICHUMEN: MEIGUOCHENGSHIDEPINQIONGYUBAOLI

[美] 马修·德斯蒙德/著
胡䜣谆 郑焕升/译

出版人	李 飞
责任编辑	霍 彪
特约编辑	翁慕涵 罗丹妮 魏钊凌
复 审	朱 旭
终 审	李梦燕
装帧设计	陆智昌
出版发行	山西出版传媒集团·山西教育出版社
	（地址：太原市水西门街馒头巷7号 电话：0351-4729801 邮编：030002）
印 刷	山东韵杰文化科技有限公司
开 本	880mm×1230mm 32开
印 张	18.25
字 数	391千
版 次	2022年5月第1版
印 次	2022年5月第1次印刷
书 号	ISBN 978-7-5703-2287-9
定 价	78.00元

如有印装质量问题，影响阅读，请与出版社联系调换。电话：0351-4729588。

推荐序

家：占有与驱逐

2007年，美国次贷危机爆发。谢伦娜·塔弗（Sherrena Tarver）觉得这是一个千载难逢的发财良机。谢伦娜是威斯康星州密尔沃基（Milwaukee）*为数极少的黑人全职房东之一，靠出租房屋赚钱。次贷危机后，她以每月一套房的速度在贫民区置产。贫民区里大量家庭因为不能按期还按揭，被扫地出门，房价跌至低谷。被扫地出门的家庭不得不租房，所以房租不降反升。

谢伦娜买的这些房子特别便宜，因为它们没什么升值空间。但在黑人贫民区的房租又高得出奇。穷人买不起房，只好租；再者，他们（特别是黑人）在别处租不到房，只能在贫民区里租。贫民区因而成了租房生意的一脉金矿：不少在富人住的郊区赔

---

* 美国威斯康星州密尔沃基县的县治所在，但本身也有一部分面积位于威斯康星州的华盛顿县（Washington County）和沃基肖县（Waukesha County）境内。

了本的房东，都指望着在这里把钱捞回来。

然而，在贫民区出租房产也有它的问题：穷人没钱。很多穷人靠联邦政府发的救济金过活；有时候房租要吃掉家庭总收入的 70%，所以他们不时拖欠房租，导致他们不断被逐出家门。

《扫地出门：美国城市的贫穷与暴利》一书，解释了强行驱逐是将一些人的贫困转化成另一些人的超额利润的关键环节。2009 年至 2011 年间，密尔沃基每 8 名房客中至少有 1 人经历过强制性搬迁。2012 年，纽约的法院每天都会判出将近 80 笔以未交租为由的驱逐令。被驱逐过的房客因为有了这个记录，很难再租到好房子。他们只能住进条件更为恶劣的社区。贫穷、暴力、毒品进而聚集到了一起。为保证按时交租、不再被驱逐，他们更要节衣缩食。这样，驱逐不仅是贫困的结果，还是致使贫困不断恶化的原因。贫穷能够成为利润的源泉，并不是因为穷人被剥削，而是因为他们不断突破自己生存条件的底线——吃本来不能吃的东西，住本来不适合住的地方——为没有价值的房子创造出不菲的租金收入。驱逐是不断突破底线的重要驱动力。

《扫地出门：美国城市的贫穷与暴利》是一部非常严肃的学术著作。除了历时一年多的实地调查、大规模的问卷调查、大范围的档案检索，作者又在成书后专门聘请了一名校对员，对他所有的田野笔记进行一一核对。但是，它又和通常意义上的学术著作很不一样；这里没有理论假设、没有框架，甚至没有概念。学术作品中常见的内容，比如文献回顾和数据陈列，也都隐身于脚注间。整本书像是一部深度纪录片,从一个场景推移至另一个场景。作者马修·德斯蒙德(Matthew Desmond)直白而细致的描写有如特写镜头,把各个人物的表情语气、所感所思直接呈现给我们。诸多具体场景叠加在一起,逐渐呈现出强制驱逐这一现象的历史、制度、结构特征及其后果。

最让我感叹的是,马修能从"看到的东西里看到东西"。我们时常无视眼前的事物,又经常看见一些根本不存在的东西。之所以对眼前的事物熟视无睹,是因为我们觉得它们不符合自己的理论视角(比如阶级、性别、自我意识),因而显得琐碎而无"意义"。与此同时,我们拿自己的框架去诠释世界,生造出"意义",好像看见了一些似有若无的东西。当我们看不清眼前琐事对于受访人的意义、看不清受访人的真实感受时,我们只好灌入自己的想法,把不在眼前的东西拉扯进来。事实上,直观的感受才是生活实践的血液,观察者的臆想无非是窗外的雨点。当我为了写这篇推荐序和马修对谈时,他援引苏珊·桑塔格(Susan Sontag)的话说,如果你在博物馆看到一幅画,说"它是新古典风格的",这是一种肤浅无聊的"看法"。站在一幅画面前,为什么一定要下这样的定义?为什么不以自己的直觉进入画本身?

我问马修,他是如何与受访人建立起那种强烈、直接的同理心的。他强调,这不是一个研究方法的问题,而是你作为一个人的存在方式的问题。对身边的事物予以高度关注,是他一贯的生活方式。"你看坐在眼前的朋友穿的衣服是什么颜色,是蓝色。但那究竟是哪一种蓝色,它和通常说的蓝色可能又不一样。"只有深入到细节，才能看清生活的肌理。他很受几位被他称作是"观察天才"的小说家的启发。除了大家熟知的《愤怒的葡萄》（*The Grapes of Wrath*）的作者约翰·斯坦贝克（John Steinbeck）和《天堂》（*Paradise*）的作者托妮·莫里森（Toni Morrison）之外，他还提到了拉尔夫·艾里森（Ralph Ellison）、莱斯利·马蒙·西尔科（Leslie Marmon Silko）、丹尼斯·约翰逊（Denis Johnson）以及杰斯米妮·瓦德（Jesmyn Ward）。他们从大家都能看到的东西里，看到了一般人看不到的东西。

我觉得马修还有一种能力，能在陌生的受访者身上看到他自己。因为在受访者身上看见了自己，受访者就是很具体真实的人，而不是被理论定义了的"角色"。调查者在受访者身上看到自己，也会让受访者在调查者身上看见自己，彼此都可以放松。调查者无须时刻惦记着那些事先准备好的问题，用不着为一问一答间可能出现的冷场担心。如果一时无话可说，就观察对方怎么自言自语，怎么在沙发上发愣打盹。受访者对马修坐在身边埋头写笔记也毫不在意。

马修的这个能力和他自己的生活经历是离不开的。他出身贫寒，父母曾有过被驱逐的经历。后来他又认识了不少被驱逐的、不得不自己动手盖房的游民。当然，这并不意味着研究者只能研究和自己生活经历相似的群体。人类学实地调查的目的，就是要让我们通过长时间的亲密互动，在对方身上看到自己。要达到这种状态，靠投入、靠执着、靠想象，归根到底靠对生活的关怀和热爱。能与街头小贩随意地聊天和建筑工人轻松地玩笑，是一种相当重要的能力。如果不培养这种能力，那么方法和理论学得越多，你和这个世界的距离也许就会拉得越远。

马修能从受访者身上看到自己，在书写时却全然没有提到他自己。全书采用第三人称。这和20世纪80年代后期以来的民族志书写风格迥然不同。从影响深远的《写文化》(*Writing Culture*)一书出版后，把自己写入民族志几乎成了人类学家的一项义务。学者们强调，研究者不是全知全能的上帝，我们总是以某种具体身份、在某个具体位置上进行观察和思考的。所以需要阐明自己的立场，说明如何在互动中理解对方。几乎在同一时期，西方媒体写作也越来越多地引入作者本人的身影。这种情况在中国也相当明显。如果我们把20世纪30年代、80年代的报告文学和2010年以来的非虚构写作做一个对比的话，"我"的介入是一个突出的变化。从"我替你看"到"我带你看"——作者的行踪构成报道的基本线索，报道者双目所及即报道的基本内容。

然而，由此带来的新问题同样不言而喻。读者固然清楚地知道你看到了什么、你怎么想，但是你的所见所想和实际情况究竟是什么关系？这些"看到什么就写什么"的写作方式蜕化成了一种自然主义，没有背景梳理、没有系统分析，尤其没有对信息的可靠性、代表性、局限性做检测。信息碎片化、感官化。调查者固然不是全知全能，但这并不意味着世界就无法被系统客观地分析；调查者不能被视为调查对象的代表，但是调查者不能就此推卸向公众提供可靠信息的责任。

造成这个问题的原因，仅仅是我们在后现代认识论的轨道上滑得太远吗？人们一般认为《写文化》代表了人类学学界内部的反思和转化。但是媒体甚至文学界同时发生了类似的变化，说明背后可能有更普遍、更深刻的原因。20世纪80年代后期的北美和当下的中国有一个相似的地方：具体矛盾复杂多样，个体焦虑凸现，但是社会却没有统一的"大问题"感。"大问题"感，在冷战初期、在民权运动及反越战运动中是很明显的。身份政治的兴起，使得个体经验替代了公共问题，成为思考的引擎。

除了大问题感的消解，"公共感"的削弱也可能造成了"我文本"的兴起。原来现实主义作家和实证主义学者在描述世界时那么自信，完全是因为他们对自己的位置缺乏反思吗？不尽然。他们有那份自信，在一定程度上是因为他们觉得自己在代表一个"公共"：他们在代表公共观察问题，在向公共报告他们的发现，在推进公共改变。现在，对个体多样性的强调，替代了对公共的想象。这样，我碰到、我听到、我看到就成了最真实的内容。

马修这么写，我不觉得他是刻意要在文本形式上复古。他可能认为这是最自然、最经济的写法。马修不可能不了解20世纪80年代以来的反思性写作，但他没有在简单的客观主义的思维上，相信一个先验的公共、跟着预设的问题走。他的公共感和问题感是在和调查者深度互动中形成的，是具体的、扎根的。

中国近来的非虚构写作、私写作、自媒体的发展令人兴奋，但是如何在这些多样、分散的表达的基础上，形成新的大问题感和公共感，将是一个重要课题。这本书提供了一个值得参考的样本。

马修告诉我，他要把这本书写成一种道德批判。这种道德批判的主要基础，如书在结语部分中强调，是认为家是生活意义的载体。"家是我们生活的重心。家是避风港，是我们忙完学习工作之余、在街头历劫种种之后的去处。有人说在家里，我们可以'做自己'。只要离开家，我们就会化身为另外一个人。只有回到家，我们才会褪下面具。"他还援引法国政治学者托克维尔（Alexis de Tocqueville）的话："要逼着一个人站出来关心整个国家的事务，谈何容易？但如果说到要在他家门前开一条路，他就会立刻感觉到这件公共意义上的小事会对他的切身利益产生巨大的影响。"

马修对家居的阐释，很多中国读者听来可能像丝竹入耳。而书中记录的被驱逐的悲惨故事，更让一些读者感到买房的必要性和迫切性：只有占有了房，才不会被驱逐。一张房产证，意味着安全、尊严、自我、意义，意味着可以放松地去参加同学会。中国的私人住宅拥有率（90%）领跑全世界，要比典型的福利国家瑞士（43%）高出1倍左右，也远高于日本（62%）、韩国（57%）等在经济发展和社会福利上较为超前的国家。*

---

* 参见"Home Ownership Rate", https://tradingeconomics.com/country-list/home-ownership-rate。

然而，家是不是从来就是"人之为人的泉源"？游牧者、山民、水上民族居无定所，是不是就丧失了他们的人格和自我身份意识？

我读大学前的 18 年人生是在两个完全没有产权证的家度过的。一个是我外祖父所在工厂的宿舍，由码头边的仓库改建而成；另一个则在我母亲工作的中学，由教室改建的宿舍。虽然我们不必担心被驱逐，但要是单位要我们搬，我们也必须搬。我并不觉得，在仓库和教室改建而成的家中居住的我们，不算是完整的人。现在身边的"炒房团"，尤其是从我们这一代开始的"房奴"，过得也并不比我们舒心。

有人可能会说，"房奴"总比无家可归者好。如果人人都成为"房奴"，没有人被驱逐，岂不是很好？事实可能没那么简单。当作为基本生活资料的家成为被占有的资产，占有的逻辑可能会不断强化和扩张，不断产生新的排斥和驱逐。驱逐是占有的前提。驱逐也是占有者维持、提升占有物价值的手段。如果没有排斥和驱逐，就不会有额外的市场价值。倒过来，驱逐又成为占有的动力。我们渴望占有，是因为我们害怕被驱逐。历史上，对占有的渴望和面临的驱逐风险是成正相关的。"家天堂"的意识比较盛行的年代，比如维多利亚的英国和现在的美国，也是无家可归者数量剧增的时期。在住房问题解决得比较好的西欧，"家天堂"的意识则相对薄弱。20 世纪 60 和 70 年代，"人人有房住"的公共政策在西欧取得长足发展；当地的年轻人很少会动买房的念头。

虽然中国没有像这本书里描述的驱逐，但那些在城里买不起房、落不了户、租不到合乎标准的房子、孩子因为不够条件上不了学的，常常有被劝退清理的可能。相反，被正式占有的房产进一步升值。这种情况刺激着更多的人去占有，以防再被"扫地出门"。在美国，认为占有房产是天经地义、提倡"人人成为业主"的意识形态和大规模的驱逐现象是紧密相连的。《扫地出门：美国城市的贫穷与暴利》告诉我们：2008年，联邦政府花在直接租房补贴上的金额不足402亿，但业主拿到的税务优惠竟高达1,710亿美元。这个数目相当于教育部、退伍军人事务部、国土安全部、司法部与农业部在当年的预算总和。美国每年在业主津贴上的投入，包括房贷利息扣抵与资本利得豁免，是全美租房券政策成本预估的3倍。为什么会这样？因为："人人是业主"是美国社会的主流意识形态。占有者的利益远远压过了居住者的利益。如果"人人有房住"成了主流信条，那么政策可能就会向居住者倾斜，驱逐可能不会那么普遍。

占有者保护资产价值的动机，也在促进驱逐。美国大量的房客被扫地出门，原因不是房子不够。就密尔沃基而言，其人口在1960年是74万，现在却不到60万。驱逐数量的增加与房源的相对宽松是同时出现的。为什么空出来的房子不能成为被驱逐者的家园？占有者不愿意。我花10万元买下来的房子，白给别人住，岂不是降低了房子的价值？不许房产降价，直接动机是保护自己投资的价值。但从另一个角度看，也就是不许那些比我穷的人拥有和我一样的房子。宁可让房子空着，也不能让别人低价住。业主当然不是坏人；然而，一旦必需品成为利润的源泉，对利润的追逐就难免沦为"要命"的肉搏。

"家天堂"意识的背后，也许是一个诡异的"双重异化"。这个过程首先把每个人都应该拥有和享受的东西——生命基本活动所需的起居空间——变成每个人要拼搏着去占有的资产。家在这种条件下有极高的价值，前提是把作为人类"诗意栖居"的家工具化，把人和她/他的生活空间剥离开来。英国社会主义运动早期的发起者威廉·莫里斯（William Morris）可能是最重视家居的思想家之一。他设计的住宅、家具、(特别是)壁纸，至今受到很多人的喜爱，被奉为经典。莫里斯强调精心设计、手工制作、独一无二，从而让人彻底享受家居；他强调人和生产工具、物质产品、制作过程、物理环境的有机融合。在他眼里，这是社会主义的基础。今天的"家天堂"意识、对装潢（在高度程序化标准化的格式下展示所谓个性）的重视，显然大不一样。

当起居空间成为被占有的资产，本来自然的人际关系和不成问题的人的存在价值，也成了问题，被异化为要通过奋斗去"证明"、去追求的对象。房产证现在是你人之为人的一个基础。没有房产，年轻人找不到对象；不能帮子女买房，父母内疚自责，可能还会被自己的孩子埋怨。

而所谓双重异化，是指当家被异化成资产之后，它又重新在意识形态上被异化为人性的依托、终极价值的载体，等等。"家是最后的圣土""风可进，雨可进，国王不可进""有恒产者有恒心"，这些说法将私有住宅的意义提高到了政治层面。但是，如果你买不起房、动不动被驱逐，国王进不进你的房又有什么意义？有产者确实可能趋于保守，但是说只有买了房的人才有公德心、原则心，这完全不能被历史经验证明。

我完全同意马修对居住权的强调。人人有房住，就是居住权。但是居住权之所以重要，无非是因为有个地方住和有碗饭吃、有口水喝一样，是人的基本需求。如果把家提到人性、意义、精神的层次，在今天的语境下，就可能在为双重异化添油加醋了。人性、意义、精神，只能靠人的普遍社会联系和社会交往实现，家只是其中的一小部分。

把家神圣化，也是把家和社会分割开来，甚至对立起来。正是因为我们失去了公共感，我们把家绝对化成为一个私人祭坛。如果家是我们"忙完工作、学习之余，在街头历劫种种之后的去处"，那么，工作越折磨、学习越有压力、街头越危险，家就越显得温馨而珍贵。也许，我们生活在这样的循环里：为了买房安家，我们承受更多的工作折磨；工作折磨又让家这个避风港显得愈加宝贵。于是，人之为人的基本需求（住所）成了我们全力拼搏的目标，实现人之为人的基本手段（工作、学习、在街上和人相遇交流）成了折磨和负担。

占有者，是驱逐者，也是被驱逐者——从安详、得体、自洽的生存状态中被驱逐。

今天，越来越多的年轻人已经看到这些问题，他们在疑问，他们在反思，他们在想象新的生活方式。敢于不占有，在不占有的前提下享受生活，精神昂扬地过好每一天，这也许会是这个时代的最大的革命。向成长中的勇敢的"我革命"者致敬。

项飙

2017年10月—2018年5月

牛津

献给陪着我一路走来的米歇尔

目 录

推荐序

家：占有与驱逐/项飙　　　　　　　　　　　　　i

作者按　　　　　　　　　　　　　　　　　　001
序曲：冷冽之城　　　　　　　　　　　　　　003

第一部分
房　租

第1章　房东这一行　　　　　　　　　　　　013
第2章　凑房租　　　　　　　　　　　　　　027
第3章　热水澡　　　　　　　　　　　　　　043
第4章　大丰收　　　　　　　　　　　　　　059
第5章　第十三街　　　　　　　　　　　　　071
第6章　鼠窝　　　　　　　　　　　　　　　086
第7章　病号　　　　　　　　　　　　　　　106
第8章　400室的圣诞节　　　　　　　　　　 125

第二部分
驱 逐

第9章 外送服务	145
第10章 随叫随到的瘾君子	175
第11章 贫民窟是个好地方	189
第12章 "一次性"关系	208
第13章 E-24号拖车	219
第14章 能忍则忍	231
第15章 妨害行为	242
第16章 雪地上的灰烬	256

第三部分
后 来

第17章 这就是美国	267
第18章 用食物券买龙虾	277
第19章 小不点	292

第20章　没人想住在北边 312

第21章　大头男婴 329

第22章　如果他们要处罚妈妈 334

第23章　宁静俱乐部 349

第24章　永无翻身之日 365

终曲：家与希望 379

关于我的故事：研究始末与回顾 405

注　释 435

致　谢 529

索　引 539

"房租要是能从天而降,多好。"

——《(很重要的)小情歌》,兰斯顿·休斯

作者按

本书为非虚构作品。书中的真实事件集中发生于 2008 年 5 月至 2009 年 12 月。除非注解中另有说明,所有事件均为作者亲眼所见。引用的资料皆来自录音记录,或官方文件的副本。为保护隐私,租户及其子女或者亲属,还有房东和他们请的工人均使用化名。

序曲：冷冽之城

乔里（Jori）和同辈的亲戚小孩挖地上的雪，搓成雪球朝经过的车辆扔去。乔里所在的街角位于密尔沃基的中偏南部，车辆行经第六街，街道两旁是低矮的双联式公寓，公寓的门廊前有台阶，台阶向前延伸至人行道布满蒲公英的一边。往北行的车辆前方是圣约沙法特大教堂，教堂的圆顶在乔里眼里像巨大的马桶吸盘。时值 2008 年 1 月，那是密尔沃基有史以来雪下得最凶的冬天。时不时会有车子从第六街转入亚瑟大道，却发现自己成了雪地里的瓮中鳖。该男孩们出动了——乔里攥了个格外结实的雪球，朝一辆车扔去。车子倏地一停，一名男子跳下车，男孩们旋即冲进乔里和母亲阿琳（Arleen）、弟弟贾法瑞（Jafaris）同住的公寓。门锁是个便宜货，男人踹了几下门就开了。不过他什么都没做就悻悻离开了。可事情尚未结束，房东发现被破坏的门后，决定将阿琳和她的两个儿子逐出家门。就这样，母子三人将要告别这个住了8个月的家。

2　　搬家期限的最后一天，外头天寒地冻，阿琳再不走，房东太太就会把治安官*找来。配枪的治安官会带领一票穿着靴子的搬家工人上门，还会出示一纸法官的命令，告知这里已不再是她家了。阿琳有两个选择：卡车或者路边。"卡车"是指她的东西会被装进一个18英尺（5米多）长的货车，清点登记后放入担保仓库[†]。进了仓库，她得另掏350美元才能拿回自己的家当。她哪有350美元？所以她选了"路边"，也就是看着自己的全部家当统统被搬运工堆在路旁：几张床垫、一台落地式的电视机、一本《不要惧怕管教》(*Don't Be Afraid to Discipline*)[‡]、一张漂亮的玻璃餐桌和尺寸合宜的蕾丝桌布，还有她的假花盆栽、几本《圣经》、冰箱里切好的肉、浴帘、贾法瑞的哮喘雾化机。

阿琳带着13岁的乔里和5岁的贾法瑞住进一家游民收容所，大家都管那里叫"旅馆"（Lodge），因为这样父母就可以跟孩子说，"我们今晚要去住旅馆"，听起来像是住进了某间汽

---

* Sheriff，美国广义警察体系中普遍经由选举产生的执法人员，也有某些州（如加州）仍要求担任治安官者必须具有司法警察任用资格。一译"警长"，治安官之下通常有若干其亲自挑选的助理治安官（deputy sheriff）。——译者注（本书脚注如无特殊说明均为译者注）

† Bonded storage，存放的货物均有担保，减损可获得赔偿的仓库。

‡ 心理学家露丝·彼得斯（Ruth Peters）所著，讲的是爸妈如何不要被小孩牵着鼻子走，如何在家里建立起前后一致而公平的规矩。

车旅馆。事实上，要不是因为挂着那个"救世军"*的招牌，你还真会以为这是间汽车旅馆。阿琳在这个有120个床位的收容所住到4月，直至她在密尔沃基北部以黑人为主的旧城区[†]找到房子为止。她的"新"家位于第十九街和汉普顿街口，离她儿时的住处不远。新房子的窗框与门框宽厚，原本漆成了肯德尔绿[‡]，但年久月深，油漆早已龟裂斑驳，木头的边缘裸露，看上去宛若一座迷彩屋。曾经有人尝试要把房子漆白，但半途而废，房子的一大半继而没被漆到。在这里，没有自来水已是家常便饭，所以乔里常得用水桶清理厕所里的排泄物。不过阿琳喜欢这栋独门独院的宽敞房子。"那里不吵，"她回忆道，"而且一整套才租525美元，楼上两间房，楼下两间房。我超喜欢那地方。"

几周后，市政府判定阿琳超喜欢的这个地方"不适宜居住"，勒令她搬迁。这栋房子的门窗被绿色木板封死，房东也收到了罚单。阿琳只得带着乔里和贾法瑞往更靠旧城区的地方搬。这

---

* The Salvation Army，基督教的国际性慈善公益组织。
[†] Inner city，指的是紧邻中心商业区外围的区域，通常是城市较早开发的地区。工业革命以降，乡村人口与工人迁入这些区域，创造城市经济活动，支持都市发展。然而随着世界大战后经济结构转变，以及追寻"美国梦"的跨国移民涌入，这些地区遂出现产业外移、高失业率、高犯罪率、高住宅密度、种族冲突、住宅与环境品质恶化等问题。详见吴郑重：《导读：重新发现生活城市的魅力》，收录于Jane Jacobs著，吴郑重译：《伟大城市的诞生与衰亡》，联经出版事业股份有限公司，2007年。
[‡] Kendal，英格兰西北镇名，以羊毛（线）产业闻名，并习于使用一种取自菘蓝的绿色染料。

次母子三人来到阿特金森大道一处邋遢的公寓社区，很快她就听闻此地是毒贩的天堂。阿琳很担心儿子的安全，尤其是乔里：这个肩膀松垮、有着胡桃般褐色肤色的男孩儿，脸上总挂着微笑，而且来者不拒，遇到谁都能聊两句。

阿琳在阿特金森大道挨了4个月，度过夏天，然后才搬到将近两公里之外第十三街跟基辅大道交叉口一栋双联式公寓的底层。阿琳和儿子徒步把东西搬了过去，开灯前她紧张到不敢呼吸；直到灯亮了，她才笑着松了一口气——这下子她可以靠别人付的电费撑一段时间了。客厅窗户上有个拳头大小的洞，前门得拿一块丑丑的木板卡进金属凹架才能锁上，肮脏的地毯藏污纳垢。不过优点是厨房空间很大，客厅的采光也不差。阿琳拿了块布把窗户的洞塞住，接着挂上了象牙白的窗帘。

房租是一个月550美元，不含水电及燃气费。对美国第四穷城市的底层社区来说，这算是2008年两居室的行情价。阿琳找不到比这儿更便宜的房子，或者应该是比这儿更便宜而且还能住人的地方。再说，大部分的房东看她带着两个小孩，也不愿意把小一点的房子租给她。阿琳每个月可以领628美元的社会福利补助，光房租就占去了88%。她或许能够撑过这个冬天吧，熬到番红花和郁金香从融雪的大地冒出头来。春暖花开，那是阿琳最喜爱的季节。

外头响起了敲门声，上门的是房东谢伦娜·塔弗（Sherrena Tarver）。谢伦娜是一位身材娇小、顶着波波头、指甲修得漂漂亮亮的黑人女性，这会儿她带来了大包小包的食品杂货。她自个儿掏 40 美元买了一些东西，其余的则是在食物救济站*领的。她知道阿琳会需要这些。

阿琳谢过谢伦娜，关上门。好像有了个不错的开始。

从前，即便在美国城市里最荒凉的区域，驱逐房客也是非常罕见的，这种行为往往会引起众怒。20 世纪经济大萧条期间，虽然被逐出家门的户数跟今日相比不值一提，但还是发生了驱逐引起的暴动。1932 年 2 月，纽约布朗克斯区（Bronx）有三户人家遭到驱逐，结果社区的居民群起反抗。对此，《纽约时报》评论道："可能是天气太冷了吧，现场抗议的才 1,000 人。"[1] 有时邻居们会直接杠上联邦法警[†]，一屁股坐在被驱逐家庭的家具上，让人想搬都搬不走；有时他们会无视法官的命令把当事人的家当搬回去。联邦法警本身对强硬执法也拿不定主意，他们不觉得身上的警章和枪该用来对付老百姓。

到了 21 世纪的今天，治安官之下有一个个小组，他们的全职工作就是执行驱逐和发布止赎令[‡]；有的搬家公司专接驱逐案子，员工从周一到周五都不得闲；还有上百个公司四处挖掘数据，制作房客筛选报告，列出租客过去的驱逐记录与法院档案，

---

* Food Pantry，在美国是指为穷人提供食物的组织，其资金部分来自政府，部分来自当地居民。
† 这里的联邦法警不是法院的法警，而是在美国法警局任职的司法警察。美国法警局隶属于美国司法部，算是美国历史最悠久的联邦执法单位。
‡ Foreclosure，止赎权，也称"丧失抵押品赎回权"，此处指的是以房屋为抵押品的贷款者，因未能履行还款义务而丧失赎回房屋的权利。

将资料出售给房东。² 现今的房屋法庭人满为患，特聘法官*被逼着在走廊上或塞满旧书桌和破档案柜的临时办公室里处理案子——但会去出庭的房客少之又少。对于轰隆隆的卡车引擎声、大清早传来的敲门声，还有街边一整排自己的锅碗瓢盆，低收入家庭早已见怪不怪了。

许多家庭眼睁睁看着自己的收入停滞不前，甚至不增反减；与此同时，居住成本却一路飙升，今天美国大多数贫困的租房家庭得砸超过一半的收入在"住"这件事上，至少有 1/4 的家庭要用七成以上的收入支付房租和电费。³ 每年因为交不出房租而被扫地出门的美国国民，数以百万计。密尔沃基的租房家庭不到 105,000 户，房东却想得出办法每年驱逐大约 16,000 名成人和儿童，相当于每天都有 16 个家庭经由法庭程序被驱逐。不过，比起走法院这条路，房东其实有更省钱省事的办法让租房家庭离开——有些房东会直接拿出 200 美元打发房客，叫他们在周末前搬走；有些房东会强拆房门，让人住不下去。密尔沃基半数租房家庭经历的"强制性搬迁"都发生在法律无法触及的死角，属于"非正式的驱逐"。如果把各式各样非自愿的搬迁全部算进去——正式的、非正式的、房东的房子被查封、房子被宣告为危楼等等——你会发现从 2009 年到 2011 年，密尔沃基每 8 名租户中至少有 1 名经历过强制性搬迁。⁴

---

* Court commissioner，为分摊正式法官工作量而聘用的辅助性质法官，负责处理重复性高的特定案件（如驱逐法庭业务）。特聘法官不具有等同法官的权力，但他们仍多为正式法官或律师出身。

说到被逐出家门，密尔沃基并不是特例。将镜头转至堪萨斯城、克里夫兰、芝加哥等其他美国城市，驱逐的数据同样相去不远。2013年，全美每8户贫穷的租房家庭就有1户没办法付清租金，认为自己不久就会因此遭受驱逐的家庭比例大致是1/8。[5] 尽管这本书的背景是密尔沃基，里面的故事却是整个美国的缩影。

本书记录了8个家庭的身影与足迹——有黑人家庭，有白人家庭，有人携家带口，有人孑然一身——所有人都被卷入驱逐的风暴中。扫地出门的情况在这座城市随处可见，牵涉其中的不只是房东和租户，还有他们的亲朋好友、旧爱新欢、法官律师，甚至毒贩和教会长老。驱逐连带的后果不容小觑：一旦没了栖身之所，许多家庭的下一站就是收容所、废弃的空屋，甚至有人会流落街头。抑郁和疾病随之而来；一个个家庭被迫搬至危险的治安死角，住进条件更差的房子；街坊邻里的根基被连根拔起，社区轰然瓦解；年幼的孩子们成了无辜的受害者。驱逐让我们看到了人在悬崖边缘的脆弱与无助，也让我们见证了生而为人的智慧与胆识。

对越来越多的家庭来说，有个屋顶能遮风避雨已不再天经地义，而这正是美国现今最亟须面对与处理的问题。认知居住问题之普遍及其影响之深，将改变我们看待贫困的方式。过去几十年，我们眼里尽是就业、公共援助、养育子女与监狱人满为患等问题，我不否认这些都是很重要的议题，但根本问题似乎被遗漏了：有多少贫困的成因与居住问题绑在一起？破落社区的居民不见得跟帮派分子、假释官、老板、社工或牧师有所往来,但他们的生命中(几乎)都会有位房东。

第一部分

房　租

第1章

房东这一行

密尔沃基的冬天像修理工手中的扳手一样冰冷晦暗，但在冬天来临前，在阿琳说服谢伦娜让她跟孩子搬进第十三街的双联式公寓之前，密尔沃基的旧城区呈现出一片生机盎然的景象。9月初的密尔沃基气候宜人，车载音响播放的乐曲在街上流淌。孩子们有的把人行道当作游乐场，有的则在高速公路的匝道口做起瓶装水的生意。老奶奶们坐在门廊前的椅子上，看着赤裸上身的年轻人经过，大笑着奔向篮球场。

谢伦娜一边开车在密尔沃基的北部兜圈，一边摇下车窗听节奏布鲁斯音乐。对密尔沃基的中产阶级来说，走高速公路穿过旧城区是常态，房东们则会开进巷弄；但去那些地方，他们一般不会开自家的萨博或奥迪，而会开专用的"收租车"。以厢型车或卡车为主的收租车特色鲜明：车体生锈，漏油，车内装有延长线、梯子、一把装好子弹的手枪、管道螺旋钻、工具箱、防狼喷雾、射钉枪和其他一些必需品。谢伦娜多半会让大红色的雪佛兰科迈罗——也就是电影《变形金刚》里的"大黄蜂"跑车——在家里留守,另外开一辆有着22英寸轮毂、1993年出厂的米黄双色雪佛兰萨博班"巡房"。萨博班真正的主人其实是昆汀(Quentin),昆汀的另一个身份便是谢伦娜的老公兼事业伙伴,同时也是名物业经理。昆汀拿来发动萨博班的不是钥匙,而是螺丝刀。

当地的有些白人还是习惯称呼密尔沃基的北部为"市区",这是从20世纪60年代流传下来的说法。往里走,你会看见街上那些参差不齐的双联式公寓、褪色的壁画、全天营业的日托中心,以及悬挂着"接受WIC"[*]招牌的街头小店。密尔沃基曾是美国第十一大城,其人口总数在1960年是74万,现在却不到60万。它的衰败可以说是"有目共睹":废弃的住宅、杂草丛生的空地,一点点布满了密尔沃基北部。一条典型的居民街上往往有几座独栋房屋,业主年纪偏长,喜爱莳花弄草,还在房屋外悬挂美国国旗;更常见的是双联式公寓或一栋四户的公寓,油漆斑驳的外墙挂着床单当窗帘,出租给捉襟见肘的家庭;还有不少空地,以及一些门窗被钉死的空屋。

---

[*] 妇幼营养补助计划(The Supplement Program for Women, Infants, and Children, WIC),指的是由美国联邦政府出资、农业部食物与营养局(Food and Nutrition Service of US Department of Agriculture)办理的低收入者营养补助计划,补助对象包括低收入的孕妇、哺乳中的产妇以及非母乳喂养的产后妇女、婴儿及5岁以下的幼儿。补助的形式包括营养(食)品、门诊咨询与疾病筛检暨医疗/社会福利/社会机构的转介。

这一切谢伦娜都看在眼里,她还发现了一些其他东西。和许多"身经百战"的房东一样,谢伦娜知道公寓的业主是谁,教堂、酒吧和街道归谁管。她知道每一处地方经历的枯荣沉浮,也知道它们的风格和气氛。她知道哪些是热门街区、哪些是毒品的集散地,也知道哪些地方安静稳定。她深谙贫民窟的价值所在,也懂得如何从看似一文不值的房产中赚取别人没本事赚的钱。

娇小的谢伦娜有着栗色的皮肤,身着轻薄的红蓝色夹克,与下身的长裤恰成对照,而裤子又跟头上斜戴的NBA棒球帽成套。她喜欢仰头大笑,有时需要扶住他人的肩膀,以防笑到跌倒。但当她转出北方大道,要去第十八街和莱特街的交叉路口探望房客时,她放慢了速度,深深叹了口气。驱逐房客对房东这一行来说是司空见惯的事,但这个叫拉马尔(Lamar)的租户失去了双腿,而赶走一个没有腿的男人并不是一件带劲的事儿。

一开始,当拉马尔交不出拖欠的租金时,谢伦娜并没有发驱逐通知单,也没有搬出"在商言商"的那套台词。她左右为难,嗯嗯啊啊地不知道该如何处理。"我真的很不想这么做,"到了最后关头她这么和昆汀说,"你懂我的苦衷,对吧?"谢伦娜皱起了眉头。

昆汀没开口,静静地让老婆把话说完。

"事情还是要讲求公平嘛,"谢伦娜思索了半晌说,"我觉得小孩很可怜,而且拉马尔还跟儿子同住……何况我觉得拉马尔挺讨人喜欢的。问题我赚的是钱,不是喜欢,喜欢没办法付账单。"

谢伦娜要付不少账单:房贷、水费、维修费、房地产税。

有时候还会莫名其妙地冒出一笔大开支,比方说锅炉坏了、市政府巧立名目要收个什么费用。在月初收到租金前,她几近破产。

"我们没办法等他,"昆汀说,"我们等他,税可不会等我们,房贷也一直在涨。"

做房屋出租这一行,就没有规避风险这一说。房客不付500美元房租,房东便立刻少了500美元的收入。无法收租,房东就只能吃老本或靠正职去补房贷,否则就等着银行发通知说要查封房子。这门生意可没有什么委婉语:所谓的"缩小营业规模""季度亏损"都是瞎掰。房东直接自负盈亏,赚或赔都是一翻两瞪眼。不该赔的赔了,或者该赚的没赚到,对房东来说即是"切身之痛"。经验老到的房东都喜欢回忆他们第一次大赔的故事和第一次与租户正面交锋的场景:有房客自行将天花板拆了,拍照留存,然后跑去房屋法庭给法官说是房东弃的;还有夫妻被逐出家门前拿袜子塞住洗碗槽,将水开到最大。新手房东只得硬撑起腰杆子,要不就干脆退出。

谢伦娜点头如捣蒜,也不知道她是在对着昆汀说话,还是在自言自语:"我看我应该少替这些人担心才对,我担心他们,谁担心我?如果我没记错,借钱给我们的公司可没说房贷不用付了。"

谢伦娜与昆汀是多年前在丰迪拉克大道认识的。等红灯的时候,昆汀刚好骑车停在谢伦娜旁边。谢伦娜有着迷人的笑容,她的车载音响声音很大。他叫她把车停在路边。谢伦娜记得昆汀当时骑的是一辆戴通纳，但昆汀坚持自己骑的是辆大地鹰王。"我怎么会骑着戴通纳跟人搭讪。"他一脸不服气地说。昆汀看上去非常利落，虽然不是肌肉发达的类型，但很精壮。他一头鬈发，身上戴了不少饰物：一条大粗链子，一条更粗的手链，还有几枚戒指。谢伦娜觉得这个人看起来像是贩毒的，但还是给了他电话号码。昆汀足足打了3个月的电话才把谢伦娜约出来吃冰激凌，又花了6年时间让谢伦娜变成自己的老婆。

被昆汀在红灯前拦下时，谢伦娜还是名小学四年级的老师。她说话的样子的确像老师，会叫陌生人"亲爱的"，张口就是建议或教训。她常说，"你知道要被我念叨了吧？"当她察觉你心不在焉时，她会碰碰你的手肘或大腿，让你重新集中精力。

跟昆汀交往进入第四年的时候，谢伦娜在爱情上春风得意，工作上却完全提不起劲。于是她告别了待了8年的教室，"自立门户"，开了家日托中心，但"因为一点小小的违规关门大吉"，她回忆道。创业未果的她回到学校教书，后来由于她跟"前任"生的儿子变得有点叛逆，她索性回家教子，而这也是她接触房地产的开始。被问到"为什么会选房地产？"时，谢伦娜会一本正经地谈"长期剩余收益"，意思是最初的投资可以持续生财。她会说"没有比房地产更好的投资了"。但她其实还有句话藏在心里没说：跟许许多多的房东一样，她坚信就算没有学生可教、没有公司可靠，就算没有聘书、没有退休金，也不是工会成员，她依旧可以靠自己过活。谢伦娜与众生达成共识：她可以赤手空拳地向前冲，靠自己的拼劲跟聪明才智满载而归，然后过上美好的生活。

1999年，谢伦娜在房价低谷期买了套房子自住。几年后房市回暖，她用增值的房子去贷款，手上立刻多出了21,000美元可以周转。6个月后她第二次贷款，这次套出了12,000美元。靠着这些现钱，她买下了人生第一处用来收租的房子：在租金最便宜的旧城区里，一栋可分成两户出租的双联式公寓。此后，靠着收租、反复贷款，以及私人房地产投资商放的高利贷，谢伦娜的房子越买越多。

13　她慢慢弄懂，租房市场里有一类人是中上层阶级，他们租房子时考虑的是自己的喜好与需求，第二类人是短租流动的年轻人，第三类是既买不起房子、又没资格住政府公共住房的穷人。[1] 房东在不同的地方活动，但他们一般会将房产集中在一个区域内经营。在密尔沃基这样一座各种界限泾渭分明的城市，房东得锁定特定的族群来做生意：白人或黑人、贫困家庭或大学生。[2] 谢伦娜最后决定专攻贫穷的黑人。

4年过后，谢伦娜共计拥有36个出租单位，全部集中在旧城区。她开始携带两部手机外加备用电池、读《福布斯》杂志、租办公室，也开始"朝九晚九"地接受电话预约。昆汀辞掉了原来的工作，摇身一变成了谢伦娜的物业经理，同时也在自己名下置产。收租之余，谢伦娜还做起了"信用修复"，也就是类似代偿的生意，同时成立了一家投资公司。另外她购置了两辆15座的小巴，开了家叫"狱友快线"的公司，接送去威斯康星州北部探监的那些女朋友、妈妈和孩子们，一张票收25到50美元不等。

谢伦娜找到了自己的职业方向，她是一个靠旧城区吃饭的企业家。

谢伦娜把车停在拉马尔住处门口，伸手掏出两张驱逐通知单。拉马尔住的这栋房子离莱特街很近，街上除了几块空地，还有两处地方堆放着纪念凶杀案死者的物品：泰迪熊玩偶，Black & Mild 牌的平价雪茄，还有人写了字条绑在树干上。此处是一座可住四户人家的公寓，包括一前一后两栋独立的双层楼房，外形呈长方形，粗木阳台漆成了跟房屋轮廓线一样的蓝灰色，外墙墙板则像麦片碗里吃剩的牛奶般白里透棕。临街的房子有两扇门，分别给楼上和楼下用。门前各有一列木头台阶，旧的那扇门已经掉漆，新的那扇根本没上漆。

拉马尔住在后栋的一楼，位置毗邻小巷。谢伦娜开车过来时，他人正在外头。帮拉马尔推轮椅的恰巧是另一张驱逐通知单的主人，名叫帕特里斯（Patrice）。拉马尔已把自己两腿的义肢装上，他是一个上了点年纪的黑人，上身纤瘦结实，一副年轻人的模样，肤色像湿漉的沙。他剃了个大光头，脸上有一层薄薄的白须，身上套一件黄色的运动衫，钥匙挂在脖子上。

"啊，算我运气好，一箭双雕。"谢伦娜故作轻松地说道，将驱逐通知单递到拉马尔与帕特里斯的手上。

"你差点就迟到了。"帕特里斯说。她包着头巾，穿着睡裤与白色的背心，右手臂上有刺青：缠绕着缎带的十字架，缎带上分别是她三个孩子的名字。24 岁的帕特里斯年纪刚好是拉马尔的一半，但她的眼神比拉马尔更沧桑。她跟孩子住在前栋的二楼，一楼住着她妈妈多琳·辛克斯顿（Doreen Hinkston）与她的三个弟妹。帕特里斯将驱逐通知单折起来，塞进口袋。

"我现在要去练习。"拉马尔坐在轮椅上说。

"练习？练习什么？"谢伦娜问。

"我两个儿子要练橄榄球，"他看着手中的通知单，"那个，我们要开始清理地下室了。我已经动工了。"

"他没跟我说。"谢伦娜答道。她口中的"他"指昆汀。租户有时候会帮房东做些杂工来抵房租，清理地下室就是其中一种。"那你要打电话跟我说啊，不要搞错谁是老板好吗？"谢伦娜开起了玩笑。拉马尔也很买账地对她笑笑。

帕特里斯推着拉马尔离开后，谢伦娜开始在脑子里盘算还有哪些待办事项。她是个大忙人，要应付的人事物有：维修、收租、搬迁、广告、房屋检查员、社工、警察。工作中，成千上万的小事如漩涡般搅在一块儿，时不时还会被一些大事打断。大事小事加在一起，害她周日晚上没空跟母亲共进一顿非裔传统的"灵魂料理"。就在 1 个月前，她租出去的房子里发生了枪击案，一名房客的新男朋友挨了 3 枪，当场血流如注。警方问讯完毕，收起黄色封锁线后，谢伦娜跟昆汀便开始善后。昆汀找来几副橡胶手套和一台吸尘器，两名伙计帮着他大扫除。谢伦娜则质问起女租户："你背着我带了个男朋友住进来算什么？"夫妻俩的分工就是这样：昆汀负责把地方收拾整齐，谢伦娜负责盘问。

枪击案发生几天后，她接到另外一名租户打来的电话。对方说她的房子要被勒令停租了。她一开始还不太相信，但开车来到房前，果然看到穿白色制服、戴安全帽的人，正将绿色木板钉到她房子的窗户上。这间房子的租户被抓到偷电，所以威州能源公司*的工作人员从电线杆那里断电，然后又打电话通知市政府的社区服务部。这几名偷电的房客当天就得走人。[3]

在美国大部分的地区，包括密尔沃基，多数房客必须自付水电燃气费，但房客越来越拿不出这些钱来了。2000年以来，因为全球需求上涨与能源价格上限上调，燃料与水电费上涨超过50%。一整年下来，美国平均每5户贫穷的租房家庭，就会有1户因欠费收到能源公司发来的服务中断通知。[4]因为没有能力兼顾房租跟这些水电燃气费，有些人会铤而走险，付点小钱请亲戚或邻居帮他们偷接管线。全美每年被偷取的电量总值高达60亿美元，仅次于汽车和信用卡盗窃案的金额。[5]偷燃气要难得多，也较为罕见。而且冬天一到，燃气就不需要偷了，因为政府规定冬天不准断燃气。但只要4月一来，不准断燃气的命令取消，燃气公司就会大张旗鼓地带着一沓沓中断服务通知和一箱箱工具来到贫困社区。每年大约有5万户家庭会因为欠费而被威州能源公司中止燃气供应。很多房客都是冬天乖乖交房租，暖气费先赖着；夏天改而欠房东钱，然后努力把燃气费还清。他们的目标是在天气变冷前再次连上燃气的管线，这样

---

* We Energies，威斯康星州与密歇根州部分地区的电力供应商，也是威斯康星州的燃气供应商。

才能在冬日享受无间断的燃气供应。这样的背景也说明了为何遭驱逐者的数量会在夏季和初秋飙高,而后在11月燃气开始强制供应后下降。[6]

谢伦娜看到头戴安全帽的社区服务部人员在房子周围巡来巡去,没有什么比手上拿着记事板的房屋检查员更让房东抓狂了,他们每天不是在勒令房子停租,就是睁大眼睛检查公寓的里里外外有无违法之处。每当接到报案,社区服务部就会派出房屋检查员。这个机构成立的宗旨在于保护城市里最弱势的租户群体,视疏于管理的房东为假想敌。但包括谢伦娜在内的房东们认为,租户报案尽是为了些鸡毛蒜皮或流于表面的事儿——而且经常把这些看作是为了不被驱逐而采取的缓兵之计或挟怨报复和手段。谢伦娜算了算自己的损失:电线重拉得花上几千美元,偷电租户赊欠的租金也收不回来了。她还记得自己当初是怎么决定给这家人一次机会的,这个当妈妈的说她想离开有暴力倾向的男友,谢伦娜一听心就软了。尽管对方在过去两年中就有3次被驱逐的记录,谢伦娜还是决定将房子租给她和孩子。我又感情用事了,谢伦娜心想。

谢伦娜转动方向盘,离开莱特街向北开去。既然已经来到这附近,索性再多跑一个点——位于第十三街跟基辅大街交叉口的双联式公寓。谢伦娜上个月只收了押金和部分租金,就让一名新房客住进来了。

新房客身穿法兰绒长袖衬衫,坐在门阶上一边哄着胃绞痛的孩子,一边跟倚着车身的母亲说话。一看到谢伦娜来,她立刻蹦出一句:"我儿子会生病,都是因为这间房子太冷了。"这位妈妈的声音听上去很疲惫。"窗户上有个洞,等这么久,我算很有耐性了。我的意思是我准备搬走了。"

谢伦娜歪着头,深感困惑。窗户是有洞,但不大,而且外头也不冷,密歇根湖里还有小孩在游泳,房子里面能有多冷?

"我已经打电话去市政府了。"小孩的外婆又补上一刀,离开原本倚靠着的车身。她身材修长,头发因为夏末的湿气而显得毛糙。

谢伦娜深吸一口气。这个街区里的烂房子很多,这间位于十三街的房子并不完全符合住房条例,她心知肚明。但认真讲起来,密尔沃基几乎没几个符合规定的房源,毕竟多数房屋极其老旧,建筑法规又极其严苛。因为房客母亲的反映,房屋检查员会在几天后登门拜访,他会推推看楼梯的扶手稳不稳,会对着窗户上的洞拍照存证,还会摇一摇门轴不知道跑去哪里的前门。反正每抓到一项违规,谢伦娜都得花钱。

"你没有权利这么做,"谢伦娜说,"你女儿才是我的租户。"

"你先把窗户修好再说。"外婆不甘示弱。

"窗户我们会修啊!可你女儿又没打电话跟我们说……"

"她没电话,所以我才打给了市政府啊!"外婆没让谢伦娜把话讲完。

两人越吵越凶,旁边开始围起一圈看热闹的人。"她谁啊?"一个小男孩问。"房东。"有人替他解答。

"妈,我当时没想到你是要打给房屋检查员。"女租户的口气听起来怯怯的。

"现在说这个太晚了,事情做了就是做了。"谢伦娜说。她双手叉腰,摇了摇头,看着眼前抱着孩子的年轻妈妈。"每次给我制造麻烦的,都是我好心想帮忙的人。我不是说你给我制造问题,爱管闲事的是别人,但住在这里的是你,所以为难、尴尬也只能由你来承担。"

"话不是这么说的。"外婆逼近谢伦娜,后面看热闹的也跟了上来。"我问你,假如今天她是你女儿,这些孩子是你的外孙外孙女,你会怎么做?"

谢伦娜没有被吓退。她抬头看看这个外婆,注意到她镶着一颗金色门牙,回答说:"换我,我一定会好好跟房东沟通,而不是动不动就打电话给市政府。"

谢伦娜推开围观的人群,大步走向她的车。一到家她就大吼起来:"昆汀,我们倒大霉了。"

18   谢伦娜坐进她那堆满文件的家庭办公室。她与昆汀的房子里有 5 个房间,其中一间是办公室。他们住在开彼托路一个静谧的黑人中产社区,屋里有精装修的地下室,里头装有一个嵌入式的按摩浴缸。谢伦娜和昆汀为自家挑选了米色的皮革沙发,大气的黄铜水晶灯具,还有金色系的窗帘。厨房空间很大,但因为他们大部分时间都是在外面吃饭,所以整个看起来还是崭新的。打开冰箱,里面通常只有从餐厅打包回来的食物。

"怎么了?"昆汀边回答边下楼梯。

"你知道那个住十三街楼下的女孩吗？她妈妈打电话给房屋检查员……刚才还在外头胡说八道！"

听完事情的原委经过，昆汀说："让她搬走。"

谢伦娜思忖片刻后表示同意，于是伸手从抽屉里拿了张五天后驱逐的通知单，马上填写起来。尽管法律明令禁止房东报复通报社区服务部的租户，但如果是欠房租或者租户有其他违反租房合同的情况，房东随时都可以申请将他们逐出家门。

等昆汀和谢伦娜把车开到第十三街的时候，天色已经暗了。公寓的门没关，谢伦娜没敲门就直接走进去，将驱逐通知单递到年轻女租户的手里。"拿去，看你能不能申请到什么补助。"

谢伦娜离开的时候，后头跟了一个男人。他从没点灯的门廊上喊了声"不好意思"，叫住刚与昆汀在街上会合的谢伦娜。"你们这是要赶她走？"

"她跟我说她想搬走啊，所以我想她应该是没打算继续付租金了。"谢伦娜回答。

"她是要你把窗户修好。"

昆汀看着谢伦娜，突然冒出一句："这不关他的事吧。"

"这事儿跟我关系大了，×的，我是她继父！"

"老兄，你又不住这儿！"昆汀吼了回去。

"这种烂地方谁想住啊……真××的！你说不关我的事是什么意思？"

昆汀开车门，拿出他的防身腰带，上头配有手铐、小支警棍，还有微型灭火器般大小的防狼喷雾。过往的经验告诉昆汀，来这里还是要小心为上,他曾遇到过一名男房客说要从他口袋里把押金抢走,还遇到过一个人说要朝他脸上开一枪。

女租户的妈妈也出现在了漆黑的前廊。"你要赶她走吗?"她劈头就问。

"她没交房租,"谢伦娜说,"你们要帮她交吗?"

"我才不管咧,拜托。"继父的口气像在自言自语。他不想管的并不是继女要被驱逐这件事,而是在这个漆黑的深夜,场面会闹得有多难看。

"说得好像我怕了你似的。"昆汀回应道。

"我××的要揍到你屁股开花,死黑鬼……敢说我跟这件事没关系。"

"本来就不关你的事,"被昆汀往车上拉的谢伦娜大喊,"根本不关你的事!"

几天后那名女租户搬走了。接着谢伦娜接到当地一家民间社会服务机构"温暖满怀"打来的电话。该机构的社工说有位母亲和她的两个孩子正在找地方住,"温暖满怀"会付押金和第一个月的房租,后面这话让谢伦娜听了很开心。这个新租户的名字叫阿琳·贝尔(Arleen Belle)。

第 2 章

凑房租

收到谢伦娜送来的驱逐通知单后,拉马尔回到了他在第十八街跟莱特街交叉口的公寓,跟他两个儿子还有儿子的朋友打起了扑克,他们玩的是类似桥牌的黑桃王*。和平常一样,他们在一张木头小餐桌前围成一圈,一会儿用力摔牌,一会儿用手腕的劲道巧妙地把牌送出去。住附近的男孩都知道,无论白天黑夜,他们都可以到拉马尔家吃点东西,运气好的话还能抽根大麻烟,然后很快来一局黑桃王。

黑鬼,你的黑桃打光了吧?

看好,我们要痛宰他们了。

---

* Spades,一种结对游戏。

拉马尔的对家是巴克（Buck）。18岁的巴克是附近最年长的孩子，绰号"大哥"。面对面坐着的另外两个，是拉马尔16岁的儿子卢克（Luke）与卢克的好友德马库斯（DeMarcus）。15岁的埃迪（Eddy）在旁边弄音响，他是拉马尔的小儿子。另外四个也是附近的男生，他们正等着上牌桌。拉马尔坐在轮椅上，两副膝盖以下的义肢立在他的床边，在粗木地板上投射出像人一般的影子。

"警察都疯了。"巴克端详着手中的牌说。他是名即将毕业的高中生，平常会在学校的自助餐厅兼职打工。在自助餐厅工作时，他会戴上发网，包住那头浓密的玉米辫。巴克晚上睡他爸妈那儿，但白天都会待在拉马尔家。被问及原因时，他会盯着自己12码的靴子，淡淡地回上一句："不为什么。"这群男生常一道去店里购物或者练足球，动辄九个十个人凑在一起，趾高气扬地走在莱特街上。被警察拦下简直成了家常便饭。这也是他们买大麻时一般单独行动的原因。"下一次，我就会说，'你拦我做什么？'"巴克接着说，"我们有权利问他们嘛……他们一定是看到什么、闻到什么或听到什么有异样才有理由这么做吧。"

"他们才不用。"拉马尔回答。

"他们要啦，老爸！学校是这样教的。"

"那就是学校教错了。"

德马库斯笑了一声，接着拿打火机点了根他刚卷好的大麻烟，深吸一口后将烟传下去，牌局正式开始。一开始大家出牌很快，随着手上的牌越来越少，出牌的节奏也相应放慢。

"警察过来的时候,"巴克坚持说道,"就算你在开车时被临时检查,让你靠边停车,你的车窗也不能全开。只能开一点点。"

"想得倒美。"拉马尔忍不住笑出声来。

"你说什么呢,老爹!"巴克显然不服气。

"跟你说,不要想当出头鸟啦,"从中插进来的是德马库斯。根据拉马尔的描述,前不久他才因为"油嘴滑舌"被警察抓起来,"讲了不听,到时候苦的是自己。"

拉马尔又落井下石地补上一句:"出了事可别打'对方付费'的电话给我哦。"大伙儿笑得更大声了。说完他吸了一口大麻烟。"孩子啊,"他放轻了音量说,"我都51岁了,什么事我没经历过。"

"警察不会保护我们的啦。"巴克说。

"我知道你为什么这样想,但警察也不都是一个样……要是我住在一个很乱的地方,我也会希望警察好好清理清理,"拉马尔丢出方块K,看了看左手边的德马库斯,"来吧,孩子,出牌吧。"方块A已经有人出过了,他估计方块Q在德马库斯手上。德马库斯看向拉马尔,厚厚的眼镜后面摆着一张扑克脸。

"老爸,邻居会罩着你的……如果有人胆敢带枪来撒野,同条街的只要有枪,都会拔枪相助的。"

"小子,我打过越战,不用你教我玩枪。"

1974年,17岁的拉马尔看过一则广告后,跑去加入了海军。对他来说,海军生涯的记忆已经日渐模糊,无非是让人百无聊赖的海面,充满异国风情的风景、上岸休假的派对、吞进肚里的迷幻药丸,还有就是花钱如流水。拉马尔不懂为什么麦迪逊

（Madison）那群披头散发的大学生会那么反对越战,他们被警棍打破头,甚至还在大学里炸掉了一栋楼。打仗的那些日子拉马尔很是开心,但也可能太开心了,1977年他被勒令退伍。

"子弹可不长眼,"拉马尔接着说,"听我说,先前我们不是陪德马库斯出庭吗?"拉马尔一说起故事,大家的牌就打不下去了。在开庭前,拉马尔说,他们一伙人看到有个年轻人不过才十来岁就被判刑14年,原因是他哥哥把一个瘾君子活活打死时,他在旁边看着。"他在法院哭得撕心裂肺。"

"他们会这样乱栽赃,是因为那小毛头是黑人吧。"巴克说。

"那你还不好好想想自己该怎么做,你不也是黑人嘛。"

在巴克大笑的同时,德马库斯将牌压在桌上,是黑桃8。"这是我老妈教的!"他兴奋地大叫。黑桃王顾名思义就是黑桃最大。胜负已定,德马库斯开始收牌。

"×的!"拉马尔说。然后他把眼光移回巴克身上:"别做傻事啊,不值得……坐牢可不是开玩笑的。进到牢里你每天都得拼命,不拼你会活不下去。"

"这我知道。但有时候气到一个程度我会忍不住想出手,谁也拦不住。"

"你要成熟点啊,孩子,"看到巴克深吸了一口大麻,拉马尔马上教育他,"还有,抽这宝贝要慢一点,你这老烟枪。"拉马尔特意拖长了"老烟枪"三个字,声音又细又高。

被这么一逗,巴克笑得直不起身来,但拉马尔的话还是听进去了,大麻轮到他那里的时候,他客气地说:"不用了。"

当两个儿子在学校上课时，拉马尔会在家里边听老歌边打扫卫生，再来上一杯加糖的速溶咖啡。他向前滚动轮椅，拉好刹车、停住，然后将灰尘扫进带着长柄的簸箕里。拉马尔没让两个孩子挤在一间单人房。卢克与埃迪一人一间，两人都有自己的床，而且还是金属床架。客厅的一角放着拉马尔的床，另外一边则摆了青苔色的沙发、与橄榄球队队友的合照、白色的假花，外加养着孔雀鱼的小鱼缸。这是间有点空荡但不失整洁的公寓，采光充足。你可以从食物的储藏室那里推理出住户有强迫症：午餐肉罐头码得整整齐齐，各安其位；纸盒装的早餐麦片排成直线，等待检阅；高汤跟豆子罐头被分门别类，正面朝前按次序摆放。拉马尔自己改装了一个加州宝林酒庄的红酒酒架，用来收纳餐盘，上头还放着一台小音响；福爵的咖啡罐里装着烟草跟"午夜专属"牌的卷烟纸。

这个家并不是一开始就有今天的模样。拉马尔第一次来看房的时候，这里简直一塌糊涂，厨房堆积着没洗的碗盘，蛆都长出来了。但拉马尔需要一个家——跟两个孩子窝在自己妈妈家的地下室不是长久之计，而且住妈妈家有"宵禁"，规定所有人都要在晚上9点前回家。再来就是拉马尔看出了这间公寓的潜力——谢伦娜免了拉马尔的押金，主要是她判断拉马尔应该申请得到"补助保障金"（Supplemental Security Income，SSI），这是美国联邦政府给老年人、残障人士（肢体或是精神有障碍）等低收入人群逐月发放的救济金。但这个事还没办成。

一放学，男孩子就会陆续到拉马尔家"集合"——有时是跟着卢克与埃迪一起回家,有时是不请自来。天色一暗,这群男生就会凑钱买一两根大麻烟抽,扑克牌也紧跟着开场。拉马尔的管教风格,无论是对自己的亲生儿子,还是他当自己儿子看待的其他孩子,都很开明。"凡事都逃不过上帝的眼睛,所以有事也不要瞒着老爹,"他会这么跟他们说,"就把这里当成自己家好了……同样的事情我宁可你们到我家来,在我的眼皮底下做,也不要跑去街角巷尾偷偷摸摸做。"拉马尔边抽烟边与孩子们谈笑风生,顺便"传授"一些跟工作、性、毒品、警察有关的人生经验。遇到孩子抱怨女生,拉马尔会试着"秉公而论":"你们都讲女生怎样怎样,但搞乱她们生活的都是男人。"拉马尔会看孩子们的成绩单,催促他们把作业做完。"他们觉得我在跟他们玩,但其实我是在看管他们。"拉马尔有办法当这些孩子的"保姆",是因为他不用整天出门去上班。跟拉马尔同街区的人大多都得工作;孩子们很少能见着上班的大人,除了撞见他们穿着熨烫过的制服冲出去开车的时候。

离开海军后,拉马尔换过好几份工作。他在不少写字楼当过门房,也在阿泰亚实验室*里开过铲车,负责在生产过程中倒入化学原料。不过这都是他还能走路时的事。失去双腿后,他申请过两次补助保障金,但都遭到了拒绝。拉马尔回忆他被告知的

---

* Athea Laboratories,主要生产贴牌产品(代加工)的化学产品供应商,经营项目有杀虫剂、擦拭剂与地板的保养剂。

理由是对方认为他"还能工作"。拉马尔承认自己确实还有能力挣钱,但好工作并不是到处都有。

以前在密尔沃基好工作还真是到处都有。但到了 20 世纪下半叶,老板们为了寻求廉价劳动力,不是迁厂到海外,就是把生产线搬到美国的"阳光地带"*,因为那里的工会力量微弱,有些地方干脆就没有工会。1979 年到 1983 年之间,密尔沃基的制造业有 56,000 个工作机会凭空蒸发,情况比 20 世纪 30 年代经济大萧条那会儿还严重。战后那几年,此地是人人有活干;现如今,失业率已攀升至两位数。有些幸运儿在新兴的服务业找到工作,薪水却大不如前。根据一位历史学家的观察:"1987 年之前,在阿利斯—查莫斯公司†的老工厂当机械工人,时薪少说也有 11.60 美元,但在工厂旧址上重建的购物中心里当店员,你每小时只能赚到 5.23 美元。"[1]

像这样的经济转型蔓延到了全美各大城市,它让密尔沃基的非裔劳工蒙受了重大打击,毕竟他们有半数的人都在制造业工作。碰上要关工厂的时候,老板更倾向于关掉旧城区的工厂,而旧城区正是密尔沃基黑人的大本营。黑人的贫穷比例在 1980 年升至 28%,1990 年进一步恶化,达到 42%。理查兹街跟开彼

---

* Sunbelt,"阳光地带"(也译作"太阳带"),指美国南部北纬 35 度到 37 度以南的地区。这些地区的日照时间较长,因而得名。加州的洛杉矶是美国"太阳带"的第一大城。

† Allis-Chalmers,生产农业、矿业、纺织、建筑、电力与变速箱等大型机器设备的传统制造商,创立于 1901 年。

托街路口曾经有一间"美国汽车公司"的工厂,位于密尔沃基以黑人为主的北部,如今这里已经变成沃尔玛超市。在今天的密尔沃基,梅诺米尼河谷(Menomonee River Valley)岸边那排制革厂,就像一座座陵寝,埋葬着这座城市工业时代的黄金岁月。施丽兹跟帕布斯特这两个品牌的酿酒厂也都关门大吉了。现在每2名处于工作年龄的非裔男性中,就有1名为失业所苦。[2]

20世纪80年代的密尔沃基曾是"去工业化"进程的中心;20世纪90年代,这儿又成了"反福利运动"的焦点。当年,克林顿总统正在微调其"终结现行社会福利制度"的计划,一位名为杰森·透纳(Jason Turner)的保守派改革者把密尔沃基变作一项社会福利计划的实验田。这项被命名为"威斯康星要工作"(Wisconsin Works,以下简称"W-2")的福利政策吸引了全美各地立法者的注意。上述所谓的"要工作",可不是一句玩笑话:想领到福利救济的支票,你就得去工作。你可以去私营企业打工,也可以去做政府提供的社区服务工作,但就是不能无所事事。为推动此项福利政策,儿童保育补助和医疗补助都扩大了规模,但"W-2"意味着只有打卡上班的时数才能换算成福利补助,即便这份工作只是把小玩具按照不同的颜色分类;领导将它们打乱之后,第二天你便又有"工作"可做。"W-2"也意味着不乖乖照着这剧本走的人就会连食物券都领不到。这项福利政策让密尔沃基多达22,000户家庭从福利救济人员的名册上被除名。就在密尔沃基建立了美国社会福利制度史上第一个真正"以工代赈"计划的5个月后,克林顿总统正式签署了福利改革法案,将其列入联邦法律。[3]

就这样，在1997年，"W-2"正式取代"抚养未成年儿童家庭援助计划"[*]，开始提供两种不同的补助：工作者可月领673美元；未工作或无法工作者（多半因为身心障碍而不具备工作能力）可月领628美元。拉马尔被认定是未工作者，所以他领的是较少的628美元，也就是代号为"W-2 T"（W2-Transitions）的补贴。在扣掉每个月550美元的房租之后，拉马尔还剩下78美元可以过活，相当于一天只能花2.19美元。

拉马尔搬去谢伦娜的公寓没多久，上述补助就开始发放了。与此同时，他还收到了两张误寄的支票。而威斯康星州儿童和家庭部编纂的《权利与义务指南》（*Rights and Responsibilities*）这样告知收到超额补助的救济对象："无论是本署或是您自己的缘故造成误发，误领的补助都必须归还。"[4]你可以试着把这段话说给要靠福利救济支票养两个青春期男孩的单亲爸爸听。拉马尔兑现了两张支票，给卢克和埃迪购置了鞋子、衣服跟其他学生用品，也给新家添了些窗帘与家具。"我怎么可能不花，上面都印着我的名字了。"他对发现错误打电话来找他的社工这么说。社工将超额支付的金额从下个月的救济款支票中扣掉了，这让拉马尔积欠了1个月的房租没法交清。

帮谢伦娜跟昆汀整理地下室，拉马尔自认应该值个250美元。

---

[*] Aid to Families with Dependent Children，AFDC是美国自1935年到1996年实施的一项联邦补助项目，对贫困家庭的子女进行经济上的援助。

毕竟地下室到处都是发霉的衣服、垃圾，还有狗粪，简直就是他的噩梦（他总是梦到自己爬进一个怪诞而阴暗的地下室买毒品）。他没让孩子帮忙清理地下室，觉得不应该委屈他们，于是独自一人将地下室收拾干净，搞到他的残肢酸痛到不行。然而，前前后后忙了一周，谢伦娜却只算他 50 美元，算起来拉马尔还欠谢伦娜 260 美元。

拉马尔也不可能每个月多交些房租来补上欠款。扣除固定的房租，拉马尔剩下的钱都得用来购买家用品（香皂、厕纸）和付电话费。于是，拉马尔按密尔沃基的行情价，以 75 美元卖掉面额 150 美元的食物券换了现金。冰箱跟食物储藏室一到月底就没藏货了，不过卢克跟埃迪可以跑去祖母那儿蹭饭吃。至于平日来串门的孩子，他们早就知道不要去吃拉马尔家的东西了。

但钱还是不够。若想保住这个家，就还得再找些别的差事。从二楼搬到了一楼的帕特里斯算是给了他一件活计。帕特里斯在接到谢伦娜的驱逐通知单后并没有再争取什么，以前她带着三个孩子跟母亲多琳以及三个弟妹挤在一楼的两居室里，后来搬了上去。一拿到粉红色的通知单，她就默默带着孩子又回到了楼下。

拉马尔盘算着谢伦娜会重新粉刷二楼，于是请谢伦娜将工作交给他。谢伦娜答应了，还说她会让昆汀送油漆跟工具过来。"叫他多送点，宝贝，我要组个粉刷队。"

巴克跟德马库斯都跑来帮忙了，一道的还有卢克跟埃迪，再来就是 6 个住附近但是把拉马尔家当成自己家的男孩儿。他们在空旷的两居室公寓里一字排开，将滚刷跟油漆刷往约 19 升的大油漆桶里一蘸，一层一层往墙壁上刷。他们特别认真，寂静的二楼弥漫着一股严肃的气氛。过了一会，有人索性脱去帽衫和上衣，光着膀子干起活来。[5]

这时拉马尔停下手，打量着眼前这幅画面。就在去年冬天，他曾吸食快克可卡因*吸到兴奋，爬进一间荒废的房子，毒品药力退了之后，他才发现自己被困在了里头，因为脚冻僵了爬不出去。从海军退伍后，回到家乡的拉马尔仍旧天天在外头饮酒作乐。20 世纪 80 年代中期，快克可卡因入侵了密尔沃基的街头，而拉马尔也深陷其中无法自拔。他在阿泰亚的同事知道他不对劲，因为刚发薪水没几天，拉马尔就连买香烟的钱都拿不出来了。他因此丢了工作，公寓也没法租了。这之后，他开始带着卢克跟埃迪辗转于收容所与废屋。晚上太冷，没被子可盖，他们就会把地毯扯开。卢克跟埃迪的母亲当时还在，但毒瘾最后毁了她，让她抛弃了两个儿子。被困在废屋的那几天里，拉马尔吃的是雪。冻疮让他的双脚肿到发紫，像是烂掉的水果。到了第八天，神志不清的他从楼上的窗户纵身一跳。回首这段过往，他说是上帝将他扔了出去。在医院醒来时，他已经没了腿。此后，除去两次短暂的毒瘾复发，他没再吸过快克可卡因。

---

* Crack Cocaine，又称霹雳可卡因或克拉克可卡因，是固态的、可当烟抽的可卡因类毒品，"快克"之名出自其制造过程中哔哔剥剥的声响。

"上帝保佑。"拉马尔看着卢克跟埃迪有感而发。滚筒上的白漆像雾一样弄花了男孩们黑色的皮肤。"我有两个好儿子。"

时隔一个月,谢伦娜在滂沱大雨中开着车。车流的声响就像有人从后门丢出上千个拖地水桶般那么夸张。她要去密尔沃基最南边的机场旁的贝斯特韦斯特饭店,参加由"密尔沃基房产投资人联盟"主办的会议。出席的50人里,有投资客、(房屋)霉菌检测师、律师及其他与不动产有关的从业人士。不过这群人里最多的还是房东。现场一堆男人——打着领带的小年轻们很多都是房东的宝贝儿子,在那里不停地做笔记;还有穿着皮衣,不停抖腿的中年男人;以及戴棒球帽,穿法兰绒衬衫,指关节干瘦如树瘤的老男人。[6]万绿丛中一点红的谢伦娜已经够突出了,更别说她还是个黑人。除了她30年前从牙买加搬来的朋友罗拉(Lora)以外,谢伦娜是在场唯一的黑人,其他人几乎都是白人,开口闭口都是像艾瑞克、马克或凯西这些白人的名字。

像这样的会议,在几代人之前会让人觉得匪夷所思。那时候很多都是兼职当房东:有些是工厂的机械工人、传道的牧师、警察,在很偶然的情况下有了房产之后(比方说通过继承),才开始觉得可以靠房地产赚点外快。[7]但这40年来,物业管理逐渐成了一门专业,开始走上职业化道路。从1970年至今,以物业经理为职业的人数增长了3倍。[8]随着房东购置的房产越来越多,并且他们多以房东的身份自居(相对于之前提到那些偶然变成楼下公寓业主的人而言),各种职业协会与团体开始如雨后春笋般涌现,配套的后勤服务、认证资格、职业培训教材,乃至于融资工具也应运而生。美国国会图书馆提供的资料显示,在1951到1975年间,以管理租赁公寓为主题的出版物只有3本,但到了1976至2014年间,这个数字却暴涨至215本。[9]即便一些都市里的房东不觉得自己是"专业人士","住"这件事成了一门生意已是不争的事实。

这天晚上的主讲者是全美自助仓储经纪人公司的肯·希尔兹(Ken Shields)。在卖掉名下的保险公司后,希尔兹便开始想方设法打进房地产市场。他一开始尝试的是公寓合租,租户多是没什么钱的单身男性。"这是收现金的,钱很好赚,但我已经不玩这个了,"他一句话逗笑了全场,"做这个我有赚到钱,请别误会,我很爱赚钱,但我不爱到处跑来跑去,每天跟这些住合租屋的社会渣滓打交道。"[10]同样拥有几间合租公寓的谢伦娜连同屋中其他人一起笑了。就在此时,希尔兹发现了自助仓储这个"宝"。"自助仓储有可以跟租房比拟的利润,但……"他放低声音,眯起眼睛,"但你不用跟人瞎搅和,你只需要收他们的东西!……这简直是美国这么大个经济体里最甜蜜的部分了,保准叫你赚个盆满钵盈。"

在场的房东们都视肯·希尔兹为偶像,也不管他其实住在伊利诺伊州(而不是密尔沃基所在的威斯康星州)。当他的演讲画上句号,全场瞬时掌声如雷。

其中有个人一边拍手一边站了起来,他是密尔沃基房产投

第 2 章 凑房租 | 039

资人联盟的会长,一个留着八字胡、挺着大肚腩的男人。找不到讲者的时候,他会把会议改成"各抒己见、轮流发言"的座谈,让大家有机会集思广益。在一个举办座谈会的晚上,一位来自"铅与石棉信息中心"公司的女士一开口就对全场常因为想替房子除铅而亏钱的房东说:"铅其实可以帮你赚钱。"有名房东问到,如果检测石棉的结果是阳性,自己有没有义务向市政相关部门或租户通报。"没有,不需要。"这位女士回答。

对话继续向下推进,有其他人问到了扣押欠租人工资的事情。一名律师跳出来为全场解惑,原来房东有权申请扣押租户的银行存款,最多可以扣押其固定收入的20%,但不能令对方的存款低于1,000美元。不过,领取福利补助的人不可以碰。

"那可以拦截租户的退税吗?"丢出这个问题的是谢伦娜。

律师表示惊讶:"不可以哦,有这权力的只有州长一个人。"

谢伦娜其实是明知故问,她早就做过功课了。既然如此,为什么还要多此一举呢?她并不是真的在问问题,而是在向现场的"艾瑞克、马克跟凯西"传递讯息,除非收到房租,否则她可不会轻易善罢甘休。不少白人房东知道房价便宜的旧城区是块赚钱的宝地,但不要说有时得送驱逐通知单给租户,光是想到要去密尔沃基的北部收租,许多人就会打退堂鼓。谢伦娜希望这些白人房东知道可以找她帮忙,只要价格合理,她会替他们管理房子,或是提供咨询意见,比如贫民窟的何处可以置产。她愿意以中介的身份做他们与密尔沃基黑人之间的桥梁。会议结束后,白人房东果然把谢伦娜团团围住。当天谢伦娜穿了件背上用水钻贴成"Million Dollar Baby $"（百万美元宝贝）*字样的牛仔外套。她一边谈笑风生，一边收着名片，嘴里还不忘提醒大家："北部没什么好怕的！"

就在其他人离席后，谢伦娜跟罗拉在走廊找了个安静的角落讲话。"我碰到倒霉事儿了，"谢伦娜开始不吐不快，"倒霉透顶了！我跟那个拉马尔·理查兹又杠上了——就是那个没有腿的男人。他这个月没交齐房租。"

"他少给你多少？"罗拉的声音稍稍带着一些牙买加口音，平素她是一名图书馆员，要比谢伦娜年长，那晚她身着深色宽松长裤、戴金耳环，还穿着一件红色的分层衬衫，十分优雅。她一边说话，一边将有毛皮衬里的大衣叠放在膝盖上。

"30美元，"谢伦娜耸耸肩，"但不止这些，还有他干的那些事……他已经欠我260美元了，还把我的墙刷成了那个德行。"

话说跟孩子们粉刷完之后，拉马尔打了电话让谢伦娜过来验收。谢伦娜到现场一看，发现孩子们不但没有把墙上的小坑小洼补好，还把白漆滴到墙壁咖啡色的边饰上，而且忘了刷食物储藏室。拉马尔的说法则是昆汀没将填坑料和咖啡色油漆送

---

* "I Found a Million Dollar Baby"是1931年由亨利·沃伦（Henry Warren）创作的一首歌，歌词里说到"我找到了一个价值百万元的宝贝／在一间东西只卖五分或十分钱的杂货店"（I found a million dollar baby / In a five and ten-cent store）。克林特·伊斯特伍德于2004年导演并与希拉里·斯旺克共同演出的电影《百万宝贝》，也以 Million Dollar Baby 为名，剧情描述拳击教练在不起眼的练习场中发掘出天才女拳击手，同样取其在砂砾中发现宝石之寓意。旧城区的黑人社区或许残破，但懂得门路的人却能从中大捞一笔。

来。"他没送你不会问吗?"谢伦娜呛声答道。她连一毛钱也不肯从拉马尔所欠的金额中扣除。

"然后啊,"谢伦娜接着说,"他也没跟我说一声,就把浴室的地板给铺了,还自己从房租里扣了30美元。"原来是拉马尔在刷漆的时候发现帕特里斯的旧公寓有一盒瓷砖,于是他就拿这当材料,重铺了浴室的地板。他拿刷剩的油漆当胶水,把瓷砖一片片给贴上去了。"我跟他说,'不要再自己乱扣房租了!'再说这家伙本来就欠我钱,他有什么资格自己减房租?"

罗拉换了条跷着的二郎腿。"这种人,就是在耍花样啊。可以叫他走人……他们满脑子都是要占便宜、占便宜、占便宜。"

"问题是,"谢伦娜又将话题绕回拉马尔粉刷墙壁的事情,"刷个油漆怎么可能要260美元。"

"我找人刷一个房间只要30美元,五个房间也才150美元。"

"并不用那么多,20美元就能刷一间了,顶多25美元。"

"就是说啊!"

"反正我觉得他还欠我260美元。哦,不对,我少算了,加房租他现在欠我290美元。"

这两个老朋友笑了起来,而谢伦娜现在真的很需要笑一笑。

第3章

热水澡

连尼·劳森（Lenny Lawson）走出了拖车营的办公室，点上一根波迈牌香烟。袅袅升起的烟雾掠过他的八字胡与淡蓝色双眼，消失在棒球帽的帽缘。他望向一排移动屋，它们挤在一条窄窄的柏油路上，几乎所有的拖车都面朝同一个方向，彼此间只有几步路的间隔。机场就在附近，每当飞机从低空掠过，露出机腹，窗户就会被震得哗哗作响，即便是已经住很久的人也会抬头张望。43岁的连尼一辈子都没离开过这里，至于担任拖车营的经理，则是这十几年的事。

连尼知道瘾君子们大多住在拖车营的北边，那些在餐厅或养老院兼两份差（一个人轮两班）的人大多住在南边。捡破铜烂铁做回收的人住在靠近入口处。至于拖车营里"最高端的地段"位于办公室后方，里面住着喷砂除锈工人、机修工等工作最"体面"的一群人，他们的移动屋前廊都有打扫过的痕迹，而且还摆了花盆来增添绿意。靠领补助保障金过活的人则散居在园区四周，还有那些上了年纪、一些居民口中"作息和鸡一样"的老人家也都住在园区各隅。连尼想安排性侵犯跟瘾君子当邻居，但事情不可能每回都如他的意。他有一次不得不把一名性侵犯安排在兼两份差事的"蜜蜂区"附近。所幸那家伙超级宅，总是待在拖车里，百叶窗紧闭，每周会有人送来食物跟生活必需品。

学院路移动房屋营坐落在密尔沃基的最南端，紧邻第六街，走出去就是同名的学院路。[1] 园区的外围有一边是无人修剪的林木、树丛跟沙坑，另外一边则是调度卡车的发车中心。无论你想去最近的加油站还是速食店，都得步行15分钟。学院路移动房屋营不是这一带唯一的拖车营，外头的街上尽是不起眼的褐色砖房以及倾斜得厉害的屋顶。在密尔沃基，这里是贫困白人的生活区。

梅诺米尼河谷穿城而过，就像"梅森·迪克逊分界线"*一样将密尔沃基一分为二，一边是以黑人为主的北部，一边是以白人为主的南部。密尔沃基人爱开玩笑说，横跨于梅诺米尼河谷之上的"第十六街高架桥"是世界上最长的桥，因为桥的一头是"非洲"，另一头是"波兰"。†1967年，曾有近200个黑人站出来抗议这道黑白藩篱，他们聚集在高架桥的北端，朝着另一头的"波

---

* Mason-Dixon Line，美国宾夕维尼亚州与马里兰州之间的分界线，美国内战期间是自由州（北部）与蓄奴州（南部）的分界线。
† 自19世纪50年代起，密尔沃基开始出现波兰裔移民，并在19世纪70年代渐成规模。这些移民主要居住在密尔沃基南部。

兰"走去。到桥的南端时,抗议群众尚未眼见另一阵营的面孔,就已耳闻他们发出的声音:"杀!杀!""我们要奴隶!"口号的声浪甚至高过了喇叭里传出的摇滚乐。接着出现了一大群住在南岸的白人面孔,有些统计指出超过 13,000 人。在一旁看热闹的人,开始对游行的黑人丢掷瓶子、石头,甚至对着他们撒尿或吐痰。但黑人游行队伍还是坚持往前走,按捺不住情绪的白人则开始躁动。倏忽间,一道无形的围栏轰然倒塌,局势变得一发不可收拾。现场的白人向黑人的游行队伍发起攻击,双方爆发了肢体冲突……警察也于此时发射了催泪瓦斯。

第二天晚上,游行的群众卷土重来。第三天晚上,第四天晚上……他们连续在第十六街高架桥上游行了 200 个夜晚。他们最先撼动了整个密尔沃基城,随后吸引了全国的注意力,最终连世界都听见了他们的诉求。但现实几乎没有任何改变。1967 年,《纽约时报》在社论里公开说密尔沃基是全美种族隔离最严重的城市。凭借参众两院绝对多数的支持,林登约翰逊总统(Lyndon Johnson)通过了 1964 年的《民权法案》(Civil Rights Act)* 与 1965 年的《选举法案》(Voting Rights Act)†,但部分国会议员因为背后有房地产相关利益团体的游说,所以不肯跟总统一起推动将居住歧视认定为非法行为的"开放住房法

---

* Civil Rights Act,终止了美国自建国以来长期存在于学校、工作场所及公共空间的黑白种族隔离政策。
† Voting Rights Act,该法案保障了少数群体的投票权利,尤其是保障了非裔美国人的投票权。

案"。后来是牺牲了一条人命——1968年4月，马丁·路德·金（Martin Luther King）在孟菲斯一座旅馆的阳台上遇刺——加上后续的暴动，国会才迫于压力在同年的民权法案增修中，纳入了真正意义上的开放住房政策。这就是大家所熟知的《公平住房法案》（Fair Housing Act）。[2]

自20世纪30年代以来，为数不多的拉丁裔家庭开始迁入以白人工薪阶层为主的密尔沃基南部，因为制革厂需要拉丁裔男性提供的劳动力。到了20世纪70年代，拉丁裔的人口开始有了增长。这次白人没有跟他们干仗，而是默默迁往更南或更西边。于是"波兰"变成了"墨西哥"，密尔沃基南部成了拉丁裔专属的"城中之城"。相较之下，密尔沃基的北部仍旧以黑人为主。东部跟西部，加上连尼那间拖车营所处的最南端，成了白人的去处。即便有了开放住宅法案，种族隔离也未曾远离密尔沃基。[3]

连尼捻熄了烟蒂，钻回办公室。办公室位于拖车营的中央，距离仅有的出入口不远；内部逼仄，也没有窗户，纸屑东一团、西一堆，天花板上吊着一只没有灯罩的灯泡。老旧的传真机、计算器和电脑都覆盖着斑斑油污。如果是夏天，空调压缩机会在下方的深红薄地毯上滴出一块巨大的水痕。到了冬天，一台运作中的小型电暖器会在塑料桶上发出嗡嗡的声响。几年前，连尼给办公室添置了不少装饰品：墙上的鹿角、帕布斯特蓝带啤酒的纪念铭牌，还有一张雉鸡展翅的海报。

"嗨。"连尼一边在办公桌前坐下，一边跟苏西打招呼。

苏西·邓恩（Susie Dunn）跟平常一样站着分拣邮件，将它们分门别类放到办公室另一面墙上的信箱里。但与其说她是把信"放进"信箱，不如说是把信"硬塞进"信箱，又快又用力。这是她的风格。说到风格，苏西抽烟时会将手紧贴住唇，把香烟整支吸进嘴里。她的习惯是说话时要同时扫地、刷东西或重排院子里的家具，否则她会像哑巴一样说不出话来。那感觉就好像她是一只玩具陀螺，如果不想倒下，就只能转个不停。苏西的先生喜欢称呼她为"拖车营的女王"，其他人则叫她"办公室苏西"，加上"办公室"三个字是因为拖车营里还有另外一位"海洛因苏西"，这样就不会搞混。

"失业救济金支票来了，"苏西对着一封信自言自语，"现在你是不是要交点租金啊？……你主人她要是再不交房租，就要待不下去了。她可以搬回南部，要不然旧城区的贫民窟也可以。"

此时办公室的门开了，走进来的是赤着脚的米特斯夫人（Mrs. Mytes）。71岁的她是位硬朗的女性，有一头浓密的白发、满脸交错的皱纹，牙齿一颗不剩。

"嘿，奶奶。"连尼笑着说。他跟园区里的所有人都觉得米特斯夫人是个疯子。

"你猜我今天干啥了？我把一张账单扔进了垃圾桶！"米特斯夫人的脸皱成一团，她斜着眼朝连尼的方向看过去，吼叫着把这句话说完。

"是吗？"连尼看着她回答。

"我才没那么傻！"

"哦,好啊,我这边有一些账单要给你,你可以先交我的。"

"哈!"米特斯夫人哈完这声便走出去,准备推着装杂货的小推车,开始捡破烂的一天。对米特斯夫人来说,保障金才是生活的主要来源,平时捡废瓶子换到的钱则会拿去给她已经成年但有精神障碍的女儿买些零食。若是哪天"大丰收",那她就会带女儿去"查克芝士"开心一下,打打牙祭。

连尼笑了笑,重新处理起各种文件,只有当门再被推开时他才会抬起头。即便在别处说话没人理的人,连尼也会好好听他把话说完。虽然他的本职工作是收租跟修缮房屋、筛选房客跟发驱逐通知单,但这么做是因为他还有一项职责是"耳听八方",他得知道拖车营里的一切风吹草动——无论是谁忘了交房租、谁怀孕了要生孩子、谁在美沙酮*里混了阿普唑仑†、谁正在坐牢的男朋友刚刑满释放。"有时候我像个心理医生,"连尼会说,"但有时候我就是个大混蛋。"

拖车营的业主是托宾·沙尔尼(Tobin Charney)。他自己住在伊利诺伊州的斯科基(Skokie),距离拖车营约110公里。虽然有点远,但他每天都会来园区巡查,只有周日才休息。他付给苏西的时薪是5美元,另外还给她每个月440美元的"房租优惠价"。托宾免了连尼的租金,同时还付他36,000美元的年薪,

---

* Methadone,用来治疗海洛因毒瘾的戒毒药物。
† Xanax,抗焦虑用药。

统统给现金。托宾算是出了名的懂得变通和通情达理,但没人会觉得他好欺负。他总是板着脸孔、斜眼看人,行事风格粗鲁。他跟米特斯夫人同年,今年71岁,有运动的习惯,有一辆凯迪拉克,后备厢内总是放着一袋健身用品。他不跟房客套近乎,更不会跟他们嘻嘻哈哈;遇到房客的小孩,他也不会停下脚步去揉揉他们的头发。托宾我行我素,丝毫不装模作样。他算是"房二代",他爸爸以前是个超级大房东,最多的时候累积了600套房子。托宾没这么贪心,他只要有一个地址、131辆拖车屋,就心满意足了。

但2008年5月的最后一周,他发现连这两样东西都有可能保不住。密尔沃基"授权委员会"*的5名委员都拒绝给他延长拖车营营业执照的有效期限。其中力主不予延长的市议员泰瑞·维特考斯基(Terry Witkowski)满头银发,面色红润,长期在南部生活。维特考斯基指出,按照市政府社区服务部的记录,托宾在近两年中的违规事项多达70次。他提到,在过去一年当中,拖车营内拨出了260通报案电话。他说托宾的拖车营无异于毒品、卖淫与暴力的大本营。他还发现由于园区内的污水管没有接好,结果秽物倒灌,10辆拖车屋的车底成了重灾区。在市政府授权委员会的眼里,拖车营是环境生物危害的元凶巨恶。

就此,密尔沃基的市议会在6月10日进行投票表决。如果

---

* Licenses Committee,负责密尔沃基辖下酒精销售、居家修缮、套房租赁、路边装卸货区、同居伴侣关系等各类生活相关执照与许可的核发和续展。

第3章 热水澡 | 049

授权委员会的决定获得认可,那托宾就会在一夜之间失业,而他的租户们也都将无家可归。这时候记者来了。他们头抹发胶,肩扛像武器般的摄像机。他们访问住户,其中有些人对托宾炮火大开。

"新闻把我们说得像没知识的杂种一样。"玛丽(Mary)在她的拖车外跟蒂娜(Tina)这么聊着。

"他们说这里是'南部的耻辱'。"蒂娜回应玛丽。

玛丽跟蒂娜在拖车营里住了不少年,两人的面容坚韧而又饱经风霜。"我儿子为了这事都睡不着了,"玛丽说,"我跟我老公也是……你也知道,我兼两份差呢。我已经很拼了。我是说,我没钱再搬去别处了。"

这时米特斯夫人走过来,她的脸眼看着就要贴到蒂娜的脸上了,蒂娜不禁后退一步。"那个王八蛋!"米特斯夫人破口大骂,"我要打电话给那个市议员,我要好好跟他聊聊!那个王……"

"你这样做没用啦。"蒂娜打断了米特斯夫人的话。

"我要去,而且我要好好教训他,"米特斯夫人答道,"那个王八蛋!"

蒂娜跟玛丽摇摇头。看着米特斯夫人气呼呼地离开,两人这才正经起来。"要叫我们搬到北部,那可不是开玩笑的,"她说,"这玩笑开大了。"玛丽稍稍摇头,快要哭出来了,她不再直视蒂娜。

问题就出在这里,这是拖车营居民最害怕的事情。拖车营里的每一个人,包括玛丽、蒂娜、米特斯夫人都一样,他们表面上在讲可能得被迫搬家，实际上担心的是住进北部。办公室苏西是园区里少数几个在北部住过的人，她已成年的儿子就曾在那里被人用枪指着。"市议员说我们这儿是个贫民窟，"她不吐不快，"我真想带他见识一下什么叫真正的贫民窟！"这件事让苏西心中一阵绞痛，她儿子担心得将她平常吃的止痛药给藏了起来，就怕她会想不开，吞下一大把。

在议会表决前，拖车营还剩10天可以努力，居民们于是做了几件事情。他们办了场烤肉大会来招待媒体，四处打电话给地方的议员代表，另外还开始背诵要跟市议会表达的心声。像鲁弗斯（Rufus）就把想说的话写成稿子练习。平日鲁弗斯靠捡垃圾回收维生，他留着修过的红色胡须，还有一双深邃的蓝色眼睛。"我会问，'有谁欠过500美元的房租？'有些人会举手，我再接着问，'欠过700美元的人呢？1,000美元的呢？'这样子所有人都会举手。"鲁弗斯打算做出的结论是："他（托宾）不是什么贫民窟的土霸王，也不是什么坏人。"

假如这番话不管用，拖车营最后还是关门大吉了，鲁弗斯就打算把拖车锯一锯，把剩下的铝拿去换钱。

托宾确实会给房客方便。他会让欠钱的房客今天先交一点、改天再补交一点。遇到有租户失业，他会让对方干活来抵租金。有时他会跟连尼说，"这些人也许会拖欠房租，但他们都是好人。"他曾借钱给一名女租户，让她可以去参加母亲的葬礼。遇到有人喝醉了在拖车营里破坏草皮或翻垃圾被警察逮捕，托宾还会把他们保释出来。

托宾跟房客谈的条件很少写成白纸黑字，所以有时双方会各执一词。房客记得她欠的是150美元，但托宾会说是250美元，甚至600美元。有一次，一名房客在申请到劳动赔偿金后，预付了一年房租，但托宾把这件事忘得一干二净。拖车营的居民就发明了一种用语，把"托宾"当动词用：托宾忘记欠你的东西，就是你"被托宾"了。大部分人都会说这是因为托宾老了记性差，或者他单纯是健忘。但要说健忘的话，托宾也是选择性健忘，因为别人欠他什么，他可是记得一清二楚。

要把密尔沃基最底层的拖车营当成一门生计，需要点专业技术，也需要坚持。托宾的"策略"很简单，无论是有毒瘾的人、靠拾荒为生的人还是身体不方便的老太太，他都会直直走过去跟对方说"我来收租了"。他会捶门，敲个不停，直到对方开门为止。想要装作不在家几乎是不可能的，想要隐瞒什么也非常困难。补助寄来了，你骗不过办公室苏西，因为支票是她放进信箱的。此外，连尼也能一眼看出，你有钱买香烟或啤酒犒赏自己，或买新的脚踏车给小孩，但就是不想交房租。房客一把门打开，托宾就会把手一伸说："你是不是有东西要给我？"有时候他一敲门就是好几分钟，有时候他会绕着拖车拍打铝质的外墙，有时候他会找连尼或另外一名租户去敲后门，他自己去砸前门。他会打电话到租户上班的地方，甚至会直接找他们的主管谈话。遇到社工或牧师来电拜托说"请……"或是"能不能稍等"之类的话时，托宾就会直截了当地回应："不然你帮他交。"

赔了几百或几千美元的事情，托宾都会像记仇般牢牢刻在心里。他不会让欠租的人只还一半就算了，也不会用低于行情的价格把拖车便宜租出去。遇到有人拖欠租金，摆在托宾面前的有三个选项：放过对方而让自己少赚，将对方逐出家门，或者他可以找对方谈谈。

选项一只是摆着好看，托宾不会选。托宾是全职房东，收租对他来说是一门生意，而心太软的话他的生意会做不下去。即便如此，托宾也很少真的因为有人欠租而将他们驱逐。把房客赶走意味着你得重新找人进来，而这个过程也会产生成本。通常每个月拖欠托宾租金的会有40个人（相当于园区住户的1/3），平均每位房客欠340美元。[4]但托宾每个月只会驱逐当中的几个人。太强硬或太软弱都是当房东的大忌，要走中庸之道才赚得到钱。所以托宾被欠租既不会就这样认了，也不会随便赶人，他会选择第三种方法，与对方好好谈。租户一开始或许不会开心，但到最后他们都会对托宾表示感激。

杰里·沃伦（Jerry Warren）就是这样。杰里曾经是"亡命之徒"飙车党的一员，浑身刺青，有好几处是在牢里文的。托宾曾经一手拿着驱逐通知单，另一手狂敲猛打杰里的水蓝色拖车（水蓝色还是杰里亲手漆上的）。结果通知单被杰里揉成一团丢到托宾脸上。激动的杰里吼着："托宾，这通知单就是个屁！还有连尼，不管你多老我都照打不误！"连尼跟杰里相互喷了些垃圾话，但托宾倒没事人儿似的站在一旁。对他来说，双方这就已经开始"谈"了。果然不出几天，冷静下来的杰里自己开口了。[5]他提出由他帮托宾打扫拖车营并做一些维修的活计，以换取不被驱逐，托宾也同意了。

面对拉瑞恩·詹金斯（Larraine Jenkins），他采取的是另外一种策略。在市议会表决通过勒令拖车营停业的1个月前，托宾曾经开着凯迪拉克载她去驱逐法庭。因为有学习障碍，拉瑞恩通过了补助保障金的申领资格，而她之所以会有学习障碍，是因为童年时从阁楼的一扇窗户摔了下去。她每个月会领到一张面额714美元的支票，而每个月要付的租金则是550美元，不含水电燃气。拉瑞恩迟交房租已经好几次了，托宾才狠下心来带她出庭。"要把钱拿去交房租，让人觉得很不甘心，"拉瑞恩说得坦白，"你会想说那些睡街上的人是不是比较聪明，在街上生活，没有房东也不用交房租。"拉瑞恩坐在副驾驶座，后座则有另外一名租户帕姆·赖因克（Pam Reinke），她是位留着齐刘海、脸上长着雀斑的孕妇。托宾给了她们"明文协议"的机会。所谓"明文协议"，可以理解为民事法庭上的"认罪协商"。只要她们同意严格遵守协议中的还款日程，那托宾就愿意取消驱逐。但要是她们不按协议走，托宾可以直接获得准许驱逐的裁决书，不需要再让拉瑞恩或帕姆出庭，并有权把治安官手下的驱逐队叫来（带着一份名为"房产复还"的令状）把人赶走。

在跟维特考斯基议员周旋的过程中，托宾曾经担心租户会等到拖车营的命运决定后，再看要不要交房租，但他显然是多虑了，因为大部分的租户都按时交了房租。只是这"大部分"并不包括拉瑞恩。已经欠租的她将6月的租金也先扣了下来，主要是她觉得拖车营可能会被关闭。她想如果横竖都得搬家,那还不如口袋里攒着这 550 美元。拉瑞恩有点得寸进尺:欠租金不说,她还跟其他几个租户上了晚间新闻,数落拖车营的种种不是。她在电视上直言看过妓女跟毒贩在拖车营里出没 [鼓动拉瑞恩去做这事的是菲莉斯·格拉德斯通(Phyllis Gladstone),她公开发声支持维特考斯基议员]。[6] 在知道一切是怎么回事之后,托宾想起了拉瑞恩并没有遵守上次出庭时的"明文协议",而这意味着他有权请治安驱逐队将她逐出家门。于是他就这么干了。

没隔多久,密尔沃基治安官办公室发了通知单给拉瑞恩,鲜黄色的纸上印着如下内容:

致现租户

密尔沃基治安官办公室特此通知您,本署现已收到法院开具的令状(房产复还/协助执行令)。您应立即自行迁离现住址;如您不能立刻搬离,本署治安官有权将您的物品强制搬离该住址。

驱逐若进入强制执行阶段,您的个人财物将由本署移置至他处保管,届时相关的损坏和损失将由身为被告的您自行承担。搬迁人员不会将您留在冰箱或冰柜中的食物取出,请务必自行带走食物。

看得出来,拉瑞恩被这些话吓住了。她的心情有如电影银幕般，直接投射在了脸上：高兴时她满脸放光，咧开嘴大笑，露出宽宽的牙缝；沮丧时她的脸皮下垂，仿佛有上百个铅坠在把脸皮往下拉。54岁的拉瑞恩独居在一辆干净的白色拖车里，但她真心盼望的是有朝一日可以跟她两个成年的女儿还有外孙们团圆。这几位血亲外加上帝，占据了她宇宙的中心。她圆脸、身材臃肿，白皮肤上长着雀斑。许多年前，算是有几分姿色的她，也爱打扮得漂漂亮亮的，引得男生从车窗里探出头来。即便是现在，拉瑞恩还是很在意自己的外表。她会刻意不戴眼镜出门，因为她觉得眼镜会让她看起来"像死鱼一样"。当她想好好打扮一番、看上去美一些时，就会戴上自己年轻时购置的珠宝首饰，并且用别针把项链变长，这样就能戴得上去了。

带着一身汗味跟酸味，棕发乱成一团的拉瑞恩走进园区办公室。她把黄色的通知单像条抹布般拧得皱皱巴巴的。简短交谈之后，托宾领着拉瑞恩走出办公室，然后开始喊苏西的名字。

"苏西？苏西！"托宾连声喊着。

"什么事啊，托宾？"

"替我带她跑一趟银行好不好？她得领点钱交房租。"

"来吧。"苏西一边招呼拉瑞恩，一边快步去开车。

当苏西带着拉瑞恩回来时，托宾在办公室里翻看资料。"领了多少？"他问的是苏西。

"我有400美元。"回答的是拉瑞恩。

"这样我不能取消驱逐哦。"托宾说，眼睛还是盯着苏西。拉瑞恩当月还差150美元的房租没交。

拉瑞恩不知所措地站着。

托宾终于正眼看向拉瑞恩："你什么时候可以补上剩下的150美元？"

"今天晚上……"

托宾没让她把话讲完："好，你就把钱交给苏西或连尼。"

拉瑞恩已经没钱了。她从准备交纳的房租里挪了150美元去补交了欠下的燃气费，希望被切断的燃气可以恢复。她想冲个热水澡，冲去身上的味道。她想把自己收拾得干干净净，最好能收拾得漂亮点儿。女儿还在襁褓中的时候，她曾经站在桌子上给男人跳过舞，她想和当年一样美丽。她希望热水可以缓解她的肌纤维痛，那种疼痛像是背上被人千刀万剐一般。医生给她开了乐瑞卡跟西乐葆这两种止痛药，但她不是每次都有钱买药。这时候热水就能管用。但事实证明150美元并不够，威州能源公司收了钱但没有恢复燃气供应，拉瑞恩觉得自己这钱交得实在太蠢了。

苏西拿了张废纸，当成收据，把它跟拉瑞恩的驱逐通知单订在一起。"要不要找你姐姐凑点钱，把剩下的150美元交上？"她一边这么建议，一边抓起传真机上的话筒拨出一串烂熟于心的号码。"喂，你好，我这里是学院路移动房屋营，我要中止一份驱逐令，"她通话的对象是治安官的办公室，"对,案主是W-46号拖车的拉瑞恩·詹金斯。她在交租金了。"苏西一通电话取消了治安官办公室的出勤，但只要拉瑞恩拿不出剩下的150美元，托宾还是可以重启驱逐程序。

拉瑞恩悻悻地走回拖车。车内热到她奢望着淋浴头能喷出水来。她没有开电扇，风会吹得她头疼。她也没有开窗，只是坐在沙发上。她打电话给当地的几家社会服务机构，但几通电话都没有下文，她对着地板呆呆地说："没有其他办法了。"拉瑞恩试着不去理会那热浪，在沙发上躺了下来，沉沉睡去。

第4章
大丰收

市议会公布拖车营命运的那天，托宾穿的是马球衫（Polo Shirt）、驼色休闲裤和棕色渔夫鞋。他坐在旁听席前排长凳的中央，太太跟律师陪在一旁。宽广的粉色大理石柱向上延伸至看得见横梁的天花板，上面有精巧的红黄色图案。房间的前端安放着一张大大的橡木桌，正对面是为15位市议员准备的小橡木桌，一人一张排得很是紧凑。前一天晚上，律师递交了一份附件给市议会，由于送达时间太晚，大多数市议员还没来得及看，于是托宾的律师起身清了清喉咙，口头说明。按照他的解释，这份附件包含了托宾将立刻（或者尽快）采取的十项措施：托宾会报名由市政府开办、时长一整天的房东培训课程，并跟全天候服务的保安公司和一个独立的物业管理公司合作，驱逐妨碍居民生活的租户，同时处理园区内有关房地产法的违规事项。律师说托宾不会报复那些开口批评过他的租户；并且，一年之内他会把拖车营卖掉。

"拖车营所在的园区里住的都是弱势群体：老人、残疾人、小孩。"除了做出这样的结论，律师也不忘强调托宾已经"积极配合"维特考斯基议员"拟定的协议"。

对于这种临时抱佛脚的方案，市议会并不买账。阳光穿透彩色玻璃窗洒进议事厅，厅内的市议员们开始各执一词。一名议员说托宾提出的方案证明他是个君子，另外一位同僚则质问，此例一开，以后每位公民被追究责任的时候，都只要能弄个十条改善方案就好了。最后维特考斯基议员也忍不住开口发言。

"沙尔尼先生放任一个原本很好的移动房屋园区变成今天这副样子，"他毫不客气地说，"我的选区内有四个拖车营，只有他这个有这些问题。"他的视线穿过眼镜上方，看向托宾的律师。"大律师，园区里住的并非全都是老人、残疾人或小孩，"他转头看着他的议员同仁，"但确实有些人的手头不宽裕，也没什么工作能力。到时候他们就得搬迁。"维特考斯基不是托宾的盟友，但他表示愿意接受附件提出的条款。

议员间再度唇枪舌剑起来，大家精力充沛且针锋相对。托宾还是牵着老婆的手坐在后头，看起来忧心忡忡。

主席宣布进行表决。

听证会结束后，托宾开车来到拖车营。他既没有集合大家来宣布议会的决议，也没有瘫倒在办公室的椅子上愁眉苦脸。他的当务之急是驱逐。市议会同意让托宾保留营业执照，条件是他要积极改善园区内的环境、整顿治安状况，包括把会惹事的家伙清一清。

市政府或州政府的官员给房东压力——要他们聘请外面的保安公司或派房屋检查员去彻查他们的物业——很多房东就把压力转嫁到房客身上。[1] 重新取得控制权也是同一个道理。要声明、维护土地所有权，最有效的办法就是叫人"离开"。[2]

"我的 28 天驱逐通知单放哪里去了？"连尼问。他在办公室里一通翻箱倒柜，只要搬出预告 28 天的"无理由"终止通知，房东就可以任意进行驱逐，不需要再跟房客解释什么。要把惹人厌烦但又没有欠房租的房客赶走，没有比这更好的办法了。连尼转头看向托宾："这下子你可要填一大堆 28 天通知单了。"

"他们还欠我房租，"托宾答道，"给他们预告 5 天的通知单吧。"

托宾口中的"他们"，是指帕姆和她的家人。在开车载帕姆去驱逐法庭后，托宾曾请她去跟媒体讲讲话。帕姆现年 30 岁，怀孕 7 个月，说起话来有美国中西部特有的鼻音，长着一张像是从高中毕业册上复制粘贴下来的脸蛋。帕姆的遭遇值得同情，但托宾现在不得不清理门户。

托宾抬起头来。"连尼，钱没有因为这件事收不上来吧？"他说。

"没有，我自己也吓一跳，"连尼答道，"报表我刚弄出来，情况还不错。"

办公室苏西也补了一句："我这边也是大丰收。"

为了让托宾改变心意，帕姆把刚收到、还热腾腾的 1,200 美元支票转让给了托宾。会有这张支票，是因为奥巴马总统在 2008 年推行了一项"经济刺激法案"。她以为这 1,200 美元应该够了,主要是她以为自己只欠 1,800 美元。但托宾却说她的欠款已经接近 3,000 美元。另外,办公室苏西说帕姆"还在吸食快克可卡因"。托宾收下了帕姆的支票,但驱逐令还是照样执行。帕姆一家已经在拖车营生活两年了。

帕姆跟男朋友奈德·克罗尔(Ned Kroll)会在托宾的拖车落脚,是因为托宾将一辆拖车"送给"了他们。帕姆跟奈德一直都想要从格林湾(Green Bay)搬到密尔沃基,以便就近照顾帕姆生病的父亲。当时,他们在地方报上看到了托宾登的出租广告,于是开车前来了解。

帕姆跟奈德来到学院路移动房屋营的时候,托宾跟连尼表示他们适用"修缮专业人士特惠方案"(Handyman Special),可以免费得到一间移动房屋。按照这个协议的内容,租户会成为拖车屋的所有人,托宾则单纯是提供拖车停放地的地主。因此托宾收的不是房租,而是"地租"。虽然名字换了,但"地租"的金额跟一般租户交纳的房租是一样的。要说哪里不同的话,那就是拖车屋的所有人反而得自行负责拖车的维修保养。理论上,手握所有权代表你可以任意把拖车移到别处,但拖车所有者知道这实际上根本不可能。首先拖车牵引费的起步价就是 1,500 美元,重新将拖车屋固定又得再花两到三倍的钱。要是遭到驱逐,车主也只能无奈地把拖车留在原地。到时候托宾就会回收这个大型的"废弃财产",再故伎重施"送给"下一位住户。

在帕姆面临被驱逐的同时,园区里有将近 20 辆拖车为租户所有。但要说拥有拖车有什么好处,顶多也就是一种心理上的慰藉而已。"我搬到这里是为了能拥有一个家，就算是建在轮子上的家我也认了。"帕姆的一个邻居常这么说。[3]

托宾的"拖车屋大派送"让园区里的拖车屋都不会空太久——只要一有拖车空出来，即便烂得像个大型垃圾车，他也一样能在短短几周或几天内找到下家——当然也有些特别穷的家庭会自己找上门来。

在全美包括密尔沃基在内的各个城市，租金合理的房屋存量越变越少，乃至于消失，低收入家庭开始抢占便宜的住房资源。放眼全美，廉价房的空置率已经降到百分比的个位数。[4]在连尼的办公室里，天天都有人打电话来问有没有空房（车）。拖车营上新闻之前就已经如此，上新闻之后也还是这样。消息在电视上播出来的那个月，托宾的拖车营一位难求，全都租出去了。"园区都住满了，"连尼说这话时还"呵呵"了两声，"就这还不停有人打电话来问。"连尼替托宾保管的租约清册显示，平常每个月只会有5辆拖车屋空着，换算成空置率，连4%都不到。[5]廉租房的供不应求也让房东们了解到一件事，那就是在每一个租房家庭的背后，都还有几十个同样的家庭在排队等候。在这种情况下，你很难想象房东们会愿意降租、原谅租户拖欠房租，或是有动力去修缮房屋。

"果然不出我所料。"奈德叼着根烟嘟囔。他会这么说，是因为发现帕姆又怀了个女儿。他16岁时就有过一个儿子，对方是他在ZZ Top乐队的摇滚演唱会上认识的墨西哥女生。只不过

第4章 大丰收 | 063

女方的家庭觉得他是个污点，压根不想承认他，后来除非收音机上响起 ZZ Top 唱的拉格兰奇（'La Grange'），奈德很少会想到自己的那个儿子。"在这之后，可能是老天爷惩罚我吧，"他曾经打趣说，"我怎样都生不出儿子。"加上帕姆肚子里的那个，奈德马上就是五个女儿的爸爸了，当然这还得算上帕姆之前跟别人生的两个黑人女儿，而奈德并不是每次都会把她们算进去。

帕姆跟奈德在格林湾认识，机缘是帕姆的爸爸让奈德帮他调校自己那辆哈雷摩托。奈德比帕姆大 10 岁，指甲缝里总是积满油污，棕色的胡茬又短又硬，留着一头长头发、头顶微秃。另外他还是那种上厕所不把门关好，在大庭广众之下抓屁股痒，看起来还美滋滋的那种人。

帕姆已经有两个女儿：23 岁时生下的布利斯（Bliss），还有比布利斯晚两年到来的珊卓拉（Sandra）。她们共同的黑人父亲是帕姆 19 岁时认识的毒贩。帕姆后来才知道自己虽然名为女朋友，但对方其实脚踏好几条船。

"能讲讲那次爸爸用瓶子砸你，你的头都流血了的事吗？"有次在开车去食品救济站的路上，珊卓拉这样问帕姆，说这话时的珊卓拉才 6 岁。

帕姆很辛酸地挤出个微笑。"你当时还那么小，怎么会记得这种事情。"

"我记得很清楚，"珊卓拉回答。在其他女生边发抖边抱成一团的时候，珊卓拉是那种会随手抄起鞋把蟑螂拍得粉身碎骨的女生。她跟布利斯是拖车营里仅有的两个黑人小孩。有一回园区的邻居在窗前挂了一面纳粹旗帜,像这种事情连尼是不允许的;不过联盟旗*倒是可以挂,前提是上头要搭配"古老的荣耀"†。

"不可能,你当时还是个婴儿而已。布利斯倒是有可能记得,她都习惯了,经常看到我身上冒血,已经见怪不怪了。"

帕姆想办法离开了那个男人。在这之后她成了一名有资格认证的助理看护,工作内容包括倒便盆、把地板上的呕吐物打扫干净,还有帮无法自理的人翻身以防他们生褥疮。私底下她还学会了怎么煮一大锅意大利面和通心粉沙拉。帕姆的妈妈还没来得及教她做菜,就出车祸过世了,那年帕姆还是高中生。帕姆的爸爸也没空管她,因为他长年在监牢里,罪名不是吸毒就是酒驾。帕姆的兄弟渐渐回到正轨,努力上进。目前他正在服用美沙酮戒毒,还说自己一点也不怀念吸海洛因的感觉。

那是一段充满希望与重生,一步一个脚印往前走的安稳日子。只是没想到走着走着,脚下又地动山摇起来。帕姆有一天接起电话,就听见另一头的人说她兄弟死了。帕姆问是怎么死的,对方说是吸毒过量。他才 29 岁啊。帕姆先是冲着电话嘶吼,然后将其挂掉。但她随即又抓起了电话,拨另外一个号码。仿佛

---

* Confederate flag,由美国南北战争时期南方邦联的田纳西州军队所用军旗演变而来的旗帜,自 19 世纪末起逐渐流行开来,成为部分美国人纪念南方邦联的标志。近年来,这面旗帜因为频繁出现在美国极右翼运动中而陷入巨大争议,一部分美国人认为它代表着南方州的荣耀,还有人则认为它象征着种族歧视与排外主义。

† Old Glory,美国国旗的别称。

马上就要溺水身亡的她需要一根浮木,而这根浮木就在电话的另一端。

毒品的各种别名"快克可卡因""石头"*,会让人误以为毒品都是些看起来节节疤疤的毛糙东西,可一旦你把它们握在手心,就会感觉它们既滑顺又优雅。这些毒品会让人想到一颗颗芝兰牌口香糖——从25美分的投币机里吐出来的、小朋友用双手接住的那种糖果。虽然跟毒贩交往了那么多年,帕姆却一直没有碰过毒品。她知道毒品会让人变成另一副模样,她亲眼看过人为了吸毒所做出来的事情。但她也知道,毒品可以帮人把糟心事忘个一干二净。"当时我每天都过得浑浑噩噩,每天都在搞砸事情,"帕姆回忆道,"有时候我会想,'啊,我甚至没有为这男人哭过。'确实没有。我一想哭,就会去嗑药嗑到兴奋。"

就在这时候,她认识了奈德。

跟奈德交往的第一年,快克可卡因将两人拧成了一股绳。他们为此而活,也以此为生,同时带小孩。没多久他们就从吸毒变成贩毒。认识满一年,两人双双被捕、被定罪。奈德因为有过毒品前科,所以必须入监服刑。帕姆因为是第一次犯重罪,所以被判缓刑4年,但还是得先在监狱蹲10个月。在牢里,她第一次掉下了眼泪。

出狱之后,帕姆努力想跟毒品撇清关系,她找了个在格林湾最不可能吸毒的朋友当室友,但没想到在她坐牢期间,这位

---

* Rock,和快克可卡因一样是可以当烟抽的可卡因结晶。

朋友也"沦陷"了。"我在格林湾认识的所有人都××的在吸毒，无一例外。"帕姆气呼呼地说。她请她爸爸汇500美元给她，好让她有钱搬家，她爸爸还真的汇了，这一点连她自己都感到意外。但格林湾是个小地方，帕姆很快就又撞上了之前认识的某个毒贩。"他立刻唤醒了我的毒瘾。"

等到奈德出狱后，帕姆又跟他联系上了，接着帕姆发现自己有了身孕。奈德要求做亲子鉴定，结果孩子是他的没错。他们给这孩子取名为克里斯廷（Kristin）。没隔多久，奈德跟另外一个女人生的女儿劳拉（Laura）也跑来跟他们同住。劳拉有个小巧的鼻子跟满脸的雀斑，年龄比布利斯大1岁。劳拉搬来同住的几个月后，奈德把劳拉、帕姆，还有帕姆的两个女儿扔在一个他刚在毒品圈认识的女人家里，自己一个人跑了。帕姆带着3个女孩儿在陌生女人家里住了好几夜，最后出于无奈，只好陪着劳拉去她母亲的住处敲门。帕姆记得自己当时站在门口对劳拉的母亲说，"我肚子里的孩子快要生了，但我现在无家可归，因为你以前的男人把我甩了。我身上没钱、没吃的，什么都没办法给你的孩子。我真的很害怕……你可以把女儿领回去吗？"[6]

从头到尾都在通电话的劳拉生母，没有挂断电话，只是拿了包罐头给帕姆跟劳拉，然后就把门合上了。帕姆跟3个女孩儿只好继续住在陌生女毒友的家里。奈德回来已经是1个月后的事了。

托宾带了一票保安，告知帕姆与奈德，退税的支票得归他，

第4章 大丰收 | 067

而且他还是要执行驱逐程序。虽然托宾最后只给他们24小时搬走（否则就要打电话叫治安官来），但事情并没有搞得很难看。要不是因为奈德身上还背着另一宗贩毒起诉还有尚未执行的逮捕令，他一定不会就这样善罢甘休。面临被扫地出门的境地，帕姆跟奈德开始互相责怪。

"都是你搞砸的。"奈德斥责帕姆。

"搞砸的是你好吗，"帕姆反击，"你好意思说我。我可是把钱都交给你管……结果你把我们搞到要被驱逐。"

"那就搬吧，臭女人。"

"都是你害的，奈德！"

"你可以搬走啊！"

"我没办法，都是你害的，"帕姆停下来，"我也不知道。有问题的是我吗？我也搞不清楚了，也许是吧。把事情搞砸的真是我吗？"

他们变卖了所有值钱的东西，包括电视跟电脑，还有帕姆的圣诞节礼物。他们需要现金。帕姆每个月得工作30小时，才能拿到673美元的社会福利支票，另外的390美元会以食品救济券的形式发放。奈德替人改车或修车，生意好的时候一天可以赚个50美元。他们俩的钱各归各管。二人有独立的银行账户，所有的费用都是一人一半。

坐过牢后，毒品前科让帕姆不好找工作。最后肯用她的是"夸德制图"这家商业印刷公司。夸德一向以愿意聘用没有高中学历和有前科的人闻名，前提是他们得轮大夜班。帕姆愿意。于是从晚上 7 点到第二天的早晨 7 点，帕姆会在那些高温且嗡嗡作响的印刷机台前工作。

夸德制图位于密尔沃基西北方的萨塞克斯（Sussex），从拖车营开车要 40 分钟。帕姆很珍惜这段通勤的时光，因为这段时间只属于她，她可以暂时丢下奈德和孩子不管。

然后她的车子选了个最烂的时机抛锚，正好是冬天，而冬天他们的手头最紧。奈德原本在一个工地的建筑队工作，但天冷的几个月工程几乎全部停摆，他们又拿不出钱修车，于是帕姆就这样丢了饭碗。也就是从那时开始，他们拖欠托宾租金。政府发放的"紧急援助"[*]帮助他们撑过了第一个月。几个月后，到了 2 月，帕姆把退税的 1,000 美元给了托宾，但他们欠的钱还是没有还清。帕姆其实可以多还一点，但她想要回去印刷厂上班，这就意味着她需要辆车。于是她花 400 美元买了辆二手车，但才过了一周，奈德就听见引擎盖里咔嗒作响，他叫帕姆赶紧将车脱手，否则难保车子不会半道抛锚。

毒品上也没少花冤枉钱。有时候上完大夜班回来的帕姆一早抵达家门时，发现奈德要不是在海洛因苏西那儿，就是在自家客厅里瞪大眼睛醒着等药劲过去，沙发上还会有几个不省人事的女人，一副通宵开"毒趴"的模样。某些晚上，则换成帕姆自己嗑药兴奋到连路都走不稳。

---

[*] Emergency Asistance，威斯康星州政府针对低收入家庭设立的救济政策，用于帮助遭受自然灾害、无家可归或断水断电的人支付住房或相关生活设施、能源的费用。每 12 个月只能申请一次。

第 4 章　大丰收　｜　069

把电脑跟电视都变卖掉的帕姆，将剩下的东西塞进大垃圾袋里，去找住对面的司科特（Scott）帮忙。帕姆问他可不可以收留她跟她的家人，帮他们渡过这个难关，或至少让他们住到把孩子生下来。快40岁的司科特有吸海洛因的习惯，另外还有一个上了年纪的室友叫泰迪（Teddy）。司科特跟泰迪是在住"旅馆"期间认识的，就是救世军的收容所。虽然司科特曾当着他们的面昏倒过一回，但帕姆还蛮放心让女儿们待在这两个男人的身边。对于帕姆的请求，司科特跟泰迪都一口答应，完全没提钱的事情。

这件事透过办公室苏西之口传到托宾耳里，让托宾非常不悦。对托宾来说，他的拖车就是租给司科特跟泰迪的，可没说拖车里还可以住别人。托宾于是对司科特跟泰迪也发出了驱逐通知，并且把帕姆跟奈德欠的租金都算到了司科特跟泰迪的账上。驱逐就是这样互相传染蔓延的。

第5章

第十三街

阿琳不介意住在第十三街。她所住的街区有一头是阿拉伯人开的西班牙式杂货店，另外一头则是上年纪的人爱去的酒吧。住在这里，她可以走路送贾法瑞上学。当然阿琳会希望隔壁废弃的屋子里不要有瘾君子（有几个快克可卡因成瘾的人最近把那儿当家住了下来），不过再隔几栋房也有小女孩在学小提琴就是了。

她的公寓也越来越像样子。原先这是一座希腊复兴风格*的宏伟建筑，共两层，是用砂岩盖的，两根圆柱支撑着前门的遮棚。一楼面向街道，有一对窗户就像相框，窗户上方装饰有尖尖的三角楣饰。二楼临街的窗户更大一些，装的是可以打开的合页窗。

---

* Greek-revival，18世纪后期至19世纪初期，北欧与美国曾经流行过一阵模仿古希腊建筑的风潮，即所谓的希腊复兴式风格。

不过"岁月不饶人",房屋年久失修,每况愈下。楼下那两根柱子中就有一根的基底塌陷了,原本撑住的棚子也歪向一边。柱子、门廊跟窗户上的三角楣饰都一并漆成了灰色,外门上装有气派的铁栅栏。阿琳不喜欢走前门的台阶进屋,油漆剥落不说,左右的扶手栏杆也不搭配。所以,她都是走侧门的。

阿琳一心想把公寓弄得更像个家。之前的租户留下一个大衣柜、一个梳妆台、一张床,还有一台冰箱。地下室的东西就更多了:餐盘、衣服和一把带软垫的椅子。阿琳决心物尽其用,重新安排家具的位置,把新找到的盘子整齐堆放在她精美的瓷盘旁边。这些瓷盘是多年前一间家庭暴力庇护所送的。她睡靠外面的卧室,然后把里面的房间留给了两个儿子。她替他们摆好了一人一张单人床垫,衣服也整整齐齐地收进了梳妆台下的抽屉。接着她把音响从行李中搬出来,听起了老派的嘻哈单曲,她最爱图派克*的《抬起你的头》("Keep Ya Head Up")。她在厨房挂了幅不起眼的画作,上头有个黑人农夫在锄田,浴室的门上则贴着她在药妆店买到的"金玉良言":昨日愁今日,今日全无事。

阿琳还在地下室翻出了其他东西:滚筒、油漆刷和一桶 5 加仑的白漆。她把所有东西统统拖到楼上,裹上头巾,开始粉

---

* 2Pac(1971—1996),美国西岸的黑人饶舌歌手。曾经是饶舌歌曲销量的吉尼斯世界纪录保持者。他的作品触及暴力、贫民窟、种族与社会福利等主题,被众多歌迷、评论者和业内人士看作有史以来最伟大的饶舌歌手之一。1996 年遭人枪击身亡,年仅 25 岁。

刷墙壁。她希望这屋子能焕然一新。做着做着,索性把通往二楼的楼梯间也刷了。大功告成之后,她点了根熏香棒来掩盖油漆味儿。环顾四周,她心满意足。

日子一天天过去,阿琳跟孩子慢慢在第十三街有了家的感觉。放学之后,当哥哥的乔里偶尔会找街坊的其他男生玩"丢罐子"游戏,弟弟贾法瑞则在一旁当观众。这个游戏需要一个篮球和两个压扁的汽水罐。乔里跟单挑的对象会在人行道上面对面,相隔几米站着,然后轮流用篮球瞄准对方面前的扁铝罐,打中就可以得分,越远的得分就越高。乔里身材瘦长,但缺乏"运动细胞",主要是他的手臂跟手指好像要比身体的其他部位长得快。敏感的他为此穿了件特别大的长袖上衣跟外套,希望可以不被别人看出来。他完全不打理自己的头发,任其自由生长。他的个性十分随和,状态很放松、讨人喜欢。但如果事情牵扯到他最爱的妈妈,乔里就会非常较真。他不惜偷东西也要博得阿琳的笑容;要是有人欺负阿琳,乔里就会站出来捍卫她。有些生而贫穷的孩子会千方百计地想要搬家,而且搬得越远越好,但乔里完全没有这种想法,他觉得自己是为了妈妈跟弟弟才生在这世上的,他想守护他们。14年来,他天天扮演着这个家里的男主人。

贾法瑞是个"大"孩子,至少在幼儿园班上他的个子最高。跟乔里的瘦长不一样,贾法瑞的胸膛跟肩膀都有肉多了,肩线轮廓分明。高颧骨让贾法瑞的脸显得十分有型,但辫子头永远是乱糟糟、看着需要整理的样子。无聊的时候,贾法瑞会去地下室或后巷"寻宝",拖把的手柄、生锈的工具、狗链、胶合板等,然后拿这些东西当战车跟直升机打来打去。晚饭后,阿琳会看电视回放(并把声音转小),把贾法瑞的"个别化教育计划"*评估表拿出来读一遍,还会翻一翻她的祈祷书。有些夜晚,她会爬上既没人住也没上锁的二楼,在那里待上一会儿。阿琳觉得楼上没有邻居这点很棒,她喜欢清静一点的环境。

有一天,阿琳的朋友送了只猫咪给她:一只黑白相间的"奶牛猫"。谢伦娜答应让两个孩子养猫后,乔里马上给它起了个名字叫"小不点",拿餐桌上的剩饭喂它。每当小不点朝鞋带扑过去,或者把拉面面条给囫囵吞下肚时,乔里都被逗得很开心。贾法瑞会把小不点抱起来,然后用鼻子去磨蹭它的耳朵。不过兄弟俩最喜欢的还是小不点抓到老鼠的时候。它会把老鼠拖到屋子的中央,然后用猫爪拍来拍去追打老鼠。老鼠四处窜逃,想要摸清小不点的动向。啪!啪!小不点每拍一掌,屋里就会上演"翻滚吧!小鼠"的好戏。玩累了,可怜的老鼠就会钻到小不点前脚下藏起来,小不点也会让老鼠在那儿喘口气,暖暖身子。接着,小不点可能会把老鼠从身子底下叼起来,抛向空中,它觉得这样很好玩,所以如此这般,玩个不停……最后,老鼠躺在那儿一动不动,高傲的小不点则一脸嫌弃地看着自己的玩具,纳闷

---

* Individualized Education Program,IEP,自 1975 年起,美国法律规定必须针对有身心障碍的学生实施个别的教育计划,依照学生的家庭背景、兴趣、学业成就、认知风格作综合性的分析及评估,由教育专业人员与家长互相沟通、合作设计教育活动,并根据学生的学习状况进行检讨。

它怎么不反击了。

乔里推开家门,进屋第一句话就喊:"贾法瑞气喘发作了!"他陪着贾法瑞一路从学校走回来,阿琳则继续坐在双人沙发上,等着看今天刮的是"轻度、中度还是强烈台风"。如果只是稍微发作,贾法瑞的嘴巴会像离了水的鱼一样一开一合;严重一些时,他的嘴巴就会张成英文字母的"O"形;到了很严重的地步,他的上下嘴唇就会向后翻,从满是牙渍的齿缝呼气。

走进门的贾法瑞嘴巴张成了O形。他把书包往后一甩,瘫靠在双人沙发上,模样就像刚爬完一整层楼梯的老人。

"贾法瑞,去拿我的包包。"阿琳说。

儿子点头朝卧室走去。等他出来,阿琳接过手包,抽出一支舒喘宁摇了摇。贾法瑞用嘴巴含住吸入器,深深吸了口气。但两个人没配合好,第一次他错过了时机。"把气吐出来,别再胡闹了。"阿琳有些生气。

第二次贾法瑞还是没有抓准时机,所幸第三次终于把药送进了肺里。吸完药后贾法瑞屏住呼吸,鼓起双颊,就像小孩跳进泳池前在岸上所做的准备运动那样。母亲阿琳则在一旁数,"1……2……3……"数到10后,贾法瑞吐气并重新换气,终于露出笑容。阿琳也对贾法瑞报以微笑。

她每天早晚都会让贾法瑞吸一次舒喘宁。睡前的"例行公事"则是用德国的百瑞牌雾化器来吸一种叫"强的松"的类固醇。这台雾化器的配件包括塑料管线,另外还得戴上飞机机舱里的那种氧气罩，阿琳管这玩意儿叫"呼吸机"。贾法瑞的哮喘一直在好转，阿琳还记得贾法瑞以前每周都会被送去急诊。

贾法瑞的名字是他生父取的，但慢慢地，阿琳开始担心起他生父给他的不只是名字而已。他的生父有学习障碍跟情绪管理问题，而贾法瑞在学校也开始表现出类似的特征。他在阅读上的表现很好，但其他的科目则跟不太上。另外，他还会用手去推别的小朋友。学校有做过评估，但最终认定他还不需要额外的关注。有老师建议可以让他服药控制，但阿琳对这种意见很排斥。"我不想让小孩吃药，尤其反对吃利他林*。我觉得他需要的是更多一对一的关心……在他跟心理咨询师见面、接受完辅导之前，我不想让他吃药。"

阿琳跟贾法瑞的生父是在密尔沃基梅费尔购物中心里的电影院认识的，当时她是餐饮部的员工。"事情好像很自然就发生了，"阿琳回忆道，"但我们说不上在交往。"他们其实有试着认真发展，但阿琳发现对方有暴力倾向。总之，分手后没过多久，那个人就被抓去了监狱。除了把贾法瑞带到这个世上外，这位父亲还真没有给过贾法瑞什么。

阿琳自己的父亲也半斤八两。他把阿琳妈妈的肚子搞大后，人就跑了，结果她妈妈才16岁就生下阿琳。当时阿琳的外婆在哥伦比亚圣玛丽医院里的自助餐厅打工，阿琳的妈妈却深居简

---

* Ritalin，成分为哌甲酯，利他林是此药最常见的商品名称，一种中枢神经系统的兴奋剂，常用于治疗注意力缺陷过动障碍（ADHD）和嗜睡症。

出，不太出去赚钱。她先是领政府的补助度日，之后嫁了个有稳定工作的老公。她的老公后来摇身一变成为牧师，而这也就是阿琳能不进教堂就不进教堂的原因。

17岁离家的时候，阿琳把母亲逼她上学时穿的旧衣服一口气全扔了。"叮咚"，同学凡是看到她经过，就会拿她身上那条二手喇叭裤笑她。阿琳拿橡皮筋把裤脚扎住，而这却让她被笑得更厉害。后来她在高中毕业前辍学，但阿琳的妈妈一句话也没说。"她哪在乎这个。"

辍学后的阿琳找了份保姆的工作，并搬进了雇主家。也在这段时间，她认识了杰拉德（Gerald）的父亲。杰拉德是她一堆孩子里的老大，阿琳习惯叫他的小名"杰杰"（Ger-Ger）。在阿琳发现自己怀上杰杰的同时，她的男人也官司缠身。"我完全不知道要怎么跟一个老是进出监狱的男朋友交往下去，所以当有其他人出现时，"阿琳说的是杰杰的父亲在某次坐牢的期间，"我就离开他了。"

阿琳说的"其他人"，就是拉里（Larry）。拉里是个精瘦的男人，眼神沉稳，眉宇开阔。拉里自学当技工，然后在后巷替人修车赚钱。到了发薪的日子，他会带阿琳去吃她最喜欢的中国菜。她会把长长的菜单从头到尾看完，但永远只点同一样东西：芝麻鸡。他们虽然穷但很相爱，很快阿琳就怀上了拉里的儿子。他们也给他取名拉里，但平时叫他博西（Boosie）。后来拉里跟阿琳又生了三个孩子，分别是一女两男，其中小儿子乔里，名字是阿琳的妈妈取的，他们俩都觉得不错。

"嫁给我好吗？"某天拉里问。

阿琳的第一个反应是笑。她以为他是在开玩笑，就说了"不"。"他说的不是豪华的婚礼，甚至连去法院公证都不是。"阿琳还记得。但拉里是认真的。弄清楚这点后，阿琳收起笑容说她得考虑考虑。但让她裹足不前的不是拉里，而是拉里的母亲和姐姐。"她们老觉得自己懂得比我多……在她们眼里我永远不够好。"

那之后，拉里开始东游西逛，在家里待不住。这种情况几乎要把阿琳击垮，但只要拉里回来，她还是会为他敞开大门。在交往了7年之后，有一天拉里终于再也没有回来，这一次的"另一个女人"是阿琳当成朋友的人。

这都是陈年往事了。现在拉里偶尔会把车开到阿琳住处的外头，她会爬上他的厢式货车，然后两人一起兜风聊天，而他们聊的多半是乔里。拉里时不时会带乔里上教堂，或让儿子跟自己住一晚，有时他又会因为乔里在学校里惹了祸，把他打到嘴唇发肿。乔里要是在家附近看到开车经过的拉里会大喊，"那是我爸！"然后在后头追赶。

拉里把她跟孩子扔下不管的时候，阿琳正在机场旁边的 Mainstay Suites 酒店上班。万念俱灰之下，她辞掉了工作，开始靠社会福利救济金过活。过了一段时间，她找到了在"第三街码头"餐厅打扫的工作。但此时阿琳的妈妈突然离世，失去家人的痛苦将她淹没，工作也做不下去了。她很后悔回去靠领社会福利过日子，但那段时间对她来说真是暗无天日。

搬到第十三街的时候，阿琳领的是"W-2 T"*，这是因为她患有慢性抑郁症。2008年她领到的社会福利补助，跟十几年前，美国在推动社会福利改革那会儿没有两样：一天20.65美元，一年7,536美元。自1997年以来，全美各地（包括密尔沃基在内）的社会福利补助，几乎都停滞不前，但居住成本却大幅飙升。多年下来，主政者无一不知美国家庭不可能只靠福利度日。[1] 21世纪开始的头10年间，我们见证了房租与水电燃气费的大幅上涨，此前就已经不可能只靠福利金来支撑一个家了，在此之后不过是雪上加霜而已。

在"住"这件事上得到政府的补助，阿琳很早就断了这样的念想。要是能领到住房补贴券，或是能住进公共住房，那房租就只占她收入的30%，这当中的差别就像是"穷归穷但能安稳生活"跟"被贫穷折磨到死去活来"，或者"在一个社区里落地生根"跟"四处流浪"，还有赚的钱"能多用点在小孩身上"跟"钱转手就得给房东交房租"的差别。

许多年前，阿琳才19岁的时候，她曾经租到过一间政府补助租金的公寓，月租只要137美元。当时刚生下杰杰的她很庆幸自己不用再跟母亲同住，凡事可以自己做主。但这时在找室友的朋友叫她退租，她满口答应了。就这样，她从政府补贴的公寓，跳进了民间的租房市场，而这一跳就是20年，想回都回

---

* "W-2"政策下的子项目，针对的是身患残疾，或需要照顾家中其他身患残疾、无工作能力的"W-2"政策适用个体，因而不能从事"W-2"非补贴工作的人群。

不去。"我以为搬个家没什么关系,"她回忆道,"但我后悔了,每天都后悔。当时真是年轻不懂事!"说着说着,她开始摇起头来,仿佛要把19岁的自己摇醒。"要是我脑袋清楚一点,现在我应该还住在那里。"

有一天心血来潮,阿琳跑了趟密尔沃基的房屋管理局,去问申请租房补贴的排队名单。结果透明玻璃后的小姐告诉她:"名单根本没有动。"原来早在4年前就有超过3,500个等待租房补贴的家庭了。阿琳点点头,手插在兜里离开了。[2] 不过这已经是比较好的情况了,在美国一些真正的大城市里,比方说华盛顿特区,你要等的可能不是4年,而是几十年。在这些大城市,登记时你可能还是个带着小孩的少妇,等那份申请接受评估的时候,或许你已经当奶奶了。[3]

阿琳的处境,也是美国大部分穷人的处境:他们没有公共住房可住,也没有租房券可以补贴房租。每4户条件符合租房补贴的家庭里,有3户什么帮助都得不到。[4]

如今想住上公共住房,阿琳首先得存一个月的收入,交给房屋管理局,这是她年轻时无故放弃补贴公寓而需付出的代价。再来,她得花两到三年等排队名单解冻,然后再耗两到五年等待表上排在她前面的人被消化干净。最后她还得祈求上帝保佑,祈祷那些喝着不新鲜的咖啡、手卧沉甸甸的印章的人在审理她的申请书时,可以忽略过去她留下来的驱逐记录,以及靠社会福利补助在民间租房市场勉强维生的日子。

第十三街楼上的房子没有空太久。阿琳刷好的墙壁油漆一干，谢伦娜就安排了一位年轻小姐搬进去。她就是特丽莎（Trisha）。

阿琳跟特丽莎开始一起聊天，分享食物。对刚认识的人，阿琳沉默寡言，心扉紧闭；特丽莎却特别率直。特丽莎跟阿琳说，时隔8年，她终于又有了真正的家。她上次那个像样的家，是她姐姐的房子。在特丽莎跟她说了她们爸爸的"所作所为"后，姐姐就要求她离开了。从那时起，特丽莎开始浪迹天涯，不时以收容所或废弃房屋为家。但话说回来，大多数时候她还是跟着男人回家。16岁，特丽莎已经开始学习"利用"自己苗条的身材、大波浪般浓密的黑发、古铜色的皮肤，她是有着黑人、墨西哥人和白人血统的混血儿。前一年，23岁的特丽莎当了妈妈，但因为吸毒（主要是快克可卡因），生下孩子后，她就签字把孩子的监护权转给了姐姐。孩子出生之后，特丽莎跟当地一个针对无家可归者的机构"补破口者"搭上了线。在这个机构的协助之下，她申请到了社会保障收入。

特丽莎不识字，而且很脆弱。乔里把她惹哭过，只因为他问了一句"你是有什么特别之处，跟别人不一样吗？"不过她也有让人感觉很轻松、贴心、可爱的一面。最重要的是，她就在那里。遇到阿琳和特丽莎想抽根烟排遣下烦恼，或者到了月底想用烟草让自己感觉没那么饥饿时，特丽莎会拿零钱去街角的小店买散烟，或是去快餐店门口的直立式烟灰缸里捡烟屁股。阿琳如果需要出门办事，特丽莎会替她看孩子，而在乔里的眼里，特丽莎是个同龄人，甚至比自己还小，总之他没把她当大人看。乔里会叫特丽莎在贾法瑞旁边时嘴巴放干净点，特丽莎则回嘴说："我生下来就是要骂脏话的。"

有一天，阿琳跟特丽莎眼看路上开来一辆 U-Haul 的搬家卡车，上头下来三女一男，走到公寓前面敲起了阿琳家的门。大概猜到他们是来做什么的之后，阿琳立刻冲入家门，用脚和腿抵住门，生怕他们会强行推门进来。

来人当中有一个年轻女人。她自我介绍说是之前的租户，今天是来收东西的。按照她的说法，衣柜、梳妆台跟冰箱都是她的东西。

阿琳骗她说谢伦娜把东西全清掉了，但对方不信这套，所幸有特丽莎跳出来附和阿琳的说辞。前租户一行四人于是就这样被糊弄了过去，空手而回。等对方走后，合作无间的阿琳跟特丽莎冲着对方点头示意。[5]

这件事之后，特丽莎逢人便说她们是老朋友了，多年前在街角的某家小店前认识的，还说，自己当时还是个小女孩，阿琳曾经跟她说，"你是个漂亮女孩"。故事不光是这样而已——阿琳在牢里见过特丽莎的母亲，特丽莎在医院醒来，阿琳就在旁边——但这些都是特丽莎脑子里的故事。她自己信不信，旁人很难知道。

特丽莎会成为谢伦娜的租户，主要靠贝琳达·霍尔（Belinda Hall）牵线。在很长一段时间里，认识贝琳达对谢伦娜来说就像是中了头奖。她是一个黑人女性，圆脸，戴着眼镜，30岁不到就自立门户做起了生意。她是一名代理收款人，一些领补助保障金的人自己没有理财能力，她就替这些人打理财务。谢伦娜本来就很爱透过社会服务机构来找租户，主要是社会服务机构常替租户担保，而且还会先替他们垫付现金。但贝琳达的好不止于此。"我一直尽可能满足她的需求，因为我希望每间房都不要空着，"谢伦娜有感而发，"每个月的租金会直接从她那儿过来，这太方便了。"谢伦娜曾经对贝琳达说，只要她开口，自己愿意清出所有房子给她的客户。"我是认真的。因为我知道这样能拿到属于我的钱。"两人认识3个月来，特丽莎是贝琳达介绍给谢伦娜的第四个租户。

有些人穷困潦倒，身心也有障碍，所以要领保障金不成问题；但因为他们不够干净整洁，所以不受欢迎，很难申请到公共住房。这些人就是贝琳达的主要客户。[6]贝琳达算过，她的客户一般得拿出月收入的60%—70%来交房租。大部分客户在贝琳达帮他们代交完房租、水电燃气跟食物的费用后，身上也所剩无几了。[7]找到稳定并且负担得起的房子，对她的客户来说永远是个难题，所以贝琳达很努力地与诸多房东搞好关系——一旦有紧急情况，她就能打电话向他们求助。贝琳达曾在凌晨5点的时候打电话给谢伦娜，因为有栋公寓的暖气坏了，她必须当天就帮住在那儿的女客户重新找套房子安置下来。排解疑难杂症的效率越高，贝琳达就越容易找到客户；客户越多，她的收入也就越高。贝琳达每个月向她的客户收费37美元。在认识谢伦娜时，她手上已经累积有230名客户。

贝琳达能为谢伦娜和其他房东们提供的是稳定、可靠的现金流,而贝琳达得到的回报则是越来越多的客户和越来越多的钱。

"语音留言请按 1。"谢伦娜按"1",然后留下这则讯息:"阿琳,我是谢伦娜。你的房租准备好了吗?别忘了我们说好了你要一点一点补上之前积欠的 320 美元,就是上次你……"谢伦娜紧急刹车,把刚到嘴边的话吞回去,她原本要说的是"上次你姐姐办葬礼的钱"。重新开口后她接着说,"嗯,总之我在等你那 650 块钱,记得回电给我。"

阿琳并没有为自己的所作所为感到后悔。平日有葬礼要出席的时候,她都没法给贾法瑞买双像样的新鞋,只得把他最好的鞋子尽量刷干净一点。过去她还错过了一些葬礼,因为乔里跟贾法瑞根本没什么衣服可穿。但这次走的不是别人,是她的好姐妹,虽然不是血缘上的姐妹,但是精神上的。她们十分亲近。过胖又有糖尿病的她,身体一直不好。这次是因为肺炎跟一堆并发症住进医院,最后就在那里没了心跳。

阿琳当然没有办后事的钱,问题是大家也都没钱。如果不出一点力,阿琳会觉得很丢脸。于是她把那个月的支票拆成两半,一半给了谢伦娜交房租,另一半则给了新匹茨太平间。

得知阿琳姐姐的事情,谢伦娜也有点于心不忍,于是决定给阿琳一点方便。她们约好只要阿琳可以"分期付款"把欠的房租补上,也就是接着的 3 个月都改交 650 美元,那她就可以继续住下去。问题是，即便阿琳把每个月的福利救济支票（628美元）全额转给谢伦娜，钱还是不够。但谢伦娜还是想碰碰运气，她以为阿琳会打电话跟亲戚借钱周转，或向非营利机构求助。而阿琳之所以会接受这个交易，是因为她已经走投无路了。

第二个月的月初，阿琳终于打电话来了，当时谢伦娜跟昆汀正在开着那辆雪佛兰萨博班。谢伦娜跟阿琳讲完话后，看向昆汀。"阿琳说她没收到支票。"

这话并非全部的事实。支票阿琳是收到了，但不是628美元的支票。原来，她旷掉了一次福利社工的预约，她把这事完全给忘了。政府的提醒通知单寄到了她之前住的阿特金森大道，总之没到她手上。而错过社工，"制裁"就是缩减补助。[8] 阿琳当然也可以把金额缩水的支票给谢伦娜，但她想反正横竖都是欠租，口袋里有几百元肯定强过两手空空。

昆汀眼睛盯着马路。"他们的生活就是这个样子。"他说。

第6章
鼠窝

64　　三代同堂的辛克斯顿家（Hinkstons）住在第十八街跟莱特街口一栋棕白色的房子里，拉马尔家就在他们后头。家族中的大家长是多琳，她的肩膀宽阔，腰围也是。多琳戴着眼镜，有张大饼脸，肤色稍淡的双颊上有深棕色的雀斑。从多琳记事起，她就没有瘦过，每天的生活也是优哉游哉，很少见她为了什么事情着急。多琳有四个孩子：24岁的帕特里斯、19岁的娜塔莎（Natasha）、14岁的C. J. 跟13岁的鲁比（Ruby）。外加老大帕特里斯生的一个外孙两个外孙女：10岁的米奇（Mikey）、4岁的杰达（Jada）、2岁的凯拉·梅（Kayla Mae）。这个家里还养了只叫"科科"的小狗。身形像美式足球员的科科凶起来会咬人，但它对娜塔莎忠贞不贰。

在帕特里斯收到谢伦娜的驱逐通知单，并跟三个孩子从公寓楼上搬到楼下与多琳同住后，辛克斯顿一家八口（加上科科）算是整整齐齐了，但他们的生活空间又小又挤。帕特里斯、娜塔莎跟C. J.的因应之道是尽量少在家里待着，天公作美时，三人会在外头散散步，天黑了就到家后头找拉马尔打黑桃王。只不过到了夜里，大家还是得挤在一起睡觉。两间卧房，帕特里斯占了当中那间小的，她的理由是：如果要她负担一半的房租，那至少得要有个房间归她，就算房间没门也没关系。在另外一个房间里面，多琳跟娜塔莎合睡一张床，鲁比则蜷在椅子上凑合着睡，手脚都无法伸直。米奇在客厅里跟C. J.分享一张没有床单的床垫，旁边就是玻璃茶几和堆得像山一样高的衣服，脏的干净的都有，反正房间里放不下就是了。帕特里斯的两个女儿睡在饭厅一张四角都开花的床垫上，内里的弹簧跟褪色的海绵都已"脏器外露"。

所有人都没办法好好睡觉。娜塔莎睡着后喜欢伸脚踢多琳，多琳则会习惯性地翻身滚到娜塔莎身上或把枕头偷过来，假如娜塔莎想要回去，多琳就会直接用枕头反击。因为睡不好，年纪较大一点的孩子常错过清晨的校车，小一点的孩子则一整天困得随时随地都可以睡着。有时候多琳从厨房走出来，就会看到他们睡得东倒西歪。头不是枕在茶几上，就是枕在掉地上的几件衣服上。

生日的前夜，往往也是睡得最差的一晚。要是你一个不小心睡着了，帕特里斯一定会溜进房里，用蛋黄酱或番茄酱把对方的脸涂花。已经6年了，辛克斯顿家都没有庆祝过圣诞节——他们庆祝不起。但家里要是有谁过生日，那天他顶着张黏糊糊的大花脸笑着起床时，会看到生日蛋糕赫然摆在桌上。彼此之间喜欢闹来闹去算是他们家的传统。娜塔莎曾经在帕特里斯的内衣里撒过胡椒，帕特里斯专挑娜塔莎负责照顾弟弟妹妹的时间，把鲁比偷偷带出家门，害得娜塔莎在附近绕了好几个小时找他，急得都快发疯了。

辛克斯顿家的后门已经从门轴上脱落，墙壁上坑坑洼洼的，浴室里还有个大洞。他们家的天花板有点塌陷，主要是楼上漏水，因此地板也蒙上了一层薄薄的黑垢。厨房的窗户裂了，饭厅有几扇歪七扭八又缺了几片的百叶窗。帕特里斯挂上厚重的毯子，盖住窗户，室内因此显得灰暗。客厅里，用胶合板做成的橱柜上有台小电视，电视旁则是没有灯罩的台灯。

在帕特里斯搬到楼下之后，谢伦娜发现她在偷电。修理电表得花 200 美元，但只要帕特里斯还跟多琳住在一起，谢伦娜就不愿意花这钱。"我才不出，"她说，"这钱统统要那些黑人出，冬天挨冻是他们的事。"辛克斯顿家后来花了两个月的时间才攒到 200 美元。在此期间，房子背面那些房间，包括厨房都没有电，冰箱里所有的东西都坏了，一家人终日以罐头果腹：每晚不是意大利方饺罐头，就是通心粉罐头。

面对发臭的冰箱，辛克斯顿家的态度就跟他们面对整间公寓的心态是一样的：忍就对了。对家中的床垫和小双人沙发，他们也秉持着同样的想法。床垫跟沙发缝里的蟑螂多到不像话，他们希望能在搬家时把它们统统甩掉。事实上，这些蟑螂在辛克斯顿一家搬进来前就已在此"驻扎"了：碗槽、脸盆、马桶、墙壁，乃至于厨房的抽屉，蟑螂的身影无所不在。"他们就是看哪里房租便宜就搬到哪里啊，"谢伦娜这么讲多琳这一家，"他们踩着蟑螂就搬进来了。"

在辛克斯顿家搬进谢伦娜位于莱特街旁的公寓前，他们有7年的时间住在第三十二街一栋有五个房间的公寓。那个家当然不是什么豪宅，但空间宽敞，房东人也不错。集所有人之力，他们每个月要付800美元的房租。帕特里斯在一家快餐店当午餐时段的服务员，而娜塔莎在高中辍学之后也开始赚钱。多琳没有念完高中，不过多年前她在就业团*受过职业培训，每分钟能打72个字。即便14岁就怀了米奇，帕特里斯还是念到十一年级，差点高中毕业；可最后为了维持家计，还是辍学做全职工作赚钱。娜塔莎16岁时就拿9.5美元的时薪，在夸德制图上班，每天轮12小时，疲惫时会直接趴在印刷机上睡。公司没问过她年龄，她也没主动提。多琳的月收入是1,124美元，其中437美元来自州政府的育儿补助，687美元是补助保障金，能拿到这笔钱是因为她的腿受过旧伤——八年级复活节那天，她穿着新买的厚底高跟鞋，一不小心摔到了髋骨，骨折后一直无法完全愈合。父亲当时没有立刻送她就医，而是让她在家待了好几天，否则伤口是可能痊愈的。这个老男人非常不喜欢医生，连后来自己

---

* Job Corps，由美国劳工部推动的免费教育与职业培训项目，面向16—24岁的青少年和青年群体，不仅为参与者提供知识教育与技能培训，也提供食宿、基础医疗、儿童照护和保证基本生存需求的补助。

膝盖不行的时候，也只是锯下餐桌的桌脚当拐杖。

在第三十二街，街坊邻居都认识辛克斯顿一家。他们的小孩在邻居家跑进跑出，而多琳会站在自家门前认识认识街区的其他住户。她和街坊的奶奶们有说有笑，遇到住在附近的孩子欺负流浪猫，她也会吼他们两句。到了夏天，小孩子会跟某位邻居买冲天炮，把它们往街上射。多琳时不时会举办派对，邀请所有人参加。

2005年8月的一天，多琳打开电视，看到整个新奥尔良都泡在水里。市区变成一片泥泞，黑人的尸体从那些在屋顶上等待救援的民众眼前漂过。她二话不说打电话要好朋友范妮（Fanny）赶快过来。多琳跟范妮都被电视上的新闻惊呆了，"真的是太惨了。"多琳记得她是这么想的。过了几个无眠之夜后，多琳觉得自己不该只是在家担心跟祷告，她觉得自己应该为灾民做点什么，于是把家交给帕特里斯，跟范妮一起搭上前往南方的客运。那年她41岁，帕特里斯20岁。

"行动派"并不是她的风格，待在自家门廊上哼歌才比较像她。"我喜欢窝在自家门前。"她自己也这么说。但一路走来，这样的她也曾选择放手一搏，豁出去跟生活的洪流对抗。像1998年1月的某个夜晚，她连夜打包，一声不吭地带着全家搬到了伊利诺伊州。她想要躲的是C. J.跟鲁比的生父，一个后来会在密尔沃基北部监狱蹲很久的家伙。

乘了两天的长途巴士之后，多琳跟范妮来到了路易斯安那州的拉斐特市（Lafayette）。她们加入了志愿者的行列，几十个人一起分发毛毯和食物。

跑这一趟,让辛克斯顿家拖欠了一个月的房租。但他们住那儿已经不是一天两天了,房东也很替他们着想。"他没有为难我。"多琳回忆道。房东跟她说,有钱再还他就好,于是多琳手头一宽裕,就100美元、100美元地还。她努力上班,但意外总是会一件件冒出来,钱感觉怎么都还不完。就这样几个月过去了,几年也过去了。

2008年初春的一个晚上,三十二街上两名当地少年持枪互射,结果流弹贯穿了辛克斯顿家的前门,窗户玻璃碎了一地。当时17岁的娜塔莎正在扫玻璃,警察在那会儿要求上门查看。根据辛克斯顿家人对当时情况的描述,警官们严格搜索房屋,想要找到枪支或毒品(帕特里斯怀疑枪手跟某位邻居有关,她把事情赖到当时正在辛克斯顿家的三个男性身上:帕特里斯的男朋友,娜塔莎的男朋友,还有一个男性同辈亲戚)。但屋里并没有枪支或毒品,警察能找到的只有一堆脏东西:水槽里成堆没洗的碗盘、桶里多到满出来的垃圾,还有在一旁飞舞的苍蝇。辛克斯顿一家本来就不太爱干净,恰好前一晚又举办了派对。当然,也有一些不是那么表面的问题:如果观察入微,你会发现房东随便拿胶合板钉在厕所摇摇欲坠的天花板凹陷处。也许是因为这个家实在太乱了,也可能是因为帕特里斯从凌晨2点起便对警官嚷嚷,又或者是因为警方认定辛克斯顿家跟枪击案脱离不了干系——总而言之,后来的发展是:警察打电话给儿童保护服务局*，儿童保护服务局又打给社区服务部，社区服务部派出房屋检查员，房屋检查员下令房东改善，房东则填了张五日的驱逐通知单要辛克斯顿家走人，理由是房租未交清。原来枪击案发生时，多琳的欠租只补上了一半。他们从来不觉得这钱得急着还。

房屋法庭的特聘法官一盖好判决驱逐的公章，就意味着辛克斯顿家得赶快找房子了。说到找房，他们只能靠自己——但他们既没有车，也没有网络，所以能找的范围有限。他们向社工求助，有位社工给的就是谢伦娜的联络方式。约好以后，谢伦娜带他们看了莱特街的房子，但辛克斯顿家一点也不喜欢那个地方。"就算对方是个瞎子，我也不会推荐这间房子。"帕特里斯说。但这家人知道在这个节骨眼上，任何房子都会比露宿街头或收容所强，所以还是住了下来。谢伦娜当场就给了多琳钥匙，外加一张用废纸草草写成的收据，上头记着的是"兹收到租金暨押金共 1,100 美元"。多琳将这收据夹进了《圣经》里。

被驱逐之后的窘况，往往让穷困家庭被迫接受非常糟糕的屋况。密尔沃基的租房者在迫迁之后，长期陷于居住困境的概率会高出一般低收入租房者将近 25%。[1] 多琳说她之所以会在谢伦娜的公寓住下，是因为他们家真的走投无路了。"但我们也不会在这待

---

* Child Protective Service，威斯康星州儿童与家庭部下辖的儿童保护机构，其服务项目包括设立儿童遭虐待和忽视的举报应答热线，为候选领养父母提供培训，审核领养申请，介绍第三方儿童看护机构，提供安置领养儿童的候选家庭信息等。

太久。"被驱逐会让人先搬一次家,紧接着再搬第二次:其中第一次搬家是不得已被迫搬到破落甚至有安全隐患的房子里,第二次则是自发性地想要逃离。[2] 顺利的话,第二次搬家也得等上一些时日。

搬进谢伦娜的公寓没多久,辛克斯顿家又开始找房。这次他们是按照出租传单上的电话打去问,另外就是翻红皮书找公寓出租的广告——红皮书是指旧城区杂货店的免费刊物。只不过刚搬完家让人筋疲力尽,新添的驱逐记录又对租房不利,所以想找地方并不容易。不久后,帕特里斯就搬到了二楼,全家一下子多了点空间可以呼吸。到了秋天,辛克斯顿家在这里安顿了下来,但一个月过去了,又一个月过去了,他们仍旧觉得住这儿不是长久之计。这里跟三十二街不一样,多琳并不会很努力地想要认识街坊,也不会去留意社区里的孩子在做什么。帕特里斯被驱逐的时候,辛克斯顿家已经搬来十八街跟莱特街口6个月了,但邻居里多琳只叫得出拉马尔的名字,而且也只是知道名字而已。"我都没再串门了,我以前很爱去别人家的,"多琳对这个新社区有感而发,"以前看到陌生的面孔,我会主动过去打个招呼。但现在我只会在一旁站着看。"冬天一来,多琳一连好几周都大门不出二门不迈。

"警察的存在固然有其必要,但公共的安宁,包括人行道上的和平与街道上的秩序,能在城市里得到维系,靠的主要不是警力,而是人群间一股细微到几乎难以察觉的自控力与规范,这种内在控制力与规范是民众自发形成并且推行的。"简·雅各布斯（Jane Jacobs）在《美国大城市的死与生》(*The Death and Life of Great American Cities*)中写道。简·雅各布斯认为这种健康且具有凝聚力的社区的形成有个前提，那就是得有人"有心"住在这里，要有人愿意看顾、守护这里。事实证明她说得没错：只要弱势的社区邻居间能相互信任，对社区的发展愿景产生共识，那这当中就能生成所谓的"集体效能"，而集体效能越高，弱势社区的犯罪率就会越低。[3]

单单一次驱逐，震动的不只是一个街区，因为受影响的不仅是被驱逐家庭所在的那个街区，他们心不甘情不愿搬去的那个街区也会一并受累。在这样的过程中，搬迁会直接催生简·雅各布斯口中的"永久性贫民窟"，因为当所在社区的流动率升高，日常生活中的愤恨跟淡漠也会随之爆表。"永久性贫民窟的问题症结在于太多人能搬就搬；不能搬的也梦想着能早点搬。"[4] 多琳被驱逐，三十二街损失了一股稳定的力量——一位深爱这里，想要与这里荣辱与共、以一己之力让社区变得安全的居民——莱特街却一无所得，并没有相应地增加一位这样的居民。

鲁比、C. J. 跟米奇三个都还穿着学校的制服——因尺寸不合看起来很松垮的白色T恤与黑色牛仔裤——轮流在临街的窗前巴望着午餐餐车到来。每周3次，当地的教会会到社区里发放袋装的午餐。这一天，眼尖的鲁比第一个发现了餐车。"餐车来了！"她忘情地喊了出来，接着就跟其他小孩一起冲到屋外。最后孩子们满载而归，他们帮家里的每个人都领了一袋。孩子们分发起午餐，不过都没有事先偷看袋子里装了什么，因为看过就不好玩了。拿到青苹果的会跟拿到红苹果的交换，拿到 Fritos 牌薯片的会跟有 SunChips 牌全谷物薯片的人换，拿到苹果汁的人会跟拿到果汁汽水的人交换。

"我给你两瓶果汁。"娜塔莎对鲁比开条件。

"换我一块奥利奥蛋糕吗？"鲁比问道。但是想过之后她觉得不划算，摇了摇头。

"鲁比你太坏了！"

鲁比的脸上闪过一抹露齿笑容，开始踏起跑跳步。她的利他林药效正在消退，有些晚上在药效消失之后，她跟米奇会在客厅的床垫上玩后空翻。

娜塔莎不开心地噘起了嘴。19 岁的她比鲁比年长六岁，做起事来却没什么大人的样子，反倒更像个小孩。相对于帕特里斯十来岁就当起了小妈妈，娜塔莎对小孩其实很反感。"小孩又乱又脏！"她说，"而且你也不知道他们生出来会是可爱还是丑。所以，天啊，不用了……自由自在的独立生活比较适合我！"娜塔莎会去拉马尔家跟男生们开派对，夏天则会光着脚在家附近溜达。和与自己同母异父的帕特里斯一样，娜塔莎是浅肤色，所谓的"红骨"[*]，因为只有一半黑人血统，肤色比较淡。有男人开车经过会放慢速度，伸长脖子想把看娜塔莎看个清楚。有时

---

[*] redbone，指非裔混血人，肤色比非裔稍浅。另外还有"黄骨"（yellowbone），是比"红骨"肤色更浅的非裔混血人。

也会有老太太停下车来，拿鞋子给娜塔莎穿，眼神看起来似乎很心疼这个小女孩。这样的情景总能惹得帕特里斯笑出声来。

教会的女士在白色的袋子里塞了祈祷文，祷告完后，辛克斯顿家就会开始吃免费的午餐，并聊起那些难发音的单词，"Royal"（皇家的）、"Turquoise"（绿松石），任何能让他们忘记屋子里的冲天臭气跟凌乱不堪的事，都是好事。厨房和浴室的状况已经糟糕到多琳考虑要打电话给谢伦娜跟昆汀，而她最不想做的事就是联系这两人。辛克斯顿一家或许不太想承认，但这两名房东真的还挺吓人的。"昆汀脾气不好、非常挑剔。"帕特里斯经常这么抱怨。昆汀每次来，都会批评说屋子里很难闻。带工人来修东西，常常不收拾干净再走，满地都是弄剩的材料，多琳跟帕特里斯都觉得这样很不尊重人。"他是把我们当女佣吗？"帕特里斯说。昆汀会这样，很难讲是不是为了让租户即便碰到房子出问题也不敢打电话给他，但这的确奏效了。[5]

有时候多琳打电话给谢伦娜抱怨房子的状况，最后反倒自己成了谢伦娜抱怨的对象。"每次我们打过去说房子哪里有问题，她都会绕一圈把事情怪到我们头上，说东西根本就是我们用坏的，"多琳说，"我听得都烦了……所以后来哪里坏都是我们自己修。"

所谓"自己修"，常常就是"不修了"。第一个堵住的是厨房的碗槽。过了几天，鲁比跟帕特里斯就开始把碗搬去浴缸洗。但食物残渣多少会流进下水管道里，因此没多久就轮到浴缸堵住了。浴缸里淤积了水泥色的脏水，于是辛克斯顿一家就开始在厨房用燃气炉烧水，然后拿海绵蘸着水擦澡。紧接着，有人会把剩下的水倒进马桶，然后拿搋子去通马桶，引得一小群蟑螂四处窜逃。拿搋子的人得很用力，一般来说，你得通上整整5分钟，才有办法让水顺畅地往下冲。遇到通不了的时候，全家人就得把用过的脏纸巾集中在塑料袋里，跟着垃圾一并丢出去。

多琳终于忍无可忍，为了管道堵塞的事情打电话给谢伦娜，但怎么也联系不上。在留了一周的语音信箱之后，谢伦娜终于回了她电话。谢伦娜说，她跟昆汀去了趟佛罗里达，所以没接到电话。他们刚在那儿置产，买了间度假用的三居室独立产权公寓。至于多琳打来反映管道堵塞的事情，谢伦娜并没有直接回应，她只是提醒多琳一件事：让帕特里斯母子住在她那儿，已经违反了租约规定。

对帕特里斯来说，谢伦娜的反应似曾相识。在搬进二楼之前，帕特里斯也先看过房子的状况，而她当时觉得那地方得下大力气收拾一番才能住人：棉絮般灰色的地毯磨损严重且藏污纳垢，儿童房的天花板塌陷，阳台门脱落，阳台本身都有种往上头扔袋面粉就会垮掉的感觉；而谢伦娜曾答应过要处理。即使房屋违反建筑规定，甚至不符合"最低居住标准"，但只要房东愿意处理，就还是可以出租。[6]

既然谢伦娜这么说，帕特里斯也就信了。帕特里斯于是拿了押金加上第一个月的房租，一共1,100美元给谢伦娜，但修理房子的进度慢得可以。帕特里斯家浴缸里的水已经排不掉了，谢伦娜还是没回她电话。那一次她也是跟昆汀度假去了。帕特里斯连续2个月都没有正常的洗碗槽可用。而且她还曾发现某面墙上有个大洞，但谢伦娜只是拿了本手册给她，里头讲的是如何不要让她的小孩受到含铅油漆的伤害。甚至于当门的合页脱落的时候，"她竟派了些有毒瘾的人来修理"。帕特里斯没完没了地抱怨起来，最后她选择摊牌。

"我要找律师告你！"帕特里斯吼出来。

"要告去告，请便，"谢伦娜笑了，"但你有钱跟我这样耗吗？"

"我房租都交了，为什么东西不修好？"

隔了一个月，帕特里斯试了个新的策略。她想如果乖乖交房租没用，那不交呢？不交是不是能逼着谢伦娜对她有所回应？帕特里斯扣下一半的房租没交，说这个月的房租先付一半，剩下的一半等房子修好再给。房租花了帕特里斯每个月65%的收入，花这么多钱住在这种烂环境，她咽不下这口气。

结果帕特里斯的新策略不但无效，还弄巧成拙。谢伦娜告诉帕特里斯如果不把房租付清，房子她就拒绝修理。对帕特里斯来说，这真的是挖了个洞给自己跳。准时交租后，谢伦娜就来阴的，月初一过就不接电话；扣住房租，谢伦娜就来硬的，大言不惭地说不修。"我那么拼命干吗，你房租又没付清。"谢伦娜说。但即便被呛，帕特里斯还是没有要搬走的意思。她喜欢住在妈妈家的楼上，也觉得这地方修一修其实还不错。但屋漏偏逢连夜雨，她工作的快餐店Cousins Subs削减了她的工时，让她连原本那一点谈判的筹码都没了。在收到谢伦娜拿来的驱逐通知单后，帕特里斯已经没有补房租的钱了。她跟谢伦娜说一收到退税，她就有钱可以还，但一切都晚了。原来谢伦娜的好朋友贝琳达打来电话说她有客户在找房子，而谢伦娜自然不会让到手的鸭子飞了，她保证只要几周，帕特里斯的公寓一定能空出来。

在浴缸不能用、洗碗槽不通，马桶也只勉强能用的状况下忍了两个月，多琳决定自己去找管道师傅。头一次水管不通时，管道师傅的钱是谢伦娜支付的，而她不打算再花这种钱。在三十二街的教训之后，多琳也不想把房屋检查员找来，那是搬石头砸自己脚的事。总之，管道师傅最后收了150美元，用像胃镜般的蛇形器材成功疏通了水管。师傅说这儿的管道老旧，建议多琳最好别让任何东西流进水槽。师傅走了以后，多琳第一件事就是放好热水并在里头泡了一个小时。

多琳觉得她自掏腰包的150美元要从房租里扣才合理，所以即便谢伦娜说只要她这么做就将她驱逐，多琳也还是扣了。她想说，如果都要被驱逐的话，那这150美元还是留到下次搬家时用好了。[7]在手头很紧的租房者之间，有多琳这样的想法很正常，因为房租几乎吃掉他们所有的收入，所以很多弱势家庭不得不主动"促成"一次必要的驱逐，这样才能省出钱来搬到别的地方。这一头有房东吃亏，另一头就会有房东赚到。[8]

如果非搬不可，多琳也知道她不可能找到比现在便宜很多的新住处，毕竟他们一家八口。在当时，密尔沃基两居室公寓的月租中位数是600美元，其中月租在480美元或以下的占10%，月租在750美元或以上的也占10%。[9]同一座城市里最便宜跟最贵的房子，月租差距不超过270美元。而这意味着即便你不追求住在最好的社区，甚至愿意牺牲生活品质住到很差的地方，省下的房租也不会多多少。以密尔沃基最穷困、至少40%的家庭处于贫穷线以下的区域来讲，两居室公寓的月租中位数也才比全城平均水准低50美元。[10]谢伦娜是这么形容的："两居室公寓就是两居室公寓，搬到东是两居室公寓，搬到西也还是两居室公寓。"

这样的情况，早就不是一天两天了。19世纪中期，也就是廉租公寓开始在纽约出现的时候，当地最底层的贫民窟租金比上城的还要高出30%。到了20世纪20与30年代，密尔沃基、费城或其他北美城市中的黑人区，年久失修的房子租金还是超过白人社区里屋况比较好的住处。甚至到了20世纪60年代，以美国大城市里相同的居住条件来看，租金也是黑人付得比白人多。[11]穷人不是为了房子便宜才群聚到贫民窟里，穷人（特别是黑人穷人）会聚集在那里，是因为社会对种种不合理现象的放任与纵容。

降租可以满足市场需求，也可以避免被欠租并且减少驱逐房客的各种成本，但做底层市场的房东大多不会这么做。因为想要避免欠租跟驱逐的成本，本身也是有成本的。对众多房东来说，比较"经济"的做法不是维护屋况，而是直接赶人。面对万年欠租的房客，想在维修费上抠门是有可能的，而高房租就能"确保"租房者永远处于欠租的状态。

法律能够保护的是有办法正常交租的租户。法律的设计就是要保障住房的安全与体面，而有能力交租的人不仅能光明正大找来房屋检查员查看屋况，还有权利大大方方地扣住房租直到房子修缮完毕。[12] 但只要一拖欠房租，这些保障就会土崩瓦解。欠租的房客会被剥夺扣住房租或暂时将租金信托给第三方的权利。向房屋检查员申诉更是形同引火自焚，因为驱逐的命运可能会先行上身。低收入的租房者不是不知道自己的权利，只是维护权利的代价他们负担不起。

"我在想，叫检查员来只会让事情越来越难收拾。"多琳这么跟帕特里斯说。

"是啊，"帕特里斯附和，"把检查员找来的话，她可以叫我们滚。"帕特里斯的意思是多琳违约在先：她让帕特里斯母子这四名"未经许可的住宿者"搬进来，所以谢伦娜有理由可以驱逐他们。而只要房屋检查员现身，谢伦娜就有可能会这么干。

凡是房客欠租或违约在前，法律的保护伞失效后，房东就可以对租房内坏掉的东西采取放任不管的态度。或者就像谢伦娜对房客说的："你让我好做事，那我也不会为难你。"有些租户会拿自己的尊严与孩子的健康去交换一个栖身之所。[13] 在2009到2011年间，密尔沃基近半数的租房者得忍受"严重且长期性"的住房问题。[14] 超过1/5的租房者曾苦于窗户破损、电器故障或蟑螂、老鼠为患达三天以上才获得处理。1/3的租房者曾经忍受水管不通达一天以上，1/10的租房者曾至少一整天没有暖气可用。其中首当其冲的就是非裔的美国家庭，连小孩子的卧室也不例外。但无论房子的屋况是好是坏，有无上述问题，密尔沃基的公寓租金都不会有太大的差异。[15]

一旦没办法准时交租,房客们就得勉强自己接受不舒服、不理想,甚至不安全的居家环境。要是不想勉强自己,另一条路就是等着被驱逐。但从做生意的角度说,这一整套做法确实有(暴)利可图。能入住四个家庭的房产(双联式外加两层楼),也就是像多琳跟拉马尔所住的那种公寓,是谢伦娜手里最会下蛋的金母鸡。她第二赚钱的房产类型,就是阿琳在第十三街住的地方。在谢伦娜的所有投资中,条件最差的房产反而是她投资回报率最高的摇钱树。[16]

在多琳对谢伦娜说要扣留部分房租后不久,娜塔莎发现自己竟然已经有四个月的身孕。把这事情跟妈妈说了以后,多琳笑着说:"我就说吧!"面对各种生理变化,娜塔莎一直都是鸵鸟心态,但旁观的多琳看得一清二楚。多琳觉得这是个天大的好消息。"我又要当外婆了!"她开心地大叫。娜塔莎的男朋友也很兴奋。不管是否"合法",孕育一个新生命仍是喜事一桩——除非你是个想要独立、自由生活的年轻女人。[17]娜塔莎的情绪低落,没心情庆祝。

"也许是个大头小子!"多琳忍不住开起玩笑。

"我不懂自己到底是怎么怀孕的,"娜塔莎叹气,"我不喜欢大着肚子。"

娜塔莎跟马利克(Malik)交往大概有一年了。他们是在 Cousins Subs 认识的,马利克正是娜塔莎姐姐帕特里斯在这间店的同事。马利克没娜塔莎高,肤色比娜塔莎黑,辫子头底下有张骄傲的脸庞。他算是蛮温和的,虽然年过33岁,但这还是他第一次当爸爸。娜塔莎倒是不讨厌他,只是她的心还在两年前因为抢劫失败遭击毙的17岁少年塔耶(Taye)身上。她的钱包里依旧放着塔耶葬礼的讣闻,上面将娜塔莎列作死者亲属中"特别的女性友人"。鲁比对塔耶也很是痴迷,在娜塔莎的怂恿下,有时候鲁比会去找塔耶说话。娜塔莎则在一旁静静地听着,微笑着,像个硬要将痛苦往肚里吞的老人一样。这些时刻,有如虎钳挤压所带来的"残酷"力量,横亘在两姐妹之间,不断扩张,逼着娜塔莎迅速长大。[18]

按照辛克斯顿家的传统,轮到帕特里斯给小宝宝取名了。但宝宝的父亲马利克也有自己的想法。娜塔莎跟妈妈、姐姐说马利克想让小孩(如果生出来是男生)叫"小马利克",但多琳跟帕特里斯对此嗤之以鼻。"我们家不来'二世'这套,不会给名字里加上什么'小'字"多琳说,"上次的教训还不够啊,我到现在都还没原谅自己。"她口中的教训是 C. J.,C. J. 就是小凯莱布(Caleb Jr.)。辛克斯顿家之所以叫这孩子 C. J.,就是因为他们不想再听到凯莱布这个名字。

如果非当妈妈不可,有一件事娜塔莎非常确定:她死也不要让孩子住在这间屋子里。如今有了身孕,娜塔莎更加担心这间公寓的情形,也更担心谢伦娜会不会驱逐他们——到时候他们能去哪儿?但多琳有过一肩挑起全家重担的经验,娜塔莎相信要是情况不妙,妈妈也一定靠得住。"我妈妈特别坚强,"娜塔莎说,"以前比现在更糟,但她也带着我们走过来了。我是说像住收容所、流落街头,把教会或车子当家之类的。我对妈妈很有信心。的确,我们流落过几次街头,但最后她都有办法搞定。"不过话说回来,娜塔莎这次倒不是很同意妈妈的计划。多琳听说大家族即将在田纳西州的布朗斯维尔(Brownsville)有个聚会,于是决意举家南迁。帕特里斯觉得这主意不错,她受够密尔沃基了。"这里死气沉沉,"她说,"到处都是瘾君子和妓女。"但娜塔莎则不希望小孩刚出生就离开爸爸。

多琳跟帕特里斯不觉得这事有什么好担心。"反正他(马利克)也靠不住。"多琳说。但自从知道要当爸爸以后,马利克变得非常有责任感。他开始一个人轮两班以便存钱,带食物来找娜塔莎,还找适合两大一小三人同住的出租公寓。但事实就是,多琳跟帕特里斯对马利克不抱期望,不是因为马利克做了什么十恶不赦的事,而是因为这对母女都吃过男人的苦头。多琳先是被帕特里斯跟娜塔莎各自的父亲抛弃,然后鲁比跟 C. J. 的爸爸人在监狱。帕特里斯的三个小孩也不是同一个爸爸生的,而且这些男人全都可有可无。至于帕特里斯现任的男朋友就更不用说了,他最近还对自己的女朋友大打出手,推她去撞餐桌。[19]多琳跟帕特里斯完全不能理解养小孩为何需要男人,更别说给小孩起名了。多琳对娜塔莎说:"你在我肚子里踢来踢去的时候,我旁边也没有男人帮我按摩。"帕特里斯跟妹妹说的版本则是:"我们从来没有过爸爸。我的小孩没有爸爸,你的小孩也不需要爸爸。"

妇产科来了通电话。"他们叫我回去重做超声波检查,"娜塔莎边挂上电话,边跟多琳说了这件事,"他们说之前好像漏看了什么。"

"漏看是什么意思?"

"漏看,漏看就是,好像还有一个孩子。"

多琳忍不住叫了出来:"娜塔莎,你肚子里的是双胞胎吗?"

"可是我一个都不想生!"娜塔莎跺脚。

"现在说这个太晚了吧!"多琳笑了。

"够了!"娜塔莎一屁股坐在沙发上,科科则跳到她的大腿上,"科科,来这里,妈咪今天不开心。"

多琳不希望娜塔莎不开心。"我保证搬家以后给你个超大的房间,"她说,"跟我以前的房间隔条走廊,说不定让你住楼下。没错,我希望可以找到跟三十二街一样的房子。"

"能那样就太好了。"娜塔莎摸着科科附和。

"是啊,那就太好了,"多琳转头看着在地板上抱膝而坐的鲁比,"鲁比呢?你想搬家吗?"

"当然想啊,"鲁比说,"我讨厌这里。"

第7章
病号

司科特（Scott）会四处打工赚取现金，但他主要的工作是照顾泰迪（Teddy）。平常煮饭的是他，打扫的是他，去采买补货的还是他。早上起来，司科特会先扶泰迪下床冲澡。司科特觉得照顾人是他的天职，而这也是他之前成为护理师的初衷。38岁的司科特头发稀疏，有着红润的皮肤、一对酒窝，还有宛如蓝色火焰般的双眼。如此外表下，司科特有颗温柔但伤痕累累的心。泰迪则是名瘦可见骨的小个子，两条结满痂的手臂上是褪色、萎缩的文身。他已经不太能走路了，但司科特建议他还是要尽量走动，所以泰迪会在拖车营里拖着左脚缓缓挪动。尽管才52岁，但泰迪看起来已是老态龙钟。

帕姆跟奈德已在几天前搬走，目前暂住在一家便宜的汽车旅馆。但放话要驱逐他们的托宾并没有因此放过泰迪跟司科特。他们从两个月前便欠房租，主要是颈部X射线跟脑部扫描花了泰迪507美元。一年前，泰迪从十六街高架桥附近的阶梯上滚落，醒来人已经在医院；从那之后，他的健康状况就急转直下。他喜欢在高架桥下喝酒，喜欢那种头上有车子呼啸而过、脚下就是谷底的感觉。去桥下时他带了瓶酒，还找了密尔沃基救援使团[*]认识的朋友。到了医院，泰迪得知他身体的左半边瘫痪了，几个医生将他的脖子重新接了回去，用骨钉跟螺丝固定各个部位。

司科特把驱逐通知单往凌乱的桌上一摆，边上还有账单、啤酒罐、拍立得相机和一个烟灰缸。时间接近正午，两个男人坐着喝号称"密尔沃基首选"的花旗啤酒。泰迪戳了戳通知单。"我觉得他是想要多收一点。他的口袋比我深得多。"

说这话时，泰迪的双眼紧盯前方，后背则直挺挺地靠着椅子。有时司科特一走进拖车，就会看到泰迪坐在沙发上一动不动，两只手臂摊在身旁，既没在看电视也没在翻杂志，就是很单纯地呆坐着。头两次碰到这样的状况时，司科特还曾弯下腰来确认泰迪的呼吸。

"也许吧，"司科特应声，"但托宾有做错什么吗？"

"他就是个标准的王八蛋。你喜欢他是你的事情，随你便……要不是现在身体这样，我早就上去给他一拳了。"

"嗯嗯，打人最能解决问题了。"司科特讽刺道。

---

[*] 存在于美国部分城市的公益组织，大多致力于从生活必需品、工作技能培训、互助戒毒、基础教育等方面帮助贫困和流浪群体。

"我就是个乡巴佬。哪怕离开了农村,我还是一个彻头彻尾的土包子。"

泰迪话匣子开了就有点收不住。司科特总在旁边静静听着。每当泰迪开始他那黏腻、回味悠长的独白,就跟他的田纳西口音一样,司科特不会去打断。司科特扫视客厅,木板拼成的墙上空空荡荡,唯一的摆设是一幅巨型画像,那是之前住在这里的租户留下来的。画里耶稣跟两名罪犯一同被钉在十字架上,满身的血污跟瘀青。一年前,司科特和泰迪几乎是孑然一身地搬进这里。这一年间,什么家具都没添。泰迪最钟爱的是他的钓竿跟各种钓鱼配备;司科特的宝贝则是满满收在一个大塑料桶里的照片、证书,跟能证明他曾经好好生活过的各种纪念品。

泰迪讲完之后,司科特的视线从啤酒上移开,看向窗外。他看到路的另一边停着奈德跟帕姆的拖车,如今这里已是人去楼空;另外一辆拖车的主人是道恩(Dawn),司科特有时候会去道恩那儿买吗啡,紧要关头他会买维柯丁[*]将就一下。"窝囊废"兰迪(Randy)还一直以为他死去的老爹住在暖气通风口里;他抽着丁香香烟[†],一边不知道在自言自语些什么。一架飞机轰鸣着从低空划过。

"我……"司科特开口,"……才不想住这儿呢。"他拿起了驱

---
[*] Vicodin,麻醉类的止痛药,容易成瘾。
[†] Clove cigarette,将丁香油混入烟叶制成的香烟,毒性比一般香烟更大。

逐通知单。"你知道这是什么吗？这是一只脚，一只要把我踢出去的脚。"

司科特生于艾奥瓦州的一座奶牛场，后来那里改养猪了。他曾养过一匹马，那是他的圣诞礼物。司科特不知道生父的模样，因为生父是在一次约会时"硬上"了司科特的妈妈。为了让家族留点颜面，司科特的母亲琼（Joan）被迫嫁给了强暴自己的人。那年她才16岁。虽然成了婚，但司科特的父亲很快就跟母子俩一刀两断，音讯全无。琼的第二任丈夫是个恶劣的家伙，会动手打老婆，两人后来离婚，但琼还是跟他生了一个小孩，一个名叫克拉丽莎（Clarissa）的女儿。再之后琼邂逅了卡姆（Cam）。卡姆是名牛仔，琼跟他又生了三个小孩。在这些孩子当中，司科特的一个弟弟进了消防队，另一个弟弟替康丽根公司送水，最小的妹妹则是一名护士。至于酗酒的克拉丽莎，住在司科特老家环境最差的公寓社区里，当地人都管那地儿叫"蜂窝"，因为租在那里的人进出都匆匆忙忙地，像蜜蜂一样。

司科特跟继父卡姆始终处不来。他是个敏感的孩子，不太可能讨卡姆这种上了年纪的农场工人欢心。17岁时，司科特考上明尼苏达州的威诺纳州立大学。他很快就发现威诺纳（Winona）太小，自己的心太大，就像艾奥瓦乡下的大豆田跟水塔也早就容不下他。身为同性恋，司科特从小就知道自己的性向。"我得去找跟我一样的人。"他记得自己在搬来密尔沃基前是这么想的。他先是念完了密尔沃基地区技术学院，在31岁时取得

第7章 病号 | 109

了护理师执照。

此后,司科特在一家疗养院踏上了他的护理师之路。他每天的工作包括检查血压、脉搏之类的生命体征,也包括配药、分药,测血糖、帮病人注射胰岛素,弄点滴,帮无法进食的病患用鼻胃管"吃饭",还有照看接受气管切开术的病人跟伤患者。他学会了眼明手快,也学会忍住恶心不让自己呕吐、找到可注射的静脉血管。司科特觉得自己对社会有贡献,而且别人也真的需要他。

租房时,他的公寓都选在像"湾景"以及同样临湖的"东侧"等新兴优质社区。最好的那一年,司科特赚了88,000美元。当时他还会寄钱回家给妈妈。

五年之间,司科特把行动不便的男人女人抬上抬下,帮他们上下床、进出浴缸,而他自己的后背却滑脱了一节椎间盘,为此医生开了扑热息痛给他止痛。[1] 差不多在同一时期,艾滋病夺走了司科特两位好友的生命。"我崩溃了,完全不能接受这样的现实。"这时扑热息痛不只治疗了他的腰疾,也麻痹了他的心痛。

理论上,所有的病痛都会随着时间缓解、消退,司科特原本也以为时间可以平复一切。但当给他开扑热息痛的医生说要退休时,司科特整个人慌了,因为这名医生是上天给司科特的一份大礼。如果说司科特是坐在吧台的客人,那么这名医生就是会把酒倒满到杯缘的酒保。换了其他医生,阿片类的药物或许就不会给得这么大方。不过,他还有别条路可走。司科特开始跟护理师同事买药,或在上班时监守自盗,最后连疗养院的病人都成了他固定的"供应商",一颗维柯丁卖他3美元。再后来司科特也不用买的了,他会直接从病人的药里偷拿。

服用扑热息痛几个月之后,司科特遇见了"芬太尼"这个新欢,有如坠入爱河般飘飘然,因为芬太尼作用在中枢神经系统的速度是吗啡的100倍。[2] 芬太尼让司科特沉浸在纯粹而平静的幸福感里,他觉得自己简直超脱了一切。"我这辈子都不知道原来人可以过得这么愉快,这么满足。"他说。

在疗养院里,司科特会把要给慢性疼痛病人使用的"多瑞吉"透皮贴剂拿来,然后用针筒抽出其中的芬太尼成分,吞下去或用针直接将芬太尼打进自己体内,最后把只剩空壳的贴片给粘回去。没了止痛药的病人只能在床上虚弱地呻吟。"你会在内心深处强辩自己比病人更需要它(芬太尼),"司科特回忆说,"有了它,我就能照顾30个跟你一样的病人。"

和真正的恋爱一样,司科特很快便结束了与芬太尼的热恋期。他们的关系不再充满新奇与刺激,开始变得更深沉也更消耗。很快,他使用芬太尼已不是为了追逐快感,而变成逃避戒断反应。"难过死了。"司科特是这么形容的。一旦没有了芬太尼,他从头痛到脚,而且发抖、盗汗、拉肚子。"一停药,真的是生不如死。"走到这一步,司科特不吃药就没办法正常生活了。为了不要那么难熬,他发现自己什么事都做得出来,包括那些他以前觉得自己不可能去做的事。

2007年8月的一天,司科特的几名同事发现站着的他双眼紧闭，身体像摇椅般前后摇晃。他们暂且让他回家，然后检查了多瑞吉贴片，果然贴片都已被吸得一干二净。司科特的主管叫他去验毒，结果芬太尼验出来（自然是）是阳性。同样的戏码三个月后又重演了一遍，但司科特没有立刻被开除，主要是他的主管是药物滥用的过来人，所以愿意再给他一次机会。没过多久，那年圣诞节期间，病人抱怨有个男护士会乱动他们的止痛贴片，疗养院于是叫了辆出租车拉司科特到诊所进行第三次体检。到了诊所，司科特关门下车，站在一股寒气中。

诊所的候诊室里挤满了瘫坐在塑料椅上的瘾君子，另外就是戴着手套但面无表情的护士，你在她们脸上看不出同情，也看不出嗤之以鼻。圣诞歌曲还在播放，这点倒是在司科特的意料之中。总之，最后他转身离开了诊所。

惊吓之余，司科特加入匿名戒毒者互诚协会，希望可以摆脱药瘾，只可惜天不遂人愿。"我的人生并没有因此改变。"他回忆说。又过了4个月，司科特穿着自己最体面的衬衫，来到威斯康星护理委员会面前。这天开的是他的惩戒听证会。委员会最终的裁定是："认证执业护理师司科特·W.邦克在威斯康星州境内执业的证照，将无限期暂停生效。"[3] 那一瞬间，司科特放弃了自己，他决定就这样待在谷底，放手让自己想吸毒就吸毒。"护理师执照对我真的很重要，"他回忆，"他们一句话就夺走了我的护理师资格，万念俱灰的我心里想的是：'××的，随你们吧，我不玩了。'"

在丢了工作和高档公寓后，司科特几乎变卖完所有值钱的东西，住进救世军开的收容所，也就是"旅馆"。他在"旅馆"认识了刚出院的泰迪，而他之所以想接近泰迪，有一个很合理的原因：泰迪身体有恙，很虚弱，需要人搀扶爬楼梯，甚至拿餐盘都有困难。即便没了执照，司科特的内心仍是护理师，他习惯照顾人。

跟司科特不同的是，泰迪早已习惯无家可归的生活。自从3年前搭便车从田纳西州的戴顿（Dayton）来到密尔沃基之后，他便一直以收容所和桥底为家。小时候，泰迪家很穷，他父亲是酒鬼，有14个孩子。酒驾的父亲开着小卡车撞上18轮的大卡车，年纪轻轻就送了命。"以物理实验来说是蛮酷的。"泰迪说起这件事，都会下这样的结论。

他们的组合很奇特：一个是住在街上好几年、来自南方的"异性恋"，另一个是年轻、初来乍到社会底层的"同性恋"。但他们成了朋友，并决定一起离开收容所当室友。

泰迪的月收入即632美元的补助保障金，而司科特只有食物券可领。他们需要找间便宜的公寓，而且房东不会严加过问。因此学院路的拖车营完全符合他们所需，因为它是出了名的"谁都进得去"。他们来到园区查看状况，办公室苏西带他们去了一间没有炉具的小拖车。拖车状况很差，但托宾说拖车可以送给他们，而车位的租金每个月只收420美元。所以他们当周就搬了进去。

离开疗养院之后，药变得很难搞到手。司科特原本会去Woody's、Harbor Room或其他的"同性恋酒吧"碰运气，看

第7章 病号 | 113

谁可以供应。但搬家后他发现,拖车营里就有好几位邻居有美沙酮的处方笺,还有些人直接在做卖药或贩毒的生意。跟人借杯糖有多容易,买毒品就有多容易。

某天早上,司科特一起床就觉得药瘾发作。他平日的药头没货,于是他问道恩那儿有没有吗啡,但她的库存也已经空空如也。于是他灌了几瓶泰迪的啤酒,但效果不大。到了晚上,司科特独自坐在卧房里发抖。最后他戴上棒球帽,两手往口袋一插,出了拖车,绕着拖车营散步。

在前院外头的一把草坪椅上,海洛因苏西看到了司科特的身影。她把香烟捻灭,进拖车跟比利(Billy)说了两句话。等司科特第二次经过苏西跟比利的车前时,这两人叫住他。

苏西跟比利养了条小狗,一条混种的梗类犬,他们住的拖车还算干净,里头家具崭新。年届中年的苏西有长长的深色金发,黑眼圈浓重。她的举止与气质像贵妇般不疾不徐,甚至会吹嘘她有疗愈人的本事。比利是个精瘦的男人,穿着无袖T恤,跟一般人相比,眨眼频率低了一半。比利的声音粗犷,监狱时代的文身已经有些褪色。苏西跟比利交往多年,但还是会牵彼此的手。

苏西开口问司科特是不是毒瘾犯了。他点头回应。她朝比利使眼色,比利便取来一个小皮箱。打开箱子后,里头是一组新的针头、酒精棉片、瓶装的无菌水、小棉球和黑焦油海洛因*。

---

* Black-tar heroin,由吗啡加工而成,而吗啡是从特定几种罂粟中萃取得到的天然鸦片剂。海洛因是美国为患最广、成瘾率最高的毒品,而其常见的"市售"的形式有粉状跟此处提及的深色焦油状。"使用方式"有吸食或注射。

死也别用针打。在鸦片类药品全面控制他的生活之际,司科特曾在心里这样跟自己约定,绝对不用针管注射海洛因,他不想落得艾滋病朋友的悲惨下场。

比利举着汤匙在炉火上烧,里头在熬加了水的海洛因焦油。比利小声哼着歌,拿着棉球吸饱烤好的海洛因,再用针管抽出棉球里的液体。成品的颜色深得像咖啡。司科特后来才知道颜色越深,代表海洛因的药效越强。司科特将针管对准右膝后的一点扎入。完事之后他闭上双眼,等了一会儿,然后得到了解脱,整个人轻飘飘的,仿佛进入了失重状态。他就像个刚从泳池中浮出水面的孩子,池边的跳板还在摆荡着。

苏西、比利成了司科特的新朋友。司科特后来知道苏西的一些事:苏西会写诗,她喜欢讲述20世纪70年代卖大麻砖的往事,另外,她注射海洛因已经有35年的"资历"。比利习惯从手臂注射,苏西则是大腿。经过多年的注射,她的大腿已经千疮百孔、毫无血色,连曾是专业医疗人员的司科特看了都有点害怕。苏西有时候得花好几个小时才找得到地方下针。每当她找得不耐烦了,比利会将针管拿过来,一把朝她脖子上的颈动脉扎下去。

有时,比利与司科特会去捡破铜烂铁或铁铝罐来换钱买毒品(黑焦油海洛因不贵,装在气球里大概0.1克的量,行情是15到20美元)。偶尔,他们三人会去商场诓人。他们的分工是先由比利去百货公司里偷些像珠宝一类的值钱东西,然后苏西会负责假装是发票弄丢了但又想退货的客人。因为没有发票,不能退现金的店家会拿礼券把商品换回。礼券到手之后，苏西会交由司科特在卖场的停车场里兜售。说是兜售，其实也就是想办法贱价脱手。如果是 80 美元的礼券，他会打五折，然后带着 40 美元现金直奔芝加哥，因为那儿有苏西"评价最高"的药头。

苏西跟比利能住进拖车营，是连尼批准的，司科特跟泰迪的申请也是他批准的。事实上，托宾所有的房客都由连尼筛选。他从来不会请公司调查租户的信用状况，因为这需要花钱；他也不会打电话给之前的房东，因为大部分人在房东那栏会填他们母亲或者朋友的名字。连尼的审核过程只有一项主要程序，那就是把申请人的姓名打进 CCAP（Consolidated Court Automation Programs，字面意思是"联合法院自动程序"）。

CCAP 是一个法院案件的管理系统与资讯公开平台。跟美国不少州一样，威斯康星也认为公民对州内的各种刑事、民事案件有知情权。[4] 因此，州政府架设了 CCAP，将超速罚单、抚养责任争议、离婚官司、驱逐案件、重罪与各种司法相关业务分门别类，然后供人免费查询浏览。其中驱逐记录和轻罪会公告 20 年，重罪会公告至少 50 年。即便驱逐案经判定不予受理，或是刑案被驳回上诉，CCAP 还是会记上一笔。如果有人被逮捕但没有定罪，CCAP 还是会将案件公之于世，并可有可无地在后面声明："检方的起诉未经证明，不具法律效力。'某某某'仍适用无罪推定。"但这些内容若是被雇主或房东看到，他们会怎么想就很难讲了。CCAP 网站上的"常见问题"里，这样的留言尤为频繁："我不希望'威斯康星巡回法庭数据库'里有我的个人隐私信息，应该如何移除？"结果下方的回答是："基本无法办理。"你要是问连尼这网站好不好用？有没有在上头找到过申请人的案底？他会觉得你在开玩笑，然后告诉你说："几乎是百发百中。"你要是再问他什么样的前科或起诉记录会让他拒收，他会说吸毒或家暴的那些。但事实上，苏西、比利，还有拖车营里的其他住户，不少都曾因跟毒品相关的犯罪被起诉过。

某个周六早晨，连尼起了个大早。在和办公室苏西会合后，托宾开着凯迪拉克接两人参加密尔沃基的"房东培训课程"。他们都不想去，但又不能不去。在与维特考斯基议员达成的协议里，上课接受培训是条件之一。这套由美国司法部出钱举办的课程可上溯至20世纪90年代，宗旨是"杜绝出租房内中的不法与破坏行为"。[5]

托宾、连尼跟办公室苏西抵达在条顿大道上的"密尔沃基安全学会"时，大教室里已经坐有60名房东。9点一到，一名身着深色套装的高大女性便起身宣布："我们准时开始，准时结束。"凯伦·朗（Karen Long）是课程主任，她会连珠炮似的说话，双手交握背在身后。"找房子最重要的一件事是什么？地点、地点、地点，"凯伦说，"那找房客最重要的一件事是什么？筛选、筛选、筛选……你要做大量的功课，做了功课你才会知道谁坏谁乖，哪些人可以租，哪些人得列为拒绝往来户。"

凯伦告诉与会的房东要掌握房客的出生年月日（方便查犯罪前科）、社会保障号（查看信用状况），然后得按要求出示两种身份证明材料。"一定要请对方提供充足并且可供查验的收入资料。面对自称为自由职业或自己当老板的,你得小心谨慎,因为卖毒品的都是自由职业或自己当老板。"凯伦这时提到了CCAP案件管理系统。另外,在会场的房东们也都拿到了提供租户筛选服务的"有效筛选"广告宣传单,上头注明会提供"最完整的租房者身家背景"。只要29.95美元,申请者的驱逐记录、犯罪前科、信用评估、租房旧址等多项资讯就都会在报告上一览无遗。"有效筛选服务由'多收租'租户筛选公司提供,"广告上印着,"'多收租'在租户筛选方面有10年以上经验,每年服务的出租公寓超过50万户。"[6]

"听好,"凯伦说,"遇到近期被法院下令驱逐或有犯罪记录的家伙,你连考虑都不用考虑了。被驱逐的人,你觉得他们会有钱付房租吗?"[7]凯伦本身也是个房东,她习惯在带着租户看房子时观察对方的行为举止。报到时,每个房东都会拿到一本厚厚的培训手册,当中也强调了这点:"他们仔细查看了每个房间吗?他们有在比画将来家具要放哪儿、儿童房是哪个、厨房的格局要如何规划吗?还是他们刚进门就立刻说'租了!'而对房子的细节意兴阑珊?想要踏踏实实生活的人,一定会在意自己的家是什么模样,而这不难从他们看房子时的态度看出。如果房子会被拿来做一些不法勾当,租的人通常都会忘记要'演'一下,忘记假装他们如何向往将来住在这里的生活。"[8]

筛选房客这个小小的举动,一开始看起来没什么,但其后续的影响却至关重大。上千个"是与否"的判断形成了一幅区分地理位置优劣势的图景,而这正是现代美国城市的特征:有好学校,也有不好的学校;有安全的街道和危险的街道。[9]房东手上掌握着资源分配的生杀大权,他们决定了谁可以住在哪里。这也是为什么不同的社区或街区在犯罪率和帮派活动的泛滥程度上差别巨大,在公民的参与度跟社区意识上有天壤之别。因为房东在筛选房客时坚持了不该坚持的事(或是该坚持的没有坚持)。甚至于在同一个低收入地区的同一条街上,有些公寓社区一天到晚都有警察找上门来,有些公寓社区则不会,背后的缘由是相同的。[10]

筛选的过程一竿子打翻一船人,容易让犯罪跟贫穷共生。把罪犯跟穷人通通贴上"拒绝往来户"的标签,结果就是把弱势家庭往火坑里推,让他们不得不住进那些"来者不拒"的区域,与毒贩、性侵犯或其他作奸犯科者比邻而居。不少地区深陷贫穷的窘境,犯罪率也居高不下,原因不单是贫穷会引发犯罪,而犯罪前科又会让人无法脱贫,还因为房东采取的各种手段在成功杜绝"不法与破坏行为"的同时,也堵住了贫穷者的求生之路。也就是说,暴力犯罪、毒品交易、深度贫困与其他各种社会问题,会在比邻里社区更小的范围内结成一体,其程度也更为严重——这些社会问题会集合在同一个住址里。

对经常处于饥饿与匮乏,沉迷于毒品、进出于监牢的人来说,租房的筛选程序常常意味着他们从此被阻断了回归职场的道路,并且暴露在罪恶与暴力之中。但另一方面,同是天涯沦落人的他们可以畅所欲言,就问题互相交流:他们可以在吃穿上互通

第 7 章 病号 | 119

有无，交换各种资讯，可以在烂工作、烂社工、烂监狱的话题上聊得非常投机。往往一个人起了头，另一个人就知道他想说什么（"监狱里头不管煮什么菜——""都一定会浇肉汁！"）。这还意味着他们原本可能只是处于戒断反应的初期，想在拖车营里走几圈来缓解发抖的症状，却没想到其他瘾君子手里有他们想要的东西。

有些房东不太把筛选房客当回事，就像发薪日贷款公司*给负债或信用很差的家庭提供无抵押的高利息贷款一样；就像次贷公司会贷款给根本还不起的人一样；就像主打"先租后买"的租售运营商 Rent-A-Center 公司会不查信用就让你把海信空调或 Klausner 的"拉撒路系列"功能沙发带回家一样。无论是什么市场，底层都自会有一套商业模式存在。[11]

"有问题吗？"凯伦扫视了教室一遍。

"我应该给房客长租还是短租？"

"重点是要有合约，好吗？不管什么条件都一定要写成白纸黑字。威斯康星州有六七成的租约都只是口头说说而已。"

有个戴着迷彩帽的男人举手，问了跟驱逐有关的问题："我们真的要给他们三个月的缓冲期，或是其他什么鬼东西吗？"

---

* Payday lender，一种短期小额贷款形式，贷款额度不高于贷款人每月的账面收入，因为还款日为贷款人账户下一次收到月固定收入的时刻，对于有稳定工作的人来说也就是发薪日，故而得名。这类贷款只要求贷款人证明自己有固定工作或每月有固定收入即可，无需良好信用记录或其他形式的抵押，但贷款的利息通常很高。

"不,假如不付房租就没有什么宽限期。"

"迟交房租的罚款有上限吗?"全场发出了尴尬的笑声,凯伦不屑地皱起了眉头,懒得回答。

"我们可以不通知房客就进到房子的公共区域、走廊,或开放的地下室吗?"

凯伦为了做效果而刻意顿了一拍,先对提出问题的女性笑了笑。这位50来岁的黑人女士坐在前排,抄了一整天的笔记。

"所以答案是什么?"凯伦反问全场。

"可以。"几名房东异口同声地说。

凯伦点点头,视线转回发问女士的身上。"来,跟我念一遍:这是我的房子。"

"这是我的房子。"女学员很听话。

"这是我的房子。"凯伦放大音量,举起双手,示意全班也念一遍。

"这是我的房子。"现场的房东齐声说。

"这是我的房子!"凯伦用手指着地板低吼。

房间里的声音一致变响了,像一支骄傲而充满力量的合唱团。"这是我的房子!我的房子!"

在收到驱逐通知单后,泰迪考虑了几天,最后决定要回田纳西老家。泰迪家里有好几个姐妹,他打电话给其中一位,然后对方说会叫老公开厢型货车来接他,为此泰迪寄了张500美元的汇票过去。"我不想像个穷光蛋一样去投靠家人。"他这么跟司科特说。而这也等于告诉司科特一件事情:他没钱了。

司科特知道得为自己打算。于是他打电话给在匿名戒毒者互诫协会认识的朋友皮托（Pito），问他有没有什么工作可做，皮托介绍他认识了米拉（Mira），来自波多黎各的米拉是名女同性恋，酷酷的，脾气不太好。她让司科特去打扫那些被没收的抵押房屋。米拉付给司科特和其他员工的工钱，金额不一。对此司科特不明所以，但也没多问。工作时，司科特把金属送给回收破铜烂铁的人，卖掉值钱的东西，剩余物品则拖去丢掉。

被查封的屋里会留下千奇百怪的东西，让司科特在惊讶之余也长了不少见识：沙发、电脑、不锈钢炉具、标签都还在的童装、三轮车、一箱箱的节日装饰品、冷冻猪排、青豆罐头、床单还在的床垫、档案柜、裱框的海报、祷告文、金玉良言、窗帘、衣架上的女上衣、锄草机、照片。有些矮房子十分简陋，窗户破了没修，天花板有一层油垢；有时也会遇到豪宅，地毯厚实，浴室豪华，后院还有露台。司科特觉得好像整座城市都被丢弃了。

"有时候你走进一间房子，感觉那些房客除了随身衣物外，什么都没拿就拍拍屁股走了，"说这话的司科特正在和泰迪喝啤酒，这也是他们的早餐，距离两人收到驱逐通知单大概过了一周，"这其中别有深意，我还没有参透。"

"我也好想工作啊，"泰迪说，"我也想去外面工作，但我这种身子骨谁会录用我。"

司科特对自己的工作并不在意，但对打扫的废墟很有兴趣。"那些人到底是怎么了呢？这实在是……"他的话说到一半，悬在半空中。

"司科特，"泰迪边说边将身体慢慢转向他，"我们就像家人一样。我真的不想丢下你，但我要回家了。"

"可我不怎么喜欢你呢。"司科特讥笑道。

"我知道那是谎话。你也希望有我在。但我不回去不行，你懂的。"

周六早晨，天刚破晓，一辆白色的厢型货车就停在了拖车前面。司科特帮忙把一袋衣服跟钓鱼工具放进车后备厢，再扶老朋友坐进车里。泰迪直直举着胳膊，像木偶一样无声地说着再见，厢型货车则慢慢驶离，朝着橘色——哈雷摩托车最经典的颜色——的天空开去。

同一天傍晚，就在司科特跟着米拉手下人员外出时，他的拖车被盗了。泰迪走了，拖车营里的人都知道司科特也撑不了太久。小偷一开始还比较客气，拿走了像衬衫、电影光碟、夹克、背包这些小东西，后来连桌子、沙发、耶稣在十字架上的画像等大家伙也能搬就搬。

拉瑞恩的姐夫莱恩（Lane）从他雏菊黄色的拖车那儿看到了这一幕。莱恩这人瘦瘦的，头发深色，戴金链子。"这些秃鹰，"他边说边摇头，"你晚上睡觉要是没把嘴巴闭紧，这些人连你的金牙都会偷。"

当晚司科特一回到家，便发现事情不对劲，立刻冲去看他房间里的塑料箱还在不在——他担心的是盒子里装着的照片、文凭和回忆，这些东西是他曾经是另外一个人的铁证。小偷搬走了床，但箱子还在那儿，感觉像是他们留下来的礼物。稍微松口气的司科特这才慢慢把各个房间巡了一遍，查看有哪些东西不见了，或是哪些东西连小偷都懒得偷。书跟拍立得没人动，但他们拿走了空啤酒罐，估计是要去回收换钱。司科特像打扫抵押房屋时那样把玩着剩余的物件。他研究这些东西，仿佛手中握的是出土文物或远古化石。

他想起当天晚上他最后清理的那栋屋子，从外头看并没有什么异样，但走进屋里，他发现有一根跳脱衣舞用的钢管，立在自制的舞台上，舞台旁边还围了一圈沙发。限制级的色情书刊四处散落。楼上有三间房，其中两间也都是色情刊物。司科特开了门进到第三间房，他看到的是张单人床、玩具，还有做到一半的作业。大部分遭弃置的住家都没留给他太多线索，他无法臆断谁曾在这里生活过。但在收拾的过程中，他会自己想象这里曾有过餐桌上的笑声、睡眼惺忪的早晨、在浴室镜子前刮胡子的男主人。最后这间屋子正无声诉说着自己的故事。想到那第三间卧房，司科特坐在空荡的地板上，在被洗劫一空的拖车里流下了眼泪。

第8章

400室的圣诞节

谢伦娜决定了,她要驱逐阿琳。丧礼费用跟后续社会福利救济金的缩减让阿琳的房租越欠越多,总共累积了870美元。谢伦娜觉得是时候"对阿琳放手,好迎接下一名房客了"。当月早些时候,她整理好了必备的文件。等着接开庭通知,已是12月23日,算是赶上了驱逐法庭在圣诞节前的"末班车"。谢伦娜知道这个时节法庭的"生意"会非常好——不少做爸妈的租房者都宁可跟房东赌一把,也不愿在圣诞节的早上两手空空的面对孩子。[1] 一名新来的房客已经问过谢伦娜能否先把一部分的房租还她,好让她可以给孩子买礼物。谢伦娜回了她一句:"房子都没了你的礼物要放哪儿……11个月前你就该知道现在会是圣诞节吧。"

谢伦娜跟阿琳出庭的前一晚,外头下雪。第二天一早迎接所有人的,是一座埋在雪中的密尔沃基城。身穿厚重羽绒外套,头戴针织帽的路人在人行道上步履蹒跚。裹得严严实实的孩子依偎在母亲身上,一起在公交车站的顶棚下等着,重心时而压在左脚,时而切换到右脚。城市里的烟囱吐着烟雾,在苍白的天空中有如厚实的棉花。节日的装饰品:黑人版的耶稣、在一块废弃土地上微笑着的雪人等,点缀着密尔沃基的北部。

谢伦娜在密尔沃基县法庭前停下车。法庭建于1931年,从外形设计来看,它好像矗立在这里很久了。环绕法庭的是比橡树更高、更粗的古希腊科林斯式圆柱,撑起的高耸屋顶足以睥睨市区。这无疑是座壮观的作品,气势慑人的石灰岩立面上刻有建筑师题的拉丁铭文:VOX POPULI VOX DEI——人民的声音,就是上帝的声音。

谢伦娜在想阿琳会不会来。大部分时刻房客不会来,不来的话就正中谢伦娜的下怀。她的经验是,都到了这个份上,你之前对房客有多好都不重要了。在法庭上,"那些事情就跟没发生过一样"。谢伦娜带过牛奶跟生活用品给阿琳,甚至还让工人从空房搬了一个没人用的炉子给她。但她知道只要来到法庭,阿琳会讲的只有坏掉的热水器或窗户上那个昆汀至今未修的洞。尽管如此,谢伦娜那天早上还是打电话给阿琳,提醒她今天记得出庭。她本没有义务这么做,但说到阿琳,她总是会有一点心软。此外更让谢伦娜担心的是那些特聘法官,她总觉得这些特聘法官内心比较同情租户,所以老是用一些技术性的问题来为难房东。谢伦娜有过一两件申请案被驳回的记录,原因都是书面资料上出了差错。一旦遇到这种状况,谢伦娜的驱逐工作就得全部从头来过，而时间就是金钱，谢伦娜因此又会少收一个月的房租。但若是顺利，谢伦娜也有可能在10天之内就让治安官的驱逐队集结在房客门前。

通过安检之后，谢伦娜的目标是位于400号房的密尔沃基县小额索偿法庭，堪称威斯康星州最忙碌的法庭。[2] 她的步伐在大理石地板上咔嗒作响，回荡于圆拱屋顶。一路上她与律师们擦身而过，他们身穿大衣，眼睛盯着地板的同时也不忘对着手机说上两句。年轻的父母带着小孩，一副目瞪口呆的观光客傻样。法庭里挤得水泄不通，男男女女不是被挤到长长的排椅上，就是沿着墙壁站成一列，体热让法庭内的温度都升高了。谢伦娜找好位子坐下，然后跟熟识的房东同行挥挥手。

在法庭的后方，不少房东正在跟租户"沟通"，希望他们能在最后一刻签"明文协议"，只要租户能把房租给补上，他们愿意既往不咎，把驱逐的事一笔勾销。这当中有一位穿着皮外套的白人房东，刚在几个月前上过地方报，原因是他违反建筑法规的件数累计有好几百笔。一名房客朝他走去的同时，他正跟自己的年轻女助理聊天。租户是名黑人女性，看上去50来岁，穿着一件又破又旧的大衣，肩膀很高，不知是否塞了垫肩。

她将手伸进皮包里，掏出要拿给房东的700美元，全部是现金。

"我是在想……"她开口说，但房东打断她。

"想没有用，写支票比较实在。"

"再给我两周，我可以补你600美元。"

房东要她签下和解的协议，当中载明，迟交房租要多罚她55美元的滞纳金。她没有异议，接过了笔。[3]

在法庭前一个特定的区域里，摆着几张桌子跟一堆空椅子，里头坐的是身穿浅细条纹西装、打着"权力领带"*的大律师。这些人是房东请的。他们面前放着一大沓文件夹，有些人为了打发时间，不是看报纸，就是在玩填字游戏。还有些律师跟法警有说有笑，但聊着聊着，有些法警会停下来要求房客们在室内脱帽或小声一点。专区的律师与法警全都是白人。

律师面前摆着一张大木桌，对着人群，木桌的两端各坐着一名女性，负责当日的案件传唤并做成出席记录。只不过大部分的名字念了也是白念，大约70%的房客即便被传唤，也不会大费周章地前来驱逐法庭。在其他的大城市，情况也几乎相同。在某些城区的法庭，租户的出席率低到只有1/10。[4] 至于租户不来的理由：有些是因为工作不能请假，有些是小孩找不到地方照看，有些是根本搞不清楚状况，甚至有些人觉得烂命一条无所谓了，当然也有人是因为觉得丢脸不愿意来。[5] 遇到租户不见人影而出庭的只有房东本人或代理时，传唤人员就会在档案上连盖三个章——意思是缺席的租户已经默认接受驱逐。一旁的档案文件像盖房子般，越叠越高。驱逐法庭里常有几十个人在同时叹气、咳嗽、低语、跟孩子说悄悄话，当中穿插着高低跌宕的点名、停顿与三次重重的盖章声，最后合奏出一曲柔和的

---

* Power tie，指颜色鲜艳醒目的红色领带。

嗡嗡声响。

法庭前台后侧,两根雄伟的木质圆柱之间挂着一大幅画。画上摩西带着还未损坏的十诫石板走下西奈山,俯视沙漠中的以色列人围着金牛犊跳舞。传唤人员的木桌两侧各有一条门廊,分别通往特聘法官的办公室,也就是实际召开听证会的地方。当自己的案件被传唤时,房东跟租户就会走这两条门廊去见法官,一般只在里头待几分钟而已。

一名聆讯刚结束的黑人女性牵着孩子的手,重新回到房间。她包着头巾,一直没脱下身上厚重的蓝色冬衣。她一路从400号房的中央走道穿过,与貌似贫血、带着文身的白人男性,坐轮椅且穿着睡裤跟卡洛驰洞洞鞋的白人女性,一名膝盖上搁着顶软帽子的盲眼黑人男性,还有一名身穿"为我们祷告"、脚踩工作鞋的拉美裔男子擦身而过——他们全都为了驱逐案件在这里等候传唤。一般而言,租房的都是穷人,而且几乎没有例外都是因为没有按时交租而遭法庭传唤。他们大部分人把半数的家庭收入花在房租上,其中1/3的人更得把收入的80%以上交给房东。[6] 每6名出庭后遭到驱逐的房客中,只有1名马上可以入住收容所或亲友的公寓,不至于落得前途渺茫。剩下的会在大马路上安家落户。绝大多数人无法找到一个容身之处。[7]

身穿蓝色冬衣的那名女性发现某排椅子的末端,坐着另外一名黑人女子,二人四目交汇。于是经过的时候,她弯下腰来对这位非裔同胞小声说:"别紧张,亲爱的,几分钟就结束了。"一如往常,法庭内是黑人女性的"天下"。通常,在一个月里,出席密尔沃基驱逐法庭的黑人占总人数的 3/4，而黑人中，女性又占 3/4。黑人女性在驱逐法庭的数量超过其他群体的人数总和。[8] 她们的孩子各个年龄段都有，一个头上仿佛用了整盒发夹的小女孩安静地坐着，够不着地板的双腿在椅子下方荡啊荡；一个皮肤黝黑的男孩身穿大两号的有领上衣，坐得直挺挺的，表情一本正经；旁边可能是他妹妹的小女孩正在打瞌睡，一只手臂弯着盖住眼睛，一只手抓着小狗造型的毛绒玩具。

在密尔沃基最贫困的黑人社区，驱逐已经是家常便饭，女性遭到驱逐更是见怪不怪。在这些社区，每 17 名女性租房者中就有 1 名会被法院判定驱逐，这一比例是同一社区中男性的 2 倍，更是密尔沃基底层白人社区中女性的 9 倍。来自黑人社区的女性仅占密尔沃基人口的 9%，但在所有被驱逐的租房者中，她们所占的比例却高达 30%。[9]

如果说贫困黑人社区里男性的日常生活是进出监狱，那黑人女性过的就是被驱逐的日子。黑人男性照例被关，黑人女性习惯被赶。[10]

一名特聘法官从侧边的门廊走出来，从传唤人员那里拿走一个档案。谢伦娜一只脚不停点着地板，等待自己被点名。月初时，她就已经为了 8 件驱逐案出庭，当中也包括帕特里斯的案子。只有 1 名租户出庭，那就是"独腿"里基（Ricky One Leg）。他一瘸一拐地走到谢伦娜面前抱怨："把我拖来这里干吗？"里基讲话声音有点尖，又有点沙哑。在他一呼一吸间闻得到啤酒的味道，木头义肢是他 22 岁的"生日礼物"，那天他的腿上中了4枪。

"怎么？要我揍你另一条腿？"谢伦娜回击。她双手握拳举起，里基则作势要用拐杖去刺她的脚。

打闹一番后，谢伦娜说："爱你呦，里基。"

"我也爱你啊，宝贝。"

"你知道的嘛，形式上还是要跑一下。你总不能到杂货店里白拿东西，然后说：'嗯，这些东西我要了，但我没钱付你啊。'"

"我懂的，宝贝。今天要是我当老板，我也会在商言商……我老爸也跟我说做人不能忘本，不能恩将仇报。"

终于轮到他们，谢伦娜跟里基朝着排椅前的木桌走过去。因为驱逐的案子是按照原告（房东）来分的，所以传唤人员要先点名，看谢伦娜所有要驱逐的房客是不是都到齐了。

"西塞尔·克莱门特（Sissell Clement）？"咚、咚、咚（盖章声）。

"帕特里斯·辛克斯顿？"咚、咚、咚。

没有出庭的帕特里斯人在Cousins Subs端盘送碗，因为她既不想失去这份工作，又找不到人换班。要知道Cousins Subs的店长已经对她的A级轻罪[*]（开空头支票）睁一只眼闭一只眼了。对她来说，在Cousins Subs工作只有通勤这点好处：她可以安安静静地坐1小时的公车，道路两旁尽是砖房跟斜挂的美

---

[*] A misdemeanor，美国刑法中将重罪分成A到E五个等级，轻罪则分为A和B两级，其余则算是更轻微的违规。轻罪中A级轻罪的关押时间不超过1年，B级轻罪的关押时间则不超过3个月。

第8章 400室的圣诞节 | 131

国国旗。

"去她的（谢伦娜），去她的法庭，"帕特里斯后来说，"我妈有去出过庭，结果那个法官特别粗鲁。"开庭未到，意味着帕特里斯的"租房生涯"将以一次驱逐记录开场。但对此她没想太多。"我发誓，一堆我认识的人，扣掉白人朋友不算，几乎人人都有驱逐记录。"帕特里斯知道，倘若真要跑去出庭，那可不只是损失工时跟惹毛店长那么简单，她还得在那些学历比她高、法律懂得比她多、在法院比在家里还自在的人面前一争高下。当然有些房客可能更惨，他们得跟房东的律师大眼瞪小眼。

而且帕特里斯还得再踏进那栋古老而雄伟的法院，但她并不想。帕特里斯这辈子待过最讲究的建筑是丰迪拉克大道上的莉娜食品超市：那里有购物推车，耀眼的日光灯，还有打过蜡、磨得锃亮的亚麻地板。在她白人朋友的口中，莉娜超市就像贫民窟的杂货店，但这在密尔沃基北部已经非常难能可贵了。在莉娜超市里，帕特里斯从来不会觉得自己来错了地方。大凡密尔沃基市里会让她觉得格格不入的地方，她都尽量不去。帕特里斯的住处离密歇根湖岸有 4 英里：去那儿走路需要 1 小时，公交车半小时，开车 15 分钟。但她一次都没有去过。

"谢伦娜。"有人轻轻叫了一声。谢伦娜转过身，看到阿琳把头探进 400 号房。

谢伦娜走出房间，来到外头的走廊，接着走向将脸藏在红色帽 T 里的阿琳。"亲爱的，"谢伦娜说，"我要么得让你搬走，要么得把钱要回来。我说的是实话……我也有账单要付。我现在就可以拿账单给你看,你看了一定会吓到眼珠子要掉出来。"

谢伦娜把手伸向她的档案,抽出一张市政府已经宣告为危楼的房地产税单递给阿琳,上头列出了逾期未付的雨水费*与疏通下水道的费用、封房的费用,还有一些杂项,加起来是11,465.67 美元。阿琳茫然地盯着账单,她一年也赚不到这么多钱。

谢伦娜抬起头问:"你看到了吗?我的状况……这或许不能怪到你的头上,但……"她挥了挥夹在食指跟拇指间的账单,"我也不好过。"

讲完这些,谢伦娜回到 400 号房坐下。她还记得第一桩驱逐案,紧张又不知所措的她事先把书面资料来回看了几十次,所有的流程也都很顺利。一回生二回熟,没过多久,她就申请了第二次、第三次。在填写法院表格时,谢伦娜学到了几招:要在租户的姓名后头加上"等人"的字眼,这样驱逐判决的效力才会覆盖到租房处的所有人,包括她不见得认识的那些人。文件上问估计的损失金额时,要回答"不超过 5,000 美元",也就是法定上限;经验告诉她,特聘法官们不认同超过 55 美元的滞纳金;并且花 89.5 美元的手续费把拖欠房租的租户拉到法庭上是划得来的,因为一旦这么做,很多租户就会努力把钱生出来,再说这手续费只是垫付的,之后她还是可以把这一条列到租户

---

* 在美国,雨水从房屋外部流向城市排水系统的过程中接触化肥、杀虫剂、汽油、机油、宠物粪便等物质,被视为对城市用水的污染,业主因此须缴纳雨水净化费用。

的账单上。

阿琳对驱逐法庭也不陌生。16年前她才22岁的时候,就走过一遍驱逐的程序。从满18岁起,阿琳粗算了一下,她租过不下20个地方,意思是她跟孩子差不多每年都得搬次家——要是次数多了就意味着她们那年曾被驱逐。但话又说回来,阿琳的驱逐记录并不如想象中那般"满江红"。这些年下来,她在跟房东交手时用过不少化名。她没有取什么乱七八糟的假名,只是把真名稍微动点手脚,改一两个字母让"阿琳·贝尔"变成"阿琳·毕尔"或"厄琳·贝尔",而这些名字也真吃下了不少驱逐记录。主要是忙到一定程度,法院的职员跟不少房东一样,不会那么认真地要求出示证件。阿琳记得早年在密尔沃基,驱逐会在圣诞节前后喊停,那是一种惯例。但那是1991年以前的事情了。有一名房东状告非营利组织——美国公民自由联盟。该组织便开始主张这种暂停驱逐的做法是有违公平正义的宗教庆祝活动。[11]老一辈的有些人不知道是人太好、习惯了,还是没人告诉他们,总之有些人会因为圣诞节暂时不赶人,但这不包括谢伦娜就是了。

时间继续向前推进。律师一个个都已经回家了——因为他们的案子会优先叫号处理,于是400号房门前只剩下法警跟传唤人员在场。这天的法警是一名娇小而有点龅牙的白人女性,闲得发慌又没人讲话的她开始找那些租户的碴。"手机不想被没收的话,就给我关静音!"早在一小时前,两位传唤人员就哈欠连天,连遮都懒得遮。"别堵在走廊上!"女法警喝令一声。

小孩子的鞋底在座椅上踩啊踩的。"要讨论案子的到外头去讲。"女法警又补了这句。

最后,阿琳抬起头来,看到谢伦娜走进门廊,手握着半开的门把说:"轮到我们了。"

等了两小时才被叫到。谢伦娜抽到的特聘法官是劳拉·格拉姆林·佩雷斯(Laura Gramling Perez),这名白人女士有着军人般挺拔、端正的身姿,穿着深色西装,戴着珍珠项链,露出线条轮廓。格拉姆林·佩雷斯法官一开口便先请阿琳在她办公室前候着,她另外有件事情要先跟谢伦娜处理。谢伦娜于是跟着特聘法官来到办公室内。这是间颇为大气的木质办公室,四壁点缀着法律著作、裱框证书,还有家族合照。这名特聘法官在偌大的硬木桌前坐下,并问:"发票有着落了吗?"

谢伦娜已经连续两天来这间办公室了,昨天她来是希望特聘法官能核准她向另一名从危楼中驱逐的房客索讨5,000美元。拿民事诉讼来说,每项驱逐申请都可拆成两部分来看,其中"第一请求"专门处理"租户是否应该被驱逐"的判定,再来的"第二、第三请求"则处理应当付给房东的款项,包括:欠的房租、开庭费用、其他损失赔偿项目。[12]换句话说,多数租户在驱逐法庭上会被起诉两次:第一次要求归还房子,第二次要求上交欠款。这也意味着他们得出庭两次。前面说过很少人来的是第一个出庭日,至于第二个出庭日,可以想见会来的就更少了。也正因为第二次出庭的租户少之又少,在庭上就容易演变为房东说多少就是多少,没有人跟他们唱反调。通过起诉房客来讨回欠租跟法庭费用，一点都不麻烦。房东可以合法要求房客支付欠的租金、法庭核定的滞纳金，还有租约终止后滞留期每日两倍的租金。但要是说起房屋损坏赔偿款项，那可就是一笔烂账了。有时，谢伦娜在来法院的路上还在犹豫不决。"后门应该算多少钱呢？150美元？200美元？"有时，她会多算一笔除虫的钱，但其实这一条昆汀可以自己处理。总之只要金额别太夸张，传唤人员都会咚咚咚地让"第二、第三请求"快速通关。要是金额大到让传唤人员愣住，那他们就会把资料上呈给特聘法官把关，这就是格拉姆林·佩雷斯在做的事情了。她跟谢伦娜要发票，是希望她能提出凭据来证明前租户有必要赔到5,000美元的上限。

"我跟她要这点钱根本是零头好吗？她把我的房子弄得乱七八糟。"谢伦娜一边回复法官，一边拿出了满目疮痍的房间照片和她刚刚给阿琳看过的账单来佐证。

格拉姆林·佩雷斯仔细看过照片跟账单，但她的结论仍是："证据不够。"

谢伦娜尝试再争取一次，但依旧徒劳。"反正事情就是不能顺我的意。"她终于被激怒了。

"嗯，恐怕是吧，"法官说，"那么……"

"这样真的很不公平！都没人管管这些租户。每次都是房东咽苦水。这个制度真是有问题……随便，反正这些钱我横竖拿不回来了，这些人本来就是社会上的废渣！"

格拉姆林·佩雷斯把谢伦娜的索赔金额从5,000美元砍到

1,285美元,月初那8件驱逐案一共判了10,000多美元。谢伦娜当然知道判赔不等于钱进口袋。除了把租户的押金没收之外,房东其实没有太多渠道可以拿钱。谢伦娜可以尝试扣押租户的薪水,但那也得在前租户有工作、生活又不在贫穷线以下的情况下才能实现。她可以扣押银行账户,但是很多前租户根本没有账户可扣。就算有,房东也不能碰州政府发放的社会福利补助,而且永远要在账户里留1,000美元,不可以扣得一干二净。[13]

即便如此,谢伦娜和许多其他的房东还是前仆后继地发动"第二、第三请求"。这会对房客带来不良影响,因为金钱判决会登记在驱逐记录上。驱逐记录上积欠的租金是200美元或2,000美元会让房东的感受天差地别。另外金钱判决也有可能时隔多年又重新落到遭驱逐者的头上,尤其当房东将这些判决结果纳入法庭正式记录的话。金钱判决一旦被法院正式记录,房客的信用记录里就会被烙上一个印记,十年内他/她只要在密尔沃基县内置产,该笔金钱判决就会跳出来对这笔房产享有"优先权",而这将大大限制新业主利用重贷或变卖房产进行理财的空间。[14]对房东来说,将金钱判决纳为正式记录是放长线钓大鱼,房东赌的是未来。毕竟谁都不知道或许某年某月,某个房客会突然想要振作起来恢复信用,会自己跑回来把账结清。到时候房东还可以要求"连本带利"还,因为金钱判决累积的年利率会让所有投资人艳羡不已:高达12%。对于大半辈子都穷到趴在地上、早就没什么信用可言的最底层人来说,金钱判决有没有登记在案,只是地狱十七层跟十八层的差别而已。但对于那些后来找到了不错的工作、遇到好对象走入婚姻、申请学贷想读书或买了人生第一个家，总之希望能再拼一次看看的房客而言，这就像是原已崎岖不平的安定之路上出现了难以跨越的天险。

谢伦娜一直想着要请像"追回租"这类的公司，来帮忙她把"第二、第三请求"的钱给拿到手。这家自称是"全美最大也最有进取心"的追租公司，会向三家全国性的信用管理机构举报欠钱的房客，然后将房客资料输入到覆盖全美的追踪系统里。有了这个系统，追租公司便可以"神不知鬼不觉"地掌握前房客在财务上的一举一动，从此前房客无论是想要借钱、求职，还是要去银行开户，都不可能瞒过追租公司。就像把金钱判决列入正式庭审记录的房东一样，这些追租公司的眼光也非常长远，他们等的是有一天房客能"通过赚钱自力更生"，到时候他们就可以开始收账。"追回租"公司自称"只要债务还在，档案就不会关"。[15] 这当中有些档案里的债务金额经过合理的计算并且账目一目了然，但也有些档案里的"第二、第三请求"被严重夸大或者利率高得离谱。但既然法庭都认证过了，"追回租"公司也不会管这么多、分这么细。

终于轮到处理她的案子，阿琳在特聘法官的桌前坐下，她决定就坐在谢伦娜身旁。两个女人互相对视了一会儿，不知情的还以为她们是老朋友甚至是姐妹，只不过其中一个人的命比较好罢了。谢伦娜还在为刚刚的 5,000 美元犯嘀咕，特聘法官阅读阿琳的档案,头也没抬地问:"房东太太说你欠房租要驱逐你,所以你没有按时交租吗?女士。"

"是。"阿琳答道。

才讲一个字,她这案子就已经输了。[16]

特聘法官看向谢伦娜:"你这边愿意和解吗?"

"不愿意,"谢伦娜回答,"主要是她欠得太多了。上次她的好姐妹过世时,我有给过她方便,她那个月的租金就没交全,现在又过了一整个月,算起来她足足欠了我870美元。"

"好,好,"特聘法官要她打住,然后将目光转向阿琳,"所以房东太太的意思就是要你搬走。"

"好。"

"你家里有未成年的小孩吗?"

"有。"

"几个?"

"两个。"

法庭有个不成文的规定,每多一个孩子要抚养,就要多给被驱逐者两天的时间缓冲。法官们有时候会给这么一点点"优惠",格拉姆林·佩雷斯也是其中一位。

"我跨年前会搬走,"阿琳说,"最晚新年当天。"

"等等,但这样就卡到下个月了,那又是新的租期了。"谢伦娜反应。

"那要是她可以在1月1日前搬走,你愿意提个和解方案吗?"特聘法官还没死心。

"可是,"谢伦娜连仅有的耐性也没了,"还有一票人在排队,想在1日搬进来。"

谢伦娜看似坚定,但特聘法官看到了突破口。她知道阿琳是走定了,她只是希望阿琳尽可能不要留下驱逐记录的"污点"。抱着这个想法的法官再试了一次:"如果她愿意在12月31日离开,我是说她自行离开,你能不能也有所退让?"

"我要退让什么?"谢伦娜冷冷地问道。

"比方说你要不要把驱逐判决撤销?"

"那她欠我的钱怎么办?"驱逐判决撤销,就代表金钱判决也一并撤销。这么辛苦地透过法庭来驱逐房客,谢伦娜为的就是要取得金钱判决,即便对方是靠福利度日的单亲妈妈也在所不惜。

"嗯,我想说的是,你要是愿意少拿阿琳两三百美元,1月入住的房客就可以保住。"法官这么说是因为她知道谢伦娜可以没收阿琳的押金,这样她实际上少收的租金只有320美元。"交换的条件是她不会挡着你……"

阿琳突然打断法官:"我并没有要挡她的财路。"她说得非常用力,脸上挂着受辱的表情。阿琳看出来了,眼前这位戴珍珠项链的白人女士说个不停,但她显然没有能力发号施令。

一直若有所思的谢伦娜挺起身。"我什么都不撤销。我就是不想……我真的受够了,不要每次都要我吞下去……"她一边说着每一个字,一边开始敲桌子。

阿琳看着特聘法官说:"我也没有想赖着不走。我知道她说的意思，那毕竟是她的房子。"

"我了解。"特聘法官说。

"我没有硬要待在那儿。"

"我了解。"

特聘法官没再继续说下去，只是自顾自地翻起了资料。在三人的静默之中，阿琳稍稍地转守为攻。她想起了破掉但没补的窗户，还有时灵时不灵的热水以及肮脏的地毯，于是她说："我也有理由可以责难她，只是我不愿意提，算了。"这就是她仅有的辩护词。[17]

特聘法官看着阿琳说："女士，条件是这样，你要在1月1日前自行搬离……要是做不到，1月1日你人还在那儿，那房东太太就有权直接回来法院领驱逐令，不需要再另行通知你，然后治安官就会出动。"

谢伦娜跟阿琳走出法庭，轻柔的雪仍旧在下。谢伦娜依约要载阿琳回去。进到车里，谢伦娜马上先揉了揉脖子，阿琳则把脸整个埋进手掌里。她们都很头痛：谢伦娜是因为上法院，她还在为了格拉姆林·佩雷斯砍了她的金钱判决而耿耿于怀；阿琳则是饿到头痛，她一整天都没有吃饭。

"我也不想让你们母子天寒地冻时没地方住，"谢伦娜一边跟阿琳解释，一边开车在融雪的泥泞道路上缓缓前行，"换了是我，我也不想别人那么对我……有些房东私底下乱来，跟土霸王一样想干吗就干吗；但也有像我这样照规矩来的房东，我们会去法院，让像刚刚那样的女法官想怎么说就怎么说，反正法律就是这么规定的……她也知道这个烂体制有问题，它就是这么不公平。"[18]

隔着车窗，阿琳瞅见雪无声地落在黑铁灯柱上，落在公共图书馆的华美圆顶上，落在耶稣教堂的哥特式双尖塔上。

"有些房客真的脏到一定境界，"谢伦娜自顾自地说着，"他们一来，蟑螂也跟着来，老鼠也跟着来。除虫的钱谁付？像那个多琳·辛克斯顿，她把吃剩的泡面都往洗碗槽倒，又一直打电话说水管堵住……结果变成我要打电话找管道工来。不然就是吃完炸鸡把油往洗碗槽里倒，他们倒得很开心，要叫管道工的还不是我。"

转进中央街，车子行经教会，感恩节或圣诞节时阿琳会来这里领礼物篮，篮子里装着食物，还会有御寒衣物。她一直希望有天她也能在教会里做这些事情，她想当发礼物的人。

"所以说啊，阿琳，"谢伦娜把车停到阿琳位于第十三街的家门口，"你可不要哪天想不开来当房东，这是一份难赚钱的苦差事，出了什么事永远是房东吃亏。"

阿琳下车，转身对谢伦娜说："圣诞快乐。"

第二部分

驱 逐

第 9 章

外送服务

天尚未亮,拉瑞恩已经清醒并往脸上泼凉水。比太阳早起是她的习惯,因为早晨最让她神清气爽,当然跟托宾"交手"完的那天例外。那天拉瑞恩几乎一整天都没有下床,因为她只想躲在被窝里逃避现实。这天她早起,是为了让迪哥(Digger)出去遛遛,但在那之前她还是透过百叶窗的缝隙侦察了一番。在确定没瞧见托宾跟连尼之后,她才牵着狗绳踏出门外。迪哥是她哥哥毕可(Beaker)的狗,一只黑色的小米克斯。毕可因为心脏的问题正在住院,所以拉瑞恩答应替他照顾迪哥。

拉瑞恩的拖车可以用两个词来形容:一尘不染、井然有序。一有客人夸奖她家看起来干净整齐,她就会笑着说是手持式蒸气拖把的功劳,要不就会兴致勃勃地分享起居家小常识,比方说,洗白衣服的时候可以丢下一颗阿司匹林。以拖车为家已经将近一年,她慢慢喜欢上了这里的生活。尤其是清晨——当流言蜚语尚未在邻里蔓延的时候。她觉得所有的一切都恰到好处。她找了白色的餐具来搭配她白色的碗橱，还有张小书桌可以摆她的旧电脑。只不过这些对她而言都只是小小的满足，月租金占去了她收入的77%，负担仍然重得可以。

随着太阳慢慢升起，拖车营开始躁动起来，孩子的叫喊与车辆发动的引擎声传进耳里。拉瑞恩望着电话若有所思。她知道密尔沃基对被驱逐者有两种援助方案，第一种是"紧急援助"，这种方案针对的是即将无家可归的高风险家庭。若收到法院驱逐令的美国公民，收入低于贫穷线的115%（含）以下，且能以离婚文件、犯罪报告、解雇通知等证明你的收入骤减，那就有资格申请每年一次的紧急援助。但其实申请紧急援助还有一个额外的条件，就是你家中有孩童需要抚养，所以对拉瑞恩来说紧急援助就免谈了。

第二种是"无家可归预防方案"的援助，主要由联邦提供、"社区倡议者"*发放。但要适用这个方案，你不仅得证明收入减少，还得证明收入无法交纳房租。此外，你还要找到愿意接受这个方案的房东才行，光这最后一点拉瑞恩就办不到。一如紧急援助，无家可归预防方案也是为遭逢意外者预留的，比如被辞退的劳工或是抢劫案受害人，长期负担租金的人不在此列。换句话说，

---

* Community Advocates，密尔沃基的社区性公益机构，致力于为基础生活需求面临困难的本地居民提供直接的经济援助和建议咨询，业务范围涉及住房、医疗、水电燃气等方面的补助与帮扶，以及家暴干预和为流浪者提供帮助和支持等服务。

这两种方案都是"救急而不救穷"。就拿第二种方案来说,"社区倡议者"每年投注的资源只能顾及950个家庭。密尔沃基不到六周就可以驱逐这么多家庭。[1]

拉瑞恩拨了一个已经烂熟于心的号码。"喂,我想请问,听说你们有提供房租协助?……哦,没有是吗……好,我知道了。"她挂掉电话。拉瑞恩的第二通电话拨给了社会发展委员会,这是个以打击贫穷为宗旨成立的民间组织,但他们同样爱莫能助。她想起有人说过第二十七街上的基督教青年会(Young Men's Christian Association)提供紧急贷款,于是她又打给了他们。"喂,有人跟我说可以打来这里,听说你们提供房租协助……我的房租,对……房——租——。"结果又白忙活一场。拉瑞恩倒没有打给租房者协会*,因为密尔沃基没有这个组织。这并不奇怪,美国许多城市都没有这一组织。

上午的时间才刚过半,拉瑞恩已经打遍了所有她想得到的非营利组织、市府单位跟州级机构,但四处碰壁。抱着姑且一试的心情,这时候她又多拨了一个号码。她抓起电话,透过话筒听到了无情的嘟嘟声,这个号码果然又在"通话中"。拉瑞恩无奈地耸耸肩,玛西亚·P.科格斯公共事业中心——俗称"福利大楼"——的电话本来就不好打,占线中并不令人讶异。

---

* 存在于美国部分州的公益组织。以华盛顿州为例,该州的租房者协会致力于通过教育、组织和支持手段维护租房者的权益,例如开通房屋租赁相关法律咨询的免费热线,提供有关租房的指导和培训,还能帮助他们消除可撤销的驱逐记录。

第9章　外送服务　｜　147

搬家工人们一大早就发动卡车。在柴油引擎的低吼声中,他们聚集在一起,烟跟马克杯里的黑咖啡是他们的标配。昨夜有雨,因而今天的密尔沃基变得湿答答的。有些年轻工人看起来像是运动员,跟着潮流穿了耳洞;有些中年工人胸膛厚实,皮手套插在牛仔裤的口袋里;当中最年长的是蒂姆(Tim),身材精瘦,表情严肃,棕色的皮肤略带红色,留着一头短发,胸前口袋还有一包新的沙龙牌薄荷烟。几乎所有工人都是黑人,穿着靴子和工装外套。外套上除了印有公司名"老鹰搬家寄存",还有些自作聪明的口号:"搬家这事,就交给'鸟'吧","哼哧着干活","外送的来了"。

布里顿(Brittain)三兄弟——汤姆(Tom)、戴夫(Dave)和吉姆(Jim),从父亲手中继承了这家搬家公司。1958年,也就是老鹰公司在上一代成立的时候,每周最多只跑一两趟驱逐业务,父亲将公司设在家里,全公司就两辆卡车在东奔西走。人手不够的时候,他们会在出车的路上绕去密尔沃基的救援使团请游民当临时工。几十年过后,公司的员工数量增长到了35人,而且大部分是全职;拥有一个由厢型车跟18英尺卡车组成的车队;总部也从自宅搬到超过108,000平方英尺、前身是家具工厂的一栋三层楼建筑。驱逐业务占了公司四成业绩。

老鹰公司的员工会固定搭配两名助理治安官。助理治安官会先敲门宣布执行驱逐,然后搬家工人鱼贯而入,将室内清空。搬家的钱由房东付。但要能"调动"治安官办公室的人,房东得先跟有担保的搬家公司签约。像这样的公司在密尔沃基有四家,老鹰公司就是其中最大的一家。若要请动老鹰公司五人一组的搬家工人，房东得先交一笔350美元的押金，这是驱逐工作的平均成本。押金到位后，老鹰公司会提供一张授权书。房东得备齐搬家公司的授权书、必要的法庭文件，以及额外的130美元手续费，前往治安官办公室办理。手续完成后，治安官会在10天内驱逐房客。如果把法院的裁判费和手续费都算进去，出动治安官跟搬家工人的正式驱逐令，至少会花掉房东600美元。理论上，房东可以把这钱加到法庭判决里，但实际能拿回来的少之又少。

一头灰发、喜爱大步走路的戴夫·布里顿是白人。在他的指挥下，工人们钻进卡车里。蒂姆负责开厢型车，而戴夫则照例坐在副驾驶座上。

日常的驱逐行程会从最北的地址开展，然后一路向南推进。从清晨至午后，老鹰公司的卡车会慢悠悠地在密尔沃基北部的贫民窟里钻，接着驶过梅诺米尼河谷，迅速穿过以拉丁裔居民为主的几条中南部街道。最后一站则是最南部的白人地区，他们会在那儿的某个拖车营里为一天的工作画下句点。

这一天，两名助理治安官在银泉道的公寓社区外头与搬家工人们会合。他们两个人中，约翰（John）年纪较大，看起来也比较像执法部门的人——宽大的肩膀、厚实的双下巴，戴着太阳眼镜，留着八字胡、嘴里还嚼着口香糖。约翰敲门，应门的是一名睡眼惺忪、手还在揉眼睛的黑人女性。约翰环顾四周，没想到这房子整整齐齐，架子上还有洗好的碗盘，连一个打包的箱子都没有。他转头问搭档说："我们应该没有找错地方吧？"

为此他还打电话回办公室确认。

要是房子里的床垫一张张横在地上,天花板有油污,蟑螂在墙上乱窜,衣服、假发、玩具丢得满地都是,那他就不会特地确认了。有时候房客早已不见人影,废弃的房子里只剩死掉的动物跟腐败的食物,恶心地让搬家师傅吐一地。"驱逐守则第一条,"约翰常这么挂在嘴上,"就是开冰箱时要小心。"倒霉一点的话,房子里会到处都是垃圾跟狗屎,还有师傅在现场发现针头,身为老板的戴夫就会挥挥手说,"垃圾屋,撤退",然后把烂摊子留给房东处理。

确认完毕,约翰挂上电话,挥手招呼搬家工人进来。也就在这一刻,房子不再是房客的了。搬家工人一拥而上,用他们准备好的台车、移动笨重家具的捆带以及箱子等工具逐间把房子清空。工人们的动作可说是"快狠准"。那天早上的屋里不见小孩,现场却有玩具跟尿布。应门的女性脚步缓慢,看似备受打击。她打开冰箱门,发现里头在师傅们收拾过后已经空无一物,甚至连制冰器的盘子都没留下。[2] 她发现自己的东西被堆在后巷。"屋漏偏逢连夜雨",这时又开始下起雨来。约翰先抬头看看天,又朝蒂姆的方向望了一眼。"暴风雪也好,暴风雨也罢,我们都无所谓。"蒂姆边说边点了根薄荷烟。

"驱逐之旅"的第二站是一间浅蓝色的双层住宅,无人应门。执行驱逐时,有一半房子的房客不在现场。有些人在治安官来之前就搬走了,有些人根本不知道会有人来,少数人则会主动打给治安官办公室,询问自家是否在当日的驱逐行程上。

不过，最多的还是那种等到治安官上门还毫无准备、手足无措的人。他们当中有的坚称自己没有收到通知，有的一针见血地指出通知上并没有说明哪天要赶人，甚至没有给出一个时间范围。对此治安官们不以为意，他们知道房客想钻漏洞，能拖一天是一天。戴夫的分析更为深入，他觉得知道要被驱逐后，房客们会产生一种逃避的心态，就好像他们没办法接受或想象这样一天的到来：两名荷枪实弹的执法人员带着一群搬家工人出现在自家门前，将他们曾经住在这里的痕迹统统抹去。心理学家也许会同意戴夫的看法。研究显示，在物质生活匮乏的状态下，人们的双眼会紧盯当下，忘了要看一看前方，这种"短视"往往会让他们吃大亏。为了解释这种现象，心理学家还援引了一个多世纪之前出版的《另一半人如何生活：纽约居住状况研究》（*How the Other Half Lives:Studies Among the Tenements of New York*）："为了基本生活所需而奋斗，是一场尖锐且永无休止的争战，远方看不到任何值得你眺望的风景……邪恶的审判日可能就在明天，也可能永远不会有这一天。若是有天审判终于降临……那也不过是给出生以来就源源不断的苦难再多添一笔而已。"[3]

还有一种案例不需要任何心理学的专业分析，很单纯就是房客被房东诓了或误导了。

戴夫叫新人布朗特（Brontee）爬窗进入浅蓝色的屋子，帮其他人开门。进到屋内后，他们看到一台戴尔电脑、一张干净的皮沙发，鞋柜上还有一整排鞋子。电视是开着的，显然原本有人在看。戴夫指着荧幕上的节目脱口而出:"是××的玛莎·斯图沃特*!"

几分钟之后,一辆森绿色的旧款捷豹驶进车道,从车中跳下四名年轻黑人男性。

"这是怎么回事?"其中一人问道。

"你们家被查封了。"约翰回答,边说边举起查封的公文佐证。

"什么?我们刚付完这个月的房租啊!老天爷,你也帮帮忙吧!"

另一名男子闷着头走进房内,没多久出来时怀抱着一个鞋盒。他双手抱着盒子,一如美式橄榄球的跑卫要从中线突破时的模样。他打开了捷豹的后备厢,把鞋盒锁到里面。

现场两名助理治安官退到一旁,交换意见。"这些人被捉弄了,"约翰跟搭档说,"房东收了租金却没交房贷。"

"是啊。但是约翰,这也是间毒窟噢。"另一名治安官挑明。

约翰扬起眉毛,两人同时锁定厨房。蒂姆正在那儿组箱子。

"这是间毒窟吗,蒂姆?"约翰低声问说。

蒂姆一声不吭,拉开了厨房里的一个抽屉,熟门熟路地,就好像他来过这里。抽屉里有一个个密保诺的小号密封袋,还有一些刮胡刀片。两名治安官交换眼神。有时遇到这种状况,也就是房东房子被查封、而完全被蒙在鼓里的房客显得很无辜

---

* Martha Stewart,美国商业、电视、平面媒体的多栖名人,其事业主轴为居家生活的各种衍生产品,曾因内线交易遭定罪服刑。

时，约翰会帮房客争取一点缓冲时间。但今天他决定该驱逐就驱逐，并且对刚刚鞋盒里的东西睁一只眼闭一只眼。[4] 反正他又不负责缉毒，而且被房东摆了一道，对这些年轻人来说也已经是一种惩罚了。

再下一站是一间刚刚说过的"垃圾屋"。第四站的进程则非常快，因为年长的黑人房客也没多少东西可收。"老兄，这不合理。"房客一面看着搬家师傅把他五斗柜里的东西倒进箱子里，一面不断碎碎念。事后，戴夫朝着厢型车走去，准备前往第五站。也就在这个时候，戴夫指着被堆在地上、已被雨淋湿的年长黑人的东西说："有些人在帆布上作画，而我也是艺术家，那堆东西就是我的作品。"后来他在第五间房子堆出了更有看头的作品，因为那里头有个吃剩的生日蛋糕，外加一只充饱氦气的气球。

拉瑞恩小时候住在南密尔沃基（South Milwaukee）一处以黄砖砌成的低矮公共住房社区里，对街是棒球场。家中除了她还有两男两女一共五个孩子。她的母亲长年卧病，甲状腺失调让她全身浮肿。父亲是名洗窗工人。拉瑞恩记得有次回家他带了很多包 Ziegler 大巧克力棒，原来他那天洗窗的地方是糖果工厂。如果某天他带回家的是多到抱不住的新鲜面包，那就代表他当天打理的是某家餐厅。拉瑞恩的童年过得还算开心，毕竟家里有位疼爱孩子的父亲。"我们一点儿不觉得自己穷。"她是这么说的。

拉瑞恩在学校过得很艰难。到十年级的时候，她终于觉得自己读不下去了。"我身边的每个人都在出人头地，就我一人像无头苍蝇。"于是她先辍了学，做缝衣女工，时薪1.5美元，后来在专做企业招牌的埃弗布赖特公司工作。一次罢工后，她离开了那里，去舍曼大道上的R-W公司当机械工。她的父亲一想到女儿在那里喷砂、处理金属片、操作冲床，就有操不完的心。或许正因如此，当一个金属碟盘压在拉瑞恩的手上，夹掉她两根中指的上半部分时，她唯一记得的就是哭着喊着要找爸爸。

22岁的时候，拉瑞恩嫁给了一个叫杰里·李（Jerry Lee）的男人。这个男人先是开口要她辞掉在R-W公司的工作，待在家就好。当拉瑞恩学开车时，杰里又问她考驾照要干吗，于是她放下了手中的资料。婚后三年，他们生下了大女儿，隔两年又生了二女儿，也就是梅根（Megan）与洁美（Jayme）。只不过二女儿出生后不久，这段婚姻就开始貌合神离。到后来，杰里甚至开始带女人回来。这对结婚八年的夫妻最后走上了离婚一途，拉瑞恩也开始过单亲妈妈的生活。她兼了两份差使却依然捉襟见肘，但不得不说，她们的生活要比以往更自由、更快乐。那是拉瑞恩人生中最开心的一段时光。她开始去那种要在桌上跳舞的俱乐部上班。一方面是她觉得薪资不错，另一方面是她喜欢那种被簇拥的感觉。白天她会带着女儿去别人家里打扫。两个孩子会给妈妈帮忙，拉瑞恩也会把领到的薪水和女儿们分享。

有一天，拉瑞恩跟两个女儿去参加7月4日的国庆日烤肉活动。当时是1986年。她们之所以受邀，是因为拉瑞恩有个朋友想帮自己亲兄弟找女朋友。结果朋友这个媒人当得不错，拉瑞恩跟格伦（Glen）一见钟情，打得火热。格伦跟杰里·李完全是不同的类型。在格伦身边，拉瑞恩一点都不觉得自己蠢，反而觉得自己是美丽、能帮得上忙的女人。格伦那会儿还在假释期，因为他抢了一间药房。假释前他正为了此案坐牢。事实上，他这辈子都在牢里进进出出。在一起后，拉瑞恩尽力让他少惹些麻烦。拉瑞恩会在格伦求职无门的时候帮他按摩。格伦鼓励拉瑞恩学车，她也很争气地在38岁那年拿到了驾照。

格伦生性浪漫，爱喝酒。他们的争执常常会演变成大打出手。有时候格伦会追着拉瑞恩跑，而拉瑞恩会抄起电话把格伦打到见血。某次他们就因为打得太凶，把事情闹大了，被房东驱逐。但床头吵床尾和，隔天早上他们又会亲亲对方，说声对不起，一切又和好如初。只能说他们是真爱，但这种爱在旁人看来是夹杂着耗损与暴力的爱。

至于接下来发生的事情，拉瑞恩一直自责到现在。那天格伦醉醺醺地从他亲姐姐家里回来。吸毒后的他看起来狼狈不堪，一副跟人打了架、心情糟糕的模样。格伦不时会陷入抑郁的情绪中，严重时甚至还有幻听。那天回家，格伦一手拿起了处方药，而拉瑞恩以为他心情不好想吞下一大把，于是抓住他的手臂阻止他。就这样，二人为了药丸大打出手。过程中格伦不小心滑倒，头撞地板，血溅当场。拉瑞恩打了"911"，在急救人员帮格伦包扎好之后，警察旋即给他上了手铐。他吸食麻醉性毒品违反假释规定，所以又得送回牢里。

拉瑞恩最后一次探监时，发现格伦不太对劲。除了坐立难安以外,眼睛也黄黄的。最后格伦说他人不舒服,一反常态地要提前结束会见。隔天早上,拉瑞恩在家接到一通电话,她还记得电话那头一个女人告诉她:"我真的不知道该怎么启齿。格伦死了。"狱方说他用药过量。

之后几年,拉瑞恩慢慢觉得格伦是被同房的狱友毒死的。但无论格伦的死因为何,生活在一起16年的男人走了,这是无法改变的事实。拉瑞恩松开电话,用尽全身力量嘶吼格伦的名字。"那瞬间我像是死了一次,"拉瑞恩说,"我的身心裂成两半,我整个人的存在也……他一死,我的人生像掉进了无底洞里,到现在我还爬不出来。"

老鹰公司的卡车停在密尔沃基北部一个米白色外墙的双联式公寓外。应门的是个大孩子,准确地说是个17岁上下、留着超短发的少女。她皮肤黝黑,有一双天不怕地不怕的灰眼睛。

戴夫与搬家工人们不急着进去,他们照例在后头等约翰说"可以了"——向来都是治安官们走在前头处理可能出现的反抗。房客常会嚷嚷,但很少真的动手。治安官们会使出不同的招式来压制对方的气势,而约翰基本上吃软不吃硬。他曾经在一个身穿浴袍、头上包了毛巾的女人面前打电话回办公室,向总部汇报说:"这幼稚女要是再不闭嘴,我就把她的东西全往街上扔!"跟灰眼少女的对话比平常要久一些,而在一旁的戴夫看到有一名穿着法兰绒衬衫的白人男子停好卡车,朝着公寓大门走近。是房东吧,他琢磨着。又过了几分钟,约翰终于向戴夫点头，于是工人们准备上工。

进门后，搬家工人发现有五个孩子待在里头。蒂姆认出了其中一个小女生的爸爸是自己请过的搬家工人。驱逐驱到熟人并不值得大惊小怪，大部分的工人都住在北部，所以多多少少都有"服务"到教友或邻居的尴尬经验，蒂姆甚至驱逐过自己的亲生女儿。只不过这间公寓有股说不出的怪异，戴夫按捺不住好奇心上前询问，约翰解释说驱逐令上的当事人是这几名孩子的母亲，但她已经去世两个多月了。这些孩子在没有大人的情况下住了两个月。

随着搬家工人开始逐室清空，灰眼少女在一旁像孩子王般对其他小孩发号施令，其中最年幼的是个看起来八九岁的男孩。上到这间公寓的二楼，工人们发现横在地上的有破烂不堪的床垫，还有摆得像是奖杯一样的烈酒空瓶。地下室里衣服扔得到处都是，室内跟院子里除了垃圾还是垃圾。"恶心死了。"蒂姆看着在厨房墙上爬行的蟑螂有感而发。

房东用电钻换了锁，搬家工人把屋内的物品推到湿漉漉的街旁，但孩子们却笑着跑来跑去，好不欢乐。

清空房子后，搬家工人们聚集到卡车旁。他们反射性地跺脚，就怕身上还有蟑螂。抽烟的工人正在口袋里搜寻香烟。他们不知道孩子们跑哪去了，也没多问。

搬家工作会让你彻底了解什么叫一样米养百样人。有个男人家里有10,000盘关于不明飞行物的录音带，嘴里还嚷嚷着："准备就绪！准备就绪！"有个女人装了不少罐的尿液。还有个男人自己住地下室，楼上的房子则任由一群吉娃娃跑来跑去。不过一周之前，一个男人要助理治安官约翰等他一分钟，没想到他要这一分钟是为了把门关好后拿枪往自己头上轰。[5] 不过真正让人受不了的还是"脏"这件事，无论是闻到的味道还是看到的景象，工人们下班后都得去喝个痛快，只求能把记忆"格式化"。

灰眼少女倚着前廊的栏杆，一口口深吸着她手中的香烟。

拉瑞恩考虑找兄弟姐妹帮忙，首先是大姐奥黛莎（Odessa）。奥黛莎住得不远，距离拉瑞恩不过几英里。大姐每天的生活就是穿着睡袍躺在灯芯绒布的躺椅上看脱口秀，灯座旁则是一罐罐处方药。她每个月领补助保障金过活，所以就算她想帮忙，恐怕也是心有余而力不足——但别误会，她一点都不想帮忙。毕可的状况比奥黛莎更糟，老烟枪的他身形高大、皮肤松垮，得靠助行架才能走路。他们家以典型的中西部人的方式，拿他的健康开玩笑："我们都设好殡仪馆的快拨键了！"虽说毕可还没有惨到要住院，但这也没什么值得高兴的。因为他领的补助保障金比拉瑞恩还少，付完房租后所剩无几。毕可在一辆堆有衣服、烟盒和烟屁股、糊着食物残渣的餐盘、野狗狗屎的脏拖车里度日。

苏珊（Susan）的日子稍稍好过点。她跟老公莱恩住在拖车营里略微"高级"的区域。夫妻俩拼命想要领养他们的亲生孙女，也就是莱恩口中生下来"就像个小灯泡在发亮"的孩子（苏珊跟莱恩的二女儿——"我们内心的痛"——是个重度的可卡因吸食者)。先不说这样的处境已经耗尽夫妻俩所有的资源与精力,就算有钱有闲,苏珊跟莱恩也信不过拉瑞恩,所以不可能拿钱给她。明明是亲姐妹,苏珊却有好几周没跟拉瑞恩说话。让苏珊这么恼气的原因是她发现拉瑞恩花了几百美元在电视购物上——准确一点说是 Luminess Air 的喷气粉底笔。

兄弟姐妹中较为幸运的是鲁宾(Ruben):他不仅没有遗传到他们爸爸克罗地亚式的鼻子,也不用在拖车营里跟哥哥姐姐们做邻居。事实上,他根本没有住在任何拖车营里,也没有跟大姐奥黛莎一样住在卡达希(Cudahy)。鲁宾真正的住处是在橡树溪(Oak Creek)他自己的房子里。那是间大房子,大到可以办一场感恩节晚餐,所有亲戚都能聚在一起。弟弟有这种财力,理论上拉瑞恩可以跟鲁宾借钱付房租,但问题是她跟自己的弟弟没那么亲。此外,还有另外一个问题,那就是向日子好过的亲族求助并不是那么单纯的事。通常这些关系会被保留下来作应急之用,或者被当成有机会咸鱼翻身时的本钱。一般而言,穷人都会小心翼翼地不要透支自己的人脉,因为家族里的有钱人一旦烦了,觉得不堪其扰,那么想要借到钱就会是很久很久以后的事情,他们会觉得亲戚这么穷是他们自己不争气。这解释了为什么家族中条件最好的那个,往往不太会被借钱。[6]

思前想后,拉瑞恩觉得还是自己的小女儿洁美最靠得住。她想办法搭便车去洁美上班的阿比汉堡。出发去见女儿之前,她特意好好梳洗了一番,换上了淡蓝色的衬衫、干净的深色牛仔裤、黑色的低跟女鞋,还擦上了一点口红。

"可以让洁美来帮我点餐吗？"拉瑞恩问了柜台后面的店员。

"洁美。"这名店员呼唤。

洁美从一堆脏碗盘中抬起头来，对着自己的母亲翻了个白眼。她厚厚的深褐色鬈发塞在阿比汉堡的帽子底下。洁美不比母亲拉瑞恩高多少，脸上除了细框眼镜，还挂着修女般的神情，温暖中带着距离感。没打算走出来的洁美从柜台后面小声说："你来这里干什么？"

"我知道不应该来，"拉瑞恩收住笑意，满脸愁容，"但是我刚收到驱逐通知单，只给我 24 小时筹钱，要是没钱，他们就要把我逐出家门。所以，那个啊，你可不可以帮我一下？"

排队的长龙愈拉愈长，洁美退到一旁替其他客人结账。等洁美把人流消化完之后，店经理出现了。经理是个瘦得像竹竿的白人女性，稻草般的发质加上青春痘，让她看起来像个高中生。

"这是我老板。"洁美对拉瑞恩说，感觉得出她有点觉得丢脸，毕竟这位经理至少小她十岁。

"您是来看洁美的吗？"经理开口问。

"我是来点餐的。"

"啊，好，"稚气未脱的经理将整只手臂搭在洁美的肩膀上，"我爱死你女儿了，我最喜欢的员工就是她了。"

拉瑞恩点了餐，然后掏出钱包要付钱。但经理利落地在收银机上敲了几下，把账给冲掉了。"这餐我请。算是感谢能请到洁美这么好的员工。"

"拜托不要炒她鱿鱼。"拉瑞恩回应。

洁美的老板向拉瑞恩点点头，然后就自顾自地去"得来速"窗口忙碌了。

回到母女俩的"两人世界"后，拉瑞恩再度向前压低身子，对着柜台另一头的洁美说："所以刚刚我跟你说的那件事……"

"我没办法。"

"哦，好吧。"

"我是真的没办法啦。"

拉瑞恩低下头，好像地板上有什么东西似的。

洁美取了苹果派过来。"我没骗你，我手边真的没钱。等发完薪水我可以寄支票给你，但能不能先找别人帮你，我要等薪水下来后才会有钱。我现在想帮你也没办法，你先问问看别人好不好？"

"我一定会想办法还你的，我保证。"

"我没有要你还我啦。"

拉瑞恩把备齐的餐点拿起来。"好了。"说完便转身要走。

"妈，等一下，"洁美叫住她，"抱一个。"她从柜台里绕出来抱住自己的妈妈，亲亲她的脸颊。

在阿比汉堡工作并非洁美自愿，而是她狱外工作安置的一部分。没错，她身上背着两年半的有期徒刑，现在只剩下最后几个月了。傍晚下班，她会被遣送回位于基辅大道的女子监狱。两年前她第一次被逮捕，也是她第一次入监服刑，在牢里的大部分时间她都在读《圣经》。洁美会被抓是因为她在厕所生产，然后将新生儿遗弃在那里，家里人都不清楚原因。当时她已经有个在蹒跚学步的孩子了。洁美从小一直是个爱读书的小孩，大大的圆眼镜戴在脸上，给人以超龄早熟的感觉。

现如今，服刑快要期满，洁美专注于一个目标：存够钱租间公寓，好让现在跟爸爸待一块儿的6岁儿子可以搬过来住。

洁美入狱前把她的车子交给了拉瑞恩，还给了她500美元当保养费。但接手没多久，拉瑞恩就把车子卖了，保养费也被她拿去交了一笔忘记是什么的费用。拉瑞恩对洁美的姐姐梅根也做过类似的事——借钱不还。梅根为此耿耿于怀，好几年都在跟拉瑞恩冷战。但洁美这个人没办法记仇这么久。

在阿比的停车场里，拉瑞恩盯着挡风玻璃外的景色。虽说办公室苏西叫她去找亲友帮忙，但类似的话她早在福利体系听得滚瓜烂熟。遇到在玻璃后头的社工问她："你没有家人或兄弟姐妹可以拉你一把吗？"拉瑞恩有时候会这样答："当然有家人，但他们都帮不上忙。"

搬家工人们站在空无一物的厨房里，检查一个敞开的碗橱。"老人的家。"戴夫·布里顿根据玻璃器具的风格，做出猜想。这间屋子等于是没人住了，但状况却好得像样板房。房客走时显然拖过地。老鹰公司一行人刚刚还在北部，现在已来到密尔沃基的南部，陪同他们的助理治安官也换了一组人。

再下一间房，一名近50岁的拉丁裔女子来开门，手里还握着一把木头汤匙。

"可以宽限到周三吗？"她问。

助理治安官摇摇头。对方于是勉强自己点头，也不知道是下定决心，还是打算就这么乖乖认命。

戴夫踏上门廊。"女士，"他说，"我们可以把你的东西搬上车或堆到路旁，你想要哪一样？"她选了路旁。"好，路旁！"戴夫大声喊，让工人们知道"客人的需求"。

戴夫接着走进屋内，但才踏进去就被一张"爱探险的朵拉"（*Dora the Explorer*）的卡通椅绊到了。他伸手越过坐在桌边的老人家，调亮屋内的灯光。屋里挺暖和，闻起来有大蒜跟香料的味道。两名助理治安官的其中一名，指了指厨房的嵌入式碗橱。"这种玩意儿我最爱了，"他跟搭档说，"可惜厂商现在都不做了，明明很好。"

这名女子在原地打转，似乎思索着要怎么开口。最后她跟其中一名助理治安官说，她知道房子要被查封，但她不知道是哪一天。以查封房屋而言，将通知书送达的责任不在治安官办公室，而在债权银行。女子的律师有跟她说过可能要再等一天、五天、一周甚至三周，于是她想撑过一天算一天。她跟三个孩子住在这里已经五年，去年有人说服她去找次级贷款再融资。就这样，她的月租金越来越高，从每月 920 美元涨到了每月 1,250 美元，但同时她在波塔瓦托米赌场酒店*的打工时数却在产假后变少。

---

* Potawatomi Casino，波塔瓦托米是密尔沃基的原住民族，"密尔沃基"的地名本身就源自法文中的原住民的外来语。这家酒店位于梅诺米尼河谷，也就是在密尔沃基中部闹区附近的运河街上。

在美国，拉丁裔跟非裔社区曾经是次级贷款业者锁定的目标：租房者会被哄着去购买有问题的房贷产品，而业主则被鼓动着冒更大的风险再融资。之后的事情大家都很清楚，房市崩了。在 2007 年与 2010 年间，白人家庭的财富平均缩水了 11%，黑人家庭平均折损了 31%，拉丁裔家庭更是下降了 44%，几近腰斩。[7]

在女房客歇斯底里地冲去打电话找人帮忙的同时，搬家工人交换着哀怨的眼神，想骂，却又不敢大声。他们最讨厌的就是好不容易要收工了，却又遇到满满一屋的东西要搬，而这一家子就是标准的烫手山芋。一名工人从某个女孩的房间开始下手，房间墙面漆成粉红色不说，门上还张贴告示，"公主的闺房"。他的一名同事决定挑战乱七八糟的办公室，《傻瓜简历指南》（*Resumes for Dummies*）被他随手装进一个箱子，箱子里有个小黑板倒数着学校还有多少天放假。三个孩子中的老大是个七年级的男生，很懂事地帮忙把垃圾带出去。老二，也就是这个家的"公主"，正在前廊握着两岁小妹的手。在楼上的搬家工人格外小心，生怕踩到 2 岁小妹妹的玩具；一旦踢到，它们就会滋儿哇乱叫，闪烁个不停。

随着清空工作持续进行，女房客的步调也慢了下来。一开始她显得格外专注且精力十足，在屋内近乎奔跑着横冲直撞，一手拿着东西，一手还抓着电话讲个不停。而现在，她漫无目标地在走廊上晃来晃去，像是喝醉了。她脸上的"那种表情"，搬家工人跟治安官们已经见怪不怪。会露出这种表情，代表一个人意识到自己跟至亲即将无家可归,代表这个人正从"逃避现实"过渡到"觉得眼前光景很不真实":这一切的一切都发生得太快、太猛。嚼口香糖的治安官靠着你家的墙,手放在枪套上;一群满身大汗的陌生人把家里的东西往外头搬,想喝水就开你的水龙头,用的还是你的杯子,上的也是你的洗手间。这副表情代表一个人被一堆问题给打败了:我今晚过夜需要哪些东西?如果要撑过一周呢?我该打电话给谁?药呢?我们能去哪里?这副表情就像是一位母亲从地窖里爬出来,却发现龙卷风已经把家夷为平地。

每个周日早晨,拉瑞恩都会站在厨房亚麻地板跟客厅绿色薄地毯间的分隔线上。她会从那儿望出前窗,等待着达布斯(Dabbs)的卡车出现。达布斯是她所属教会的成员,他会开着自己的卡车来到拖车营,脱下帽子,然后轻轻敲拉瑞恩的门。

等他们抵达拖车营西北方约一英里半处,也就是南部基督教会*那栋貌不惊人的斜顶砖造建筑时,达布斯会帮忙推门,让拉瑞恩可以优雅地走进室内,从陈列成员肖像的墙边经过,其中当然也有拉瑞恩的照片。来到朴实无华的圣所,阳光从偌大的后窗倾泻在一列列排椅上,天花板的弧度仿佛翻覆的大船。拉瑞恩会走到倒数第二排的座椅,在苏珊跟莱恩的身旁坐下,

---

* Southside Church of Christ,南部基督教会是萌生于美国基督教复兴运动的一支教派。

这向来是詹金斯家人的座位。但苏珊会无视拉瑞恩的存在，假装在读着教会内部的通讯刊物。同时，红发蓄胡的达里尔牧师（Pastor Daryl）会在通道间走来走去，一会儿跟人握手寒暄，一会儿拍拍会员的背。

这是间基督教会，在这里看不到管风琴或钢琴，也看不到木吉他。遇到教徒们站起来要唱《我站立敬畏祢》（"I Stand in Awe"）或《来敬拜荣耀王》（"O Worship the King"）等诗歌时，你听到的都会是"阿卡贝拉"（Acappella），也就是无伴奏合唱。祷告的时候，拉瑞恩会轻轻把手掌贴到大腿上。到了要"慷慨解囊"的时候，拉瑞恩会让捐献篮直接跳过她，苏珊则会放点钱来表示心意。

近期达里尔牧师讲的是"成为门徒的代价"。他一手拿《圣经》，一手拿着演示幻灯片的遥控器，边走边反复背诵着一些像是夸饰的训谕："凡不背着自己十字架跟从我的，也不能做我的门徒""我又告诉你们，骆驼穿过针的眼，比财主进神的国还容易呢！"

"我认为基督信仰的一大耻辱是，很多人决心不够，只是半吊子，"达里尔牧师在某个主日有感而发，"……你身边有邻居需要帮助，你生命中有人需要帮助、需要爱护，身为基督徒，你可以把你的爱向他们展示。"在听达里尔牧师讲道的时候，拉瑞恩始终坚持着几近完美的坐姿，全神贯注，毫不懈怠。她从小就喜欢上教会。

当拉瑞恩打电话询问达里尔牧师，教会能否借钱帮她渡过被驱逐的难关时,他说他得考虑一下。拉瑞恩上次打这样的电话,是跟牧师说她被抢了,于是达里尔牧师从教会的存款里拿了几百美元给她付房租。拉瑞恩的确有被抢,但抢她的人并没有拿枪,也不是什么陌生人。实情是拉瑞恩的拖车被苏珊跟莱恩的女儿,也就是拉瑞恩那个吸毒的外甥女给闯了空门,而打电话给达里尔牧师戳破拉瑞恩"谎言"的不是别人,正是做母亲的苏珊。

达里尔牧师在犹豫不决,一方面他觉得照顾穷苦跟饥饿的人不是政府,而是教会的责任。对他来说能做到这点,才符合"最纯粹的基督信仰";另一方面就拉瑞恩的个案而言,达里尔牧师觉得很多的苦难是拉瑞恩自作自受。"她不少决定都不聪明,包括乱花钱……让她苦段时间也许才能真正认清'哦,我做出愚蠢的决定,会自食恶果。'"伸手帮助"穷人"很容易,但如果你知道这个穷人是谁,他的长相,他过往的事迹、疏忽和做过的错误决定,事情就变得复杂多了。

为此,达里尔牧师打了通电话给苏珊。他跟苏珊说拉瑞恩收到法院的驱逐令,并且开口跟教会借钱。苏珊觉得教会一毛钱都不该给。于是达里尔牧师回电话给拉瑞恩说这次他爱莫能助。

在拖车营的办公室里,连尼伏案写着他的租约清册,办公室里来了一位名叫布兰妮·贝克(Britney Baker)的女性,看起来不到30岁,脸上戴着廉价的墨镜。布兰妮先从信箱收信,接着转身与连尼商量。

128

"我会付房租的,你知道吧。"她说。

"那很好啊。"连尼应声。

"我这周会付钱。不要发五天的预告通知单给我噢。我的状况托宾都知道。"

说完后布兰妮便转身离开。连尼摇摇头,低头看租约清册,上头写着布兰妮的欠款余额是 2,156 美元。

欠租跟驱逐之间的关系,从来都一言难尽。在拖车营里,每个月都会有房客欠超过 1,000 美元,但还是住得好好的;也会有人明明欠得比较少,反倒得卷铺盖走人。[8] 拿这个问题去问托宾,他会说:"人家对你讲情,你当然要有义。有些人可以商量,有些人我完全无法妥协。"至于连尼的说法是:"这要看他们搬出什么理由。"以拉瑞恩的状况而言,连尼跟托宾会觉得她是"累犯"。"同样的戏码每个月都要来上一遍,"连尼说,"每次都说没钱。"但其实布兰妮也是每个月都重复一样的事情,却能住得安稳。

房东跟物业经理在决定要不要驱逐住户时会权衡利弊。租房者如果能说动房东,让房东相信他们马上会有钱进来,比方说常见的退税,那他们就有机会可以躲避被驱逐的命运。但假如租房者积欠太多,又看不出有办法偿还,就难免要被驱逐。话说回来,驱逐这个"果",其前因并不只是住户的行为不当,或是房东的财务规划。在决定要不要把事情做绝之前,房东会有多层考量,因此他们会对某些房客网开一面,对其他房客又会不假辞色地公事公办。[9] 说到这点,住户收到驱逐通知单后的反应是一大关键,其中女性较少跟房东谈判,这点男性就明显不同。欠租的女性比较爱躲房东,而这在房东心中绝对是扣分项。

房东跟物业经理都很忌讳租房者失联,躲起来找不着人。连尼若是遇到房客躲他会非常不悦。"去××的,"他曾经吼过一名从百叶窗中瞄着外头、就是不肯开门的房客,"你惹毛我了,五天后你就给我滚!"

就跟许多有着类似处境的女性一样,拉瑞恩也躲躲闪闪地不想被托宾跟连尼逮到。她分明正在筹钱,但她一次都没有和他们或者办公室苏西讲过,也从来不开口请求宽限。而邻居杰里的租金跟收入其实与拉瑞恩相差不多,唯一不同的是杰里一收到驱逐通知单就去跟托宾和连尼谈判。杰里把驱逐通知单揉成一团,威胁要砸烂连尼的脸,这种寻衅滋事的反应,反而很合托宾直率鲁莽的脾气。物业管理这一行不但是男人的天下,而且还是粗犷大男人的天下。在这样的环境里,杰里自然占到了便宜。[10]

事实上,杰里不仅在收到驱逐通知单后的第一时间跑去找托宾,后来还主动表示愿意承担拖车营的清洁与维修工作,希望换得托宾取消驱逐。杰里之前就替托宾工作过:给拖车钩上油漆、做水管的防冻处理等,以证明自己的"手艺"。时间一长,他就多了一个手头紧时可以抵房租的选项。当拉瑞恩打电话向社会服务机构问询、跟兄弟姐妹求助的时候,杰里直接找上了驱逐的始作俑者。托宾后来解除了杰里"待驱逐之身"。而拉瑞恩只能被动地等待当地的非营利组织、家族成员或她所属的教会善心大发——只有这样她的做法才能奏效。

男性经常可以通过砌水泥、补屋顶或漆房间等劳务来与房东交换免于驱逐,但会拿这些筹码去跟房东商量的女性则少之又少。有些女性是因为照顾孩子、应付社会福利补助的要求或者上班,抽不出时间来替房东做这些事,但更多女性是根本没考虑到用劳务抵租的可能性。许多找房东商量以工作抵债的女性会牵扯到性交易。[11]

房东手握谁走谁留的生杀大权,可以决定要赶尽杀绝或是网开一面。这是一种古老的权柄,而这项决定有时只在房东的一念之间。[12] 要不要给住户方便,对托宾来说是看心情。他出手时而小气时而大方,不过至少还能赌一把就是了。事实上,拉瑞恩之所以会甘冒被驱逐的风险而先交燃气费,就是因为跟托宾交过手的住户跟她说:"托宾人很好。你看能力先给一些,他会通融的。"

这也是何以当托宾按照市议员维特考斯基的要求,去找外面的物业管理公司进驻后,整个拖车营都显得风声鹤唳的原因。新的管理团队有新的玩法——他们会把拖车营弄得更干净整齐,更讲求专业跟公平。对住户们来说,日子就更不好过了。

有一天,一名陌生男性在连尼的办公室外现身。他在煤渣砖上钻洞,安插牌子,上头写着:"比克管理,专业第一。"拖车营里一名年长的住户看到招牌,便进到办公室里哭哭啼啼。"我上一个家会待不下去,就是被他们赶走的,"她这么跟连尼哭诉,"他们很凶。"

"嗯，我听说他们蛮狠的，"连尼说，"他们都不会通融一下，很多人被他们弄到要在街上睡。"

"你觉得呢，连尼？"这名女士在整理完情绪之后问连尼。

"我看得出来，他们在想办法要把我做掉，"连尼把矛头指向外头的牌子，"但他们不会称心如意的。总是要有地头蛇在这里顾着。"这话既像是在回答那名女士，也像是在安慰自己。

在所有人都见死不救的时刻，鲁宾那里有了回应。鲁宾因为在庞贝捷工业集团有一份全职的工作，算是咸鱼翻身，跻身中产阶级。总之要代交房租给托宾的事，他勉为其难地答应了。为此鲁宾亲自来到拖车营，但托宾不肯把钱收下，只跟拉瑞恩说他不要这钱。他自顾自地步行离开，留下拉瑞恩跟鲁宾在办公室外头面面相觑。鲁宾把钱收回口袋，与拉瑞恩一起缓缓地走回她的拖车。[13]

几小时之后，拉瑞恩听到有人敲门。门一开，两名助理治安官赫然站在她那小小的门廊上。在助理治安官身后，几辆老鹰公司的卡车驶进了拖车营。要把卡车开进园区，非常考验驾驶技术。一方面因为入口狭窄，另一方面因为司机得留意那些横冲直撞的小狗或者孩子，最后还得倒车停进指定的地点。不过老鹰公司其实是园区的常客，所以行车顺利。这里是今天出勤的最后一站，大伙都疲惫不堪，而且归心似箭。[14]

搬家工人很希望能来到一间"垃圾屋"，这样他们就可以撒手不管，但拉瑞恩要求她所有的东西都要送交存放。鲁宾把拉瑞恩的电视跟电脑放进自己的车里,然后离开去接自己的孩子。搬家工人开始把拉瑞恩的其他东西装箱:白色的餐具、送给孙子的圣诞礼物、格伦送她的项链。同一时间,一名助理治安官在她的门上贴了张橘色的告示。

通知

贵住户已遭到法院命令驱逐,密尔沃基县治安官办公室将依法执行驱逐手续。

未经房东允许续留系违法行为。届时,执法人员可以径行逮捕(按威斯康星州法第943条第14款规定)。*

拉瑞恩想多要点时间来整理她的东西,但助理治安官摇头说不行。然后她又说有东西被送上卡车,她想拿回来,这次是一个搬家工人说不行,理由是东西一上车就跟保单有关,倘若下车后坏了将无法受理赔偿。

拉瑞恩站在拖车外,静静地当一名旁观者。工人搬走了她的椅子、洗衣机、冰箱、炉子跟餐桌。接着抬出了一个个鬼知道里头装了什么的箱子:或许是冬衣、鞋子或洗发水吧。围观的邻居开始聚集,有些人还拿了啤酒、架好躺椅,一副要看纳

---

* 威斯康星州法第943条第14款规定的是刑法上的"侵入住宅罪"。

斯卡赛车*的阵仗。

工人的手脚很快。前后不到1小时，拉瑞恩就被扫地出门了。她眼巴巴地看着卡车开走。她的东西会被送到老鹰公司的仓库存放。仓库里，粗壮的木头梁柱撑起天花板，天花板上垂吊着显眼的灯泡，灯泡下方则堆叠着数以百计的物件，每一叠都代表着一个遭驱逐或被查封的家庭。堆在这里的东西会刻意维持在及目的高度；个别会用胶膜包住，仿佛是被蜘蛛丝裹住的昆虫。稍微靠近点，还能清楚看到紧绷的透明胶膜内有哪些物品：被刮花的家具、灯具、放在浴室的体重秤，还有几乎是家家必备的儿童用品：玩具木马、婴儿推车、秋千床、弹性婴儿椅。在布里顿三兄弟的眼里，公司的仓库就像个"巨大的胃"，消化着整座城市的残余物。每块栈板的存放费是每个月25美元，而平均每个遭驱逐的家庭会用上4块栈板来储放财物，合计大概是400立方英尺。

拉瑞恩的当务之急是想办法筹到存放费，否则老鹰公司可以在90天后把她的东西处理掉，以便腾出空间来堆别人家的东西。事实上，凡是因为驱逐或查封而被送到这里的东西，七成的下场都是如此。多年前，布里顿兄弟曾经想跟"友好慈善超市"†

---

* NASCAR，全称为"全国运动汽车竞赛协会"，流行于美国的赛车竞速运动。因为选手是使用由市场销售的车辆改装成的赛车参赛，又名"全美改装车竞赛"。它在美国的受欢迎度可比肩美式足球。

† Goodwill，专门回收二手物资，转卖所得协助弱势就业的美国非营利机构，在全美各地设有如超市般的销售点。

合作，结果却不尽人意，因为老鹰公司这边的存储量实在太大，慈善超市根本吃不下来。布里顿兄弟并没有就此死心，他们又主动接洽了收废五金的厂商，还问询他人论捆把旧衣买走做成抹布的意愿。他们请人在杂物中寻宝，看当中有没有什么可以拿去卖的东西。每个月，他们会办两场公开拍卖，少则10堆、多则40堆物品任人挑选。即便做到这个份上，丢掉的东西永远要比再利用的东西多。[15]

随着助理治安官离去，拉瑞恩也顾不得橘色通知上的警告，闯进已经不属于她的拖车里。大件物品一扫而空，但搬家工人倒是留下了衣服、毯子等小东西。拉瑞恩弯下腰拾起她的蒸气拖把。

她只有一条路可以走了：拉瑞恩想着把剩下的东西收一收，权且放在哥哥毕可的拖车里。还没出院的毕可无法对这样的请求说不。拉瑞恩找了两个男孩子帮忙，三个人在两辆拖车间来回搬了好几趟，凡是拿得了的东西就统统往毕可的客厅堆。

大功告成之后，拉瑞恩给了两个男孩各5美元小费，独自在毕可的拖车里坐下。飞舞的果蝇让她不得不挥手拍来拍去。她吞下止痛药，包括200毫克的乐瑞卡，在一片寂寥之中，静静等待止痛药生效。感觉到药效后，她望向四面的混乱与不堪，那些被搬家工人当成垃圾、而被自己抢救出来的东西。拉瑞恩闷声怒吼，把沙发当成沙包，一拳又一拳地打在上面。

第 10 章
随叫随到的瘾君子

莱特街布满雪花。12月初的暴风雪已经来临,天气预报说积雪厚达25厘米。这时下的是那种潮湿的融雪,分量十足,铲雪的时候得一小块一小块挖,否则很容易闪到腰。拉马尔看着窗外纷纷扬扬的雪花,喝着速溶咖啡,把手边的工作放到一边。

刚和孩子们漆完帕特里斯的旧房子,拉马尔就打了通电话给谢伦娜,她马上赶来验收。扫视了公寓一遍后,她摇摇头,给出评价:"别说我不给你机会,你做的这××的什么烂工作来敷衍我!"

"我做这工肯定不止260美元,"拉马尔不甘示弱地拉高嗓门,"为了帮你油漆我可是跪在地上爬来爬去!现在你这样搞我?"

谢伦娜火大得掉头就走。几小时后,拉马尔主动拨了她的电话号码。他求谢伦娜让他把工作做完,让他把孩子们没涂到的墙面补好。"拜托,"他在电话上说,"我不喜欢欠人东西。"

听他这么说,谢伦娜决定给他机会。拉马尔若想保住现在的公寓,就只能靠这次了。

拉马尔喝完咖啡,扣上义肢。他拿起拐杖,开门踏上前廊,眼前的雪让他表情变得有点狰狞,他得紧抓着阶梯栏杆,否则很有可能会跌倒。外头的人行道上,米奇正卖力地铲雪。看到拉马尔在前廊阶梯上举步维艰,米奇停下手上的工作,但一时间也不知道该不该上前帮忙。最后米奇并没有伸出手,所幸拉马尔没事,他还顺势帮忙米奇推了几下雪铲。

等拉马尔说要回楼上的时候,米奇问他需不需要搭把手。

"来吧。"拉马尔欣然接受米奇的协助。

到了二楼,米奇看着自己跟家人被驱逐前的旧家。

"你们今天不用上学吗?"拉马尔会这么问,是因为这天是周二。

"我睡过头了。"米奇答道。他正在读小学四年级。

"啊,小朋友,不能这样逃学哦。"

米奇低头。"我们今天是美术课啦。"他说。

"可是美术可以让你赚大钱啊,你不知道吗?你长大可以当个……嗯……那个叫什么,艺术家?还是建筑师?"

米奇露出灿烂的笑容,拉马尔则开始拿刷子粉刷食物储藏室。为了要刷到底下的部分,拉马尔解开了义肢,好方便在地板上爬行。米奇尽力帮忙,他会递抹布跟滚筒给拉马尔;态度之积极,仿佛他正在一份工作的试用期。拉马尔在地板上动弹不得的时候,米奇会帮他把拐杖取来。

"弟弟,你妈妈跟其他家人在哪儿?"拉马尔问。

"妈妈？她去找达斯（Dace）拿她的食物券，"米奇滔滔不绝地说起了帕特里斯的食物券跟男朋友，"达斯把她手头的食物券都拿走了，害她没东西可吃。所以啊，然后她的券……"

"米奇，好，可以了，"拉马尔尽可能温柔地打断他，"其实你说她出门了就好。妈妈的事不要到处跟人讲，知道吗？你要知道我是你们的朋友，但其实我也不想知道太多。"

虽然似懂非懂，但米奇还是缓缓点头。

拉马尔在地板上挪动着身体，然后暗暗咬着牙，举起油漆刷。时间越来越接近中午，拉马尔满头大汗，呼吸也越来越沉重。他祈祷着自己能再挤出点气力："上帝啊，拜托你今天要让我撑过去。"

"这太夸张了，拉马尔。"米奇想说点什么来安慰拉马尔。

"不，社会就是这样，人们能压榨你多少就压榨你多少，没有在客气的，米奇。"

工作完成后，拉马尔把脚装回去，折返到自己的公寓。他从家里拨了通电话给谢伦娜，通知她房子漆好了。谢伦娜没有给他任何承诺，只是说晚点会过去看。她最后还补了一句要拉马尔把地板拖干净。

到了傍晚，拉马尔家附近的孩子王巴克来了。他注意到拉马尔浑身都是油漆的痕迹，有点疑惑地问："我们不是把楼上都刷好了吗？"

"她要我去把上头的食物储藏室给漆一漆。人就是爱贪小便宜啊。"

第 10 章 随叫随到的瘾君子 | 177

"你挣钱了,老爹!"巴克笑着说。他以为拉马尔跟他儿子可以继续住下去了,觉得很开心。

拉马尔叹了口气,然后按按膝盖下方,像在揉一块旧伤。"不过他们不会付我钱的。"拉马尔说。

"这怎么能不付钱!"

"算了吧,他们找瘾君子来干一样的事情,根本花不了什么钱。"

拉马尔知道自己的辛苦被便宜卖给了谢伦娜,但他也知道,更廉价的人力比比皆是。旧城区的房子遇到管道坏了,屋顶漏了,房间需要粉刷了,聪明的房东不会拨电话给专业的修理工人,他们之中有两种什么都愿意做而且不用白不用的人选:房客和找不到工作的人。菜鸟房东会嚷嚷着他们"认识某个很厉害的管道工人",但有经验的房东会说他们"知道可以找谁来"。拉马尔知道谢伦娜"有一堆可以找的人",所以他心里有数,她不太可能让自己继续往下去。他之所以接着把油漆活儿做完,是抱着一种死马当活马医的心态。

巴克皱起眉头,看着外头的雪说:"不会吧,老爹。"听他的口气有些不可置信。

"瘾君子!"拉马尔吼出口,"瘾君子把整个市场都破坏了。现在就算把公交车月票拿去变现,都卖不到好价钱了……我跟谢伦娜争了好久才争到用这份工作来抵260美元的欠租。但她肯定觉得有人100美元就愿意做,而且是做全套,从裸墙开始弄到漆面漂漂亮亮。"

隔周周二，拉马尔醒来时屋子是暖的。冬天为了御寒，他一整晚让燃气灶开着不关，这是密尔沃基北部常见的做法。对像拉马尔这样住在漏风的双联式公寓、暖炉又老旧的人，这算是一种变通之道。已经过了一周，但谢伦娜完全没有动静。

拉马尔最习惯的早餐组合是速溶咖啡配烟。但因为卢克和埃迪留在家里没去上学，所以他充当家庭煮夫，做了煎蛋跟热玉米粥。培根的香气能唤醒两个孩子。隔一会儿，巴克刚好也来了，就好像他从街尾就能闻到拉马尔下厨的香味似的。

后门被轻轻敲着，其中一个孩子跑去开门，门后是新搬来的邻居卡玛拉（Kamala）——短短5个月内，卡玛拉已经是第三个搬来的房客。要是从远处看，你会以为卡玛拉是个才七年级或八年级的小女生。她身材娇小，肤色"比紫色还深"，一件白色背心贴着她瘦小的骨架。她既没有化妆，也没有涂指甲油。要说她仅有的打扮，就是细细的金链子上垂着的锁盒子吧。她的目光深沉，整个人透露着某种沉重的气场。这样的卡玛拉，一开口便先向拉马尔讨了根烟。

"喏，拿去，亲爱的。"拉马尔把烟递给卡玛拉，他很开心能见到她。

卡玛拉道谢，转身要离开。"我得上去顾孩子，没人看着我怕他们会把房顶掀开。"卡玛拉是三个小女孩的妈妈，她们的年龄分别是3岁、2岁跟8个月。

"让她们下来吧，来掀我的房子。你打不打扑克牌啊？"

卡玛拉露出浅浅的笑容，准备要回楼上，但家里那个2岁孩子已经跑下来会合了。

拉马尔滚着轮椅来到小女生面前。"有没有人想当我的干女儿啊？哈啰！你今天好不好啊？"

小女孩稀里糊涂地说了些话，但咬字不清的她讲话像一团棉花，完全听不懂。她连说了好几遍，拉马尔才听懂她说的是"肚子痛"。

"你饿不饿？"拉马尔这么问她。"我们得想办法让这小家伙长点肉。你家昨天有开伙吗？"拉马尔会这么问是真的想知道答案，没有任何弦外之音，也没有其他拐弯抹角的意思。

"有是有，但楼上就只有一台微波炉能用。"卡玛拉轻声说道。

和很多旧城区的房东一样，谢伦娜跟昆汀尽可能不让房客在屋内摆太多电器。少一样东西在用，未来就少一样东西要修。所以无论是燃气炉或冰箱，房东大多都能免则免。

"哈，好吧。"拉马尔把轮椅转个方向，把自己推向食物储藏室。再度出现时，他大腿上多了台电磁炉。前几天跟卡玛拉初见面，拉马尔对她说不会跟他们"混得太熟"。"我不来'可以借我杯糖吗？'那一套，我们这儿不搞敦亲睦邻……我只管自己，这样对大家都好。"但明明才撂过狠话，他现在却又拿出比一杯糖贵很多的东西送卡玛拉，感觉有点自打嘴巴。[1]

"这原本是我妈在用的，"拉马尔说，"火力很强。"

"不会搞出火灾来吧？"卡玛拉问。

"不会。"

"好，我会好好珍惜，谢谢。"

"不客气，亲爱的。你们今天就都下来吃晚饭吧。"

卡玛拉拿着电磁炉，带着小女儿回到楼上。

早餐之后，扑克跟卷得像雪茄的大麻烟纷纷出动。帕特里斯的弟弟 C. J. 也跑来观战，但大麻不会传到他的手上，他自己也不会开口要。卢克的女朋友跑来找他，小两口关上了卧室门，在里头二人世界。在一屋子乳白色烟雾跟大麻特殊的呛味之间，拉马尔家的晨间时光慢悠悠地逝去。

就在大麻卷烟快要抽完、拉马尔和少年们正过瘾的时候，外头有人毫不见外地敲起了门，声音不小。听这气势，门后可能是房东或治安官：指节敲出四五下叩叩叩的清脆"鼓点"，连续而急促。大家都愣住了，一时面面相觑，全像哑巴似的说不出话来。

过了一会儿，巴克才出声："是谁？"

"我是教会的柯林（Colin）。"

"靠！"拉马尔的口气在解脱中带着几分恼怒，跟被抓包的小孩没什么两样；而一旁的孩子们则很辛苦地憋着笑。埃迪赶紧打开窗，只见一群人疯狂地徒手扇风，想把烟排出去，同时越笑越大声。"好了！好了！"拉马尔压低音量要大家冷静点，然后示意埃迪去开门。

虽然闻到了大麻味，但柯林会装傻。他是个不到 30 岁的白人，头上没抹发胶，姿态端正，手上戴着一枚婚戒。柯林一手拿着《圣经》与名为《唯独恩典》（*By Grace Alone*）的读经教材，另一手拿着饼干。等所有人在拉马尔家的客厅就座之后（当然卢克跟女朋友还在房里），柯林翻开《圣经》，迫不及待开始读经。柯林带他们读遍了经典的章节。"神爱世人,甚至将他的独生子……""神使那无罪的,替我们成为罪……"。少年们一面安静地坐着,一面努力按捺住大麻的后劲。柯林指定部分段落让他们读,他们相视而笑,但也乖乖地用手指着柯林要求的段落,一字一句地念出来。拉马尔全心投入《圣经》的韵文中,一会儿若有所思地点头,一会儿背出剩下的字句。

"因为世人都犯了罪……"

"……亏缺了神的荣耀。"拉马尔说。

"真的,我也一直这样觉得。"巴克钻进沙发的靠枕里,突然冒出这么一句。

"有话就说啊。"拉马尔紧闭着双眼,鼓励孩子发言。

"我不懂怎么会有人不信上帝。"

"你也相信恶魔存在,是吧?"拉马尔问他。

"我知道这世界上有恶魔,但我不想认识他。"巴克答道。

"现世就是地狱。"拉马尔补了一句。

"嗯,说地狱可能过分了点。"柯林忍不住跳出来纠正。

拉马尔张开眼睛,看着面前这位年轻的牧师。现场突然一阵安静,大家仿佛听到了什么,原来是卢克的房间里传来了两个小年轻的呻吟与尖叫声。听到这儿,孩子们除了看地板还真不知道视线该往哪儿摆,想笑又不能笑,就像爆发前夕的火山。在带领所有人完成最后的祷告、并且把可以来教会领取物品(衣服、毯子等)的清单交给拉马尔后,柯林就离开了。他前脚一走,拉马尔家里就爆发出哄堂大笑。等卢克在厨房跟大家会合时,大家又狂笑了第二轮。"我们都听到了,你在房间里'干活',"巴克笑到腰都弯了,"牧师就在外面,你这个笨蛋!"

拉马尔摇摇头,然后发起扑克牌。

那个月的月底,昆汀来到了阿琳在第十三街的住处。他把车子停在公寓外头,按喇叭催促。不过他今天要来找的不是阿琳,而是特丽莎的新男朋友——克里斯(Chris)。"老天爷,我宿醉还没醒,"克里斯边说边爬进了昆汀的雪佛兰萨博班,"我女朋友带了6罐喜力,还有差不多剩1/5的阿姆斯特丹牌伏特加。"

昆汀打"D档"让车前进。这天,他把头发中分,在后脑勺左右各绑了一球黑人的"泡芙头"。快40岁的克里斯穿着大件的冬装外套,用针织帽盖住了他的秃头。克里斯出狱后先搬来跟特丽莎同居,然后打电话跟昆汀说他在找工作。如今昆汀是克里斯仅有的收入来源。

萨博班在一间公寓侧边停好,克里斯跳下车要去接蒂尼(Tiny),他是另一个帮手。几分钟后,克里斯回来了,但却不见蒂尼人影。"那家伙说他今天没心情,不去了。"

昆汀耸耸肩。"那小子在搞什么,真要命。"

昆汀打电话给谢伦娜,把叫不动蒂尼的事情跟她一五一十说了,谢伦娜的回应是:"找个人补他的空就好了。"你没听错,工人就是这么好找,就是这么容易被替代。就算蒂尼不来,谢伦娜还有个爱吸快克可卡因的亲兄弟,再不然昆汀的叔辈有一个叫凡尔纳（Verne）的酒鬼，他会很乐意为了买酒赚些零用钱。除此之外，房客也会打电话来问有没有工作可做，连独腿里基都曾问过。这些都不算的话，谢伦娜还有一帮随叫随到的瘾君子，她管他们叫"快克三脚猫"，但这些人总是心甘情愿地为少得可怜的薪水上工。就算再走投无路，昆汀也可以从街上直接拉人。路旁找人没有想象中难，因为旧城区的失业人口很多。谢伦娜跟昆汀会备好工具、材料，还负责接送。薪水的话，无论是论件或论日计酬，钟点费都在 6 美元到 10 美元之间，视工作的性质或难度而定。"对这些人来说，1 美元也是钱，"谢伦娜说过，"他们不会错过任何工作，你不用担心钱少他们会没兴趣。"

教育程度低的黑人失业率很高——这种报道混淆了一个事实，许多人虽然不在正式的劳动市场里，但他们其实经常工作。有些会在黑市里头从事非法交易，但即便是黑市里混得最好的毒贩，也还是会羡慕那些付现就有一堆廉价劳工可用的房东。[2]

昆汀把克里斯放下车的地方，是他跟谢伦娜刚购入的新屋，两人准备把这地方租给一个领租房券的女人。昆汀叫克里斯去加固楼梯间的栏杆，并修好一扇门，以便应付美国住房法"第八节"*的出租房检。"你知道租房补贴项目有哪些要求吧？"昆汀跟克里斯交代，"所有小地方都要顾到……他们的检查清单可

---

* Section Eight of the US Housing Act，明确规定了包含"租房券"在内的"住房补助支付方案"。此方案始于 20 世纪 70 年代中期，其前身为"第 23 节出租住房方案"。它属于联邦层级的租房补贴计划，主管机关是美国行政体系里的住房与城市发展部。

以说是非常琐碎。"

"就这样,靠你啰!"昆汀一边说,一边跟克里斯来个"凶神恶煞"*帮派的花式握手。

昆汀在高中的时候混过街头,当时他跟"凶神恶煞"这个发源自芝加哥的帮派一起行动。他在帮派里算不上活跃,他两次中枪的经历也与帮派无关。昆汀第一次中枪时才19岁,那时他与朋友杠上了另外一群人,就在局面一触即发之际,一辆厢型车冲上前来,他记得自己听到9毫米手枪的砰砰声,接着自己的腿被击中了。时隔一年的第二次中枪则跟一起抢劫案有关,这次子弹卡在他的肩胛骨。两次与死神擦肩而过的经历让昆汀变得神经质,医生后来诊断出他得了胃溃疡。这些年下来他学会了放轻松一点,遇到被房客撂狠话,他告诉自己要"得饶人处且饶人"。但三不五时总会遇到些事情让他忍无可忍,这时候昆汀就会套上他的黑色连帽衫,配上黑色牛仔裤。谢伦娜会在门口狠狠地瞪他一眼,但不会真的开口阻止他,因为事情到了这个份上,经验告诉她闭嘴就好。到了门口,昆汀会钻进他的萨博班,打电话叫他的弟兄们来把事情搞定。黑色连帽衫上一次出动是有个房客故意搞破坏,把他的某间公寓弄得面目全非。

大约到了日落时分,昆汀已在他跟收银员都熟到可以直呼

---

* Almighty Vice Lord Nation,AVLN,芝加哥地区第二大的、也是最古老的黑帮帮派。会员数量大致在3万到3.5万之间。

其名的家得宝*跟劳氏†之间奔波了不少趟,载工人上工或者递送工具,最后昆汀把头探进帕特里斯的旧家。他口中的凡尔纳叔叔这两天都待在这儿将聚氨酯橡胶涂料往硬木上抹,以便将拉马尔与少年们滴在棕色收边上的白漆给盖掉。虽然拉马尔顺手也把食物储藏室给漆了,但昆汀不想再跟拉马尔谈,他决定把跟拉马尔打交道的事留给谢伦娜去做。有一点可以确定:他们只会付一次钱。凡尔纳领得到钱,就代表拉马尔领不到。为此拉马尔得想想办法,而且还不能想太久。

凡尔纳戴着巴尔的摩乌鸦队‡的帽子,但那完全包不住他调皮的油腻头发。他的裤子跟法兰绒衬衫上都沾满了棕色的油漆,浑浊的眼睛里布满了血丝。有"液体快克"之称的钢牌特选211啤酒在楼梯间散落一地,里头一滴不剩。

"我要酒。"凡尔纳这么跟昆汀说。

昆汀环顾四周,凡尔纳的工作做得不够漂亮,但还不至于说烂尾。"够给房客住了。"他评价道。

"呵,这儿又不是布鲁克菲尔德(Brookfield)!"凡尔纳笑了,布鲁克菲尔德是以白人为主的富裕郊区。

"嗯,"昆汀顺着他的话说,"确实也没差,反正那些人最后也会把房子折腾得鸡飞狗跳。家具、桌子、会乱抓东西的狗,

---

* Home Depot,一家美国的家庭装饰品与建材的零售商,总部设于佐治亚州。
† Lowe's,一家美国的家居装饰用品连锁店,总部设于北卡莱罗纳州,偏重于中低端消费群体,是"平民版"的家得宝。
‡ 巴尔的摩的一支职业美式橄榄球队,标志是一只带有字母"B"的乌鸦头。

统统都往屋子里塞……我们没必要浪费时间在这里弄那些要花大钱的东西,弄好了也是被搞到一塌糊涂。"说着说着,昆汀掏出了钱包。"哇,你已经要收尾了嘛!所以整个弄完算你70美元?"

"70美元?不行不行,光这个房间就30美元了。"凡尔纳示意着大客厅。

"什么,这个房间算20美元啊。我们昨天讲好的,你忘了?"

"不不不,我一个房间要收20美元,你收10美元,加起来不就是30美元。"难掩紧张神情的凡尔纳笑着故作镇静。

"这样的话,我叫蒂尼来做就好了啊!"凡是遇到对方想多要点钱,昆汀跟谢伦娜就会出狠招,他们要点醒对方这工作有的是人做。

凡尔纳马上怂了。"好啦,好啦!"

昆汀数好钞票,付了钱,然后免费载凡尔纳到卖酒的店家。

昆汀跟凡尔纳在楼上的每一句话,楼下的辛克斯顿一家都听得一清二楚。两人离开之后,帕特里斯跟娜塔莎溜到楼上,想探个究竟。看到刚粉刷好的墙壁跟地板,这两名女生吞了吞口水。新的女房客(或至少替她管钱的贝琳达)显然比帕特里斯更明事理:只有在还没搬进去的那会儿,才是一个房客最像"房客"的时候。

"看起来好漂亮啊,"娜塔莎说,"我快要疯了。"

"这是真的吗?"帕特里斯说。

"楼上也太梦幻了吧……但你原本住的地方跟老鼠差不

第10章 随叫随到的瘾君子 | 187

多！"娜塔莎笑道。

帕特里斯没有被娜塔莎的话牵着走。想到谢伦娜，她说："在我们家，她肯定一天都住不下去。"

第 11 章
贫民窟是个好地方

飞机一落地,谢伦娜望着舷窗外叹了口气。那天早上,她跟昆汀还在牙买加。而密尔沃基又冷又湿,像一块遗落在厨房的抹布。谢伦娜打开手机,里面攒了40条语音留言。

牙买加给他们带去了许多惊喜:谢伦娜跟昆汀在温暖白皙的沙滩上散步,包船出海畅游(而且是可以一览海底世界的玻璃船底船型),还绕着加勒比海骑海上摩托,乘风破浪。昆汀在旅途中买了一只手杖当纪念品,花钱请人在上面镌刻他的姓名。谢伦娜则在当地做了头发,两条厚实的辫子在后脑绑成一束。他们在那儿待足了8天,非常充实。

在规划度假行程时,谢伦娜与昆汀都不会忘记要在月初之前回来。月初是他们最忙碌的时候:要开驱逐通知单,会有新房客入住,还要收租金。他们的房客大多没有银行账户,所以得亲自上门收租。

谢伦娜手机里有一些来自塔巴莎（Tabatha）的留言，她是负责辛克斯顿家的社工，每周会固定来探访。谢伦娜回电时，塔巴莎提到了十八街跟莱特街口公寓的水管问题，并且敦促她尽快处理。多琳之前虽然自掏腰包找了师傅，但堵塞的问题很快又故态复萌。而社工的话，谢伦娜一句都听不进去。"我没想到你会在我的电话上留言，跟我抱怨水槽不通，冤有头债有主，让水管不通的是住在里头的人吧！"谢伦娜说，"他们那些人把门铰链给弄掉了……衣服堆到有天花板那么高，一开门屎味就扑鼻而来……你们这些组织就任凭他们把房子搞成这个样子，我觉得实在有点扯。"

接着塔巴莎犯了个错误，她把多琳在另找房子的事情说漏了嘴。谢伦娜挂上电话，立刻往法院跑。如果多琳为了准备搬家扣留租金，她一定得拆穿多琳。谢伦娜付了法院的费用，预约好开庭的时间，同时也在 CCAP 案件管理系统上公开驱逐多琳。这么一来，辛克斯顿家要想搬家的难度就瞬间跳了好几级：想离开，可以，但怎么离开得谢伦娜说了算。

收到昆汀送来的粉红色驱逐通知单后，多琳打了电话给谢伦娜，她想亲口跟谢伦娜把事情解释清楚。"我们真的需要大一点的地方，"她说，"娜塔莎就要生了，我们没办法继续挤在这里。我并不打算马上搬，我也不可能大冬天的搬家……她（娜塔莎）的预产期大概在 5 月吧，到时候我们或许会想办法找个大点的新家。"

谢伦娜跟多琳说，驱逐申请既然发出去了，就不会再收回来。

"我知道你的意思，"多琳说，"你要的钱我有。"

但谢伦娜不肯收。辛克斯顿家的存在是对她资产的一种威胁。"万一州政府的人跑来怎么办？"她提出质疑，"他们一来，可能会勒令房子不准出租，这样大家不就一块儿倒霉……我没办法让你们一大家子住在我的公寓里，人太多了，房子都给你们住坏了。"言尽于此，多琳只能祈祷谢伦娜会突然回心转意，那是辛克斯顿家在出庭前的唯一一线生机。

月初的第一天，谢伦娜跟昆汀两人有说有笑地驱车"巡房"。虽然已经回到密尔沃基，他们身上依稀可见牙买加的痕迹：皮肤被日光热吻过，心情也还略有悸动。他们在屋子外头遇见了独腿里基，他在等美国联合包裹运送服务公司把买给女儿的电脑送来。

"电脑？"谢伦娜询问正爬回萨博班里的昆汀。

"是啊。"昆汀笑说。

"你看看！他有钱买新电脑，没钱交房租。好，没关系，要玩大家一起来玩，我房租涨定了，"谢伦娜顿了一下，"通货膨胀有听过吧！"[1]

此时萨博班又回到马路上，车内回荡着二人的笑声。昆汀把座椅往后放低，几乎是躺在车上。芳香剂挂在后视镜上颠颠晃晃，后座的音响则在播放嘭嘭作响的音乐。当然这是给二人都没在打电话时听的，但他们好像永远都有讲不完的电话。

天色变暗了，昆汀接到一通合租公寓的房客打来的电话。他扶着蓝牙耳机说完后，发表了这样的评论："这些人好像钱放着不花就会在口袋里烧出个洞一样。真是狗改不了吃屎。"

昆汀把车子停在合租公寓前,进行他的小小"仪式"。他把脖子上的链子塞进衬衫里面,脱下小指上的尾戒,戴上护腕遮住手链。他知道"有些人觉得你收了他们的房租,就会拿去买一些很贵的玩意儿"。不久前就有一名房客指着昆汀身上的饰品说:"我们对你来说就是钱吧,你只是想收我们的租,然后悠悠哉哉地过日子。"他把这件事转述给谢伦娜听,谢伦娜只觉得莫名其妙,"不然他想怎样?"她的意思是:不然当房东的日子要怎么过?

合租公寓的房客们不知道在抽什么烟,总之还没有把租金耗尽。屋里的欢声笑语,和房客无忧无虑的心情,说明了每月1日发放的社会福利补助有何种魔力。只不过等到5日各种账单一来,残酷的现实又会把人打回地狱。房客里只有一个年纪较大的人看起来比较清醒,他刚搬来不久,坐在自己的床沿上,衬衫扣子扣到了最上头。"晚上来偷袭啊?"密西西比的南部口音拖得长长的。

"你打算何时付房租?"昆汀没搭理他的问题。

"随时都可以啊,我可是赖账的好手。"

另一名房客朝着昆汀走来,目光呆滞。"嘿,黑鬼!"他叫了声昆汀,身体靠着墙,手里握着根没点的烟。"我、我刚刚在酒吧,老兄,他们也××的跟我在一起!听到了吧!"

"这么老实?"昆汀边问,边将老人的钱塞进口袋,朝门口走去。

回到萨博班上,昆汀上交一大沓钞票。这让谢伦娜也不得不承认:"这些快克鬼倒知道房租该交就要交!"两人都笑了。

已经接近晚上 9 点,谢伦娜还是让昆汀开车去找一名准房客。拉多娜(Ladona)请谢伦娜进门,并且介绍了她 8 岁的儿子纳撒尼尔(Nathaniel)。既是职业女性、又是单亲妈妈的拉多娜急着要搬家。"他们大白天的就在那儿开枪,而且是在马路中央,"她说,"我们在楼上是有地方可以躲。但动不动就得跑上跑下,躲躲藏藏,我真的受够了。"

"他们得派国民警卫队*来这儿才对。"谢伦娜回答。

"是该派人来。总之我要闪了,"拉多娜把 500 美元交给谢伦娜,"你的房子我租定了,我不是开玩笑的。这周五我会再给你 100 美元,下周五再给 100 美元,然后再隔一周,我给你 175 美元。"

谢伦娜爬回昆汀没熄火的萨博班。"她真的很喜欢那栋房子,"谢伦娜说,"好多领租房补贴的人打电话来问,多到你会吓到。"

"嗯,我也接到了不少电话。"昆汀说。

"他们是要找独门独院的房子吗?"

"他们只要有地方住就行。"

拉多娜有租房券可用。话说回来,谢伦娜跟昆汀手中大部分的房子,都不收领租房补贴的房客,因为社会福利方案的要求太多,而他们不想把事情搞那么复杂。"租房补贴真是麻烦。"

---

* 美国现役部队的预备役部队,其前身是殖民地时期的民兵组织。

第 11 章 贫民窟是个好地方 | 193

谢伦娜说。持租房券的人只占租房市场的一小块（大概是密尔沃基租房家庭的 6% 而已），但处理起来特别让人头大，根本划不来（相较之下，"领补助保障金的人才是未经开垦的矿藏"，谢伦娜想）。

但谢伦娜最近刚入手了一间拉多娜非常喜欢的房子，一栋两层楼的宝贝，而谢伦娜有信心这房子一定能通过检查。只要检查能过关，这栋房子的收益会非常可观。凭着租房券，拉多娜只需要付少部分的房租就好——精确一点说是她收入的三成——剩下的则统统由纳税人买单。这代表谢伦娜几乎不用担心收不到房租，而且收到的房租还会高于市场行情。

针对每一处都市区，美国住房与城市发展部都会设定一个"公平市场租金"：也就是房东对持有联邦租房券的家庭所能收取租金的上限。[2] 公平市场租金的计算以市为单位，而在行政区的划分上，一个市往往包含远近的郊区；换句话说，这代表无论你所处的社区环境是惨绝人寰还是得天独厚，统统都会被送进同一个算式中。纽约市的公平市场租金计算包含了苏豪区[*]跟南布朗克斯[†]，芝加哥的公平市场租金计算则同时包括富裕的黄金海岸（Gold Coast）跟南部的贫民窟。这种设计的初衷，是要让领租房券的家庭可以在安全繁荣的市内或其邻近的郊区找到栖

---

[*] SoHo，South 和 Huston 两字的缩写，意为休斯敦街以南。苏豪区位于纽约市五个行政区中的曼哈顿，为艺术家、特色店与年轻专业人士的聚集地。

[†] South Bronx，布朗克斯是纽约市五个区当中最北的一个，贫民窟所在地，也是有色人种聚集跟犯罪率最高的一区。

身之所。但在促进种族或社会经济水平的融合上，这样的政策确实有力有未逮的地方。持有租房券的人一般不会搬太远，顶多搬去像样点的拖车营或安静些的贫民窟。但这个政策却让房东赚了大钱。[3]

这是因为郊区的租金比旧城区高，所以一高一低平均起来，公平市场租金会高过底层社区的租金行情。也就是说，穷人拿着租房券在底层社区租房，房东可以向他们要比在民间租房市场里更高的房租。2009年，也就是拉多娜要搬进谢伦娜新购入公寓的那一年，密尔沃基一个四居室的公平市场租金是1,089美元，但同类公寓的市场行情只要665美元。[4]若有机会可以多收钱，房东自然不会放过。虽然谢伦娜并不觉得房屋管理局会去核查公平市场租金的上限，但她还是打算跟拉多娜收775美元。这比市面上的平均房租高出100美元，但还是远低于公平市场租金的上限。拉多娜对此没有什么意见，因为拿着租房券，她实际的房租负担只跟她本人的收入有关，与谢伦娜开多少租金无关。[5]拉多娜的房租负担不受谢伦娜要价多寡的影响，受影响的是全美的纳税人。

在密尔沃基拿租房券租房子的人，平均每月会比住在同类公寓与社区的租房者多交55美元。而房东多收的这些钱，就等于是从纳税人身上揩的油。光拿密尔沃基来说，每年360万美元的税收就这样被浪费掉——这些钱拿去当作租房补贴的预算，可以再多帮助588个弱势家庭。[6]

"租金证明计划"的概念首见于20世纪30年代。提出这个想法的不是华盛顿的某个官员,也不是租房者联盟的某个代表,而是全美房地产经纪人协会的前身全美房地产协会。[7]成立迄今,全美房地产经纪人协会已累积超过1,000万名会员,堪称美国国内最具规模的不动产经纪人公会。按照这些房产中介从业人员的说法,租金证明计划会优于公共住房计划。在房东和中介的眼里,政府兴建的廉租公共住房将直接危害他们存在的合法意义与底线。[8]一开始,联邦政府的官员并不认同全美房地产协会的看法。就在20世纪中叶,美国政府决定大兴土木,将政府预算投入公共住房社区的建设。只不过在同一时间,房地产利益团体仍旧反复对国会进行游说,并且获得不同政治立场的众多团体奥援,像民权运动人士就认为租房券的发行有助于种族融合。[9]到了最后,政府紧缩银根,美国的公共住房实验以失败收场,房产中介们终于"迎来春天"。随着公共住房计划一一停摆,租房券趁势兴起,一举成为美国扶持低收家庭最主要的住房补贴政策。政客们认为,租房券政策是一次"政府与民间的通力合作",但在房地产从业人员的口中,这是一场不折不扣的"胜仗"。

谢伦娜买下要租给拉多娜的房子,是她飞去牙买加度假前几周的事情。这是一栋外观有着18世纪晚期殖民地风格的大房子,圆形的塔楼跟气派的前廊别具一格,前不久刚被漆上黑白相间的配色。屋顶被重新铺过,热水器、木框窗户也是崭新的。从前门进去就是客厅,抬头有一个圆拱形屋顶,拼贴着马赛克瓷砖的壁炉也别具巧思。楼上有三间卧室,楼下有一间,上下层由一道蜿蜒的阶梯相连接。楼上的卧室覆盖着厚实的地毯，从其中两间的油漆状况看，曾有孩子在这儿住过。总的来说，连房屋检查员看完都会想住在这儿，至少他是这么跟谢伦娜说的。

这栋黑白相间的房子坐落在旧城区一条安静的街道上。谢伦娜判断这个街区的治安还算稳定，因为"房子已经空着一年了，但所有玻璃都××的还没被打破"，还有就是"这一带住户的警觉性很高。你只要稍微靠近（某间房子），住在里面的人就会跑到前廊摆出一副'有何贵干'的模样"。谢伦娜的这个"心头好"，花了她 16,900 美元，全部付现。她买过比这便宜的房子：8,000 美元、5,000 美元的，但一分钱一分货吧，最令她惊艳的非这栋新屋莫属。就在拉多娜预定搬进来的数日前，谢伦娜绕来这里检查整修进度。她巡视完所有房间，露出了难以置信的微笑。骄傲之情自然而然地流露，她甚至手舞足蹈起来。

从次贷风暴造成法拍屋危机以来，谢伦娜就持续在密尔沃基的北部置产，买进的速度约莫是一个月一间。[10] 在一些城市，每两间遭查封的房子里就有一间是用来出租的，也就是说里头住的不是业主，而是租户。虽名曰危机，但大增的法拍屋对房东来说可算是天赐良机。"现在这个时机，会诞生很多百万富翁，"谢伦娜突然正经起来，"你知道，你现在要是拿得出钱来，就可以踩着别人的失败摘取自己的成功……反正人丢我捡，捡多少是多少。"

"你现在要是拿得出钱来"，这句话是症结所在。房贷作为一个行业，已经在金融危机那会儿萎缩得差不多了。光在2007年，放款机构的数目就减少了25%。[11]因为怕借出去的钱收不回来，银行都变成了"小气财神"，放款的标准变得异常严苛。想从他们手上借钱，信用记录得完美无缺，首付也要多准备一些。"想在今年申请房贷，"《华盛顿邮报》（Washington Post）报道说，"你得做好成本会增加的心理准备，有些甚至需要多付几千美元。"[12]房东讲话不像记者那样文绉绉，他们直白地说："银行真是笨到家了。"房东会对市况恶语相向，是因为银行的政策有变：先是毫无风险概念，之后又过度谨慎。总之，对于手上没有大笔现金的房地产投资人而言，银行缩紧让他们很困扰，因为明明有那么多难得一遇的便宜等着他们去捡。在法拍屋危机的前夕，房租骤然上涨，原因很大程度上归咎于房屋市场的繁荣跟炒房者在短线上的买进卖出，让房东背负的房贷月供跟税款都膨胀得厉害。房市崩盘后，房价一落千丈（连带房贷月供跟税款也大幅缩水），房租却还是居高不下。2009年1月，在密尔沃基房地产投资者之间流通的"免费法拍屋名单"上，列有大约1,400笔要价"比估价低至少3万美元"的房产。它们依照价格由低到高排列。最上头、也就是最便宜的两居室开价2,750美元。往下数10笔，你会看到一个三居室要价8,900美元。再往下10笔，四居室的开价则是11,900美元。[13]

遇到没办法全部付现的时候，谢伦娜会用几种办法筹钱，比如申办传统或浮动利率的房贷。看上某处房产但拿不出首付的时候，谢伦娜会去找"别人的钱"（other people's money, OPM）或所谓的"硬钱"（hard money）：这是指布鲁克菲尔德或肖尔伍德（Shorewood）地区一些有钱白人放的高利贷，他们不要首付，但会要你房子的"留置权"。谢伦娜是这样解释的："通常你去找银行借房贷，他们会说：'我们希望你能自付两成。'但跟民间的金主借钱，他们会说：'嘿，我全部帮你出，但我要收12分利，而且你得在半年或最多一年的时间里把钱还清。'"到时候谢伦娜要是还不出钱来，房子就变成那些民间金主的了。

在穷困的黑人社区买房，不算很明智的投资，毕竟那里的房子没什么增值空间。但也正因为那儿的房子便宜，买来放租不失为有利可图的决定。类似条件的房子搬到密尔沃基的白人中产社区，房价可能就是两倍或三倍起跳，但两边的房租水准却不会差到两三倍那么多。拿条件差不多的两居室来说，房东可以在沃瓦托萨（Wauwatosa）的郊区收750美元，在密尔沃基邮编53206的贫困地区收550美元。表面上差了200美元，但持有沃瓦托萨的房子还得负担高出许多的房贷月供和税金，遑论屋况维护也得采用较高的标准。所以说，谈到投资报酬率，旧城区的房子所向无敌。"会选择买在北部，是因为那里的'现金流量'足够充沛。"这是一名"包租公"的经验谈，他在旧城区有114间出租单位。"在布鲁克菲尔德，我是赔钱的；但如果你做低收入者的生意，每个月钱就会稳稳地进来。房东置产不是为了等房子增值，而是为了收租，我们买的是当下，不是未来。"

谢伦娜置产的要求是，房子扣除费用，每个月至少创造500美元的净现金流入。按照这个标准，她要租给拉多娜的房

第11章 贫民窟是个好地方 | 199

子可以"轻松过关"。谢伦娜买这栋房子没有贷款，只花了1,500美元整修，但它的月租竟高达775美元。一想到自己的投资约两年内就可以回本，谢伦娜高兴得手舞足蹈。她渐渐开始习惯这样的投资回报。在买下"黑白屋"后不久，她又花费8,500美元购入了基辅大道上一栋双联式公寓，这次她花了3,000美元整修，但估计只要8个月就能回本。8个月后，"就都是在赚钱了"。

谢伦娜估计自己的身价应该在200万美元左右，她那些房产的价值只能算零头而已，真正在创收的是租金。谢伦娜每个月可以收到约2万美元的租金，她的房贷月供在8,500美元左右。付完水费后，谢伦娜估计她每个月可以净赚1万美元——她在旧城区有36个单位出租，里头住的全是在贫穷线上下挣扎的弱势者。而月入1万美元是什么概念呢？包括阿琳、拉马尔在内，谢伦娜很多房客的年收入都不到1万美元。"贫民窟是个好地方。那儿是我的金母鸡。"谢伦娜自鸣得意地说。

昆汀行车进入一条黑暗偏僻的街道。他还有一站要跑：住在樱桃街上的特丽（Terri）。这是谢伦娜名下最偏远的房子。从地图上看，它位于密尔沃基的西部，邻近华盛顿公园，步行15分钟可以到壮观的米勒啤酒厂。谢伦娜敲起了房客特丽家的门，一下比一下大声。接着前廊的灯啪地打开，灯光照在谢伦娜的身上。她穿着有皮毛衬里的蔻驰牌靴子，手上抓着成套的钱包——这是她在牙买加入手的战利品。

"谁啊？"屋内传来一个沙哑的声音。

"是我，房东。"

"哦。"对方没好气地回答。

"这就对了。"谢伦娜自言自语，然后听到门锁被转开的声音。

进到里头，屋子还算暖和，闻得到煎炸食物的油腻香味，应该是晚餐。一盏小灯单独亮着，光线微弱，房里还是有些阴暗。谢伦娜发现特丽今天和几个年长的亲戚还有一些大孩子在一起。肉肉的特丽算是个漂亮女人，肤色偏暗，有着空洞的双眼和两条长长的辫子。智力发育有点迟缓的她领着补助保障金，而她的男朋友——也就是刚刚应门的安托万（Antoine）——是个骨感且梳着大背头的男人。他倚靠着墙壁，身处光线的边缘。

"嗯，这是怎么回事？"谢伦娜问特丽。

"我身上没钱了，然后……"特丽的声音越来越虚，听不清她在讲什么。

谢伦娜把手插在屁股口袋，身体朝特丽侧倾斜。"特丽。"腔调像个在训话的老师。

"我知道了。"

"把钱给我就是了……我开张收据给你。"

沉默了一会儿，特丽说："好吧。"然后掏掏口袋。看到这一幕，几个大孩子离开了房间。

谢伦娜收下了厚厚一卷钞票。"谁帮你弄的头发？"她边问边伸手把玩特丽的一条辫子，"你喜欢她这种发型吗，安托万？"

安托万正拿着烟往嘴里送。打火机的火焰照亮了他的脸庞，使他的五官暂时脱离黑暗。那是张因为觉得受辱而挤成一团的脸。

想办法爬回到萨博班里的谢伦娜跟昆汀说:"我们收到1,000……1,400……这种房客我怎么舍得赶走啊。"特丽向谢伦娜租的是间四居室的公寓,月租是725美元。她还欠谢伦娜350美元,这还不包含迟交房租的罚款。特丽说她明天会把剩下的钱备好。

"还不错哦!"昆汀祝贺老婆。

谢伦娜一方面觉得很有成就感,一方面又觉得这是理所当然。她曾一口气吞下房客全部的薪水。有次一位年轻妈妈甚至掏出了借记卡,要给谢伦娜刷。

在第十八街跟莱特街口,米奇正在厨房里写数学作业。他并没有被习题困扰,只是很难专心,因为家里吵翻了天。在公交车停好前就飞速解决掉作业的鲁比,正对着电视练习嘻哈团体"GS Boyz"的单曲"Stanky Legg"中的舞步,帕特里斯家的老二杰达正在用激浪汽水的空瓶敲打不同的物件,而娜塔莎则试着要帮凯拉·梅梳头发。梳头发这件小事遇到凯拉·梅,就会演变成一场长达三小时的战役。

娜塔莎的肚子越来越大。超声波检查显示肚子里只有一个胎儿。如多琳所料,是个大头男婴。

多琳、帕特里斯跟米奇坐在同一张桌前,大人小孩各据一边,小孩在写作业,大人则是讨论谢伦娜发来的驱逐通知单该怎么处理。多琳新公寓找得并不顺利。她照着红皮书上登记的号码打电话过去,首先听到的却是预录的入住条件:"近三年内不得有遭驱逐的记录。不得积欠房租。近三年内也不得有逮捕记录。"因为找完管道工人的小插曲后,多琳确实把租金扣住了;而让她和帕特里斯始料未及的是,谢伦娜会这么快就把事情闹上法庭。帕特里斯觉得这是社工塔巴莎害的。多琳说谢伦娜之所以没来修水管,是因为昆汀把萨博班出借了一个月,但帕特里斯听完只是翻了个白眼。"他俩在牙买加度假,而我们连热水澡都洗不上。"帕特里斯顿了顿,继续说,"赚这么多钱还说这种风凉话,我要是信她这一套,谁一巴掌打死我好了。"她的手狠狠地落在了厨房的餐桌上。米奇吓得抬起头,数学作业也做不下去了。

米奇拿起作业,将阵地转移到杰达跟凯拉·梅的床垫。继续开工之前,他去自己的"藏宝阁"拿出一幅小国旗,这是学校老师在奥巴马就职典礼那天发的。在就职典礼前,密尔沃基的北部全是竞选海报、深蓝色的标语或旗帜,有的稳稳插在草坪上,有的贴在破裂的窗户上,有的钉在民众的卧室里,也有的点缀在脏乱的人行道上。宣布奥巴马当选美国总统的瞬间,莱特街上一片欢声笑语。邻居们拉开门闩,跑到门廊上,兴奋之情溢于言表。米奇躺在床垫上伸懒腰,专注地举着星条旗,目光直直地落在天花板上。

驱逐法庭开听证会的那天,也就是1月27日,多琳一瘸一拐地走出房子前往公交车站。她包了头发,穿着白色的魔术贴运动鞋。鞋看起来不合脚,像是别人的。原来只要进了室内,多琳就会打赤脚,而她大部分的时间都宅在家里,所以对穿鞋走路有点生疏。对她来说,鞋子是摆设,就像公寓里的地板或

第 11 章 贫民窟是个好地方 | 203

门框一样。想到要搭公交车前往市区的驱逐法庭,她非常不乐意,更别提她有只脚在隐隐作痛。出庭前一晚,家里的后门脱落,先是鲁比想要去把门弄正,却被掉下的门板砸中,还被压得动弹不得。接着多琳想过去帮女儿脱困,结果滑了一跤,重重的门板就这样砸到她的脚。她的脚肿了,还起了水泡,医生在电话里建议她去看急诊,但多琳说不必如此。"在急诊室耗一整晚,然而什么医生也等不到;最后一定会变成这样。"多琳说。她继承了父亲对医生的不信任。[14]

  多琳看着冰雪皑皑的街景在公交车窗外像跑马灯般不断闪过。到驱逐法庭后会发生什么,她毫无头绪,于是那个即将出生的小婴儿重新占据了她的思绪。娜塔莎要当妈妈了——年纪轻轻、喜怒无常的娜塔莎竟然也要为人母,这让她忍不住笑出声来。多琳记得生帕特里斯时,因为孩子个头太大,医院不得不帮她剖宫。婴儿的衣服也换成了大一码的尺寸。此外,娜塔莎跟 C. J. 也都是巨婴。所以当面对出生后只有 6 磅重的鲁比时,多琳不知该怎么抱她。"她那时候搞得我有点恼火,因为太小了,我不会抱。"娜塔莎最近申请了"W-2",一家人不能同时享受两份福利,所以,多琳的福利和食物券会变少。*如果娜塔

---

 * "W-2"规定,每个家庭同时只能有一个人通过"W-2"提供的补贴或非补贴工作为全家换取福利,每家可以领取的食物券取决于家庭规模和总收入;同时因为补贴上限的存在,两个人分开领补贴,要比他们作为一个家庭领补贴更划算。娜塔莎申请"W-2",就意味着她和多琳将被视为两个家庭,多琳可以领到的补贴就会变少。对此,作者也有所说明,见第 472 页注释 6。

莎可以留在家里，帮忙分摊家计，那一来一回就还能打平。但马利克最近一直问娜塔莎要不要搬到自己的妈妈家，在棕鹿村（Brown Deer）。娜塔莎信誓旦旦地说这不可能，但多琳明显感觉她有认真在考虑。

谢伦娜出门晚了。这会儿她一边开车去市区，一边讲电话。电话另一头的女人说，她刚刚辞掉在兰德马克信用合作社时薪10美元的临时工作，而且她是趁休息时间闪人的，说走就走，连个招呼都没打。"切尔西（Chelsea）！"谢伦娜叫了出来，声音里满是失望，"你这样不太好吧……我从驱逐法庭回来再跟你谈，但你知道等会儿要被我收拾了吧？"

"我知道啦。"切尔西说。

"你别想跑。看我怎么收拾你，切尔西！"

谢伦娜是想要帮切尔西"恢复她残破不堪的信用"。谢伦娜表示只要支付150美元，她愿意帮切尔西看她的信用报告，并用一种叫作"快速刷分"的技巧提升切尔西的信用额度。像切尔西这样的客户找上谢伦娜，钱会花得很值得。谢伦娜向来是一个拿成绩说话的"铁血教头"，她会确保客人得到想要的结果。她知道信用分数良好的价值所在，尤其是要把名下资产卖给这些客户的时候。

谢伦娜一直都在兼顾所谓"先租后买"的生意。她会挑选比较稳定的房客，把房子租给他们6个月。这6个月当中，谢伦娜会通过"快速刷分"来恢复房客的信用额。顺利的话，接下来她会帮助房客申请房贷来支付她开出的房价。联邦房屋管理局*通常只会要求房价 3.5% 的首付，大多数有工作的房客都可以用退税来支付。在房市泡沫化的那段时间，谢伦娜手头一些资产的价值翻了倍，而她知道泡沫总有破灭的一日，所以才会想到趁着高价位来卖房变现。她当时有间房子要卖一名房客 9 万美元，而这房子是以超低价买进的，也没欠银行或谁什么钱，所以赚头非常大。卖房赚到的钱，她一般会拿去买其他房子，累积更多资产，而新业主则要接下一大笔房贷的烂摊子。谢伦娜自己都说，背这么大笔房贷，要比没有房子还惨。

若干年前，谢伦娜曾经把她"从信用重建到申办房贷"的一条龙服务，拿去推销给领补助保障金的身心残障者。"一大票人跑来置产，他们最后一般保不住房子。但问题是，你得盯紧这些人……不是没有人在他们身边提醒：'强尼，该付房贷了哟！'但他们就是不够精明。"很多人说法拍屋的危机肇始于华尔街，那些打着"权力领带"的家伙买卖高风险的问题资产，设计出许多"信用违约互换"†的衍生性金融商品来转移风险。而在贫民窟，一个像谢伦娜这样帮人快速重建信用额的"教头"，再加一个希望一圆美国梦的低收入房客："一加一"就能产生不输华尔街的效果。

---

* Federal Housing Administration，FHA，成立于 1934 年的联邦机构，住房与城市发展部下的分支机构，其职责是监督自然人的房贷申请资格符合政府规定。
† Credit Defaut Swap，与信贷跟保险相关的衍生性金融商品，买卖在两名法人之间进行，买方是信贷违约时受保护的一方，卖方则有义务负责买方遇到信贷违约时的损失。

多琳跟谢伦娜在法庭见面的时候，谢伦娜并不在状态。跟切尔西的谈话让她不太愉快，更别提前一天市府才从她账户强制收取了2万美元的水费跟欠税。这钱扣得谢伦娜措手不及，她名下的公司账户不多不少只剩3.48美元，个人账户的余额为108.32美元，口袋里还有几张没兑现的支票。谢伦娜可不习惯破产，所幸过几天又是月初，到时候她就可以解套。

在400号房外的走廊上，多琳解释了她急着搬家并不是想讹骗谢伦娜。她说她找房子是想为全家的未来打算。多琳会这么说，早就在谢伦娜的盘算之中。多琳有所不知，塔巴莎当天早上给谢伦娜打了通电话，想为多琳求情。她觉得自己是始作俑者，有责任帮忙辛克斯顿家脱困。在谢伦娜似乎有签"明文协议"的意愿之后，塔巴莎赶紧拍她马屁："在钱上面你表现得真像个大姐大！"谢伦娜听罢露出了骄傲的笑容。

谢伦娜拟了一份和解协议。她可以撤销多琳的驱逐申请，条件是多琳下个月必须多交400美元，并且接下来的三个月，每月都得多交50美元。多琳签下合约。她们暂时躲过了被驱逐的命运，而这同时意味着搬家的打算得再等等了。

第 12 章

"一次性"关系

隔天阿琳就要搬走了,但她还没有收到社会福利支票。"温暖满怀"社服机构的社工送了孩子们圣诞礼物。阿琳本身没钱送礼,乔里跟贾法瑞各自的父亲也没有任何表示,更别说那些有自己的孩子要操心的叔叔或阿姨了。阿琳有三个兄弟和一个姐妹。三兄弟中一个在领补助保障金,一个除了在贩毒外也帮房东修理房屋,另外一个则无业。唯一的姐妹是校车随车员,要靠这份薪水养三个孩子。

迈尔沃(Merva)阿姨倒是有钱。她从阿琳懂事以来就一直在工作,小时候也会带食物和礼品来看他们兄弟姐妹。"但我们都没份儿。"阿琳回忆,她的生母跟继父会先把想要的挑走。但别说圣诞礼物了,就算需要钱交房租,阿琳也不会向迈尔沃阿姨开口。这些年来,经验教会她非到最后关头绝不找自己最喜欢的迈尔沃阿姨,而被驱逐还不算是什么大事。要是阿琳频繁地跟人要东西，或一下子"狮子大开口"，风声都会传到迈尔沃阿姨耳里。到时候轻则被唠叨几句，重则打去电话都不理。

谢伦娜以为阿琳会"有某个亲戚可以投靠"，但阿琳家族成员里没一个人陪她出庭，也没人帮她付房租；没一个人向阿琳跟两个男孩敞开大门，也没人要帮她找下一个栖身之处。"他们就是这么够意思，"阿琳说，"我的家人不会帮忙，没有人能帮我，我只能四处找，直到有人愿意（帮我）为止。"

去应门的时候，阿琳发现谢伦娜站在前廊上，身旁还有一个身穿棕色冬衣的女人。习惯旧房客还没搬走就带新房客来看房[1]的谢伦娜随便打了个招呼，便跟准房客绕着公寓走了一圈，途中踩到阿琳的东西也不以为意。看过房子后，谢伦娜才向新房客解释说阿琳已经被驱逐了，明天起就不会住在这里。

那名年轻的女子问阿琳要搬去哪里，阿琳说她还不知道。这位小姐又看了看房子四周，尤其是墙壁上缘，感觉好像在判断地基是否牢固。她跟谢伦娜说这房子她租了，然后对阿琳说她跟小孩可以待到找到新家为止。阿琳看了眼谢伦娜的脸色，谢伦娜扬起眉头，好像弄不懂这个年轻人葫芦里在卖什么药。总之谢伦娜说她无所谓。

有人伸出援手，谢伦娜也没有从中作梗，所以阿琳得快点行动，省得待会儿有人改主意。阿琳看这位小姐穿得不错，一袭长裙，头上包了丝质头巾。她面容温暖，有着马鞍般的棕色皮肤，颧骨边的色调会更深一些。她说话轻声细语，不是那种不友善的、散发着恶臭、衣服也破破烂烂的女性。她看起来确实很年轻，同时阿琳还在无意间听到这是她第一次租房子。阿琳听到的另一个情报是她每周二会去查经班,所以她应该不是那种狂野的类型吧。阿琳有很多疑问,但她只能选择跟这位陌生女子当室友,不然就只能去收容所了。很现实的是,阿琳只要说声谢谢,圣诞节以来压得她喘不过气的压力就能烟消云散了。

"谢谢你。"阿琳说,她笑了,陌生小姐也报之一笑。阿琳给她了一个拥抱,小声地欢呼,这名陌生小姐也跟着欢呼。阿琳这才松了一大口气,同时也非常感激,为此她也拥抱了没有表态的谢伦娜。之后她问了陌生小姐的芳名。[2]

克里斯特尔·梅伯里(Crystal Mayberry)搬进第十三街的家当是三个垃圾袋的衣服,没有家具、电视、床垫或微波炉。虽然阿琳的东西也不多,但这几样必需品她还是有的,所以她想,克里斯特尔是不是因为这个原因才让自己跟儿子留下。阿琳让乔里与贾法瑞搬进她自己的房间。另外一个房间成了克里斯特尔堆放东西的私人空间,因为没有床,所以她干脆睡在阿琳放在客厅的双人沙发上。

阿琳并不打算久住,所以克里斯特尔也没有要她分摊房租。但社会福利支票寄来时,阿琳还是会给克里斯特尔150美元,算是支付自己的电话费和逾期的电费。这样算下来,剩下的钱还能给乔里换双新的运动鞋,简直叫人难以置信。

1990年春天出生的克里斯特尔18岁,比阿琳最大的儿子杰杰还小一点。她出生时是个早产儿,主因是妈妈被抢匪在背上刺了 11 刀，导致提前分娩。经此劫难的母女俩都活了下来，但这不是克里斯特尔的妈妈第一次遭受攻击。从克里斯特尔记事以来，她的爸爸就一直打她妈妈。她的父母都在吸快克可卡因，就连外婆也是。

5 岁的时候，克里斯特尔被安置到寄养家庭里，自此她在几十个寄养家庭间来回穿梭。她跟罗达（Rhoda）阿姨住了 5 年，然后罗达阿姨把她还了回去，这是她跟寄养家庭"缘分"最长的纪录。在那之后，克里斯特尔待最久的寄养家庭是 8 个月。进入青春期，克里斯特尔开始跟"团体家庭"*里的其他女孩打架。她曾以伤害罪被起诉，右脸颊上还留下了一道疤痕。她身边的人，还有这些人的房子、宠物、家具跟碗盘，对她来说都只是不断地来回往复。唯一比较稳定的是"吃"，而这也是她开始从食物上寻求慰藉的原因。

16 岁那年，克里斯特尔从高中辍学了。满 17 岁时，负责她的社工开始慢慢将她移出社会福利系统。当时她经历了超过 25 次的寄养安置。因为有伤害案在身，克里斯特尔暂时不能住进面向低收入者的公共住房。为此社工想办法安排她搬进一个由儿童福利机构补贴的公寓，前提是她得找到工作。问题是，她对在夸德制图轮半日班或在汉堡王炸洋葱圈一点兴趣都没有。最后她只投了一份简历。另外就是她已经因为躁郁症得到了领

---

* Group home，除了寄养家庭之外，团体家庭是针对少儿进行家外安置的另一种模式。团体家庭的人数通常不超过 6 人，其中至少 1 人会是 24 小时常驻的专业照顾人员。

第 12 章 "一次性"关系 | 211

取补助保障金的资格,而克里斯特尔觉得她不管找到什么样的工作,都不可能比这张每月754美元的福利支票更稳当。就这样死拖活拖了8个月后,社工跟克里斯特尔说公寓她不能待了,于是她结束了寄养生活,正式开始四海为家。[3]她开始睡在收容所或街上。另外她曾先后短暂投靠过自己的外婆、教会的一名女性教友,还有一个同辈的亲戚。

阿琳跟克里斯特尔认识的机缘或许并不寻常,但其实很多穷人为了让自己跟孩子活下去,都会采取这种"同是天涯沦落人"的求生大作战。素未谋面的陌生人会常态性地搭上线,这点在旧城区并不少见,无论是在街道、职业培训中心,还是福利大楼,他们都会想办法互通有无。在遇见阿琳之前,克里斯特尔曾在公交车上认识一名女子,两人同住了1个月。[4]

在20世纪60与70年代,一文不名的家庭都是依靠亲属关系网络苟延残喘。身无分文的黑人家庭会"在亲族的网络中,依靠众多亲友的接济度日",人类学家卡罗尔·斯塔克(Carol Stack)在其所著的《我们这一族:黑人社区中生存的策略》(*All Our Kins: Strategies for Survival in a Black Community*)中这样写道。在这样的亲族网络中,互相交织的个体会在日常生活中"有钱出钱,有力出力"。这种程度的互助虽不太可能助人脱贫,但至少可以免于被压力拖垮。[5]只不过,随着社会变迁——毒品(如快克可卡因)的泛滥、黑人中产的崛起、"监狱潮"的不期而至——都严重耗损了贫困社区的亲族安全网。另外就是由州政府执行的联邦"抚养未成年儿童家庭援助计划"等福利政策,同样限制了人对亲族的依赖，因为比起跟亲戚同住的人，政府会给予独居和与非血亲同居的妈妈较高的给付金额。[6]

时至今日，血亲或家庭已不再是穷人的生活支柱。中产阶级的亲族通常不想插手，或不知如何插手。[7]此外，本身已经深陷各种麻烦或毒瘾的穷亲戚自顾不暇，更不可能去多管闲事。司法体系也经常扮演半路杀出的程咬金，罗达阿姨不肯在克里斯特尔超过寄养系统规定的年龄后对她敞开大门，很大程度上是因为法条太过僵硬。警方曾经在罗达家抄出了她儿子的毒品，为了帮儿子顶罪，罗达被判缓刑两年，而这也代表执法人员可以合法检查她的公寓。知道罗达有这样的苦衷，克里斯特尔曾问过能不能让她睡在前廊，但罗达还是说不（怕被发现收容超过寄养系统规定年龄的成年人）。

要靠一己之力在赤贫的状态下生活，几乎是不可能的任务。[8]要是没有家族亲戚可以依靠，去跟陌生人碰运气，建立"一次性"的人际关系总可以吧。但话又说回来，开口要一个你几乎不认识的人帮忙，有时候真的是强人所难。[9]

克里斯特尔搬进来一周后的某天，阿琳坐在厨房的桌前圈出报纸跟红皮书上的公寓招租广告，其中只要提到"背景调查"四个字的她都一律跳过。贾法瑞在玩昆汀留下的那支用于修房子的硅胶枪。阿琳的计划是在下个月1日前搬离。"我不想住在旧城区了。"她说。遇到克里斯特尔是她行了好运，所以她想乘胜追击，精挑细选下一个家："要是能在闹市区找个月租不到

525美元的两居室公寓就好了。"她心想。

乔里进门时，阿琳挺直腰。他穿着新鞋，拖着背包进了厨房，头低低的不敢抬起来。"你知道老师打给我了吧？"阿琳的声音颇为严厉。乔里急着想要解释，但阿琳没给他机会。"我不想听，你就是个惯犯，去哪个学校都要惹事。"

"不是，是因为他踩我的鞋子。情急之下我一转身就说：'你踩够了没！'然后老师就说：'你说什么？你说什么？'学校里的同学都说那老师对学生说话态度很差。"

"这些都是借口，我不想听。"

"反正我说什么你都不信，"乔里不甘示弱地回应，"连老师都在欺负人！他们对小孩也照样飙脏话！"

"还不是你先惹事，你不能消停一下吗？"阿琳也大声起来。

乔里吸了吸鼻子，想把眼泪忍住。阿琳叫他去做作业，他垂头丧气地走进了母子三人的卧室。

阿琳抓起报纸，出门开始找房子，两个儿子就交给克里斯特尔照顾。她的第一站是条顿大道，也就是以对角线穿过密尔沃基北部的主干道。出门后，阿琳的第一个念头跟雪有关。她觉得自己从小到大都没见过眼前这厚的积雪。到达条顿大道后，她造访几个租房处，结果并不顺利，有些房东没有回应，而有些房东的开价她负担不起。

找着找着，阿琳来到了她兄弟马丁（Martin）住的社区。她发现这里有些出租招牌，但还是决定跳过这一区。"马丁随时都会来吃我们的、用我们的。"她想。稍早阿琳也曾经看过大儿子杰杰生父住的地方，她对那里也敬谢不敏。"那地方离那家伙实在太近了。"[10]

在看了九间房子之后，阿琳的电话响了，一接起来，就听到克里斯特尔大吼："你××的今天晚上就给我搬走。今天晚上！带着你那堆垃圾，今天晚上就滚蛋！"

阿琳多等了几秒，然后才把电话挂掉。"这也太荒唐了。"她这么对自己说。克里斯特尔说乔里对她不礼貌，但阿琳感觉克里斯特尔只是随便找了个理由发飙，她真正想说却没说出口的是：我饿了。克里斯特尔经常抱怨家里没什么吃的。食物从来不在她们二人协商的范围内。克里斯特尔一毛钱都不出就算了，就连她的食物券也被砍了。[11] "只要家里有吃的，她就乖得像只猫，"阿琳想，"一旦食物没了，她就像吃了炸药。"

阿琳来到附近街角的一家商店，点了99美元肉品组合。这是旧城区热卖的产品，里头有超过20公斤的鸡翅、鸡腿、猪排、猪颈、咸猪肉、猪脚、火鸡翅、培根和其他肉。站柜台的男子边用阿拉伯语讲着电话，边把两袋免费的马铃薯丢到袋子里。结账的时候，阿琳又多带了汽水跟薯片。买这些吃的，她付的不是美元，而是食物券（她每个月可领298美元额度的食物券）。另外她用现金买了包烟，是新港牌的100长版薄荷烟。

阿琳脚一踏进公寓，乔里就急忙上前喊冤。"她说什么都不给贾法瑞穿外套、鞋子，什么都不让他穿，然后要把他赶到外面去！"

"贾法瑞是自己出去的，"克里斯特尔呛回去，"是乔里在那边说什么，'贱人，看我不揍扁你！贱人，看我不这样，贱人，看我不那样。'"

阿琳安静地听着两方的说辞,像小孩吵架时从中调解的妈妈。乔里说他想要替贾法瑞出头,毕竟克里斯特尔威胁要把弟弟赶出去。克里斯特尔则说她只是开玩笑把两兄弟锁在屋外,乔里却莫名其妙地火了。

"好了,"阿琳跟乔里说,"你不可以对她不礼貌。"然后她又转头对克里斯特尔说:"你也不准动我的小孩。"乔里意犹未尽地还想开口,但被阿琳先发制人:"你给我闭嘴。"

"你不能只听她说的!"乔里央求着。

"你叫她贱人做什么?"阿琳问。

"她叫我也很难听啊!"[12]

"你知道吗?"克里斯特尔吼着,"对,我很贱。但向你们敞开大门留下你们的,不就是我这个贱人吗?我跟你们素昧平生啊。我就是那个收留你们的贱人啊,怎么样!房东会管你们这么多吗?她有必要理你们吗?"

"你提这些干吗,这些我心里有数。"阿琳答道,她的声音坚定而清晰。她先支开乔里,派他去杂货店买东西。

克里斯特尔在空中挥舞着电话。"等会儿我妈怎么跟我说,我就怎么做。今天的事情实在是太过分了!"克里斯特尔的意思是,她要把阿琳母子的命运交由她的"干妈",也就是她在团体家庭里认识的一位年长女性决定。她拨了号码,把电话按在耳朵上,同时仍不断跟阿琳说话。"他要是只叫我一声贱人,那就算了,我会叫他闭嘴。但我能让他这样连叫一个小时吗?"

电话通了但没人接，克里斯特尔重新拨了一遍。

阿琳走进自己的房间，朝着天花板嘶吼发泄。"她老是抱怨没有吃的，但我为什么要养她啊，我养我的孩子天经地义，而她又是个什么东西！"

"我有叫你买东西给我吗？"克里斯特尔在屋外吼，"不要自以为是好吗？拜托！老娘要什么东西没有，你说啊？什么东西？顶多我去卖色相而已。我要什么都有办法！没有我得不到的东西，懂吗？"

阿琳看着两个儿子。"算了，我受够了！"她吼叫着，"早知道要受你这些鸟气，当初我还不如睡马路算了。我这是何苦？在家打扫卫生的是我，刚刚花钱买食物回来的也是我，我这是招谁惹谁？"

克里斯特尔重拨了一回号码，但还是没有人接。这会换成她对天花板嚷嚷。她开始向上帝祈祷："主啊，请你现在就回答我。主啊，拜托，我需要跟干妈、我的主教说话。主啊，我没骗你，我真希望你没有教会我要爱人爱到这个程度……我真应该愤世嫉俗点，为我吃过的这么多苦。哦，主啊！"

克里斯特尔唱起了赞美诗。她一边绕着公寓踱步，一边哼着小曲，然后用鼻子吸气。偶尔她会停下来闭上眼睛，这么做是为了让自己能够冷静。

阿琳盯着乔里。"你对人家不礼貌，人家现在说'你们得滚'，那我们现在要去哪里？"

"她……"乔里又忍不住。

第 12 章 "一次性"关系 | 217

"没听到我说什么吗,我们要去哪儿?"

乔里陷入了沉默,眼泪不争气地掉下来。阿琳的社会福利支票已经花完了,要是在这个节骨眼上被克里斯特尔赶出门,她真的不知道还能带两个儿子去哪里。她看着贾法瑞,才发现刚刚大家吵作一团时,他一个人在本子上画着东西玩,他画了一大一小、两只戴帽子而且都穿着鞋子的怪物。

"你知道吗?"克里斯特尔终于开口。泪水在眼眶打转的她不再嘶吼了,而是以微弱且宽慰人心的声音说:"好啦,听我说。主啊,我真希望你没有赐予我爱的精神……你们母子俩伤了我的心,但要我把你们统统赶出去,这种事我实在做不出来……毕竟我刚刚说过我内心充满了圣灵,而圣灵要我不能那么狠心。"

"充满圣灵,嘴巴还那么不干净。"阿琳压低声音咕哝着。在阿琳看来,让克里斯特尔这位"二房东"回心转意的,才不是什么圣灵的指引,根本是肉块、薯片跟沙发床的魅力吧。毕竟刚刚吵得正凶时,她也没忘了提醒克里斯特尔:"我走的话,绝对会把行李收得干干净净,什么都不会留给你。"

乔里坐在卧房里的床垫上,有种失落至极点的感觉。在这件事儿有了结果后,阿琳在乔里身旁坐下,她打算向儿子解释:"妈妈不应该只听她的而不听你的,做父母的不应该这样,"她轻声细语地说着每一个字,"但现在我们没有自己的家,所以只能这样,这就是我们的生活。"

第13章
E-24号拖车

在发现拉瑞恩未经允许，直接搬进他的拖车之后，毕可在病床上咒骂起来。愤怒却无助的他摸摸胸口，心脏三重搭桥手术在那儿留下了一道长达23厘米的缝合疤痕，像是条粉红色的虫在皮下蠕动。毕可跟拉瑞恩通电话时，拉瑞恩正忙得气喘呼呼。"毕可，"她说，"我们开始过新生活吧！我把东西全都丢了。"一整个上午她都在清理厨房，原先只是丢了被遗忘而发黑的苹果酱和停满了苍蝇的肋排，后来觉得留来留去留成愁，索性一股脑儿全丢了，甚至是未开封的食品罐头——因为上头有虫在爬。毕可要拉瑞恩住靠里面的卧房，但她嫌那里脏，不愿意。她拿出蒸气拖把，把沙发整个清理了一遍。她打算把从旧拖车里抢救出的东西堆在沙发上，自己则睡在这些家当的旁边。

出院回家后，毕可在厨房的桌子前一屁股坐定，把烟头塞进一次性的塑料碗里，就是熟食店拿来装橄榄的那种。毕可是从小被叫到大的绰号，他的本名其实是罗伯特（Robert）。罗伯特留着向后梳的黑灰油头，整日郁郁寡欢；他本来是市公交车的司机，几年前因为健康问题从岗位上退休了。

毕可要拉瑞恩分摊租金，但拉瑞恩说她没有办法，因为她不能断掉老鹰公司仓库那边的保管费。为此他们吵了一架，最后毕可妥协让拉瑞恩负担有线电视和电话的费用就好。说到有线电视，他们之后又为看哪个台吵得不可开交。毕可喜欢像《冰路前行》*这类的节目，而拉瑞恩则是《舞魅天下》†的铁杆粉丝。还有一次吵架是因为毕可不肯跟她分享"流动送餐"慈善团体‡送来的餐点。而毕可之所以闹别扭，是因为他还在不爽拉瑞恩丢光他罐头的事情；在此之前，拉瑞恩领取食物券的资格早已经被注销了——被驱逐那段时间昏天暗地的，她忘了跟社会福利单位有约。没了食物券，她只好向邻居要剩菜剩饭，再不然就是去教会的厨房寻找吃的。

第一次去老鹰公司的仓库时，拉瑞恩对着柜台后头一个反戴棒球帽、身上挂着金色十字架的黑人员工报上姓名。

"付了保管费，我就可以去看看我的东西吗？"拉瑞恩问。

---

* *Ice Road Truckers*。2007年6月开播的真人秀，节目记录的是卡车司机沿季节性路径驶过结冰湖泊与河流的过程，加拿大与阿拉斯加等北境为其主要拍摄场景。

† *So You Think You Can Dance*。由美国福克斯电视网制作的选秀节目，号称《美国偶像》的舞蹈版"，第四季的冠军曾获得电影《舞出我人生3》（*Step up 3D*）的演出机会。

‡ Meals on Wheels，为独居的老弱病残提供的送餐服务。

"不行的，女士。仓库这里是有投保的，我没办法让你进来。"财产一旦入库，就不让人随便翻了，不可能因为天冷就进去抽件冬衣出来。

"好吧。"

"我们这儿进来要钱，出去也要钱，然后你还得交第一个月的保管费，"柜台后的黑人说，"这样大概是375美元。从第二个月开始，保管费会以每月125美元的金额往上加。"拉瑞恩得到的建议是东西能早点领走就早点领走，这样才不会多花冤枉钱。问题是她刚刚上交的钱就已经超过她这个月补助保障金支票的一半，所以她只能这样耗着。因为同时要拿钱给哥哥毕可跟老鹰公司，她得存上好几个月的钱，才有办法搬进新的公寓。

在拖车营里，拉瑞恩尽量保持低调，因为她不能让连尼跟办公室苏西看到自己。要是被这两人发现她躲在园区里，托宾就会得到消息，然后她跟毕可能会一起被扫地出门。

对托宾而言，连尼跟办公室苏西就像他的左右手，这两人对园区的房客们来说也同样不可或缺。无论是要赶你走，还是要修好你的马桶，对他们来说都一样轻松。帕姆跟司科特会被驱逐，苏西有在后头使劲推一把；但如果她觉得托宾多收了某人的钱，或是前廊栏杆拖了很久都没修，她也会缠着凯迪拉克里的托宾直嚷嚷。不过比起这些，两人在拖车营里最重要的角色还是"文化翻译机"。他们就像托宾跟房客们之间的桥梁，遇到托宾拿捏错了分寸，他们就会出来求情；就像某次托宾跑到某名房客的孩子面前说他爸爸迟交租金，他们马上跳出来打圆场。连尼好几次用肉身挡在托宾跟房客之间。这是这一行常见的做法：外来的房东会聘请"当地人"担任管理一职，人选通常会直接在房客里找。[1]

那位被托宾向孩子们告状的爸爸是唐尼（Donny）。30多岁的唐尼身形有些发福，满脸胡茬，拖车营里的房客都很喜欢他。唐尼没付房租，更准确地说是拒付房租，不是因为没钱，而是因为他觉得托宾不尊重他。原本要交的租金被唐尼托放在交易中介机构[*]那儿，他提出的理由是拖车屋顶漏水，水槽底下也长了黑霉。为此唐尼对邻居罗比（Robbie）说："你知道他怎么跟我说吗？'你租的时候就是这样啊。'拖车营里也有人不靠社会福利就能过活好吗，这家伙是有多无知啊！"

"就是啊！"罗比脱口而出，"他还问我有没有工作。我回他说，'工你个头，我可是工会的人！搞不清楚状况！'"确实，罗比有工作，他是个坑道矿工，也确实加入了113号本地工会。"你当我是坨屎，我××的才不付钱咧！谁来我都不管，狗眼看人低的东西！"

"就凭你是乡下来的，怎样！"

"住拖车又怎样，住拖车的××的也是人好吗！"

同是乡巴佬，连尼了解这些人的出身。他不否认托宾做得

---

[*] Escrow，契据（或合同等）暂交第三者保管，待某个条件实现后再交付受让人或权利人。

有点过分，但为了护主他也要把话说得清楚。"一堆人说：'托宾就是个浑蛋啊'。但托宾怎么会是浑蛋呢，他是苦主，欠钱的是你们啊。"唐尼、罗比在内，整个园区都不知道的一个内幕是，他们交的租，连尼其实可以分红。以月计算，连尼要是能替托宾收到5万美元，那他就可以抽100美元，若在5万美元以上，每2,000美元他能再多分100美元。

有时，市府的社区服务部会派人上门，连尼就会跟在调查员旁边，一副有问必答的模样。调查员罗杰（Roger）低头看随身携带的手写板，回顾上次来都记录了什么。"嗯，W-45号的那个车位是……"

"是个棚子，"连尼赶忙说，"我们已经撤掉了。"

"哦。"

"嘿，罗杰，"一名房客从前廊叫了检查员，"有看到什么吗？"

"什么意思？"

罗杰在拖车营里是无人不知，无人不晓。每个人的厨房抽屉里都有他的名片。遇到房子问题让他们受不了的时候，他们不会威胁说要打给社区服务部，而会说要打给罗杰。罗杰是个微秃的白人，留着整齐的胡子，上半身穿社区服务部的马球衫，下半身则是腰围33英寸、裤长30英寸的李维斯牛仔裤。

"我是说有发现违规吗？"房客解释道，一副很想插手的热心模样。

"这个嘛，这里当然不像乡间别墅，但只要屋子还能住人，我就没啥意见。"

"所以一切都合乎规定啰？"

罗杰不置可否地耸耸肩，继续向前走。违规当然有，怎么可能没有。比方说，刚才那个热心房客的拖车后头有大堆垃圾，原本应该是窗户的地方变成了三夹板。有拖车的窗户玻璃破了好几块，有晚上用来生火的汽油桶，有垃圾浮在久久不退的积水中，还从园区两头那两个巨无霸垃圾桶中满溢出来。偌大的园区会只有两个垃圾桶，是因为托宾拒付年费来设置个别的小垃圾箱。而问题是，这两个垃圾桶在垃圾车前来回收的几天前就会爆满，招来浣熊和负鼠。罗杰来巡的前几天夜里，就有一名拖车营的住户拿刀宰了负鼠，就连连尼自己也曾用枪干掉过一只。清洁队员来收垃圾时，面朝垃圾桶的住户会好说歹说，希望清洁队的驾驶把垃圾桶移到别处。他们会指着某间拖车说："那里面没住人！"通常他们说的是真的。

罗杰叹口气。"你们收敛一点吧，不然我真的会越写越多。"

"那你就不要那么勤快嘛。"连尼耍嘴皮子，想让罗杰放水。

"连尼，我是为你们好，真的。我每回来看，每回都有问题。"而且这还是在外头走马观花而已，罗杰通常不会巡到拖车内部，不然他会看到塌陷的浴缸被车子的千斤顶给硬架起来，还有热水器根本没连到通风管上。

罗杰停在一辆拖车前面。"这些窗户好像被枪打过？"

"嗯，"连尼答道，"住户没钱换新玻璃啊，我能怎么办？总不能叫我帮他们出这些钱吧。"这辆拖车的所有权在住户名下，意思就是住户除了要付房租，连维护费也得自掏腰包。

"我也不希望你破费啊。"

"所以没关系了吧。"

"我是无所谓啦。"

回到园区办公室之后，罗杰叹口气，用手扶额。

托宾挂上电话问："怎么样？我们表现如何？"

"我说啊，"罗杰开口，"要让这种糟糕的拖车停进来，那你至少得让它们可以住人，不要太离谱。"说罢，罗杰开始列举较为严重的毛病：垃圾、存放物品的棚架没有遮蔽、窗户玻璃破损严重。

连尼打岔："这个冬天大家都不好过啊。"

"这一条我不会报上去的。"罗杰回答，他指的是窗户破损这一项。他知道把种种违规的罪状写得巨细靡遗，不但不切实际，也不见得符合租房者的最大利益。

靠捡破烂维生的鲁弗斯踏进办公室。"我们不会有事吧？"他问了罗杰。虽然市府已经让托宾换照了，但不少房客还是很担心要搬家。

"嗯。"罗杰回答他。

"那就好，不用搬我那猫屋了，它太大了。"鲁弗斯的母亲过世时留下了72只猫咪，他身边现在还剩下3只。

接手拖车营后不久，比克管理公司就开除了连尼跟办公室苏西。看完合约终止书后，连尼便着手收拾他工作了12年的办公室。

各种工具都被他取走了,连墙上用螺丝拧住的鹿头也没落下。

这时门被推开,一个戴着墨镜的男人问:"我想办续租,可以吗?"

连尼顿了一下。"我不清楚,"他终于还是开口,"这儿不归我管了。"

再熟悉、再平常不过的手续,现如今却仿佛悬在半空,令人手足无措。推门进来的男子脸上露出了愁容。离开后,他把所见所闻告诉了遇到的第一个人。人事变动的消息不胫而走,恐惧笼罩在整座拖车营之上。新的管理公司会承认口说无凭的租约吗?房租这下要涨了吗?驱逐潮该来了吧?连尼跟办公室苏西在园区里虽说不上万民拥戴,讨厌他们的人也有,但至少两人是熟面孔。"换一批人来,可能以后都要公事公办了,"药头道恩说,"办公室以前会给我们方便,是因为这里大家都是穷人。"消息传到了道恩的邻居谭美(Tam)耳朵里,这位怀着7个月身孕但有毒瘾的准妈妈走进园区办公室,给了连尼一个大大的拥抱。

上班的最后一天,办公室苏西从语音信箱系统里删除了她预录的声音,连尼则把一串沉甸甸的钥匙留在了办公桌上。

比克管理找来接替连尼的,是最近才从威斯康星大学欧克莱尔分校毕业的小年轻,23岁,要说是连尼的儿子都可以。这位走马上任的新官啥也不懂,还牛皮哄哄的,但他撑下来了。至于没能撑下来的,是只来了一周的维修师傅,他的"临别赠言"是:"这里的拖车屋九成九都无药可救、修无可修了……我修拖车屋也有7年的资历了，但没看过这么烂的。"

连尼和苏西离开之后，许多事情只能托宾亲自出面。这点他倒是不介意，因为他一直都是那种事必躬亲的房东。在经营学院路移动房屋营的这12年里，托宾学会了如何将131辆残破的拖车变成一门赚钱的生意。最了不起的是，他可以把一辆几乎报废的拖车变成会吐租金的提款机——前后只要几天的时间，成本还几乎是零。

在把一名叫作西奥（Theo）的房客跟他女友从E-24号拖车驱逐之后，托宾打算把拖车清理干净。西奥在园区是出了名的"一滴汗都不愿意流"的懒鬼，他没有工作，拖车的状况也是一团糟。

托宾花钱请了米特斯夫人来收拾西奥的烂摊子。比起园区里那些只知道吃处方药、在电视前呼呼大睡，说难听点像在等死的老妇人，米特斯夫人可以说是精力十足、"火气四射"。她早晨醒来的第一件事情，就是跟已经成年的女儿梅瑞狄斯（Meredith）大吵一架、互飙脏话。在拖车营的住户们开车上下班的途中，他们时不时会在离家好几英里的地方看到米特斯夫人推着铝罐多到要溢出来的购物车往前走。她有她的生存之道，她是个坚强的老人家。

有机会能多赚点钱，米特斯夫人非常感激，即便要打扫的是E-24号拖车，她也没有怨言。说到E-24号拖车，米特斯夫人在3米之外就能闻到里面散发出来的异味。车内的凌乱不堪会让人抱怨住这儿的人"有病吗"。地板上都是烟灰缸跟香烟，碗槽里堆满了碗盘，表面的残羹都板结了，马桶整片都是黑垢，还有一眼望不尽的垃圾；地毯上有好几摊没干的猫尿，天花板上垂着一条条蜂蜜色的捕蝇胶带。西奥跟女友走得仓促，很多东西都放着没拿：一双轮式溜冰鞋、一顶摩托车安全帽、一张沙发，一盒完整的工具箱、一架玩具直升机和一本驾照。米特斯夫人把东西全数拉到拖车营的垃圾桶扔掉。丢了几轮后，她向办公室苏西要了双橡胶手套。

这时捡破烂的鲁弗斯出现在门口。"哇，"他看了看四周说，"虽然我不想这样说，但黑人住的地方都不会这么脏。"

米特斯夫人爆笑了一声："哈！"没有停下手头的动作。

鲁弗斯是来回收金属的。他从1984年开始专靠收破烂维生，让鲁弗斯感到骄傲的是，他从未有过"绕着信箱转"的日子。他不想像邻居那样，每个月巴望着补助保障金的支票寄来。托宾叫鲁弗斯把微波炉、电冰箱、烘衣机等大件给搬出来，在鲁弗斯正奋力拖拽洗碗机的时候，托宾穿着烫好的卡其裤跟马球衫走过来。托宾眯起眼睛：这种事看多了，他早已见怪不怪。"鲁弗斯，"托宾说，"先把这堆东西清一清，我们再来看要怎么处理。"

鲁弗斯花了两小时，终于把所有东西都搬上他那辆蓝色雪佛兰老爷车的车斗。托宾没付鲁弗斯一毛钱，回收厂给的废铁回收金倒有将近60美元。米特斯夫人忙了五小时没有休息，最后才从托宾那里得到20美元。

清理完拖车，托宾便在报纸上刊登广告。没多久，就有一对对的夫妻或情侣上门看房。托宾又搬出了那套"修缮专业人士方案"吸引他们。拖车的屋况很差,为此托宾只得低头道歉——屋里仍有猫尿跟烟草的味道残留,有些窗户玻璃破了没修,马桶上的黑垢依旧顽固——为了补偿,托宾免除了前两个月的租金。西奥走了几周后,托宾为 E-24 号拖车找到了一对新的住户。这对男女用之前存下的租金把房子整理一番。两个月后,他们才开始付托宾每个月 500 美元的车位租金。

在办公室苏西看来,托宾给米特斯夫人的那点钱实在少得可怜,但她也没说什么。托宾麾下有一群人帮他割草或捡垃圾来赚点啤酒钱,苏西管他们叫"拖车营里的常住游民"。在维特考斯基议员规定托宾得从外面聘请专业的维护人员之后,托宾便开除了这些游民。他们当中有人还是照常做着这些工作,反正闲着也是闲着,搞不好托宾还是会付点钱。特洛伊(Troy)是个失业的摩托车机修工,他帮着托宾把闹上电视新闻的污水外溢解决了。这么拼死拼活,特洛伊只换得了珊曼莎(Samantha)的一顿嘀咕,其他什么好处都没有。珊曼莎是他在事实上的老婆,虽然俩人即没登记也没举办婚礼。

"我们要怎么办!"珊曼莎朝特洛伊大吼大叫,她身上还穿着连锁早餐店乔治·韦伯(George Webb)的制服。这对贫贱夫妻还欠着托宾租金没给,而他们抱着的一点希望是托宾可以看在特洛伊做了八小时非人工作的份上,给他们一点折扣,但其实托宾没开口要他们做。"你清的是大便,人的大便啊!"

"我跟你说,"特洛伊说,"以前在马场打工的时候,我用铲子清过马粪,鸡粪我也扫过。但人的我还真的没试过。这实在太恶心了!"

"我知道,因为你闻上去就很臭!"珊曼莎吸了口气。"要是我就会耍贱,我是个狠角色,"她接着说,"你呢,特洛伊,你就是好欺负。"

特洛伊低头喝了口珊曼莎从店里带回来的奶昔,一个字也没说,像是在默认老婆的说法。"托宾老爱装可怜,"他开口,"那家伙那么有钱,还尽想着赚钱。他每年靠这个拖车营就能赚超过100万吧,"他用动作示意外头成排的拖车,"全部加起来的话。"

维特考斯基议员也提到过类似的年收数字,他估算托宾的拖车营每年可以净赚90万美元。特洛伊跟维特考斯基会算出类似的数字,都是用托宾的131辆拖车去乘上平均月租550美元。这是很粗陋的算法,当中没扣掉任何费用和成本,也没考虑到空租期的问题,更别说这还得人人都是好房客,不会欠租。

托宾身上已经没有房贷要背:他1995年以210万美元的价钱买下了拖车营,然后花了9年的时间把贷款还清。[2] 但他还是得付财产税、水费、定期的维修费、连尼和办公室苏西的薪水跟租金优惠、广告支出,乃至于驱逐衍生的成本。扣除掉上述成本,再考虑空租、欠租等因素,托宾可以放进口袋里的年收入在44.7万美元上下,大概是议员所说的一半。[3] 不过话又说回来,托宾这样的收入在美国绝对是前1%,而交租给他的却是最穷的那10%的美国人。

特洛伊把老婆的爱心奶昔喝得一干二净。"是这里酸吗,亲爱的?"珊曼莎问,她希望自己的肩颈按摩揉对了地方。

230 | 扫地出门

第 14 章
能忍则忍

司科特无意抗拒被驱逐的命运。他跳过了出庭的日子，也没去找托宾商量。他把所有精力都灌注在找新家这件事上。打完几通电话后，匿名戒毒者互诫协会的皮托那儿传来了好消息。皮托跟某些房东有合作关系，他会帮房东修理房子，也会替房东找房客。这会儿他向一名熟识的房东担保了司科特。这间两居室在二楼，位于密尔沃基的中偏南部，空间不大，室内一无长物，还有个摇摇欲坠的阳台，淋浴间也付诸阙如。好在房东每个月只收420美元，而且也不做背景调查。

这间公寓还附带一名室友，名叫D. P.。长着张娃娃脸的D. P.是皮托的外甥，才19岁，身上已有几处刺青，耍酷的耳环也没少打。D. P.最近刚出狱，他坐牢的罪名是非法持有枪械和枪支改造，说得更精确一点，是他锯短了猎枪的枪管。D. P.混的是"眼镜蛇帮"，为此他觉得自己需要把枪，因为他们随时会跟"国王帮"擦枪走火。D. P. 趁坐牢期间拿到了高中同等学力，另外还多添了个"重新开始"的刺青。

有一天，皮托从另外一名房东那里得知有个老人死在附近一座拖车营里，遗物无人认领。于是他安排让司科特跟 D. P. 去清理那辆拖车，有想要的东西就归他们。老人的柜子里有个拉链袋，司科特从袋子里找到了一套烫好的西装，另外还有一个丝质衬里的公文包。在浴室，他发现《美国退伍军人协会》（*American Legion*）杂志，上头的邮寄贴纸印着这名已故男性的姓名。不过更能透露内情的，是床边香烟烧出的痕迹。从这些迹象来看，死者生前应该有吸食吗啡。在司科特的眼里，毒品解释了世间的很多问题：这个男人为什么"孤独死"，帕姆跟奈德为什么从拖车营被赶出去，他又为什么会在陌生人的家里捡破家具并搬回他的新公寓，将这一切串联起来的就是毒品。

这对新室友合力将一个五斗柜和一张沙发扛上了福特 F-150 货车。待货车满载，D. P. 发动引擎，大声放饶舌音乐。司科特其实想听点别的，他最喜欢的一首歌是英国歌手彼得·盖布瑞尔（Peter Gabriel）的《索斯伯里山丘》（"Solsbury Hill"），但他并没有多说什么。

司科特还在米拉手下干活，但工作量明显少了很多。米拉让手下的工人一天做 12 小时，不管是搬洗烘衣机、床垫，还是沙发床，工作很快就消化完了。遇到工人说他们搬不动或腰酸背痛，米拉就会向他们兜售止痛药。但司科特觉得她卖得太贵了。当他要过把瘾时，司科特不会找米拉，而是把海洛因苏西约出来碰面。

"我想跟皮托做一样的事情，"D.P.说，"我想要全身干干净净地出门，干干净净地回家。我没办法想象自己哪天 30 岁了，还在干这种破事。"

在 D.P.那个年纪，司科特也没办法想象这些事情。

卸完家具后，D.P.跟司科特在门阶上喝啤酒。这间瓦德街上的公寓位于当地人简称为"KK"的齐尼齐尼克大道西侧。房子的对面有一块土地闲置，四周是铁轨，司科特几年前租过的旧公寓离那儿不远，当时他还做着护理师的工作，跟学有专精的年轻人、艺术家和时髦人物在崛起中的"湾景"一带比邻而居。司科特跟 D.P.能从门阶的最上层看到圣约沙法特大教堂的圆顶。100 年前，当地一些波兰裔的教友慷慨解囊，倾其所有打造这壮观的地标，密尔沃基才有了今天这座"小号的罗马圣彼得大教堂"。[1]司科特一边喝着啤酒，一边开玩笑说他也要"和神职人员一样安贫乐道……偶尔让我买点吃穿，再来点药嗨就行了"。

D.P.静悄悄的，一声不吭。

"要命，"看 D.P.没接话，司科特自己换了个话题，"我脖子跟背都痛得要死。"长期为米拉做的这些工作果然还是有负面影响。

"你干吗不去看医生？"D.P.问。

"看医生干吗，他们会有办法吗？"司科特说完顿了一下，好像突然有了什么灵感，"他们可以帮我开扑热息痛！不过他们

第 14 章 能忍则忍 | 233

开的量只够我吃一天就是了。"

所以最后，司科特的维柯丁依然是在拖车营买的。他想拖车营里应该只有一个成年人没吸（过）毒，那个人就是米特斯夫人。相反，司科特爱毒品。瘾上来的时候就是给自己放了个短假。只要一有钱，他就会吸上一口。

在帕姆跟奈德收到驱逐通知单的前不久，司科特还在跟这对毒鸳鸯一起放纵，拖车里的沙发、床、柜子等大件家具被搁在一旁。司科特觉得奈德跟帕姆也算自甘堕落，被驱逐也在情理之中。在"失足"之前，司科特可能还会同情帕姆跟奈德。但一路走来，他开始觉得同情只是天真无知的一种变形，是幼稚单纯的中产阶级在远处滥情。"他们可以悲天悯人，是因为他们的人生海阔天空。"司科特是说那些不用住在拖车营、自诩心态自由开放的觉醒青年。说回奈德跟帕姆，司科特觉得他们会落得被驱逐，就是吸快克可卡因造成的，简单明了。海洛因苏西跟他的看法一致。"说穿了，被扫地出门常常出自同一个原因，"她说，"有一次连我都差点被驱逐，房租被我拿去买了'别的东西'。"

无论要走的人是不是瘾君子，拖车营的住户鲜少会对邻居被驱逐发表意见。在他们的观念里，被驱逐是罪有应得，是那些人自己不长进。甚至有人会说驱逐是好事，因为驱逐可以"把人渣清一清"，等于是替园区去芜存菁。最觉得穷人该死的，往往就是穷人自己。[2]

在以往，租房者会自认为是一个"阶级"，他们着眼于共同的利益跟理念，团结起来对抗房东。20世纪初，房客曾经团结一致抗议驱逐与不卫生的生活环境。遇到频繁涨租或租金居高不下的问题，房客们会冒着被房东驱逐、被警察逮捕、被用钱请来的流氓痛扁的危险，团结起来拒交租金，在租房外围统一拉上警戒线。这些人没有什么特殊背景，就是普通的为人母、为人父者，他们认为，房东的确有权利温和地涨租金和借租房谋利，但租客不能任由他们坐地起价，以涨租之名敛财。以纽约为例，租金战争在"咆哮的20年代"*烽火四起。州议会在巨大压力下通过立法进行租金管制。时至今日，纽约州仍是全美租金管制最严格的地方。[3]

请愿、警戒线、公民不服从——我们必须从不同的视角检视这类政治性动员。"在日常生活的苦难滋生的社会运动中，"美国社会学家弗朗西丝·福克斯·皮文（Frances Fox Piven）与理查德·克洛尔德（Richard Cloward）观察发现，"平常看来公正合理、不可改变的社会安排必定会显得毫无公道、可以改变。"[4] 这类情形经常出现在风起云涌的大时代，因为大规模的社会变迁与经济波动（比方说战后的住房供不应求），会从根本上撼动社会现状。光是目睹这些光怪陆离还不足以动员群众；要把反对者

---

* Roaring Twenties，是指西欧与北美地区20世纪20年代这一时期，10年间，这些地区的经济、社会、艺术与文化水平都得到了长足稳定的发展。许多都会城市脱胎换骨。内燃机汽车、电话、电影、广播、电器、航空业等发明和产业从彼时开始普及。

集结起来，而且必须要让他们相信，只要团结在一起，就有机会改变命运。对穷人而言，这意味着他们必须认同所有的受压迫者，还必须承认自己也是受压迫的一员——这一点恰恰是大部分拖车营居民不愿意做的事情。

在罢交租金的过程中，租房者们会觉得大伙是"革命同志"，彼此之间有一份道义相联结。[5] 租房者之所以愿意站出来反击过高的租金与不合理的驱逐，是因为他们的切身利益跟住处、社区绑在一起。换句话说，他们对住所怀有一种归属感。而在拖车营内，上述的社区意识可以说是荡然无存。对大部分的住户（包括司科特在内）而言，拖车营是他们想要逃离的场所，没有人要在这里落地生根或改变什么。有些人明明已经在此过了大半生，却仍旧以"过客"自居；当中包括一位带着三个孩子生活的失业父亲，他在偷电供应拖车所需之余说："我们不会请亲友来这里玩，拖车营的生活不代表真正的我们。社会底层的人才在这里度日，而我并不属于这里。"曾经嫁给连尼、连同一起嫁给了拖车营的连尼前妻喜欢对人说："你会忘记自己也曾经爱去歌剧院听戏。"至于在怀孕期间吸毒的谭美心中，拖车营"就是间旅馆"。

对住户而言，贫困的社区其实是个宝库。在拖车营里，居民会遇见三教九流的人教他们如何偷牵有线电视，告诉他们最值得去的食物厨房何时开放、补助保障金该如何申请。放眼整座城市，就属住在贫困社区里的居民最乐于帮助有账单急着付、有生活用品不够用、有车子坏了不动和其他林林总总问题的邻居。相对而言，比较"优质"的社区里往往较少人对邻人伸出援手。[6]这样互通有无，满足了收受者最基本的物质生活；给予者也在赠人玫瑰的同时，手留余香。

邻里间的相互帮衬若要顺利启动，大家就必须把自己的需求公开，也必须坦承自己人生中的种种失败。

拉瑞恩想跟邻居借浴室来淋浴，她就不得不先说明自己欠燃气费。而当她顶着没吹干的头发走回拖车时，所有人都会知道她刚刚经历了什么。还有一个叫罗丝（Rose）的房客，孩子被儿童保护服务局带走，就在她哭哭啼啼的时候，拖车营的邻居都在一旁安慰她，让她不至于做傻事。但也因为邻居们知道事情的始末，罗丝在某种程度上变成了"公审"的对象。"这可不是什么光荣的事情，"道恩这么告诉她，"上帝把孩子带走，一定有他的什么理由。"[7]

社区在居民们的眼中一旦成了剥夺与罪恶的代名词、成了"各种触礁人生"的报到处，他们就会对社区里的政治能量丧失信心。[8]在密尔沃基，但凡租房者在社区感受到高强度的创伤情绪——他们相信自己的邻居曾被监禁、被施虐、有药物成瘾和其他重大的打击——那他们就不太愿意相信可以和邻居们团结一致，改善生活品质。[9]社区缺乏信任感，无关邻里实际的贫穷与犯罪率。与之密切相关的反倒是萦绕在住户身旁的那种厚重的不幸气息。当满目所见都是心酸苦楚时，他们就无法用余光瞥见社区可能有的潜力。

三不五时，就会有房客八卦房东托宾的利润，要不就会给他扣上犹太人的帽子,骂他贪心。"那辆凯迪拉克的轮圈还真亮,但那其实也是便宜货,花不了几个钱。""赚钱就是他的兴趣。"但整体而言,房客对不公不义是很有忍耐力的。他们会尽可能不去质疑自己跟托宾之间巨大的贫富差距,也不会问自己花费绝大部分收入为何只能租到老旧的铝皮拖车。他们会把心思放在具体的琐事上。听到维特考斯基议员说托宾的年收入逼近百万美元,一个在拖车营里跟司科特同住一区的房客说:"跟我有什么关系……只要他管好这地方,不要让我担心××的天花板会塌下来,那我就无所谓。"

在密尔沃基,大部分的租房者宁可相信房东是好人。[10]毕竟有时间去抗议不公平,倒不如先想办法把地板上的破洞给补起来,免得女儿的脚又陷进去不是吗?只要房东愿意宽限一点,让他们有时间可以振作起来,那房东赚多少钱是他的本事,关别人屁事?在拖车营里,永远没有最惨,只有更惨;人生的低点在此没有下限,向下永远都有空间。当整个拖车营面临被集体驱逐的困境时,居民们就已经尝到了现实的苦涩滋味。如今比克管理公司的人开始代收房租,他们只是重新温习了一遍那种苦味。[11]

这周真的是祸不单行。司科特先是弄丢了钥匙,不得不一拳打穿前窗才进得了家门,然后是他的电用完了,最后是米拉炒他鱿鱼。米拉不是故意找他的茬:她另外找到一群瘾君子愿意接受 25 美元的日薪。在匿名戒毒者互诫协会里,司科特学过促使毒瘾发作的"四大天王"是：饥饿、愤怒、寂寞、疲倦，英文简称"HALT"——这四样在司科特身上齐了。被米拉开除之后，司科特用他所剩无几的薪水去朋友家买醉，还要开心一下。在这个朋友的家中，他打电话给在艾奥瓦乡下医院当清洁工的妈妈。电话里，司科特跟妈妈说了他酗酒（但没提吸海洛因），也说了他因为止痛药瘾被吊销护理师证照的事情。她原本并不知情，因为这是母子俩一年来的首次对话。

"妈，"司科特哭着说，"对不起，我把自己搞成这样，是我太没出息了。"

司科特还没说够，他妈妈就打断了他，她没意会到儿子是耗尽了所有勇气（外加12罐啤酒的作用下），才按完全部的电话号码，而不是平常那样按到一半时就挂掉。她解释说自己现在正在满载着亲戚的厢型车里，所以暂时不方便讲话。她跟亲戚一行人是要去密苏里州的布兰森（Branson）度周末。"但是司科特，"她说，"别忘了只要你愿意，随时都可以回来哦。"

司科特考虑过妈妈的好意，但他现在既没有车可开，又没有钱买火车票，要怎么回去呢？而且若真的回到艾奥瓦，海洛因又要去哪里买？毒瘾只要一天的时间就会发作，然后痛苦会慢慢遍布全身。此外，回老家还得面对他人同情的眼光。司科特在挂上电话去逛Pick ń Save超市的时候想到了这点。他答应海洛因苏西要用食物券买午餐给她，来交换让他抽一口海洛因。"我是说，要回家也不是不行，但我××的都40岁了……难道要我现在回去跟大家说，你知道，我把人生搞得一塌糊涂，把自己的前途都毁了吗？"司科特从来没有跟家里人开口寻求帮助。他在脑海里把亲戚们的草坪、工作、孩子，还有那些日常生活中的问题都想了一遍，然后得出结论："他们根本不知道要从何帮起吧……他们又可以帮些什么？"中产阶级的亲戚遇到这样的问题，作用其实很小。

司科特加入结账的队伍，并且注意到前面有个男人要买诺比舒咳。

"你感冒了？"司科特问。

"嗯，对啊，"这位先生说，"而且好像都好不了。"说完继续咳，好像是为了证明自己所言不虚。

"来。"司科特说。他掏出笔，在一张废纸上写下了：维生素C、锌，以及紫锥花萃取物（可用于治疗感冒）。"我会建议这样，你试试看。"司科特说。

司科特放弃了回艾奥瓦的念头，他决定去戒毒。在要去戒毒所报到的那个早上，司科特天未亮就起床了，他修了胡须，将T恤塞在裤子里。他想要离开这样的生活，他很紧张，但已不再犹疑。

早上7点司科特踏出电梯，距离诊所开门还有1小时，但他发现自己已经迟了，现场有15个人在排队。这当中有盛装而来、上了年纪的黑人；有在飘脏话的白人女性，50多岁了，穿着一双牛仔靴；两个年轻的墨西哥男子跪坐在地上用西班牙文祷告；一个20来岁的黑人男性的裤子掉了；一个眉头深锁、心事重重的白人少女拨开遮住眼睛的刘海，袖子长过了她的双手。司科特往墙上一靠，加入人龙。

排了几分钟之后，电梯门又开了，这次走出来的是一个墨西哥裔的老女人。她有一头全黑的长发，中间一道灰色。她的脚上打着石膏，视线从厚重的眼镜上方探出来，那是双有如洪水般混浊的眼睛。她在司科特身旁找了块地方，百无聊赖地坐下。

这位女士告诉司科特说她昨天就来过了，但诊所只收了4个人。社工开始在玻璃窗后的桌前就位时，她开口说道："他们在打电话给密尔沃基县，看那边说今天有几个人的额度。"

"额度？什么额度？"司科特有些不耐烦地问。

"给你的额度啊，你来这里是要接受治疗的，不是吗？"

司科特抬头看着天花板上的荧光灯，缓缓地、刻意地吸了口气。说什么他也要忍下来。"是。"

"你看那个女生，"这女人用身体示意着前面那位阴郁的白人少女，"她看起来一副快要想不开的模样，所以我猜他们会把她收下来。你的话可能要睡在这里才排得到。"

司科特开始用脚敲击地面。

时间到了上午8点10分，一名戴着金色耳环、身穿丝质上衣的女子来开门，然后宣布今天能收的人数是5名。紧接着一名男子拿着手写板现身。"一号、二号。"他开始数人头。排队的人纷纷站起来。司科特朝电梯走去，按钮准备下楼。他原本可以第二天过来重排的，但他选择连灌了三天的酒。

第15章

妨害行为

186 　　克里斯特尔跟阿琳吵完架的隔天,特丽莎在克里斯随昆汀出去工作后来到楼下。特丽莎喜欢克里斯特尔。他比阿琳年轻很多,也傻气得多。那天早上,两个女人在一起玩pattycake*打发时间,她们一边相互拍手一边唱道:

　　讨厌鬼,讨厌鬼,讨厌鬼
　　墨西哥是什么鬼
　　我不想回,不想回,不想回

　　有个又大又肥的警察跑来我家门口
　　赶不走,赶不走,赶不走

---

* 一种儿童游戏,两个人和着韵律相互击掌,形式与国内的"你拍一、我拍一"相同。

他抓起我的衣领来

要我给他个铜板

墨西哥是什么鬼

我不想回，不想回，不想回

  一旁的阿琳臭脸看着。她正在浏览公寓出租广告，并在一个记事本上做笔记，本子的抬头用粗体字写着"房子"。如今她后悔没有在开完庭之后直接前往收容所。但话说回来，她也讨厌收容所，尤其不喜欢里面的那些人。抓起资料，阿琳向克里斯特尔点头示意，出门找新家。

  在回第十三街之前，阿琳一共走访了24个点。这其实有点乱枪打鸟，但她依旧士气高昂。"只要我坚持不懈，就一定能找到房子。"她给自己打气。她还以为谢伦娜撤销了驱逐申请。当然，是她想多了。

  阿琳回来的时候，公寓里一片寂静，只见克里斯特尔在那儿烦恼着什么事情。克里斯下班之后，特丽莎也就上楼去陪他。之后克里斯特尔听到克里斯对特丽莎嚷嚷，他气克里斯特尔抽了他的烟，又喝了他的啤酒。此外克里斯特尔也听到了其他声音。

  "楼上在打女人。"克里斯特尔对阿琳说。

  "别人的闲事少管，起码我没空管。"阿琳这么回答。她的痛经很严重，只想躺着休息一下。"他搬来的时候我就有预感会变成现在这样。"但无论是出于理性或感性，阿琳都没有多余的心思去管特丽莎的事。她自己的问题就已经一大堆了。[1]

入夜之后，从天花板接连传来更多的声响。顿挫声穿插着巨大的撞击声，是特丽莎重重摔到了地上。阿琳拿枕头把自己闷起来，但克里斯特尔却坐立难安。"我没办法眼睁睁看着男人打女人。"她说。她想做点什么，想帮特丽莎，但她同时也对如此软弱的特丽莎感到反感。她觉得特丽莎既可怜又可悲。"男人这样打你，你还让他进门；你这不是犯贱吗？"克里斯特尔不禁这样想。到某个点上，她实在听不下去了，于是走上二楼，隔着锁住的门高喊："我要给你脸上一拳，你这个没用的贱货！还有克里斯你也给我听好，有种你来打老娘啊，你试试看！"[2]阿琳铆足了劲才把克里斯特尔给拉回一楼。

克里斯特尔打电话给谢伦娜，但谢伦娜没有回应。接着她拨了"911"。在连打三通电话后，警察终于上门，带走了动手的克里斯。警察走了以后，阿琳望向克里斯特尔。"你是真的很想搞到自己没地方住哦。"阿琳这么说。

隔天警方就联系了谢伦娜。打来电话的女警官口气听来十分严厉，但谢伦娜也不是省油的灯，这种事她早就经历过了。去年她就曾经收到密尔沃基警察局寄的信，内容跟她后来租给阿琳的公寓有关。"根据密尔沃基自治条例第 80 条第 10 款的规定，"这份公文开门见山地写道，"本人（承办人）特以此函通知您，密尔沃基警察局受理了发生于您房产中的妨害行为……30 天内累计已达 3 起。"信中详列了接获报案的是哪些妨害行为，包括某场斗殴，外加有名女性被刮胡刀片割伤。接下来，这封公函又告知谢伦娜，在她的房产中，若再发生"信中所列的任一违规情况，将来执法所衍生的成本将向您索讨"。市府列举了警方大大小小的服务价目表，其中打"911"报案的要价是4美元一通，并要求谢伦娜必须以书面回复要以何种方案来"减少名下物业房产中发生的妨害行为"。妨害行为若还是继续发生，谢伦娜将被处以1,000—5,000美元不等的罚款或遭到羁押。

依照要求，谢伦娜给密尔沃基警局回了信，解释说那些"911"报案电话是因为有人家暴。"这些问题如果无法改善，"她写道，"我会请当事人搬离。"管区的主管看过谢伦娜的回函之后，拿笔在"请"字下面标了横线，然后又在横线下方的留白处打了个问号。"无法接受。"他草草写下意见。

在得知改良方案遭驳回后，谢伦娜拿订书机订了张驱逐通知单在她给警方的第二封回函上。管区主管对此回应："您的书面行动方案已获警方认可。"

这一次因为克里斯特尔，第十三街的公寓又发生了"妨害行为"，而且是楼上楼下都有问题。克里斯特尔的"911"电话大多是替特丽莎打的，但也有一通是她跟阿琳吵得不可开交的时候打的。电话那头的女警官质问谢伦娜，为什么她的前任房客跟现任房客会住在一起，而谢伦娜也交代了克里斯特尔跟阿琳是如何走到一起的。女警官再问谢伦娜为何坐视不管时，她回答说她觉得阿琳很可怜。"她们两个穷到连个尿壶都没有，"

谢伦娜说,"当然连可以把尿壶扔出去的窗户也没有。"*

女警扑哧一下笑出了声。

"她就不该分租我的房子,"谢伦娜说,"你知道的,克里斯特尔搞不清楚状况。家是她的,但房子是我的。"

这通电话让谢伦娜觉得很没面子。"我本来还期望能跟他们这些'低端人口'合作。"她搁下电话后说。她原本觉得"睁一只眼闭一只眼让阿琳留下来"没什么大不了,谁知道现在连警察都扯进来了。那位女警官建议谢伦娜把新旧房客一起赶走,但谢伦娜决定先对阿琳开刀。她打给阿琳,隔着话筒拉高嗓门。"你们这些破事儿我真是受够了,"谢伦娜说,"去××的……现在是你欠我钱啊,怎么搞到好像你是这里的老大,凡事都要听你的。你的小孩没东西吃,是谁去教会搬了一大箱食物、牛奶跟有的没的给他们?你刚来的时候,是谁自掏腰包也没跟你收钱?而且你知道吗——喂?喂?"

警方是在周六打电话给谢伦娜的,而谢伦娜叫阿琳周一前就滚。周日早上,阿琳在清洁地毯,特丽莎在一旁看。厨房料理台上的煎锅里还烤着玉米面包,颜色从边缘的棕色过渡到中间海绵般的黄色。前一天晚上,阿琳做了玛芬蛋糕,煮了斑豆跟带骨猪颈。她的几个兄弟跑来吃饭、抽烟,又去楼上的特丽莎家打黑桃王。他们另外喝了酒,但知道不要招呼阿琳。阿琳

---

* 连尿壶跟窗户都没有,是英文俚语里用来形容人一穷二白的说法。

几乎滴酒不沾,她不喜欢那种感觉。"我最讨厌密尔沃基的一点,"阿琳说起另外一件她不喜欢的东西,"就是房租太贵。"

"太贵了!"这戳中了特丽莎的痛处,为此她啧了一声,"我住楼上的一居室,也好意思收我 450 美元一月?"

克里斯特尔跟乔里去了教堂,屋子里顿时变得十分安静。乔里是跟他生父一起去的。贾法瑞坐在地上一声不吭,注意力都在画画上。阿琳估摸着自己还剩多少时间。如果谢伦娜可以第二天拿出法庭的书面命令,"那在治安官来之前,我还有五天时间可以把东西搬走"。

特丽莎点点头。

阿琳在桌前坐下来,一边看着贾法瑞,一边跟特丽莎说话。"这段时间我们有房子住,所以没怎么去想搬家的事,也没怎么想小孩要转学去哪的事,这些事情我全都没有想。可现在哭也没用啦,"她边说边振作起来,"还是把眼泪擦一擦,去做该做的事情吧。"

阿琳打电话给谢伦娜,最后却欲言又止,如鲠在喉。不过她最后还是挤出了一点声音,问谢伦娜能不能让自己留到周四。谢伦娜拒绝,阿琳愤然道:"搞事情的是克里斯特尔!除了克里斯打特丽莎以外,又没有因为别的事情打电话给警察,整你的是克里斯特尔好吗!"

在 20 世纪最后的几十年当中,司法体系采用了一整套生硬粗暴的政策,警力逐渐扩张,受刑人数呈爆炸式增长。与此同时，维护治安的责任越来越多地落到了手无寸铁的老百姓头上。[3]说说那些把枪卖出去的当铺吧，枪流到外头杀死了人，当铺老板难道不用负一点责任吗？再来说说那些没能甄别自己房客的房东，出租房成了大毒窟，房东难道可以独善其身吗？警方和法院越来越倾向"他们应当负责""他们不该独善其身"。[4]在这样的情况下，妨害房产条例应运而生。有了这个条例，警方可以因为房客行为不端而处罚房东。[5]某处房产会被归类为妨害设施，多半是因为那里在一定时间内出现了大量的报案电话。以密尔沃基为例，房产被列为妨害设施的门槛是30天内出现3通或3通以上的"911"电话。相关的法令迫使业主"改善妨害行为"，否则就等着被罚（钱）、撤销租赁执照、查封房屋，甚至有可能关进监狱。支持者认为这些新法有助于警察部门将人力优先投入更需要处理的犯罪案件上，这样不但是帮纳税人省钱，同时也省下了宝贵的警力资源。

在2008年和2009年，密尔沃基警局每33小时就会开出1张妨害设施的传票给房屋所有者。[6]其中最常见的妨害行为是"人际纠纷"，这是个"口袋罪"，适用于五花八门的事件，其中包括有人拒绝离开住处，或者发生严重口角。这之后排名第二的是居家噪声，排名第三的则是家庭暴力。事实上家暴的件数（大部分是拳打脚踢或使用某种武器），比各式各样的伤害、妨碍社区安宁的指控和与毒品相关的犯罪案件全部加起来还要多。曾经有一个案例，一名女子被泼了漂白水，另外还有一名女子"被食物罐头砸中头"。还有两件案子牵涉殴打孕妇，用的是美工刀、小刀、枪。另外一起案件的"报案人声称她男朋友刚用打火机里的液体泼她，还找了张纸点火"。

大部分妨害行为的传票都是寄去密尔沃基北部的。在白人社区，每41处符合开票标准的房产，只有1处会真的收到传票。但换到黑人社区，真正收到传票的比例则是16：1。住在旧城区的女性若报案说遭到家暴，房东收到传票的概率就更高了。[7]

在绝大多数（83%）的案件里，房东收到传票后的反应不是立马驱逐房客，就是威胁再接到警察来电就驱逐他们。有时候这意味着男女双方会一并遭到驱逐，但多数时候房东只会驱逐遭施虐的女性房客，因为男方并没有和女方正式同居。[8]

有一名房东去函密尔沃基警局说："这只是我其中一间公寓里的某位女孩子跟她男朋友出了问题。她一直都是我的好房客，是后来交了男朋友才会有这些状况。但我估计事情也很难扭转了，所以随函附上我今天送出（给她）的租约中止通知副本。"另外一名房东写道："我跟她（房客）聊过为什么报案……她的男朋友威胁要伤害她，所以她才会打报案电话。我们达成的协议是她男朋友不得进入公寓。万一这男人跑回来造成房屋损害，将由她全权负责，同时我也会把她驱逐。"还有一名房东写下了："开门见山，我们决定驱逐席拉·M，也就是那名数次报警求助的女士。她的'男人'跑来踹门、殴打她，然后被羁押了一两天（逮捕完就放人的话效果不大）。我们建议席拉去买把枪，然后以正当防卫的方式将这男人击毙，但很显然她没有接受我们的建议，所以我们只好将她驱逐。"

上述三名房东从密尔沃基警局收到了同样形式的回函，行文都是："您的书面行动方案已获警方认可"。[9]

警方打电话给谢伦娜的那一年，威斯康星州每周平均超过一人死于（现任或前任）交往对象或亲戚之手。[10]这组统计数据曝光后，接受地方电视台采访的密尔沃基警察局局长表示很困惑，受害者怎么一次都没有向警方求救？一名夜间新闻记者这么总结了局长的观点："他认为若能经常联系警方，受害者就可以获得援助，避免日后遭遇致命的危险。"但我们的局长有所不知，或者根本是在装傻，他手下单位那不成文的规矩，正是造成受虐女性进退两难的主因：沉默以对会被男人家暴，报了案又会失去家。[11]遭受暴力的女性找警察，根本就是在和魔鬼做交易。

克里斯特尔开门冲进来，一阵寒风随即灌进室内，全屋的人都抖了一抖。上教会花了克里斯特尔不少力气，她饿得前胸贴后背，给自己倒了碗 Cap'n Crunch 麦片，然后一屁股瘫坐在双人沙发上。这时她身上还穿着黑金双色的丝质上衣、过膝的长裙，头系一条红色的头巾。克里斯特尔在回家的公交车上回了谢伦娜电话，所以她知道阿琳的处境。谢伦娜已经愿意稍做让步了。阿琳现在可以待到周四，前提是克里斯特尔同意搬进谢伦娜名下的另一处房产。如果克里斯特尔说不，那阿琳隔天就得走人。

麦片统统下肚之后，克里斯特尔依旧很饿。她从冰箱里拿了些阿琳的饼干到烤箱去烤。"亲爱的，你要不要也来一点？"

她问小贾法瑞。

"他不吃那玩意儿。"阿琳冒出这么一句。

"你别把气出在我身上好吗?要凶你去凶谢伦娜。"

"谢伦娜让我火大,你也让我很火大!"

"房东太太怎么说,我管得了吗!"克里斯特尔的口气忽然软了下来,"我跟你们说了可以待到2月啊,怎么说你们也付了我住到那时的钱。但谢伦娜……说你们非走不可。这件事又不是'我说了算',毕竟我不打算因为谁给了我150美元就去睡大街,"克里斯特尔深吸口气,然后继续,"我不打算生气,也不打算烦恼、失落,也不会打电话给我妈说我不开心,因为我现在心情平静,而这份平静我想要保持下去。"

"但你平静的代价是我跟我儿子要滚蛋。"

克里斯特尔咬着嘴唇,看向天花板。

"没关系,我可以明天就走,但你从哪儿拿我的饼干,就最好给我放回哪儿去。"阿琳怒吼道。

克里斯特尔摇摇头,拨电话给谢伦娜。"你说你希望阿琳哪天走?……周一吗?你不是说周一吗?"

阿琳开始在屋子里走来走去,自言自语。"事情怎么会到这种地步……这真的太夸张了,我跟上帝发誓,我真的没遇到过这么倒霉的事!"

"我打电话报警不对吗?"克里斯特尔继续跟谢伦娜讲电话,"克里斯他们在楼上吵得要死,他摆明了就是在揍那个女孩子。"

阿琳跟克里斯特尔要电话,但克里斯特尔不理她。

第 15 章 妨害行为 | 251

阿琳气到发抖。"你听着！我的小孩现在没有家了！我们没地方去也没有钱……我该死，我的小孩也该死。我们都该死就对了！该死！"

克里斯特尔头一回见识到失控成这样的阿琳。她把电话递了过去。

"我的意思是，"阿琳对谢伦娜说，"他们怎么可以就这样把我跟我孩子扔在外头！我现在明明就拿出钱来了，但我们现在什么都没有了……接到警察电话之前，我们在这里不也待得好好的……我只能说我很谢谢你帮我和我的孩子们做了这么多。周四之前我和孩子们一定会搬走，这我向你保证，其他的我什么都给不了你！"

阿琳听了几秒钟的回话，还没等谢伦娜把话讲完，就按掉了电话。"我觉得我们被利用了。我跟孩子被利用了！"她看向克里斯特尔，带着一个老灵魂、异常冷静的克里斯特尔。"我觉得很无力，"阿琳道歉，"我不应该拿你出气的，我刚刚气疯了……明明是我的生活，却都是别人在做决定。"她双手一摊。

"我知道你的心情，因为我家里也是……你的那些问题，没有人能帮你，能帮你的只有上帝。"

"但我就是没办法相信别人，我怎样都不能相信别人。"阿琳坐了下来。

"你不应该这样讲，因为不是每个人都会无缘无故加害于你。"

"但事实就是这样啊……你不知道那是什么感觉！你不知道我经历过什么！你不知道被自己的爸爸动手动脚、妈妈却不闻不问是什么感受!"阿琳说的是那个从她10岁起骚扰她到16岁的牧师继父。

"啊,不不不,我懂,"克里斯特尔说,"我懂,我完全懂!因为我小时候就被继父骚扰过,我会被送去寄养家庭,就是因为这件事。我对上帝发誓,你经历过的事情我真的懂!我愿意对上帝发誓!"

阿琳把这话听进了心里。乔里已经带着贾法瑞进到母子三人的房间,放起了音乐。歌声在客厅里流淌,两个女人坐着一声不吭,好像在某个瞬间谅解了对方。她们体会到了彼此的伤痛。男孩儿正坐在床垫上跟猫咪小不点玩。阿琳低下头说:"我不想再受伤害了。"

"你听我说,"克里斯特尔说,"我记得清清楚楚。我到了教会大概一个月的时候吧,圣灵就进入了我的身体,然后我跟上帝说:'我不想再受伤了,我不想再掉眼泪了,我不想再受苦了,我不想再被伤害了。'……但这些都是为了造就你,造就你这个人。因为像我被伤害、被谎言欺骗、被说闲话、被虐待,这一切的一切都是。我被送去安置,没有爸爸妈妈在身边,兄弟姐妹不管我,阿姨们不管我,叔叔伯伯也不管我,但这些都造就了现在的我……你要我爱你可以,但你不相信我的话,叫我怎么爱你?叫我怎么安慰你?你把心关起来,那就没人有办法帮你。你被侵犯过?我也被侵犯过……10岁的时候我忽然记起自己5岁时被摸过。我看了看我妈,结果我妈继续吸她的毒,还继续跟那个男人……她习惯用烟斗抽快克可卡因,她那时肚子里还怀着我。我爸会打我妈,我妈后来背上被人刺了11刀。经过这一切,我感受到了神的呼召。但那需要我主动感应才行,不然神也无能为力,不是吗?……教会真的很棒。去那儿我可以看到、感受到上帝的圣灵。我知道圣灵何时进入教会,因为那个时候真的会烟雾弥漫。有些人觉得我疯了,怎么会相信这种事情。但,我要说,这才是我的信仰啊……比起我妈,我的牧师更把我当女儿看待,这一点都不夸张。我不敢说你对这件事会有什么感觉,毕竟你妈妈不在身边,但我可以说……每个人的人生都要经历很多,你在未来也将继续经历各种苦难。你现在的处境正在造就你……这个夏天我经历了自己的苦难,当时我觉得自己无所依靠,已经准备好去吸一吸快克可卡因了。但我念着牧师两年前为我祷告的祷文,我相信这些话语,并且得到了依靠。而且我根本没跟牧师提过我妈妈吸快克可卡因的事情,是牧师自己过来,把她的手搭在我身上说:'你有个吸快克可卡因的妈妈,但你绝不会吸快克可卡因。'当时我一下子哭了。"

克里斯特尔吐出的最后一个字在空气中回荡,慢慢消逝在电视发出的噪声中。坐在那里的阿琳惊呆了;等到电话铃声响起,她才回过神来。电话另一头,朋友找她,跟她说有间公寓不错。"房东有要求身家调查那些吗?"

"你过来,"克里斯特尔对讲完电话的阿琳说,阿琳很听话地凑过去,克里斯特尔一下子揽过她。"那儿的房租一个月多少?"

"糟糕,我忘了问。"阿琳打回去,月租说是600美元,然后就挂断了电话。"价格不行。"

克里斯特尔出了门,她去看谢伦娜要她搬去的那间公寓长什么样。"别担心,"她这么跟阿琳讲,"别的我没办法保证,但这回一定没事的,你听我的就是了。"

第 16 章

雪地上的灰烬

终于到了月初,谢伦娜的银行账户又有大笔账。这个月是 2 月,跟平常稍有不同,是房客们收到租税扣抵*、可以大手笔交租金的月份。有名房客兑现了退税支票,付了谢伦娜 2,375 美元;多琳依照跟房东签的和解条件挤出了 950 美元;拉马尔拿出了 550 美元,但因为他的油漆工作完全是白忙一场,所以对谢伦娜来说他还是没能把房租还清,拉马尔还是将面临驱逐。

也许是为了彻底抚平最近"濒临破产"的创伤,又或许是单纯想去挥霍一下,周三晚上谢伦娜跟昆汀跑去赌场玩了几把。谢伦娜套上了洛卡薇尔牌红褐拼金色的上衣。昆汀的行头则是黑人饶舌团体"G-Unit"的皮外套、一顶帽舌平得像被烫过的

---

* Tax credits,指直接减少纳税人支付的税金。常见可以申报税收抵免的支出有基本个人抵免额、年长者的税务福利、家庭抵税额度等。一般来说,税收抵免是不可退款的。

黑色棒球帽、外加一只偌大的粉红色戒指。他在离波塔瓦托米赌场酒店主入口处不远的地方，找到了一个残障人士车位，然后把证件往后视镜上一挂——一名行动不方便的房客送了他这份大礼。

在前往吧台跟烧烤区的途中，他们经过了犹如森林般茂密，还叮当作响的机器。谢伦娜露出了顽童般的笑容说："希望你明天不用早起。"她可以在赌场泡到凌晨三四点，续航力差的昆汀一般早就回家睡觉了。

谢伦娜即将做一场名为"双重成交*的套利艺术"的简报，夫妻俩就着汉堡和长岛冰茶讨论谢伦娜的简报内容。晚餐后他们直奔21点扑克游戏。谢伦娜缓缓穿过牌桌，最后决定加入一场已经有两名白人男性的战局，其中一人只身在牌桌前吞云吐雾，另一人看起来如坐针毡，身后站着一个跟人举手击掌的金发女伴。谢伦娜摆了100美元的筹码在桌上——这儿的赌注是25美元起跳，而她很少赌不到100美元——然后拉出一张凳子，安静地上手游戏：要牌的时候就点一下桌面，想跳过的时候就用两根手指在空中画一道线。

在城市的另外一头，精确地说是在第十八街跟莱特街口，拉马尔发牌的对象则是卢克、埃迪、巴克和其他几个围在桌边的社区少年。这一晚冷得刺骨，在场者身体的热度让厨房窗户

---

* Double Closure，房地产术语，炒房者身兼买方与卖方，以中间人的身份通过买低卖高进行套利。双重成交是因为买卖两笔合约大约同时完成，所以是一个接近买空卖空的无本生意，同时中间人的交易记录也不容易浮上台面。

蒙上了一层雾气。因为卡玛拉也在场，所以这一晚的牌局节奏跟平常稍有不同，速度慢了一点、气氛也更加和缓。自从卡玛拉搬到楼上之后，拉马尔就一直邀请卡玛拉来玩黑桃王，但直到这天她才终于答应，为此卡玛拉找了她爸爸来看着孙女们入睡。卡玛拉有个男友叫德文（Devon），也就是她孩子的父亲，但拉马尔照样有意无意对她放电。房子里有女人在场，气氛就是不一样。在怀孕前，娜塔莎曾让黑桃王的牌桌上充斥着一种奇妙的"张力"，实际上她什么都没做，只能说美人的存在就会有这种效果，为此拉马尔只得提前叫停牌局，把所有人统统踢出去。所幸孩子们在卡玛拉面前算是相当"乖巧"，他们既没有拿女生当成话题，也没有笑拉马尔是"猴子屁股"（自从拉马尔把八字胡剃掉后他们就一直这么喊他）。卡玛拉比娜塔莎大不了多少，但在少年们的眼中，卡玛拉比较像个"女人"，她似乎包裹着一层威严与世故的外壳。[1]

拉马尔的新年愿望是"敬拜上帝，远离毒品，找个新居"。谢伦娜始终没理会他想修缮房子的诉求：厨房碗槽渗漏好几天了，水都流到了地板上。拉马尔心想，谢伦娜横竖不会让他再待太久，让水继续漏着也没什么关系。他的新家也许可以继续做孩子们的庇护所。拉马尔不懂谢伦娜为何如此对待他。"别人无意跟她作对，她何必这样待人？"他十分纳闷。有意思的是，谢伦娜心里也有这样的想法。拉马尔说碗槽坏了，但谢伦娜说碗槽是他自己弄坏的。

昆汀没有跟谢伦娜一起玩21点。他从来没有这个习惯。他在旁边远远看着，确保没有人生他老婆的气，也不准有人对他老婆动手动脚。对昆汀来说，来赌场唯一的乐趣就是看自己的老婆高兴。至于赌博，昆汀没有一丁点兴趣。"×的，50美元就这样飞了。"他小声咒骂谢伦娜刚输掉的一把牌。

牌不断摔落下来，黑夜继续前行。昆汀接了一通电话，挂断后走向21点的牌桌。他把脸贴近谢伦娜，悄悄告诉她十八街跟莱特街口起火了。她立刻收起筹码，跟着昆汀走出赌场。

"是多琳家吗？"谢伦娜跟紧昆汀的脚步。

"不是，是后面那排。"

"拉马尔家？"

"也不是，是拉马尔的楼上，卡玛拉家。"

昆汀一脚踩下油门。"老天爷啊，拜托，拜托不要太过火。"谢伦娜嘴里念念有词地祈祷着，手则紧握萨博班的车门。他们抄小路赶往十八街。谢伦娜抬起头，焦躁不已。"这些人在搞什么啊……但愿房子不会被烧到面目全非。"

正要将车转进第十八街时，昆汀遇到了路障。"王八蛋，那儿已经烧得××的像在过圣诞节了。"他说。可以看见一辆辆消防车停在房子前面，警示用的红白灯光朝着四方闪烁不停，但他就是看不到房子本身。昆汀相继换了几条线路，想进到现场，但周遭的大街小巷早就被消防车跟救护车塞满。就在昆汀打着方向盘找缝隙钻的时候，谢伦娜从邻屋的空隙瞥见了现场的火光。最后昆汀试着把车开到跟第十八街隔一个街区的某条巷弄。透过萨博班的车窗，首先映入谢伦娜眼帘的是阴影中的车库后

200

第16章 雪地上的灰烬 | 259

方，然后是积雪覆盖的废弃空地，最终才是公寓的全貌。

谢伦娜忘记了呼吸。

"天啊！怎么烧成这样！"昆汀脱口而出。

房屋被一片火海吞噬。火舌从屋顶窜出，融入乳白色的烟雾与蒸气，渐渐上升，消失在冬夜的天空中。昆汀跟谢伦娜看着消防员的身影在原本是卡玛拉的住处冲进冲出。说"原本"，是因为现在那儿只剩下空荡荡的焦黑外壳，像是被开膛破肚一般。侥幸没"惹火上身"的部分，因为水枪喷出的水结冻而变得湿滑。

昆汀朝着房屋走去，谢伦娜则留在原地。这场火让她想起，一个心怀不满的房贷顾客曾把土制炸弹丢进她办公室的窗户。从那之后，任何一点火花都会让她惊慌失神。

昆汀认出了拉马尔的大儿子卢克，他把头埋在两腿中间哭泣，一名十来岁的少女在多琳的门阶上安慰着他。想在现场听清他们的对话并不容易，因为当下实在太过嘈杂：柴油引擎的轰隆声、抽水泵钻地的震动声、水与高温物体表面接触时的嘶嘶声、斧头劈开木块的撕裂声，全部杂糅在一起。帕特里斯也跑到了外头，她身上只有薄薄一件T恤跟牛仔裤，正瑟瑟发抖。她指着昆汀，拉高嗓音对一名消防员说："房东来了！"消防员点点头，向昆汀走去。每每有火焰向外窜出，围观民众的面孔就会在黑暗中闪烁着橘红色的光芒。帕特里斯忍不住多看了眼聚在救护车后方的急救人员，然后转身回到屋内。

辛克斯顿家与拉马尔、卡玛拉住的那栋房屋，只隔了一小片泥巴跟杂草,这一小块地此时却挤满了人。多琳坐在离前门不远的地方,抱着才两岁的孙女凯拉·梅。娜塔莎盖着毯子躺在地上,鲁比就在她身旁。辛克斯顿家其余的小孩则在床垫上坐成一排,睁着大眼见证现实的沉重。拉马尔瘫坐在轮椅上揉头,试图擦去眼中的泪水。埃迪跟巴克站在一旁陪他。戴着工地帽的白人穿梭于人群中,一边寒暄一边搜集信息。"不好意思,可以提供一下您的姓名吗?"

一名消防员扛着用白布盖着的担架往救护车上送,看到这一幕,帕特里斯朝卡玛拉的方向张望。只见她瘫在地上扭曲着身子呼喊:"我的孩子!我的孩子!"她的头发有一边已经被烧掉了。她弓起背,把脸整个埋在地上。一个上了点年纪但没人认得的女士试图抱住她。"好了,"她安抚着卡玛拉,"好了。"后来这位老人家也累了,她松开手,卡玛拉重新倒落于地,哭得声嘶力竭。

德文走进屋内,两手抱着卡玛拉的女儿,她们俩都是还在蹒跚学步的小孩。他把惊魂未定的小女孩推向卡玛拉——她正被警官们团团包围着。卡玛拉坐起来,接过两个女儿,紧抱着她们,亲了又亲。母女三人的头倚靠在一起,卡玛拉的眼泪淌在了女儿的头发上。

一名资深的消防人员踏进辛克斯顿家中,跪在卡玛拉身边重复她已经知道的噩耗:她那才8个月大的小女儿死了。卡玛拉向后一瘫,颤抖着发出了一声难以名状的哀号。

"他杀了我的孩子!"卡玛拉在嘶吼,身体不自主地抽动,"我

第16章 雪地上的灰烬 | 261

要杀了他!我要杀了他!"

德文手握拳头在房子里踱步。低声重复着:"第二个了,这是第二个了。"到了某个点上他停下脚步,站在卡玛拉的身旁。屋里一片沉默,大家静静注视着这一切。德文看似已经到了失控的边缘。所幸情绪的峰头过了,他也只是继续踱步,口中念念有词。"这是第二个了。"原来一年前他们才因为死胎失去过一个女儿。她的骨灰就装在卡玛拉和德文脖子上那一对锁盒里。

"啊,老天爷啊,"谢伦娜在听到昆汀的描述之后说,"他们怎么会把婴儿独自丢在家里。"谢伦娜的思绪飘回了还在当四年级老师的那段日子,卡玛拉就是她班上的学生。"她一直是个乖孩子。"谢伦娜说。

回到家中,昆汀与谢伦娜尝试拼凑起事情的全貌。"德文跟卡玛拉……"昆汀开了个头。

"在楼下。"谢伦娜接了他的话。

"跟拉马尔玩牌。或许家里有东西忘了关……等他们想起来的时候已经开始冒火,这时再想上楼处理,已经来不及了。"

昆汀敲击键盘,他想看这场火灾有没有上新闻。答案是肯定的。"消防队抵达现场时没听到烟雾警报器的声音,"他读起了报道,"厨房里就装了一个啊。"他说。

"是每个睡觉的地方都要装才对,"谢伦娜回答他,"我记得我们有装几个在楼上啊,不过现在才问,我可想不起来。"[2]

事发的隔天,火场调查员联络了谢伦娜。他说这场火会烧起来，是因为卡玛拉的一个女儿下床时不小心踢翻了灯。卡玛拉的爸爸有可能第一时间就逃命去了，也不管自己有个孙女还是婴儿。但更有可能的是他傍晚把三个孙女扔在家里，偷偷溜出家门。卡玛拉跟卢克都想要抢救年幼的孩子，但大火铺天盖地，人从外头根本没办法进去。卡玛拉的另外两个女儿是自己走出来的，当时火势还没有完全失控。至于烟雾警报器，没有人听到一丁点儿声响。

火场检查员对谢伦娜说："你没什么好担心的。"这次的事情她一点责任都没有。知道自己可以全身而退之后，谢伦娜追问起火场调查员另外一件事。她想知道自己有没有义务要归还卡玛拉跟拉马尔的租金，毕竟1日刚过，这个月的房租还没交几天。对方说"不用"，她心中的石头才算落地。"我的钱他们别想拿回去。"她说。谢伦娜估计卡玛拉跟拉马尔都会想拿回租金，而她猜得一点都没错。

谢伦娜想把着火的整块地推平，再将保险金收入囊中。"不幸中的大幸，我还可以发笔财。"她说。当然，"能顺便摆脱拉马尔"对她也是好事一桩。红十字会会安置拉马尔跟他的两个儿子，省去了谢伦娜还得自行驱逐他们的麻烦。

当天稍早，巨大的敲门声吵醒了熟睡的多琳。她直接穿着睡袍去开前门，发现家门口全是摄像机跟麦克风。应付了记者几个问题后，多琳关上门，想着今天就到此为止了，她不会再回答任何问题。她穿过厨房，从后窗看出去，卡玛拉的二楼公寓好像一个黑色洞穴。窗户都破了，屋顶烧去大半，只剩下孤

第16章 雪地上的灰烬 | 263

零零的梁柱。原本的米色外墙被高压水枪冲刷出了一条条灰色的污垢，地上的白雪被余烬染黑，屋瓦、木条、家具和各种残骸散落一地——这一团扭曲而狰狞的垃圾，除了表面焦黑，上头还覆盖着消防软管留下的、已经干硬的泡棉。树枝上的水珠尚未滴落，便已凝结成上千个冰球。多琳压低了视线，看到自家前廊上的六朵白百合，束着米色缎带，如若凛冬里的春暖日和。

第三部分

后 来

第17章

这就是美国

阿琳坐在第十三街公寓的客厅里瑟瑟发抖。她没有冬衣，所以多套上了一件T恤，外加一件大得过头的连帽衫。密尔沃基的气象主播这阵子特别忙碌，他们说这会是近十年来最冷的一周，还说风势恐怕会让体感温度下降至零下40摄氏度。地方新闻台不断以快报的方式提醒民众：暴露在外10分钟就会冻伤，所以建议待在室内，避免外出。但阿琳得在3天内租到房子。

谢伦娜不想再跟阿琳或克里斯特尔纠缠了。与密尔沃基警局的一席话把她吓得不轻。她决定让治安官把阿琳赶走，还要发驱逐通知单给克里斯特尔。"我可不想让那些人害我被抓，或害我房子被拿走，"谢伦娜说，"我受够这些有的没的了……阿琳太自私了。她的眼里没有其他人，只有自己跟小孩。完全不顾我的死活。"谢伦娜把要给克里斯特尔的驱逐通知单传真给密尔沃基警局。时隔数日，她收到了回函："您的书面行动方案已获警方认可"。

阿琳约了一名女性房东见面。她在房东的公寓社区外头候着，等了差不多半小时，房东终于开着辆斯巴鲁姗姗来迟。她是个身材高挑的白人，身穿北面牌的羊毛外套，脚踏崭新的网球鞋。房东急忙道了歉，然后自我介绍说她叫卡罗尔（Carol）。

卡罗尔要出租的是间面积不大的一居室，月租525美元，在密尔沃基北区的北角。阿琳"足足"花了30秒的时间环视室内，就决定租了。其实她不喜欢这间公寓，也不爱这一带的环境，更不乐意面对一搬家儿子又得转学的事实，但这些考量现在都是次要的。"管不了那么多了，"她心想，"现阶段有地方住总比没地方住好。"

卡罗尔决定当场"面试"阿琳，她在空无一物的客厅一屁股坐下，然后请阿琳拼出她的姓名，还要了她的出生年月日和社保号码。卡罗尔问的第一个实质性的问题是："你最近三年有被驱逐过吗？反正我会去CCAP案件管理系统那儿查，所以你还是老实点好。"阿琳给了卡罗尔真名，而她不确定顺着自己的真名能查到哪几次驱逐记录。所以从被迫搬离那间没水的房子开始以及之后的一切经历，她都一五一十地跟卡罗尔说明。她提到了阿特金森大道的毒贩、自己好姐妹的离世。这花了她一些时间，毕竟当中包含了多次搬迁和不少细节。卡罗尔听得一头雾水，慢慢失去了耐性。她直接打断阿琳，问了她的收入："你领"W-2"有多久了？为什么会领这个？"

"其实，他们把我放进"W-2 T"是因为……嗯……我因为抑郁症去做了咨询,每周我都会跟治疗师见面。然后他们让我做职业配对,想要我做好就业的准备,但他们也想让我去申请补助保障金。"

"最好不要靠这两种福利过日子。"卡罗尔一边这么说,一边叫阿琳去找份真正的工作。

"我知道。"阿琳答道。

阿琳搪塞了自己的收入,说自己在领取育儿津贴。但卡罗尔说:"我们这栋都没有小孩噢。"这之后,阿琳连孩子的事情也撒了谎。收入她是以少报多,小孩她是以多报少,只提了贾法瑞。"我得去看看你现在住的地方。"卡罗尔这么跟阿琳说。她说两小时后她会绕去第十三街看一下。

回到第十三街的公寓,阿琳把垃圾拎出去,地毯扫干净,还把乔里的衣服全部藏了起来。可浴室她就束手无策了——堵塞浴缸中的积水一动不动,洗脸盆也不通——所幸灯也不亮,也许卡罗尔根本不会注意到。来到厨房,阿琳站在洗碗槽旁,眼皮底下是肮脏碗盘堆成的小山。小不点蹭着她的腿,喵喵叫着喊饿。家里的洗洁精没了,所以就拿克里斯特尔的洗衣粉凑合着用。水哗哗地放,阿琳的双手在两侧的洗碗槽里忙活。她一边刷锅子一边哭。此时电话响了。"没事啦,"她对着电话另一头说,"真的没什么,没事。"说完她才崩溃地放声大哭起来。

克里斯特尔原本一直坐在沙发上看着阿琳像无头苍蝇似的忙进忙出,这时她起身给了阿琳一个拥抱。阿琳把头埋进克里斯特尔的肩膀里哭,克里斯特尔也没有躲避。等阿琳抬起头来,克里斯特尔才对她说:"我向你保证,相信自己,你一定能租到房子的。"

卡罗尔终于找上门来了,公寓看起来马马虎虎,还算像样。阿琳甚至还喷了些纺必适牌的空气芳香剂。把里里外外扫视一遍后,卡罗尔在玻璃餐桌边坐下来。"老实说,这里看起来不是很理想,"一上来就是狠话,"然后,我知道你好姐妹过世和其他一堆杂七杂八的事,但这些也不是房东的问题吧?"

"我懂你的意思。"阿琳总觉得白人喜欢听到"我懂你的意思""我正想办法要振作起来,不做那些蠢事",还有"我打算回学校去取得高中同等学力"。然后就是眼神交会,很多的眼神交会。

"我不是说你的这些遭遇没什么,"卡罗尔接着说,"但我的意思是,我们也有个员工母亲过世,她也没有保险什么的,但政府会付钱。那个,他们会给你300美元吧,让你去办后事。我们那个员工就这样把丧礼给办了。"

四目相对。

"所以你打算怎么改?我可不想没过一个月就出手赶人。"卡罗尔点了点手中的笔。

这个节骨眼上,阿琳申请过或是去看过的公寓已多达25间,卡罗尔是她最后一线希望。如今连这最后的希望也即将飘走,阿琳只好打出手里的最后一张牌。她主动问卡罗尔要不要跟"W-2"的主管机关申请成为"卖方支付款"(vendor payment)的收受对象,让房租自动从每个月的"W-2"支票金额中扣除。"这样我一领到支票,你就会收到房租。"

"这样好!"卡罗尔快人快语,甚至有点喜出望外。"这样算是大家各退一步,"但她马上又补了一刀,"不能养猫噢"。

"好。"

"我说这话的意思是,你应该先想法子喂饱自己和孩子。"

"我想跟你拥抱一下,就现在抱一下。"阿琳硬是抱了卡罗尔,卡罗尔的脸一下子红了起来,仓皇地冲出房门。阿琳又抱了克里斯特尔,边抱边跳,手舞足蹈。"我找到房子了,太扯了,我找到房子啦!"

卡罗尔跟阿琳说她可以在月初的1日搬进来,在那之前,阿琳打算把家当锁在出租的仓储空间,然后自己带着两个小孩去收容所暂住。住进收容所的一个好处是可以领取红十字会的善款,这样她的押金就有着落了。也只有通过这个办法,她才能把房租交清。[1] 阿琳跟住处附近的酒水商店要了纸箱,开始收拾行李。

"我走的时候别哭哭啼啼的噢。"阿琳边把餐盘放进纸箱,边跟克里斯特尔交代。

"去你的,你现在是打算永远不回来了是吧。你还会回来啊。没有我你怎么活得下去,是吧。"

"没有我你也不行。"阿琳笑了。

克里斯特尔边拍手边编起歌来:"我不用搬噢,我不用搬噢。"唱着唱着,她往阿琳的背上一拍。

第17章 这就是美国 | 271

"哎哟，克里斯特尔！"阿琳喊疼。二人打闹了一番，笑得挺开心。

玩耍告一段落，阿琳接着打包行李。克里斯特尔这次问："可以留几个盘子给我吗？"于是阿琳另外拿出一些给克里斯特尔用。

周四清晨，天空的颜色看上去像没了气的啤酒；但到10点左右，它又成了知更鸟蛋的那种蓝色。光秃秃的树枝纹丝不动；天空好似光洁的蛋壳，枝丫则像壳上的裂纹。车子缓缓驶向街头，车身上积了一层盐巴和冬日特有的煤灰。密尔沃基的公立学校放了低温假，反正阿琳也没打算让两个儿子上学。她需要他们帮忙搬家。有朋友跟U-Haul搬家公司租了车子，借给他们用，乔里负责把东西搬进车厢。寒气袭来，他的指头和耳朵刺痛不已。冷冽的风灌进嘴里，乔里感觉牙龈像是被硬塞进学校护理室的塑料口腔模型给固定住了一样。他呼出的白气，如厚重的纱布般缠绕着他的脸庞。他的笑容穿透雾气，诉说着觉得自己能派上用场的好心情。

来回几趟，乔里终于咽下了自尊心，套上克里斯特尔的沙黄色大衣。克里斯特尔则用别人捐给教会的毯子裹住身体，席地而坐，就着电视上的脱口秀节目吃香蕉布丁。

搬家的前夜，阿琳黏上了新的假发，鞋子也擦得干干净净。她想尽量看起来年轻一点，说不准会在收容所或大众仓储那儿遇见谁。问过的收容所都还没有回电，所以一家三口要在哪儿过夜，她还全无概念。但这会儿还轮不到担心睡觉的事情，眼下她只想多塞点东西进仓储空间。

大众仓储的柜台后面站着一名男员工。他手上戴着尾戒，顶着向后梳的油头，身上除了酒气，还混杂着便宜的须后水味。阿琳的仓储空间号码是C-33，大约3平方米。"这跟你的卡车后厢一样大，"男柜员讲话带着尾音拉长的美国得州口音，"只要你肯动脑筋，就一定够放。"东西的确轻轻松松地塞进去了。阿琳凑了21美元（为此她卖了些食物券和一台电暖器），付了1月的优惠价（2月仓储空间的租金就会跳回41美元）。但人算不如天算，阿琳没想到她还得买锁头，外加有8美元的保险费要付。这些钱叫她临时去哪儿生？柜台那位"得州哥"抬起饱经风霜的脸，对她说，他也落魄过。他不仅替阿琳弄来锁头，还在保险费上放了水。阿琳谢过得州哥，拖着脚步穿过寒冷的水泥空地，关上了"C-33"的橘色铝门。至少现在她的家当有家了。

那天晚上和那个周末，他们还是回到了十三街跟克里斯特尔一起过，睡的是地板。

阿琳又打电话给"旅馆"和其他收容所，但它们一如既往的人满为患。周一早上，她试着打给各处家暴收容中心，结果她在多年前待过的一间中心找到了房间，她曾在那儿躲过贾法瑞的生父。阿琳后来打电话给卡罗尔，要跟她说收容所的名字，还要商量拿红十字会津贴当押金的事。没想到卡罗尔说房子已经租给别人了。阿琳没有多问什么，但她猜应该是卡罗尔找到了更好的房客，收入比她多，又没有拖油瓶。阿琳有气无力地长叹一声，在椅子上缩成一团。"又回到原点了。"她说。

闷坏了的阿琳把十三街公寓里剩下的东西全收起来。她拆下窗帘，还想起在克里斯特尔的衣柜里有些脏衣服。她和贾法瑞联手把小不点抱到楼上给特丽莎。

"拜托照顾好猫咪。"贾法瑞请求。

"我会的，宝贝，我保证。"特丽莎答应。

他想了想，然后又提醒一句："要给它吃的。"

阿琳打算把她的双人沙发留下，自从克里斯特尔把沙发当床睡以后，它就已经塌了。除了双人沙发和四散在各处的几件衣服、毯子，还有坏掉的灯具，此地已是一片荒芜。阿琳忽然想起她买过一个5美元的转接器，能把炉子连接到燃气管线上。她叫乔里把转接器拆下来。这样的话，燃气炉就成了一堆废铜烂铁。

看到这一幕，克里斯特尔大喊："这是我的家，给我滚出去！"克里斯特尔捡起阿琳的东西就往门外扔。"你的烂东西我一样都不要！弄得我这儿一塌糊涂！"

"臭死人的混账！"阿琳高声跟克里斯特尔针锋相对。

"你说我臭？那你身上穿的是谁的衣服？我的！我的上衣！……连着三天都穿我的衣服，去××的烂货！"

"再说我就扁你的臭嘴！"乔里大吼着跑来帮腔。他摆好架势，鼻子就要贴到克里斯特尔的脸了。

"我随时都可以收拾你！"他叫着，"我才不管什么鬼警察。"

突然间昆汀进到房里。他正好带准房客来看后面那套公寓，听到这里吵成一团，看门没关，昆汀自己就走了进来，顺势抓起乔里的衣领。"嘿！嘿！"他呵斥道。

乔里朝克里斯特尔冲了过去。"来啊！"他边喊边挥舞着拳头。昆汀把他拉了回来。克里斯特尔这时不退反进。"你看看你，小子，"她呵呵笑着说，"你以为自己是什么狠角色吗？还早呢！"

"不！不！"贾法瑞连声喊着。他也想派上用场，于是抄起一根坏掉的浴帘支杆，往克里斯特尔身上打。阿琳抓住贾法瑞，把他拉出门外。在昆汀的驱赶下，乔里也开始朝门口移动，途中他还停下来赏了克里斯特尔的落地式电视一脚。

阿琳一家前脚才刚离开，克里斯特尔就追出前廊，继续把一家三口的东西往外丢。门前的草坪很快成了夜市摊子，什么乱七八糟的东西都有：学校的课本、"水滴娃娃"，外加一瓶古龙水。"你们以为自己碰不得吗？"克里斯特尔不甘罢休地喊着，"搞清楚这里是美国，是美国！"

阿琳的压力太大了，不然她应该想得到在这个节骨眼上拔掉转接器，就是当着克里斯特尔的面落井下石。其实，阿琳不是没机会把场面圆回来。情况若是好一些，她们还能做朋友。有饭吃的时候、前途不那么迷茫的时候，她们可以好好相处。问题在于，阿琳身处这座城市的压迫之下，精疲力竭。今天克里斯特尔一拉出引信，她也只能跟着爆炸。[2]

克里斯特尔这个人很容易突然变得暴力起来。在认识阿琳的前一年，克里斯特尔被临床心理学家诊断出有双相情感障碍、创伤后应激障碍（PTSD）、反应性依恋障碍、边缘智力*、儿童时期遭忽视与性侵的症状，还有边缘性人格障碍的倾向†。童年的阴影在她心里留下了烙印。"在人际关系上，克里斯特尔对预期会发生的拒绝、抛弃与伤害极其敏感，"心理学家在报告里写下这样的评语，"对于生命中重要的他者，她内心深处隐藏着巨大的怒气。一旦察觉出旁人不愿意或没能力回应她对于照料、安全感或自尊心的需求，这股怒气便会显露……她对于挫折、焦虑的忍耐程度不高，倾向于不假思索地将内心的纠缠化作具体的行动……她的心理防线随时都会崩溃。"同一份报告推测克里斯特尔的智商在 70 左右，并预期她会需要"长期性的心理卫生治疗与辅助性的专业协助，才有可能以成年人的姿态维系社区中的生活"。

但现实是，她在空荡的公寓里孤身一人。克里斯特尔扫视了一遍阿琳留下的东西。进到厨房后，她发现乔里匆忙中没来得及拿走的转接器，电线倒是被他切断了。克里斯特尔心想，反正她不打算煮东西吃，牧师说了要大家禁食。

---

* Borderline Intellectual Functioning，指智商在 71—84 之间的个案，稍低于平均认知水平。边缘智力人群通常在就学期间成绩较差，在一般生活中则无明显障碍。

† Borderline Personality Disorder，指介于健康、忧郁症、神经官能症、精神病这四者之间的边缘。患者会出现长期的不正常行为，如不稳定的人际关系、不稳定的自我认识、不稳定的情绪等。

第18章

用食物券买龙虾

排队的长龙沿着福利大楼延伸至整条维列特街,到了角落后就顺势转弯。路障刚刚架起,增派的警力也已衔命前来。州长宣布将食物券发放给受风暴灾害影响的家庭。暴雨造成威斯康星州部分地区淹水,其中包括密尔沃基县。消息一出,才刚刚早上7点,成千的民众就已经排起了长长的队伍。大家争先恐后地抢位,有的甚至打算硬闯。

要用一个字形容玛西亚·P. 科格斯公共事业中心,那就是"大"。中心是一栋三层楼的白砖建筑,面积近15,800平方英尺,光窗户就有232扇。这栋建筑原本是舒斯特百货公司,但随着这一带甚至整座城市在20世纪中期陷入萧条的境地,舒斯特百货也在劫难逃,最终在1961年宣布关门,建筑本身也卖给了县政府。进入21世纪,经过一番修缮,此地进驻了450名县政府的工作人员。一名艺术家从遥远的加州被延聘来此地,在窗户上安放明亮而多彩的瓷砖，展示像"沉思"和"跳舞"这类的字眼。这位女性艺术家把她的装置艺术叫作"社区之钥"[1]。

8点刚过，拉瑞恩步行穿过排队的人群进入室内。巡逻的警卫，以及载人去填表、见社工的电动扶梯在楼层间穿梭，她都没有抬头看一眼。拉瑞恩抽了张编号4023的牌子，开始漫长的等待。她是来重新办理食物券的。没过多久，现场就已座无虚席，102号室内回荡着小孩的嬉闹声与大人的闲聊声。一名挂着雨伞的女士昏昏欲睡，一个妈妈在打小孩的屁股，还有个人手捧畅销书《爱过头的女人》（Woman Who Love Too Much）看得入神。就这么等了1小时零40分钟，终于叫到了拉瑞恩的号码。还不错嘛，她心想，在福利大楼可是要泡一整天的。[2]

"我原本跟社工约了这个月的20日，"拉瑞恩向玻璃窗后那个正一心多用、指甲修剪得整整齐齐的女子解释，"但我约好要通电话（确认）的时候正好被房东赶走了。"

"那你得重新约时间。"这位女职员回复。又一次跟社工缘悭一面，又一个福利被砍掉——法院的一纸驱逐令让一切乱了套。女职员把书面资料递给拉瑞恩。"上面列了你见面时要备齐的东西。"

"这些东西都不在身上，"拉瑞恩看完资料上的清单后表示，"大部分需要的文件都放在（租来的）存储室了。"

"这样啊，东西不在身上，意思是你什么都不能带过来了是吧。"女子说。

拉瑞恩有些犯迷糊。"那我的食物券还领得到吗？"

"所以说你得约好时间来一趟啊……我可以转介你去食物厨房。你要去食物厨房吗？"

拉瑞恩乘着电动扶梯下到食物厨房，离开的时候手上提了两个塑料袋，里面全是罐头牛肉跟腰豆，外加一堆她讨厌的食物。有时候，有些不识相的亲戚会问拉瑞恩怎么不打通电话跟社工约时间见面，拉瑞恩只好挤出笑容回应："你要不要打打看？"她每次打都是占线。

和社工成功会面后，拉瑞恩总算在文件不齐全的状况下恢复了她的食物券额度，一个月80美元。踏出福利大楼，她意兴阑珊地穿过人流。有人百无聊赖又满脸倦容，也有人四处游荡并且时常酗酒。拉瑞恩走进邻近一家窗户上钉了木条的家具行，里头播放着实验风格的前卫爵士乐，眼见是乱中有序的一堆懒人沙发、红木餐桌组，还有黄铜灯具。

操着中东口音的店员起身，拉瑞恩开口要看衣柜。她端详着一组七件式的卧房套件，瞪着一台62英寸的电视，一脸不可置信。

"我们也有小一点的电视。"店员机灵地说。

"没关系，我想要这台！"拉瑞恩藏不住笑容。

"其实你可以'分期预购'*啊。"

"原来你们可以分期预购？我爱这个方案！"

---

* layaway，一种预购商品的方式。先在商店预订一件商品，之后定期支付一定数额的贷款，在全款付清后即可取走商品。相比于先取货后分期付款的方式，这种支付的优点在于不含利息。

拉瑞恩在进行某种净身仪式，她要用新沙发的皮革香气替换掉福利大楼里那些肮脏肉身夹杂灰尘所散发的瘴气。她正绮想着，要为自己和两个女儿找个温馨的家。洁美好不容易刑满出狱，在找到公寓之前会跟她还有毕可住一起。梅根搞不好也会回心转意。拉瑞恩以前也通过分期累积预付买过女儿的衣服，钱付清就能把新衣带回家。

对拉瑞恩来说，分期累积预付跟存钱是一个道理。"我不能把钱放在银行，"她说，"要领补助保障金的话，账户里就不能有太多现金，最好不超过 1,000 美元。因为超过这个数目……他们就会砍你的给付，直到你花掉储蓄为止。"拉瑞恩说的是补助保障金制度里的"财力上限"。其实拉瑞恩最多可以在银行户头里存 2,000 美元，而不是她以为的 1,000 美元。但只要存款超过 2,000 美元，她领取补助保障金资格就可能被褫夺。[3] 对拉瑞恩来说，这条规定让她完全失去了储蓄的动力。"反正钱不能往银行存，干脆买些有用的东西……因为我知道只要把钱付下去，这东西就是我的了，没有人可以抢走，就像我的首饰一样。"嗯，没人可以，拉瑞恩可能忘记把老鹰公司算进去了。

在拉瑞恩被扫地出门之前，毕可问过她为什么不把首饰卖掉，这样不就有钱给托宾了。"当然不行，"她说，"我这么拼命工作赚钱买的珠宝，怎么可以说卖就卖……就算无家可归或被房东赶走，我辛辛苦苦攒来的积蓄也绝不卖人。"这话的意思并不是说拉瑞恩不小心跌进了一个小坑，不日就可以爬出泥淖；而是她这辈子都翻不了身，都得跟房租纠缠不清了。如果穷困和租房是她的宿命,那她希望自己至少还能拿出珠宝来"现"一下。她要新电视,不要莱恩跟苏珊留下来的那台又旧又笨重的烂东西。她要没人睡过的新床。她爱香水,在路上和美女擦身而过后,她可以马上告诉你对方喷的是哪一款。"就算像我这样的人,"拉瑞恩说,"我们也有资格用新的东西。"[4]

拉瑞恩那天并没有用分期累积预付订下任何东西。但食物券一下来,她就直奔杂货店买了两条龙虾尾,买了虾、国王蟹脚、沙拉与柠檬蛋白霜派。把这些真材实料带回毕可的拖车后,她开始做料理。她往国王蟹脚上加了卡真粉*当调味料,还用176摄氏度的高温煮了龙虾尾佐柠檬奶油。料理完毕,她一鼓作气,一个人囫囵吞下全部,搭配百事可乐咕咚下肚。这顿饭用掉了她整个月的食物券,但这天是她和格伦的周年纪念,她希望能过得特别一点。"我知道我跟他处得不算好,但毕竟夫妻一场,"她说,"有些疙瘩我永远没办法解开。"显然龙虾可以让人好过一点。

每次拉瑞恩砸钱或食物券在"奢侈品"上,周围的人会既不解又沮丧。这包括她的外甥女珊米(Sammy),也就是苏珊跟莱恩的女儿。[5]"拉瑞恩阿姨是那种看到一瓶乳霜说可以除皱,就宁可没钱交房租也要花200美元去买的人,"说这话的是珊米,而

---

* Cajun,美国南部奥尔良特产的调味料,内含茴香、辣椒粉、洋葱、大蒜等成分,适用于烤鸡与海鲜的调味。

珊米的另外一个身份是密尔沃基南区一家发廊的老板兼发型师。"我不懂她为什么不愿意省着点儿花。"对此,达里尔牧师也是"英雄所见略同"。他说拉瑞恩在用一种"穷人心态"度日,她不把花钱当回事儿。

对珊米、达里尔牧师等人来说,拉瑞恩会穷是因为她花钱如流水。但真相其实恰恰相反——拉瑞恩花钱如流水正是因为她穷。

在被驱逐之前,拉瑞恩每个月付完房租还会剩下164美元。倘若不看有线电视,不上沃尔玛商场,她多少可以存下点钱。如果拉瑞恩每个月可以存下50美元,也就是收入付完房租后剩下的1/3左右,那年底就能累积600美元——这已经够付一个月的房租了。当然,为此她也得牺牲不少东西,包括像热水澡和新衣服这样的小需求。你会说拉瑞恩至少可以省下有线电视的钱吧。但对一个住在荒郊野外的拖车营、没车、没网络、偶尔才有电话可打、没工作、时不时会犯纤维肌痛和密集偏头痛、同时又不再年轻的女人来说,电视是她最割舍不了的朋友。

拉瑞恩代表的这类人处于多重困境的夹击之下,你根本无法想象他们得上进或自制到何种程度,才有机会振作起来脱贫。仅仅是从在贫穷中挣扎度日进步到在贫穷中安稳度日,两者间的鸿沟就已经让在底层的他们望而却步;就算是锱铢必较地存钱,脱离贫穷的希望仍然渺茫。于是他们选择"放弃治疗",选择在苟活中光鲜亮丽、在磨难中寻欢作乐——这些是他们生活的调味剂。他们会吸点小毒、喝点小酒、怡情小赌,看到电视会说买就买。他们会把食物券往美食上砸，比方说拿去买龙虾。[6]

拉瑞恩乱花钱，不是因为靠福利领的钱让她手头阔绰，而是因为那笔钱给她选择的余地不多。她付掉了龙虾晚餐的钱，接下来这个月就都得吃食物厨房的东西过活，有时候甚至要饿着肚子度日。但这非常值得。"我吃得很满意，"她说，"为了那顿龙虾大餐，其他 29 天都吃面条我也甘愿。"

拉瑞恩从很久以前就学会一件事情，那就是不要为了自己的存在道歉。"别人可以拿任何事找你的碴儿，"她说。她才不管结账的店员用什么奇怪的眼神在打量她，在买 14 美元的香脂醋、肋排、特价牛排或鸡肉的时候，那种眼光就会自动落在她的身上。她喜欢下厨，喜欢做菜。"我有权利好好过日子，我有权利安排自己的人生，"她说得理直气壮，"老是吃一样的东西，穷人也会腻好不好？我从小吃热狗长大，但我根本受不了热狗，所以我会想长大了要吃牛排。那不就是现在吗？我不吃牛排要吃什么？"

隔月是 8 月，拉瑞恩用食物券买了刚做好的马铃薯泥、火腿、奶油玉米（粥）给邻居，原来毕可隔壁的拖车刚搬来一个时运不济的家庭。这一家六口近期因为被扫地出门，一下子损失了很多东西，晚上只能睡地板。晚餐一摆好，拉瑞恩带着大家祷告。"亲爱的天父，谢谢你赐给我们食物。感谢生命中所有赐福予我的人，感谢你给了我洁美，感谢你给了我哥哥毕可。虽然他有时会惹我生气,但主啊,我还是爱他。请看顾我的哥哥。阿门。"

两天后,拉瑞恩听见有人敲门。上门的是名高高大大且留着两撇胡子的白人男性,他身上那件上班族穿的衬衫被规规矩矩地塞进了裤腰,手上则拎着一纸亮黄色的通知。

"早安,不好意思,我们现在要把你的燃气停掉。"男人说。

拉瑞恩接下通知。"好吧……"她答得有点窘迫、有点心虚。

"通知背面有缴费办法。祝你今天愉快。"

交代完事项,男人自顾自地拎着工具箱朝拖车后面走去。

"所以毕可都没有缴燃气费?"正在刷睫毛膏的洁美说出了心中的疑问。

"显然没有。"拉瑞恩应声,黄色纸张上写着欠款是 2,748.60 美元。

"你什么时候才能像个大人一样缴自己的账单啊?毕可也是,都长不大,老是那么幼稚。你也是,妈。你花的比赚的多,要改改了吧。"

拉瑞恩朝自己的女儿看过去。"你好聪明啊,什么时候变得这么聪明的?"

随着秋天转换成冬季,拖车里的暖意渐渐消失了。薄薄的车壁、料理台面、水、抽屉里的金属餐具等,仿佛全套上一层冰冷的外壳。拉瑞恩跟毕可窝在好几层毯子底下,毛衣一件不够就穿两件,还开了两台小型的电暖器取暖。两人因为怕冷,睡得更多了。拉瑞恩要是在沙发上睡着,毕可会替她添条毯子。清晨是最艰难的时候,毕可会如临大敌地穿上他的厚重大衣,但拉瑞恩的冬衣正躺在老鹰公司的担保仓库里。除了他们兄妹，拖车营里还有很多房客没能力在第一场雪降临前接回燃气。托宾虽然不是房客，对雪他也一样恨之入骨。一到冬天，他便会踏上避寒之旅，奔赴温暖的地方。

勉强还称得上秋天的某日，毕可突然跟拉瑞恩说他要搬家。他要去住由联邦政府补助、专门提供给年长与身障者的起居照护机构。这话说完的第二天，他就离开了。这让拉瑞恩有点措手不及，他们之间的沟通一直都有问题。

毕可离开后，拉瑞恩随即认识到她不能再躲了。就算不跟托宾打交道，她也得跟新的物业公司接触，敲定一些事项。即便下身穿的是运动裤，黑色羊毛外套上有没洗掉的污渍，她还是鼓起勇气，走向物业的办公室。

"我得马上申请紧急救助，"拉瑞恩这么跟刚接替连尼的大学生说，"我快冷死了……我需要暖气，不开不行。"

"是啊，天呐。"大学生低着头说，有些不知所措，对于这份工作他显然还在探索的阶段。这个大学生拨了比克管理公司的号码，接通之后他让拉瑞恩跟另一头的经理杰拉尔丁（Geraldine）沟通。透过电话，杰拉尔丁告知拉瑞恩她哥哥毕可积欠将近1,000美元的房租未交，燃气费不是他唯一没交的项目。拉瑞恩在办公室的椅子上正襟危坐，手撑着额头。"求求你，杰拉尔丁，请帮帮我。你能体谅我一下吗？"几分钟后，拉瑞恩挂上电话。假如她想留下来的话，只能想办法说动毕可交清房租。

毕可的"新家"是学院路跟第三十五街路口的伍兹公寓，对街就是马德湖（Mud Lake）。一堵白墙让那地方看起来十分清爽，有新居的气味，同时也够温暖。拉瑞恩请毕可去跟比克管理公司把账清一清，但他说没法交两头的租金。拉瑞恩说她也交不出上个月的房租，因为钱已经拿去付仓储空间的存放费了。此时，拉瑞恩已经给老鹰公司付了1,000美元。[7]鲁宾那里其实还有空间可以放拉瑞恩的东西，莱恩也有辆卡车。但他们俩都让上门求助的拉瑞恩吃了闭门羹。

"嗯，我觉得你干脆去跟你的行李住一起吧，因为你就只……"

毕可踩了紧急刹车，把话吞回去。拉瑞恩看起来可怜兮兮的，眼袋大得离奇，头发也乱成一团。不过这也难怪，她已经几天没洗澡了。她拉不下脸去跟莱恩还有苏珊借浴室。毕可也知道自己的拖车屋说是废弃的鬼屋也不为过：暖气、热水、电话跟电视都没了。兄妹间霎时冷场到让人不知该如何是好。

毕可挤出了这么一句："你拿一件毛衣去吧。"

拉瑞恩得在六天内搬离毕可的拖车。毕可已经写信给比克管理公司，里头是这样说的："我要搬家了，拖车就留给比克管理，算是抵我欠他们的钱。除了我搬出来……我妹妹也会走。"拉瑞恩得知了毕可的背叛（至少她主观认定如此）是在她去伍兹公寓找毕可的三天后，比克管理的一名物业经理跟她通电话说的。经理请她务必在月初的第一天搬离。她不是没有苦苦哀求过，"拜托,我真的没有地方去了","我不是坏人",但经理听完只给了她这样的回应:"我了解,我了解。感谢您的配合,祝您万事如意,上帝保佑您。"拉瑞恩一屁股坐了下来。"我真不知道下一步该怎么走,"她说,"什么办法都没有了。"

拉瑞恩开始在自己所属的教会四周寻找新的地方落脚。教会不但是她生活的中心,也是她找房子时的圆心。她在结冰的人行道上小心翼翼地拖着脚步往前走,不时打电话给房东。打着打着,她想到可以去小时候住过的南密尔沃基公共住房社区看看。到那里,社区办公室的女士说,他们的住户已经满了,也不再接受新的申请,但她给了拉瑞恩一个地址——HUD办公室。

"HUD"就是美国住房与城市发展部的缩写,而密尔沃基分部就位于市区蔚蓝大厦的顶楼,镜面外墙交错着一排排蓝色糖果般的玻璃。拉瑞恩穿着湿透了的鞋子,在大厅的水磨石地板上发出"咿呀咿呀"的声响。前台的接待人员递了份"多户住宅存量报告"(Multifamily Housing Inventory)给拉瑞恩。足足有13张8.5英寸×14英寸(法律用纸尺寸)的白纸,上头列出了密尔沃基都会区所有联邦补助的租房处。"上面有一半的地方我压根不知道在哪儿,"拉瑞恩看着列表上长长的地址与电话咕哝着。这些租房处其实和她没什么干系,因为当中大部分的社区都是身障或高龄者优先。事实上,经验告诉拉瑞恩,公共住房或社会住房多是只提供给老人家。"但即便是老人,很多都租不到提供给低保户的房子,"她回忆说。"所以我想说,就连他们都没辙了,我也无话可说了。"正是这个原因,拉瑞恩之前从没想过要申请公共住房。

搞政治的都知道一件事情,那就是选民讨厌养老的社区,但他们更讨厌被当成贫民窟的社区。老爷爷老奶奶总是能激发人们心里比较柔软的那一块,而银发族专属公共住房让成年子女有了养老院以外的另一种选择。因此,低收入者的公共住房鲜少再被兴建,老人的公共住房提案却方兴未艾。那些原本面向一家几口推广的高层建筑,后来不少被改成了老年公寓。[8]

拉瑞恩在住房与城市发展部的报告上找到在密尔沃基"南部的南部"有两处社区接受老年人与身障者以外的申请。她已不再考虑密尔沃基的中南部,北区就更不用说了。申请表上问及她有没有被驱逐过,是或否,拉瑞恩圈了"是",并在后头加注:"我跟房东有些过节与纠纷,所以他才驱逐我。"

在搬离毕可拖车的最后期限那天,整座城结上了一层冰。12月的降雪比预期更早,紧接着融雪,气温骤降让水结成冰。在厨房里杵着的拉瑞恩听见外头仿佛有锯东西的声响,那是人们在擦拭车窗或把冰从车门上弄掉。地板上的垃圾堆成了小山,主要是毕可的Maverick牌香烟空盒和巧克力牛奶瓶,厨房碗槽里还有一堆脏碗盘没洗。寒冷让拉瑞恩在沙发与毛毯之间动弹不得,心里一片茫然,也让她不想起身。入冬之后,她几乎没有清理过任何东西。"我无所谓了啦。"她一边说,一边把止痛剂和抗抑郁的药往嘴里送。

拉瑞恩申请过和看过的公寓累计已经40间了。在民间房屋市场,她租房的成功率是0,而公共住房的申请则还在"处理中"。拉瑞恩觉得走投无路。她考虑过找年纪与她相仿、同样也在拖车营里独居的托马斯（Thomas）帮忙,也想过要问住马路对面的老人家贝蒂女士（Ms. Betty）。拉瑞恩把剩下的东西收拾好,打算花50美元租个地方存放这些东西。

那天很晚了,拉瑞恩才去敲贝蒂女士的门。她是个娇小的白人,有双水晶般澄澈的眼睛,过肩的金发正慢慢变白,还绑成了两条辫子。坐着吞云吐雾时,贝蒂太太看来还算年轻,但走起路来却是十足的老人家,驼背不说,一只手还常贴着身体。这两个女人对彼此仅有的认知,只是擦身而过时的点头问候和在其他时间的流言蜚语。但当拉瑞恩问贝蒂可不可以借住的时候,贝蒂说了声"好"。

"你可以在我这儿住到冬天结束,没有问题。"贝蒂挑了挑眉头。"我知道你没有他们说得那么糟糕。"

拉瑞恩笑了。"我终于可以冲澡了。"她说。

要比乱,贝蒂的拖车在公园里恐怕是数一数二的。首先空间有限:拉瑞恩勉强可以挤进去,要说有空余则是痴心妄想。另外,贝蒂的桌上堆满了杂志、信件、罐头、酱油还有糖果。客厅里有棵树朝着窗户弯去,树叶掉了一地,架子上有一幅耶稣的照片,旁边散落着各种纪念品。浴室的抽屉让人想起五金行里整齐排列的螺丝帽,旅行用的小管牙膏跟发夹、发带、指甲剪,各安其分地待在专属的隔间。来到厨房,贝蒂在那儿挂上了一道标语:"自制就是明明有个人很该死,但你可以忍住不去落井下石"。拉瑞恩答应每个月付贝蒂100美元。

搬到贝蒂那儿的几天后,拉瑞恩收到了公共住房申请的条笔回音,但两封信都是坏消息,上头都列明了拒绝的理由:"威斯康星州提报欠税"与申请人"经查有遭驱逐的记录"。

"经查有遭驱逐记录"这点拉瑞恩没有话讲,但州政府提报欠税却让她百思不得其解。于是她打了通电话,结果对方跟拉瑞恩说她欠了地产税。"地产税!"她笑着挂上了电话。"也太好笑了吧,我倒要看看我这地产税是怎么欠的。"⁹

贝蒂觉得拉瑞恩应该申诉。她透过大大的眼镜镜片看向拉瑞恩,"拉瑞恩,你不能不争取,就像我的白卡*也是我自己争取来的。"

"我累了。"拉瑞恩说。"而且我真的不想再申请又被驳回。"¹⁰

贝蒂点点头。她懂。

几天后,拉瑞恩的宗教情结忽然发作,教会真理课程的内容历历在目。

"看着耶稣,你看到什么?"拉瑞恩问贝蒂。

"帅哥。"贝蒂一秒不差地脱口而出。匆忙中,一根还没点

---

* 指美国联邦医疗补助(Medicaid),由联邦政府主导、州政府负责执行的医疗保障政策,面向低收入人士、老年人、身障人士、孕妇及儿童等弱势困难群体,符合条件即可申请,无须缴纳费用。不同州的补助政策略有差异。与之相对的,美国还有另一种"红蓝卡",也就是联邦医疗保险(Medicare),是由联邦政府统一负责的医保项目,面向的是65岁及以上人群,以及特定的年轻身障人士。

着的女士细烟从她唇间喷出,就像船上弹出的一片甲板。

"拜托,贝蒂!"拉瑞恩笑得花枝乱颤。

贝蒂晃过去,点了点耶稣的"玉照"。"超帅的,"她显得欲罢不能,"脸上有毛的男人是我的菜。"

"也太不正经了,贝蒂。"拉瑞恩的火气全无。

这两个新朋友有说有笑。直到夜里,两人才一同在沙发上睡去。[11]

第19章
小不点

帕姆找到最便宜的汽车旅馆是每晚50美元。他们登记入住，并开始打电话给亲朋好友，希望有人愿意收留他们。但两天过去了，一点进展都没有，帕姆开始担心起来。"没有一个熟人敢接我们的电话，因为他们都知道我们没有地方住。"她说。

祸不单行，奈德搞丢了他在工地的兼差。会被辞退，是因为他花了两天帮家人从拖车营搬家，没有出工。失业会导致被房东扫地出门，但反过来也一样有可能。[1] 遭遇驱逐会占用房客的个人时间，让他们被迫请假或旷工，不然就是让他们背负极大的心理压力，而压力一大工作就会频频出错。被驱逐的压力笼罩着，会让人无法施展原本的专业水准，还经常让人不得不搬至距工作地点更远的地方，这就又如恶性循环地增加了他们上班迟到或旷工的概率。[2] 奈德没了工作，不是什么值得大惊小怪的事情，但帕姆也不会因此得到慰藉，毕竟钱用完了是不争的事实。

即便到了这个境地,奈德还是死撑着不给家人打电话。帕姆想,奈德这人就这样。奈德的原则是报喜不报忧,他打电话回家只能是炫耀,不能伸手。帕姆只好自己打电话,但她打遍了所有认识的人,包括几处教会,结果都落空了。最后好不容易才有个朋友答应让他们的女儿去住,等帕姆和奈德渡过难关再接回去。于是他们把老大、老二、老三送过去,才2岁的克里斯廷则留在身边,就近照顾。晚上10点左右,奈德的电话响了,打来的是特拉维斯(Travis)。特拉维斯是以前在拖车营的朋友,现已搬去离拖车营不远的公寓社区。特拉维斯打来是叫帕姆跟奈德去睡他家的沙发,帕姆松了口气,至少她跟宝宝不用回廉价的汽车旅馆窝着了。

特拉维斯为二人的好运开了个头,在这之后还有德基(Dirky)。德基是个一头白发、满身肌肉的机修工,在自家车库开了间店面。德基私下分放差事给奈德,工作内容是组装客人定做的摩托车。奈德是透过一个也是机修工的朋友认识他的。在特拉维斯家睡了一个月的沙发后,帕姆跟奈德感受到了一张无形的"逐客令"。克里斯廷还小,不可能不哭闹,而只要她一"开机",特拉维斯就会受不了:他板起脸孔,把自己关进卧房,毕竟他清晨4点半就得起床准备上班。特拉维斯之前收留过自己的亲兄弟跟侄子,结果这对酒鬼搞到特拉维斯被驱逐,连自己租的房子都待不下去。奈德会叫帕姆"让你小孩安静一点",但帕姆会回话说"这××的也是你的小孩好吗"。

某天早上，他们驱车前往德基的车库，克里斯廷则跟她的爱心熊公仔一起被绑在后座。帕姆距离预产期还剩 9 天。但自从托宾把他们踢出拖车营后，他们找新家的进度就停滞不前。他们可能得搬到密尔沃基南区附近，那里是墨西哥人的聚集地。奈德的烟全被抽光了，帕姆为了抑制压力和饥饿引起的痛感，烟抽得越来越凶。另外克里斯廷因为她心爱的熊熊被送去仓储而在闹脾气。工作上德基要奈德改一个变速箱，这意味着他可能得铆起劲来熬夜加班。妻女寄人篱下，让他心里很不是滋味。一转头听见隔壁车道传来轰隆隆的音乐，车上坐着两个年轻黑人，奈德更加不爽。"去××的黑鬼。"奈德恨得牙直痒痒。

几分钟后，奈德看到有张告示贴在白人上班族聚集的西艾利斯（West Allis），说是有房子要出租。他把电话念给帕姆叫她记下来，但帕姆没记下来。

"我不是叫你记下来吗？"奈德质问。"我不是叫你××的把电话记下来吗，你连这都办不到？"

"谁叫你念那么快！"

"所以现在是怪我啰？"

他们绕回去，抄了号码。"嗨，请问你们在七十六街跟林肯大道口的房子是不是要出租？多大，两居室吗？"

"是，"回答的是个男人，"房租是一个月 695 美元，含暖气。"

听到房租，帕姆并没有立即挂断电话，她心想搞不好可以跟对方商量。"好，什么时候可以入住？"

"现在。"

"真的吗？太好了。"

"你会跟谁一起住？"

"我家人。"帕姆顿了一下，然后咬牙把有几个孩子都跟对方交代了。"我现在有三个小孩，肚子里还有一个，但我们家全部都是女儿！"

"噢，不行，不行，不行。我们只收大人。"

"好吧，谢谢。"帕姆放下电话。"他们不收小孩。"

奈德身穿一件黑色的奥兹·奥斯本（Ozzy Osbourne）削肩T恤，头上反戴着一顶哈雷摩托的棒球帽，吹起了口哨。

"我就知道。你一说自己有四个该死的小孩，事情就玩完了。"

帕姆知道其实不用说四个小孩，只要一个就够了。几天前他们在找房子的时候，两个房东是只要有小孩就不行，其中一个说，"我们这里非常怕吵，所以对这点要求严格"。

另外一个房东则跟帕姆说，让这么多小孩待在两居室的公寓里是犯法的。问题是，帕姆跟奈德只租得起两居室。

所以现在只要和房东说话，帕姆就会把家中小孩的数量往少报。她开始纳闷找不到房子的真正原因：是自己几年前有过毒瘾，奈德居无定所又没有稳定收入，他们有被房东驱逐的记录？还是因为他们穷、有孩子？

孩子普遍让房东很头痛。因为害怕街头暴力犯罪，不少住在治安死角的父母会把小孩锁在家里。被关在小公寓里的孩子很无聊，就会把窗帘做成披风扮演超人，会把玩具冲进马桶，水费高得惊人。小孩可能会被查出铅中毒，然后房东就会被责令做收费高昂的除铅工作。小孩会被儿童保护服务局列管,然后社工就会上门来巡视公寓的卫生与安全。孩童已是如此,更别说躁动的青少年了:他们是吸引警察的磁石。

这是个行之有年的不成文规定:房东心中自有一道"禁孩令"。20世纪40年代末期,在战后竞争激烈的租房市场中,房东一般不会把房子租给有小孩的家庭,房客也不能怀孕,否则会遭到驱逐[3]。这点可以从为人母者所写的公共住房申请信里窥见一斑。"目前,"有一封信是这样写的,"我带着一个1岁大的婴儿,住在没有暖气的阁楼……几乎找不到房东愿意接受小孩。另外我还有一个10岁的儿子……但我不能把他带在身边,因为房东太太反对。您可不可以帮我找个房间或是公寓,不用装潢,多旧都行,要不然谷仓也行?……我不能继续住在现在的地方了,不然我怕我会做出傻事。"另一位母亲写的是:"我的孩子病了,体重一直掉……我试过、拜托过、央求过,只希望能有个地方给我住,但(回答)永远都是'已经租出去喽'或'对不起,有小孩不行。'"还有位母亲说:"三周前吧,房东太太把我的两个小孩赶走了,还不准他们回来……但我宁可住车库也要一家团圆。"[4]

美国在1968年通过了《公平住房法案》,但国会议员并没有将有小孩的家庭列为受保护的对象,而这等于替房东开了扇窗,让他们可以继续肆无忌惮地拒人于千里之外,或者把有困难的房客扫地出门。有些黑心房东会漫天要价并抬高入住的门槛,在标准的租金以外加收"孩童损害押金"。华盛顿特区某开发案要求没孩子的住户付 150 美元的押金，但有孩子住户的基本押金却一口气暴增至 450 美元，然后每个小孩再多收 50 美元的人头费。[5] 1980 年，住房与城市发展部进行了一次全国性的研究来评估这个问题的严重性，结果发现仅 1/4 的房子在出租时没有对家庭住户附带约束条款。[6] 调查结束的 8 年后，美国国会终于禁止因为歧视而使儿童或育儿家庭的居住权受到损害。但上有政策，下有对策，帕姆的真实体验印证了法律无法改变什么，居住歧视仍旧是美国人民生活的一部分。[7] 每 10 个育儿家庭，就有 7 个会在租房时碰壁。[8]

奈德下车，把剩下的麦当劳早餐三明治给克里斯廷。"亲老爸一下，我去上班了，爱你。"

他没忘记要帕姆也亲。

帕姆把手放在额头上说。"我快要爆炸了。"

"妈妈？有游乐场耶，要玩！"后座的克里斯廷按捺不住玩心。

"不行哦，克里斯廷。妈妈要先找房子给大家住。"

"小孩多大？"房东提出了疑问。

"6 岁。"

"你下个月再打来问吧。"

阿琳挂上电话。她跑过或申请过的公寓已经多达 82 间，没有一间给她肯定的答复。即便在旧城区，大部分的房租也都让她高攀不起。至于她倾家荡产才负担得起的地方，房东则都没有消息。

阿琳重整旗鼓,再接再厉拨了三组号码。第一间太贵,第二间是"语音留言",第三间则叫她"周一再打"。阿琳前晚才跑过一趟医院,现在非常疲倦。她上医院是因为强的松没了,而贾法瑞又气喘发作。一边要照看气喘发作的贾法瑞,一边又有不少烦心事要顾,阿琳深感分身乏术。有一回,她找了一整天的房子而又空手而归,突然想到自己把装着舒喘宁的背包忘在了公交车站。还好那天贾法瑞没什么大问题。但两天之后,贾法瑞一醒来就跟阿琳说,"妈咪,我不舒服。"她听得到儿子哮喘的声音,马上叫救护车。贾法瑞被转送到动物园附近的儿童医院,并留院观察了一夜。这一次,阿琳顺利在晚上10点半前赶回收容所,主要是好心的值班社工替他们付了来回的出租车钱。

第85号房东接起电话的时候,阿琳的第一句回话已经不是"嗨!你好吗?"或是"嗨,我打来是想问房子的事情,"而是"你好吗?"她尝试用不同的抑扬顿挫与重音说话。同一件事,她会跟前一个房东说东,跟下一个房东讲西。有时候她会说自己在收容所,有时说在别的地方;她的小孩有时候是两个,有时候剩一个。有时候她会说小孩在托儿所,有时又不这么说。也有时候,她会说自己有领育儿津贴,有时又说没有。总之她会东拉西扯地随机拼凑故事,看看能不能给她蒙到一间房子。阿琳很想租房,但这个住房体系她始终打不进去。

"你有男人吗?"85号房东问。

"没有。"

"会有男人三不五时过来找你吗?"

"不会,我和一个儿子相依为命。"

"那你儿子多大了?"

第86号房东狮子大开口要月租825美元,另外加收乔里的人头费25美元。但之后的第88号倒是让她感觉不错。

第88号房东拥有一套宽敞的三层砖造建筑,地点在密尔沃基北部一条死巷的巷尾。"我记得这里原本是某家机构,"大楼经理这么跟阿琳说。"好像是疗养院什么的。"

阿琳猜是精神病院。房子里头倒是既干净又安静,墙壁不是掺了杂质的白色或米色,而是医院那种纯白色,有钱人牙齿的那种纯白。一扇扇深色木头门板上有铜质的号码,门后则是天花板挑高的长长走道。阿琳带着两个儿子和经理参观,每踏出一步,鞋底就会传来地板的吱吱声响。在经理身后的乔里朝着弟弟冲过去,贾法瑞吓到跳起来。两个顽童闷着声呵呵笑,现场毛骨悚然的气氛去除了不少。

"我是阿里,"经理这才自我介绍,"阿里的意思是'出身贵族'。"戴着棕色穆斯林盖头帽[*]的阿里是个走起路来抬头挺胸的黑人,身穿米色长裤跟成套的米色衬衫,扣子一路扣到领口。他带着阿琳来到第一间房。"我遇到过一两个问题房客,其他人

---

[*] Kufi cap,是西非男性的传统服饰,也是部分非洲国家的国服。在美国,盖头帽基本上可以跟西非族裔画上等号。西非裔戴盖头帽是一种彰显自身文化、历史与宗教的自豪之举,其中会戴帽的宗教包含基督教、伊斯兰教、犹太教或传统非洲宗教等。盖头帽由各种布料针织或钩针而成。

都没什么问题。"他说,"有些人就是这样,他们跟'哈克斯特宝'[*]的文化不对盘。他们的文化比较偏美国中南部。我不喜欢那种文化"。

阿琳用目光扫视公寓,散落在四处的零星家具是唯一的点缀,它们都相当有"年代感"了,《天才老爹》里用的可能还比较新。

"那个……"阿里断断续续地说道,"生活就是要照规矩来,该怎么过就怎么过。该付的账单要付。"他清了清喉咙,好让声音大点。"比如说有固定交往对象就很重要。像我就会照顾一个黑人女性。但你知道的,没结婚没男朋友、一个人闹独立,看似很了不起……可是总要回归家庭的啊。你要是不把家庭当回事儿,不朝步入家庭努力,那我就没法子了。不要说我不照顾黑人姐妹,也不要说我怎么没有想办法帮你们……我这人就是重家庭,重伦理。"

阿琳在阿里面前一直挂着笑容,而他才刚刚注意到。阿里这人还挺逗。

"你喜欢这间吗?还是想看下一间?"

"没什么问题,我有地方住就行。"

一居室公寓的话,月租是 500 美元,照明用的电费会算在阿琳名下。在申请表上的"前房东"栏位,阿琳填了谢伦娜·塔弗。

---

[*] Huxtable,典故出自 1984 年到 1992 年间于美国国家广播公司播出的情境喜剧《天才老爹》(*The Cosby Show*)。剧中的主角是一户名为"哈克斯特宝"的黑人家庭。"哈克斯特宝"一词有时会被黑人用做贬义词去形容"黑皮白骨"的假白人,也就是中产阶级以上、模仿白人生活的那些黑人。

而在"搬迁事由"那栏,她思索后的回答是"女房东是个王八蛋"。再来阿琳迟疑了一下,还是问了可不可以养猫。

"房东说不准养宠物,但我本人很喜欢猫啦。狗我比较受不了。所以我可以帮你去争取。"

"那太谢谢了。嗯,那个、我们、嗯……"阿琳望向乔里。她争取养猫,主要就是为了乔里。乔里也心知肚明,棕色大眼睛涌上泪水。"不要哭,乔里,你会把我也搞哭的!"于是乔里一转身走向了窗户。

阿琳决定去看看她的表兄弟 J. P.。她喜欢 J. P.,脸大大的,处事又随和。"我们去看看 J. P. 的房东那儿有没有房子要租,"她说。阿里人不错,但申请过不过不是他说了算。阿琳也想顺道去探探她儿子博西的状况。博西随 J. P. 睡在二十六街跟钱伯斯街口的住处已有一段时间,那儿简直是贫民窟中的贫民窟。

拉里逃跑后没多久,儿童保护服务局就从阿琳的手中接走了杰杰、博西与另外三个子女。"我就这样放弃了做母亲的责任,"阿琳回想当年。"当时拉里会这么做,我真的很受伤,我只恨自己不够坚强。"接下来的几年,阿琳的孩子一边成长、一边在寄养家庭进进出出。"但博西始终不想回家,"阿琳表示。她记得博西 15 岁时曾打电话给儿童保护服务局,跟社工说大人把小孩子丢在家里。"结果儿童保护服务局就跑来把我的孩子都带走了。"当时她身边已经有了 2 岁的贾法瑞,乔里则是 10 岁。两个男孩后来回到阿琳身边,但博西跟另外两个与拉里生的孩子则续留在了福利体制里。阿琳不知道原因何在，她只知道这三个小孩的寄养家庭比她有钱，养父母可以买新衣服给孩子，可以每天晚上让他们吃得饱饱的，还可以让他们一人有一张床睡。但博西跟同样住在寄养家庭的弟妹不同，他没有在福利体系中停留很久。满17岁后，他离开了寄养家庭，从高中辍学。不再读书的他当起了毒贩，卖快克可卡因。

楼梯间虽然阴暗，但推开门后的公寓却十分明亮。这房子算是温暖，还闻得到鸡蛋跟香肠的味道。博西靠坐在沙发上，反戴棒球帽的他非常消瘦。在看到阿琳和两个弟弟后，他一把抓起了故意"整形"成四五口径的空气枪，朝贾法瑞冲过去。博西用枪抵着贾法瑞的背，把他扑倒在隔壁卧房的床垫上。那儿摊着本不知是谁看到一半的书，页角折起来标记阅读处，那本书是《加州来的私生子》(*Bastard Out of California*)。书原本放得好好的，被这对打闹的兄弟"啪"一声弄到地上。贾法瑞笑着扭来扭去，但就是挣脱不了博西。

"老天，有人看过6岁的小混混吗？"博西一边笑，一边放开了贾法瑞，连枪也递到了弟弟手里。

贾法瑞笑着把枪当成玩具。

"好了小黑鬼，把枪还来。"

阿琳摇摇头，博西则向自己的母亲点头。阿琳请J. P.打电话给他的房东，J. P.也照办了。J. P.的房东说楼下有间房要租人，于是在走之前，阿琳跟他约了隔天看房。

"博西怎么这副模样！"阿琳一离开J. P.的住处，就忍不住朝乔里宣泄。"瘦得跟什么一样！他要么在吸毒,要么就没饭吃。"阿琳满脸为人母的沉重与忧虑。但她整理了情绪。"我现在没空担心这个。"

"你要租这里吗？"乔里满怀期待地试探。

阿琳想了想楼下那个单元。"我不知道,这里好像太乱了。"她担心惹上警察和毒品。

阿琳继续在北区赶行程。她经过了母亲过世时住的那幢蓝色小屋,还有阿特金森大道上被她称为"快克头之城"的公寓群。她在已经被宣告为危楼的旧居前停下,第十九街跟汉普顿街上的这个老家,还是一样又矮又胖,没有声响,油漆也只刷到一半。前门贴着一张告示：此建物遭违法占用,不宜居住,违者将予以强制撤离"。

"天啊,我好怀念住在这里的日子,"阿琳有感而发。贾法瑞自告奋勇要去检查信箱,但阿琳对他笑说,"哪来的信啦,帅哥。"当初她会狠下心打电话给市府,并不是用水的问题。供水出问题时,阿琳会想办法凑合一下,从附近的店家搬几加仑的水。但后来房东好不容易带着工具箱来了,却只是在浴室的墙上四处凿洞,还不知做了什么,搞得水管漏水。阿琳打电话跟他抱怨,但她记得房东的回应是："我要管50间房子啊,你要是不想等就搬吧。"阿琳这才打电话给市府的房屋检查员。"我太蠢了。"

奈德一整天都忙着倒腾变速箱,帕姆则在找房子。她像丢了魂一样,机械地按着号码,不止一次打去同一个房东那里,但之前对方已经明确拒绝她入住了。在那一团糟的午后,她拨到了西艾利斯的房东号码。"女士,我们不收你的小孩。"对方的口气明显不悦。

帕姆决定试一处朋友口中被"快克跟妓女"占领的公寓社区,她打着那儿的房东不会调查身家的如意算盘。但万万没有想到,三居室竟然要价895美元。帕姆一下子傻了眼:"这种烂地方收这么多钱?"没办法了,帕姆只好把目光转向拉丁裔聚集的南部。她叹了口气:"看来这由不得我选。"

在跑过38间公寓之后,帕姆只约到了两个地方:一个是市郊的卡达希(Cudahy),它的西侧以机场为界,是白人劳工阶级的住宅区,另一个则在密尔沃基南区。卡达希的那套公寓紧邻帕克大道,两居室的格局,月租640美元含暖气。刚开始找房的时候,帕姆天真地把预算定在500美元:"我是怕我或奈德的收入出问题,你也知道世事难料。"但那几乎是不可能的。[9] 不过,与其住在被黑人团团围住的街区,她宁可所有钱都被房东赚去。

奈德跟帕姆在帕克大道的公寓外头焦急地候着。奈德叫帕姆安静点,由他来发话。帕姆对此并不在意,随时都可能要生的她只想回家躺着。

"拜托,拜托,拜托。"帕姆口中念念有词。

"你不用拜托,世上没有神可以拜好吗!"奈德吐完槽后顺便吐了口痰。

房东到现场后,奈德开始发挥三寸不烂之舌。"我在建筑行业干了20年""您这儿有哪里需要'动'吗?"这间公寓又干净又新颖，卧室也够宽敞，5个女儿都能"塞"进去。原本一切都非常顺利，但房东却掏出了申请表。奈德说他要付现金，但房东坚持一定要把申请表填好。

"申请好过吗？"奈德不禁这么问。

"我们会检查信用记录和各种事项。"房东说。

"可是，我们的信用不是很理想。"

"这没关系，只要你们没有前科或驱逐记录就行。"

奈德跟帕姆约的第二个地方，在第三十五街跟贝歇街交叉口，这里主要是拉丁裔的社区，环境算是清净。三居室的户型，房东开价每月630美元。

"没问题，"奈德说，"我跟老墨住还好。不跟黑鬼住，黑鬼跟猪没两样。"奈德咧着嘴笑，因为他想起了一个笑话。"嗯，帕姆，你不会想这么叫黑人吧？给你个提示，"n"开头，"r"结尾*……答案是邻居（neighbor）！"[10]

奈德笑得很开心，而帕姆只能勉强挤出笑容配合。她有时候会为此给奈德脸色看，尤其她不喜欢奈德在布利斯跟珊卓拉面前这么讲话，也不喜欢他当着她们的面说黑色鬈发丑。但帕姆并不觉得奈德有说错什么事情，她确实不想要黑人邻居。"我宁可住汽车旅馆，也不住贫民窟，"她说，"拖车营里至少大家都是白人，他们是白人的垃圾，但再怎么垃圾，也还是白人。"

---

* 双关语，也指 nigger，在俚语中有老黑、黑人的意思。由于美国历史上种族仇恨的积淀，它被视作带侮慢色彩的禁忌语。

在她眼里，贫民窟的人种并没有什么区别，贫民窟就是一个大"黑村"。

房东来了，是位戴大皮带扣的银发男士，他招呼帕姆跟奈德进公寓。公寓里头美极了：抛光木质地板、崭新的窗户、刚刷不久的油漆，还有很大的卧室。帕姆望出后窗，白人小孩在打理得井井有条的后院玩耍。房东甚至说愿意"附送一些电器"。

奈德跟帕姆在这位"皮带扣伯"要冷幽默的时候刻意放声大笑、溜须拍马。"我看你这里好像需要一些混凝土工程，"奈德说，"我来弄的话保证品质，而且收费合理。"帕姆也掺和了进去，帮腔说他要是需要找个打扫阿姨，只要等她两周恢复身体后就可以。

要填申请表了，奈德又换了一套战术。"这是什么，要填信用资料吗？"他问道。

"你那边就留空白好了。"房东回应。

"要是我们没有在附近的银行开户怎么办？我们刚从格林湾搬过来。"

"好吧，那就空着。"

挥别了"皮带扣伯"后，帕姆转头对奈德说，"这一带烂归烂，但至少房子是好的。我们住的或许是贫民窟，但绝对是升级版的贫民窟。"

"搞不好我可以顺便接一些混凝土工程的生意呢。"奈德畅想着。

"搞不好我可以兼差当保洁阿姨。"

奈德点了一根红色的万宝路香烟。

"看起来我们的好运真的来了。"帕姆补充道。

奈德跟帕姆心意相通。他叫帕姆不用再抄出租广告的电话了。"放心吧,帕姆,我们有地方住了。"

那天晚上,特拉维斯跟奈德还有帕姆说,他们不能再待下去了。于是两人住进了一家便宜的汽车旅馆。他们坐在床边一条因为洗过太多次而粗糙刮人的棉被上,帕姆缓慢呼吸,和肚中的宝宝说话。"再忍耐一下,等我们把租约签好你就可以出来了,再忍耐一下。"但急着要来到世上的宝宝显然没把话听进去。帕姆的羊水破了,同样在汽车旅馆留宿的一名女士好心载着帕姆、奈德还有克里斯廷去医院。新生儿重约3,500克,奈德觉得以女孩儿来说好像还蛮"沉"的。"看吧,谁说抽烟会让婴儿体重不足的。"奈德露出笑容。按照医嘱,他们一家三口在医院待了两晚,但还是得付只放了行李的汽车旅馆费。

宝宝出生后过四天,"皮带扣伯"来电说,他们的申请已经通过了。帕姆"名下"有两次被驱逐的记录、有重罪前科,而且还在领补助保障金。奈德有通缉令在身,提不出稳定的收入来源,长长的前科里有三次被驱逐的记录,还不止一次因为毒品被判重罪,也曾因危险驾驶和携带枪械被判过好几回轻罪。他们有5个女儿。但他们是白人。

帕姆原本比较偏爱帕克大道的那间公寓,房子虽然比较小,但那儿毕竟是卡达希街,只可惜房东对他们说不。因为有驱逐经历和定罪记录,他们进不了白人社区,但却阴错阳差地住到

第19章 小不点 | 307

了密尔沃基北区人的梦想之地。

只可惜奈德又把这一切搞砸了。入住新家才三天,他就醉醺醺地跟楼上的邻居起了口角。房东要他一周内走人,而他转眼就在德基车库附近的蓝领白人社区找到了一间干净的两居室公寓,月租是645美元,屋外有棵西洋梨树。这房子是奈德独自申请的,租约上没有提到帕姆跟两个黑人女儿。"单亲爸爸比较好租房子。"他这么跟帕姆说。房东果真接纳了他。

"所以房东不知道有我,也不知道两个女儿的事对吧?"帕姆不禁追问。

"现在不知道,但慢慢总会知道的啦。先找到房子比较要紧,我不是一周内就搞定了吗?"奈德举起双手,像是在接受表扬。"看吧,老天爷不会亏待好人。"

搬进新家后不久,有个邻居介绍了盖房子的工作给奈德,而帕姆则当起了医疗助理。奈德吩咐布利斯跟珊卓拉,万一房东问起,要说她们不住在这里。除此之外,他还对布利斯与珊卓拉出言不逊:"你们就跟生你们的老爸一样蠢""你这半黑鬼的小杂种"。有一天他甚至心血来潮,把女儿统统叫出去绕着房子呼喊"白人最强"的口号。

这些行径让帕姆心力交瘁。她只希望奈德这么做不会在女儿心里留下什么阴影,她祈祷上帝可以原谅她这个失职的母亲,但她还是觉得目前的情势由不得她摆脱奈德。"这种生活很糟,"她告诉自己,"我们不吸快克可卡因了,但每天还是得面对一堆乱七八糟的事情……我实在没办法说走就走,一直以来都是如此。"她顶多能在没人打扰时跟女儿们说奈德是恶魔。有些晚上，在入睡之前，帕姆的脑海里会闪过这样的念头：自己能不能带着女儿住游民收容所，或是睡高架桥底下。"只要大家能团圆、开心，不会有人恶言相向就好。我只想夸奖女儿们漂亮，因为我的女儿是世界上最坚强的小女人。"

阿琳又试着找了银泉路上的大型公寓社区（88号房东阿里并未回电）。她拨号码过去，社区经理当场同意带她去看一间房子。

"我们回来了，贾法瑞！"乔里又笑又叫。

"不要这么讲话。"阿琳说。

"这是我们的家耶！"乔里继续开玩笑，边说还边肘击他的弟弟。

"不要再说了！"这次阿琳已经在大声哀求了。

又经历了一次看房、申请后，母子三人重新回到了人行道上。

"我饿了。"贾法瑞说。

"闭嘴，贾法瑞！"阿琳厉声说。

过了几分钟后，阿琳掏了掏口袋，攒足零钱，到麦当劳给贾法瑞买了薯条。

一天下来，阿琳和两个儿子朝第十三街的老家走去。阿琳还有双鞋留在那儿。离老家越来越近，他们发现小不点在屋外的雪地用猫爪拍着门板。乔里跟贾法瑞朝它冲了过去。乔里抱起小不点，然后将它交给贾法瑞。贾法瑞把猫咪抱进怀里一阵猛亲。

"把猫放下来，真要命！"阿琳大喊。她拉开贾法瑞的手臂，小不点就这样摔在地上。

一个人的时候，阿琳偶尔也会因为小不点掉眼泪。但她想教给孩子的是不要太有爱心，也不要奢望他们得不到的东西。阿琳这是在保护他们，也是在保护自己。一个连让孩子吃饱穿暖都成问题的单亲妈妈，还能怎样保护自己呢？做父亲的人没钱，可以像拉里那样一走了之，可以归零之后再设法重新来过。[11]但做母亲的人没钱呢？只能认命地苟且下去吧——至少大部分的穷人妈妈是这样。

阿琳的孩子不是一直都有家可住，也不是一直都能吃饱穿暖。阿琳并不能给孩子稳定的生活，稳定是一种奢侈品。她没办法永远站在孩子和危险的街头中间扮演屏障，那些街头正是她们生活的地方。阿琳会为了孩子牺牲自己，尽其所能喂饱他们，让他们有衣服穿。但孩子所需超出她做母亲的能力时，她会时而委婉、时而不加修饰地让他们知道，他们没有这个福分。乔里若是想要青少年都会喜欢的东西，比如新球鞋或者酷炫的发型，她会直接说他自私，说他坏。贾法瑞如果一哭二闹，阿琳有时候会吼他，"见鬼，你太难伺候了，脸擦一擦不要哭了！"或者"你再哭，等下我打你屁股！你绝对是欠揍。"有时候贾法瑞饿了，阿琳会说，"别进厨房，我知道你不饿，少骗我！"或跟他说他太肥了，叫他离空荡荡的橱柜远点。

"对不起，是我没用，"说到一定的程度或次数，你会开始觉得自己是个废物，你会看到自己濒临崩溃。然后你就会开始反射性地保护自己，替自己开脱，"不，我不干。"既然我帮不了你，那就当你不值得帮助吧。[12]

黑人社区里那一票牧师跟教会的女士、社工、民意代表、老师和邻居、警察和假释官会说你做的没错，他们会说黑人的孩子们就是需要严格管理。不要溺爱他们，该罚就罚，该打就打。原本只是出于求生本能的做法，以文化之名一直延续下去。[13]

他们离开了第十三街，把小不点还有他们残破的家当留在了雪中。这时贾法瑞张开手，露出了掌心里的一对耳环。

"你从哪里找来的，贾法瑞？"阿琳问道。

"从克里斯特尔那儿偷来的。"

"这，"阿琳顿了一拍说，"这可不是什么有趣的事，也不应该。贾法瑞，你有听到我说的话吗？"贾法瑞的脸色一沉。他只是想要替自己的妈妈做点贴心小事而已。阿琳知道他的心意，也莫名觉得感动。她之后会把耳环还回去，但在当下，她带上了耳环。贾法瑞为此露出笑意。

他们还有另外一个地方要去。随着天色变成墨水般的蓝色，气温下降，阿琳见了另外一位身穿法兰绒衬衫、腰系工具皮带的白人房东，他正热火朝天地修理一间两居室的公寓，忙到让阿琳不禁怀疑是不是为了应付隔天要来的检查员。她填好了申请表，贾法瑞则跑去上厕所，当他发现水不能冲时已经太迟。阿琳只好谢过房东，牵起贾法瑞就往门外冲。

但该来的还是要来，几分钟后，阿琳的电话响起。"你们实在太没礼貌了！"房东大吼。"这样的小孩我肯定受不了！"

阿琳和她两个儿子能在收容待的日子，还剩 29 天。

第20章
没人想住在北边

242 　　"旅馆"坐落在第七街跟凡恩街的路口，离旧城区不远。住户聚集在入口处聊天、抽烟、追着自家孩子跑，是此处的日常。2月最后那几天，克里斯特尔大部分的时间都待在这里。在法院发给克里斯特尔的驱逐通知里，谢伦娜勾选了"房东希望回收物业的理由如下"这一栏，并以书面形式陈述她的意见："与上下楼的房客冲突不断（均报警处理），擅自将房子转租给遭到驱逐的房客。"克里斯特尔看得一头雾水。阿琳的事情谢伦娜从一开始就知情，这样还能说她是"擅自"吗？总之她打包完两个透明的垃圾袋，没出庭就自顾自走了，她误以为这样就可以保全自己的名声。

　　克里斯特尔厌恶"旅馆"里的食物，另外还会有些前来修缮的男性工友拿干净的床单、点心或洗发水跟住户搭讪，看有没有人要和他们上床。[1] 但她喜欢自己的房间，温暖、干净且自由。克里斯特尔说："要是没有一丁点的好处，我才不会付那55美元。"再来她需要新朋友，而"旅馆"在这方面的功能相当强大，它将数十名走投无路的家伙凑在同一个屋檐下。按照"旅馆"那些住客的说法是，他们每个人都"经历过大风大浪"。[2]

克里斯特尔俨然是万人迷。风趣的她善于跟人打成一片，而且动不动就会鼓掌叫好，甚至连自嘲也很在行。她会一边唱着福音歌曲，一边走出"旅馆"。她举起双手，像是在赞美主。克里斯特尔身边不乏追求者，而她交新朋友最大的目标和她想从阿琳身上得到的东西如出一辙：那就是母亲的角色。这一点她也在瓦内塔（Vanetta）身上得偿所愿。

瓦内塔·埃文斯从1月开始就待在"旅馆"。20岁的她不比克里斯特尔大多少，但她成熟得很早。瓦内塔16岁时头一次当妈，生下了小肯德尔（Kendal Jr.），翌年生了女儿藤碧（Tembi），再隔一年又生了男孩波波（Bo-Bo）。瓦内塔是在芝加哥地区声名狼藉的罗伯特·泰勒之家（Robert Taylor Homes）长大的。瓦内塔精神障碍的母亲——她和兄弟姐妹口中的"脆饼"，带着还是孩子的瓦内塔住遍了"伊利诺伊州跟威斯康星州大大小小的收容所"。克里斯特尔喜欢瓦内塔的模样跟气质，她不会有那种不知所措的时刻。瓦内塔会在后脑勺绑一个小巧的马尾辫，还会把手机穿在皮带上，就和某些房东一样。瓦内塔深棕色的皮肤跟克里斯特尔很搭，一副烟嗓就好像夜店的驻唱，但她对孩子几乎都轻声细语，很少嚷嚷。只要她使个眼色，三个小孩就会乖乖排好。小肯德尔如果顽皮，瓦内塔就会作势要打电话给老肯德尔，也就是孩子的爹。小肯德尔也知道妈妈只是做个样子，但他还是会安静下来。波波如果癫痫发作，她会立马把他送去医院。[3]

这两个女人开始是在香烟上互通有无，她们会各自记住收进/送出的新港牌香烟。不久后她们就开始"加注"，渐进且迅速地朝着互惠互利的关系前进。她们开始交换点心，然后是小额的钞票，再来是速食店买的餐点。她们渐渐在闲谈中探得彼此的情况——克里斯特尔知道瓦内塔从福利体系月领673美元，外加380美元的食物券。她们也慢慢知道了彼此的个性与脾气，开始以姐妹互称。[4] 一周后，她们决定一起去找房子。这对收容所里的室友将在收容所以外的地方搭伴。

瓦内塔将要出席自己的刑期宣判，克里斯特尔对此满不在乎。"祷告有无与伦比的威力。"她说。瓦内塔觉得就算耶稣不插手，她也有机会躲掉牢狱之灾，毕竟她是初犯。

瓦内塔会惹上麻烦，起因是"老城自助餐厅"砍掉了她的班表。之前一周可以工作5天，现在每周只剩1天的班。经理把责任推给不景气的生意。问题是这样一来，瓦内塔就付不出电费了。威州能源公司威胁她若不把705美元的欠费结掉，就要断电。她不可能付得出这些钱跟房租。但她又怕万一灯跟燃气都没了，儿童保护服务局会跑来把孩子带走。一想到可能失去孩子，瓦内塔就心痛万分。接着她因为拖欠房租收到了驱逐通知单。她既无助，又害怕。跟瓦内塔一起收到粉红色驱逐通知单的某位朋友也感同身受。有一天，这两个女人坐在厢型车里，瓦内塔的男友当时也在，他们看着另外一对女人带着钱包走进一家百视达租片。突然有人提议抢这两个女人，然后瓜分抢到的钱。说时迟那时快，三个人转眼变成了抢匪。瓦内塔的男友掏出手枪，递给瓦内塔的那个朋友，那个朋友冲出厢型车，用枪指着来租片的两个女人。瓦内塔跟在后面，抢过了皮包。几小时后，警方就将他们逮捕归案。[5]

瓦内塔在笔录中供述，"我急着交各种费用，很紧张、很害怕，不希望孩子待在漆黑一团的家里，也不希望他们流落街头。"一满18岁，瓦内塔就开始登记排队等公共住房。如今有了重罪的案底，她这辈子排到的概率几乎为0。[6]

在她的听证会中，法官告知瓦内塔可能会"被判有期徒刑40年，或处以罚金10万美元，还有可能两项处罚兼而有之。"瓦内塔试着不想这些。听证会开完她先是丢了工作，然后又从租房处被驱逐。这就是她来到"旅馆"前的遭遇。

克里斯特尔跟瓦内塔说好只在拉丁裔聚集的南部找间公寓。感觉运气不错的时候，她们也会看一下白人社区。总之二人完全不考虑北区。"离那些混账黑人远一点就对了。"克里斯特尔说。[7] 大方向确定后，她们开始搭公交车去南区看招租的广告牌。即便现在已经有了一堆租房网站，房屋出租的实体招牌还是像"灯塔"一般，举目可见且效果不差，在少数族裔的社区尤其盛行。黑人房客中仅15%透过网络找房。因为不参考平面或网络媒体上刊登的资料，克里斯特尔跟瓦内塔的选择仅限于她们双目所及之物,眼力则还要经受起雾公交车车窗的考验。[8]

这对新朋友看了一间两居室的小房。因为房东禁烟,她们最终没有相中这间。她们还挂了某位房东的电话,因为对方开口就是西班牙语。"两居室收一个月650美元,你疯了吗?"克里斯特尔这么跟某个房东呛声。在联络了12处住所之后,瓦内塔提议试试看"便宜租"。这家公司位于国家大道(南区最主要的高速公路)上的店面特别小,你很难想象它是密尔沃基廉租房市场的巨擘。"便宜租"有超过300个招租单位,负责管理的单位更是接近500处。[9]

"不要来这儿找贫民窟的房子啦。"瓦内塔在要进门前又提醒了克里斯特尔一遍。

但她们还是进了门,交了押金,然后接待人员从厚玻璃后面递给她们一把万能钥匙,好让她们可以自己去看房。就她们看到的来说,"便宜租"旗下的房子偏小但还算干净,唯一的例外是后院有尿布跟废轮胎的那间;而最令人眼前一亮的则是一户两居室的公寓,不仅有浴缸,房租还只收445美元。瓦内塔一直希望住处有个浴缸给小孩泡澡。两个女人于是赶忙回"便宜租"填申请表。这时她们才注意到"便宜租"在墙上用胶带贴了张审核标准:

符合下列情况之申请者,恕本公司不予出租:
1. 无担保人的首次租房者。

2. 近三个月有驱逐记录者。

3. 近七年有毒品重罪或暴力犯罪定罪者。

4. 近三年有毒品轻罪或行为不端起诉者。

5. 无法证明收入或收入不足者。

6. 无法确认租房记录或其房东评价欠佳者。

克里斯特尔跟瓦内塔没把这告示当回事。在二人的租房申请表上,瓦内塔填上了她的双胞胎兄弟当推荐人,克里斯特尔则写了她在教会的干妈。

在等待"便宜租"回复的期间,瓦内塔想去看看那些超过她们550美元预算的公寓,但她其实不想把租金往上加,因为她不知道克里斯特尔能否把钱留住。在"旅馆",她亲眼看过克里斯特尔把收到的支票往衣服、速食,甚至赌场的老虎机上砸。"小姐,我真的很想揍你一拳。"瓦内塔气急了会这样说。每个月的第一个主日(周日),克里斯特尔还会把不少钱丢进捐款篮。

"我这是在积德,在播种。"克里斯特尔说这话的时候,正和瓦内塔在乔治·韦伯汉堡店里坐着。克里斯特尔说要请客。她前一晚刚用寄养机构送的40美元生日礼物当赌本,从波塔瓦托米赌场的吃角子老虎机上赢了450美元。女服务生送来了克里斯特尔要的热水,她把自己的铁汤匙往杯里一插,算是在清洗。"记得我上次跟你解释过的吗?你就当自己是个农夫,把玉米、青菜的种子往下埋,然后该浇水的浇水、该打理的打理,这样有一天你就能收获。而我所做的就是在教会'播种'。我有求于上帝，所以我要播下这粒种子……我需要房子住、需要发点财、需要疗伤，需要打造一个完整的自我。这样讲你懂吗？"

瓦内塔不为所动。"这就是为什么我不上你那间教会的原因，他们根本没东西给你，意见又这么多。我不喜欢这样。然后你又跑去他们那儿，跟他们说你现在有多惨，但他们真的在乎吗？"

克里斯特尔看着眼前的食物。"我也不知道，"她说，"我只是等着搬家。"她试着转移话题。"那个起司蛋糕看起来不错。"

但瓦内塔没有就这么算了。"不要摆臭脸给我看，"她说。"你在缴'什一税'*的时候，教会那些混蛋王八蛋可都笑得合不拢嘴呢。"

"才没有！"克里斯特尔摇起头来。

"你一直把钱往他们的篮子里丢！不要说什么'才没有！'我周日去都看到了。"

瓦内塔不是不知道教会对克里斯特尔来说意义重大。她听过克里斯特尔滔滔不绝地讲巴伯牧师（Minister Barber）传道时如何如何，讲主教们怎样怎样，甚至会讲到圣灵。她看过克里斯特尔在主日上教堂，周二也上，周五也上，甚至有时候连周

---

* tithe，基督教会向居民征收的一种用于神职人员薪俸和教堂日常经费以及赈济的宗教捐税。信徒需要捐纳本人收入的十分之一供宗教事业之需，故名什一税。

六都特别去参加礼拜。如果连"加略山五旬节派教会"*的教友都不算克里斯特尔的家人，那她在这世上应该就没有家人了。但克里斯特尔的教会也是瓦内塔最大的劲敌。每当克里斯特尔将钱丢进奉献篮里去积阴德、播下一些"种子"时，瓦内塔就少了一点跟她一起把家弄起来的基金。瓦内塔原还不知道克里斯特尔有没有把她说的话听进去，直到当天稍晚她撞见克里斯特尔对着电话另一头哭，一边还像是在祷告般地发出"噢，先塔。噢，先塔。"的呓语。

时间接近傍晚，瓦内塔得回去上高中同等学力的课了。"别走。"克里斯特尔开口留她。

"我不能翘课，我想拿到这个学历。"瓦内塔这么回应。

"你真的不能翘课吗？"

"除非真的有急事。"

"贱人，你还不是会去找房子，我现在才是真的有急事。"

瓦内塔一笑置之，照样走人。

克里斯特尔原本应该继续去找房子，但她临时决定改去教会。"加略山五旬节派教会"位于第六十街跟国家大道的路口，

---

* Mt. Calvary Pentecostal，加略山又为"髑髅地"，罗马统治以色列时期耶路撒冷城郊之山，新约全书记载神的儿子耶稣基督曾被钉在十字架上，而十字架就是在加略山上。"加略山"跟十字架一样，都是耶稣受难的象征。而五旬节派教会则是 20 世纪初根据使徒行传第二章一至五节兴起的一支新教教派，属于圣洁运动（Holiness Movement）里较激进的一支，其特色之一是强调以无人通晓的"古老方言"与上帝对话的能力，也就是一般认知中的"语意不清"（glossolalia），这在语言学上的定义是指于无意识的状态下发出流利的音节，但不具有可供理解的意义。

算是在密尔沃基的西南角,坐公交车能到。教会外观看起来是栋讨人喜欢的砖造建筑,窗户镶着彩色玻璃,雨水的排水管漆成了消防队的红色。彼时是周一晚上,教会开放了食物厨房。

克里斯特尔拿了一袋生活杂货,从牧师手中接过热狗。狄克逊主教(Bishop Dixon)逗了一下克里斯特尔,说她怎么在礼拜的时候发短信;但克里斯特尔也不甘示弱地回应,他老人家替上帝赐福给那么多人,牙齿掉光了没。她叫阿塔雅修女(Sister Atalya)把她家的母狗带来做礼拜。"有什么不可以?搞不好狗狗很有悟性,听得懂圣经。"语毕两人相视而笑。约翰逊长老(Elder Johnson)也在,讲道的兴致还很高。"我们的灵里若真有耶稣基督,"他说,"那我就应该能感受到你的痛苦,你也应该能感受到我的痛苦。"

然而,约翰逊长老其实感受不到克里斯特尔的痛苦。这倒不是说他像瓦内塔想得那样对人漠不关心,而是他对克里斯特尔的痛苦并不了解。事实上,无论是约翰逊长老、狄克逊主教,还是阿塔雅姐妹,他们都不知道克里斯特尔待在"旅馆",巴伯牧师是唯一的知情人士。克里斯特尔不想被自己教会的伙伴看不起,不希望他们觉得该可怜她,或觉得她穷苦无依。她希望在教会朋友眼中,她是"克里斯特尔姊妹",是基督身体的一部分,是蒙福被爱的人。每隔一段时间,克里斯特尔就会收到一袋食物,教区教友对她敞开家门,让她住上一两晚。但克里斯特尔的教会并不能满足她的众多需求。[10] 教会能给她的只是一颗平静的心灵。

"你有最喜欢的章节吗，姊妹？"约翰逊长老会这么问，是因为他看到克里斯特尔拿起了身边的一本圣经。

"不要点我名，我会不好意思。"她露出了微笑，"我最喜欢'他必杀我，我虽无指望，然而我在他面前还要辩明我所行的。'"*

克里斯特尔跟瓦内塔一直在找房子。有时候瓦内塔会带着孩子一道找，有时候她会先把孩子送到日托中心或她姐姐埃博妮（Ebony）那儿。在跟克里斯特尔一同造访第32间公寓时，瓦内塔把孩子带在身边。第32间公寓位于第十五街跟麦迪逊大道的交叉口。房东踏出了他的萨博汽车，给一间格局不大的两居室公寓开了门。这一天看房子的行程会排在晚上，是因为房东是公务员，白天在麦迪逊市上班。他是个富足的波多黎各人，身上穿着打褶的西装裤和白衬衫。

这间房既小又闷，还没有浴缸。被带着走了一圈之后，瓦内塔问房东有没有其他房子是有浴缸的。他答有，并开始大谈另外一间公寓。那个地方大些，也比现在这间舒适，但租金却一样。突然间，像是一下子忘了要说什么，房东戛然而止。他的手伸向口袋，打起了手机。瓦内塔跟克里斯特尔没瞎，她们都知道房东只是假装在跟人讲话。挂上子虚乌有的电话后，房东说刚刚接到合伙人的消息，他们那间好一点的大房子刚被租

---

* "Though He slay me, yet will I trust Him"，出处是《圣经·约伯记》第13章第15节。约伯在此责备有人不应假上帝之名来定他的罪，他还是要大声替自己辩护，因他还是相信上帝。

第20章　没人想住在北边　| 321

出去。

两个女人站在外边，眼睁睁看着萨博汽车的背影离去。克里斯特尔掏出了 MP3 播放器，戴上耳机。一旁的瓦内塔则气到发抖。"气死我了。"她轻声说。

"振作起来，你要抚平你的心伤。"* 克里斯特尔唱起歌来，眼睛紧闭，身体随着节奏前后摆动。

"这家伙根本是一副'哎呀，她们不就是两个黑人，来住也只是糟蹋了好地方而已'的嘴脸。"瓦内塔利落地抹去了一滴眼泪，咬住颤抖的下唇。她的小孩则抬头看着妈妈，一脸不解。

"振作起来，你可以展翅翱翔。"克里斯特尔越唱越起劲。

密尔沃基人大多认为这座城市会有种族隔离，是居民的选择，这就是大家想要的。事实上，贫民窟一直都是社会结构的产物，并不会有人真的希望弄出一个贫民窟来。[11] 贫民窟绝不是现代化城市的副产物，也不是伴随工业化和都市化出现的悲剧；没有人可以从中得到任何好处，也没有人会故意去设计这样一个场域。贫民窟始终是土地资本化的一大特征，而对从土地稀缺、房子年久失修和种族隔离中看到商机的人来说，资本化的土地正是他们的摇钱树。

这或许得从 15 世纪晚期说起，从战争与武器的演进说起。随着铁制炮弹的问世，人类城市不能再单独依靠壕沟或最基本

---

* "Get it together, you have to heal your heart"，出自美国黑人灵魂女歌手印蒂雅·艾瑞（India Arie）的单曲《振作起来》("Get it Together")。

的壁垒来抵御攻击。一套复杂的防御机制亟待建立,城市必须在高耸的墙垛后朝着竖直方向发展。日内瓦和巴黎古城里都有六层楼高的廉租公寓,爱丁堡的公寓更是有它们的两倍高。随着务农家庭从平地被赶往拥挤的城市,人对空间的竞逐再三抬高了土地的价值与租金。都会区的房东很快意识到,贫民窟里商机无限,贫民窟就是他们的聚宝盆,"庞大利益之所在,不在于为财力无虞者提供一流的住宿环境……而在于向连富人的零钱都挤不出来的穷鬼,兜售简陋而窘迫的栖身之所"。[12] 从16世纪开始,贫民窟就不只是被放逐者、乞讨者与鸡鸣狗盗者的家园,而是广大人口的集中地。

在高速城市化的阶段,美国把上述模式引入了国内。英国乡绅的那套制度和法律,被殖民地领主原封不动地带到了美利坚。这当中包括交租义务的绝对责任制,也就是不管你是火烧还是水淹,反正时间到了就得交钱。综观整个18、19世纪,美国穷人的居所不外乎是地窖、阁楼、牛圈,或是那种一间挤几户人家的无窗房间。[13] 有些贫民窟完全被切断了基本的城市服务,就连当地的水井也不能用,居民无奈之下只得外出乞讨用水。[14] 同时间租金水涨船高,屋况却每况愈下。直至某一天有人付不起房租,房东就会援引"扣押权"(privilege of distress):即房东可以扣押房客的财物并加以变卖获利,借此补偿收益的损失。这种做法一路延续至20世纪。[15]

有了种族压迫的为虎作伥,土地剥削更是大肆扩张。在奴隶制时代,让田里的黑土变黄金的是黑奴,但黑奴却无法拥有他们辛苦耕耘的土地。南北战争之后，获得解放的黑人在土地所有权里看到了真正自由的可能，而在战后重建期，富有的白人依然垄断着实质意义上的土地，因为南方邦联人士被褫夺或主动放弃的土地还是被还诸原始地主的手中。以佃农之姿重返农园，黑人家庭还是落入了以耕作勉强糊口与负债的怪圈。白人种植园主却越变越有钱。[16] 黑人的房子只能勉强遮风避雨，与农场主的豪宅实不可同日而语。

在跨进 20 世纪的前几十年，向往自由、追求好工作的美籍非裔家庭加入了"大迁徙"的行列，无数家庭从美国南部的乡下北上至芝加哥、费城、密尔沃基等都会。而前脚刚一踏入这些大城市，后脚就被赶到贫民窟里，绝大多数黑人都开始为了租房仰人鼻息。[17] 贫民窟的房东手下有一群黑白隔离而且无处可去的房客，改善残破的屋况对他们来说无利可图；真正有利可图的是把房子隔成一间间厨房大小的单位。三夹板制成的薄墙林立而起，好端端的公寓转眼成了"养兔场"。没有暖气不足为奇，水电管路做一半也是家常便饭。于是乎，黑人家庭举凡做菜吃饭都会穿上冬天的大衣，若想解手则只能借用屋外的厕所或靠自行拼装马桶。[18] 他们与结核病的哮喘声朝夕相处。20 世纪 30 年代，密尔沃基的黑人死亡率比全市平均水平高出将近六成，元凶正是恶劣的居家环境。[19] 伴随"罗斯福新政"的出台，美国白人家庭自建国以来第一次真正有机会晋身为业主，但黑人家庭却享受不到这样的德政，因为联邦政府认为担保黑人社区贷款的风险太高，又或者是某些忠于"吉姆·克劳"黑人隔离法案*的官员从中作梗，让非裔退伍者无法申请军人抵押贷款。[20] 经过3个世纪系统性的土地剥夺，我们看到了一群"准世袭"的黑人租房阶级，旧城区的公寓需求则被人为地抬高。[21]

20世纪50年代，白人房地产经理人之间出现了一种"先进"的剥削技巧。这种做法主要针对被挡在房市外的黑人家庭。看准了那些黑人居多的社区里的白人住户会急于脱手，炒房团会先以低廉的成本囤屋，然后把这些房子以"签约"的方式卖给黑人家庭，索价则是估值的两到三倍。黑人买方必须筹措出一笔不小的首付，金额通常在灌水后房屋总价的25%左右。入住后，黑人家庭得全权负责业主的各项义务，却完全没有任何权益。一旦月供变多或持有房屋的开销让他们无力负担某期房贷，黑人业主就会遭到驱逐。不少人的房子就是这样被查封的，连首付都被没收了。当中的利益之庞大，让人膝盖发软。1966年，芝加哥一名房东在法庭上供述他每一处房子可赚进租金42,500美元，但维持屋况的支出却只要2,400美元。面对有关暴利的指控，该房东只是轻描淡写地说："没暴利我干吗买这房子？"。[22]

1968年的民权法案认定居住歧视为非法，但隐性的歧视还是无孔不入，防不胜防。克里斯特尔和瓦内塔也想离开贫民窟生活，但像第十五街的那类房东就会给她们钉子碰。有些房东跟"便宜租"这一类的物业管理公司懂得如何避开歧视的雷

---

* Jim Crow，"吉姆·克劳"是对黑人的蔑称，"吉姆·克劳"黑人隔离法案则是美国南部各州在南北战争后的重建期设置的种族隔离法案总称，1965年后才正式废止，距离内战解放黑奴刚好约100年。

区——他们会白纸黑字把游戏规则写明，然后对所有的申请人一视同仁。但这样的"一视同仁"，放在不平等的大环境里面，还是会衍生新的不公平：黑人男性坐过牢的比例远高于白人男性，背着驱逐记录的黑人女性也远多于白人女性。"一视同仁"地驳回有前科或驱逐记录者的租房申请，到头来打击的几乎都还是非裔美国人。克里斯特尔跟瓦内塔的租房申请被"便宜租"拒绝了，理由正是两人被查到曾遭逮捕和驱逐。

驱逐本身就可以说明何以有些家庭住在安全的街区，有些家庭却只能与危险比邻。为什么有些小孩能上好学校，有些孩子却要去运作不佳的学校。被扫地出门的创伤、被记录曾遭驱逐的污点，乃至急于找到栖身之所的巨大压力，都会把房客推向城市里的灰暗角落，让他们硬着头皮与危险共处。[23] 这样的现实尚未出现在瓦内塔和克里斯特尔的生活中，她们两人还在租房第一阶段的新鲜感里面；但在看了超过 50 间房子后，她们会知道力不从心，会开始勉为其难地考虑破落的旧城区。这对新朋友正在绕回贫民窟的路上，只是她们还没准备好就这么绝望。

253 克里斯特尔努力压抑自己的情绪。为此周一晚上她没有去找房子，而是走了趟教会。也因为这个，她才会在第十五街的房东走人以后猛听音乐，还唱起了歌。"我真的受不了了，压力太大了。但我才不会就这样倒下呢。"她说。克里斯特尔最后还是对着收容所的一位工友发飙了，导火索是她要干净的床单，而对方不给。她已经因为在硬性规定要参加的职业培训课上睡觉而被盯上了，但克里斯特尔将此归因于她有睡眠呼吸暂停综合征。和工友吵过之后，克里斯特尔收到通知，要求她在第二天早餐前搬走。

第二天克里斯特尔一直在打电话。她四处寻找愿意收留她的人。但每通电话都没有下文，天色也在慢慢变暗。她叹了口气，打给巴伯牧师。果然巴伯牧师从教区中替她找到了一对老教友夫妇，他们愿意救急。克里斯特尔那天晚上的床，就是老夫妇的懒人躺椅。

之后那个晚上、在加略山教会的查经班结束后，克里斯特尔回到了老夫妇的家。倾盆大雨落在灰暗而空荡的街上。冬春之交、冰雪开始融化，从天空中降下的就是这种刺骨而愁苦的冷雨。克里斯特尔敲门，老先生把门开出一条缝，并没有把链条取下。这对教友的家在第十四街跟伯雷街的交叉口，是密尔沃基出了名的犯罪死角。看到是克里斯特尔，这位男主人把锁链的缝拉到最宽，递出一小袋克里斯特尔的个人物品，接着就把门关上了。

克里斯特尔认为对方会有这种反应，应该是因为她一点"表示"都没有吧，但她真是囊中羞涩了。她从在赌场赢到的钱里拿出了400美元，借给了一位平辈亲戚，自己所剩无几了。一听说有这种事情，瓦内塔的反应是："还好我不在现场，不然我一定会把你打醒！你自己都没地方住了！我不管那些人是你的家人还是什么，你自己说你无家可归多久了？你是不是应该先给自己找个窝再说？"

但有时候，克里斯特尔就是控制不住自己，一次她和瓦内塔在麦当劳吃午餐，一个小男生走过来，看起来只有9岁或10岁，衣服肮脏，头发乱成一团，脸一边还肿了。男孩没有往柜台的方向走，而是缓步在座位间穿梭，寻找残羹冷炙。

克里斯特尔和瓦内塔注意到他。"你有钱吗？"克里斯特尔边问边翻找起自己的口袋。她们二人最后凑了身上的钱，给小男生买了晚餐。克里斯特尔一边仰着头看菜单，一边像大姐姐般用一只手环抱着男孩。确认他一切安好，把餐点交到他手里，还在临别时给他了一个拥抱。

"好像我们小时候啊。"瓦内塔有感而发。

克里斯特尔看着男孩冲过马路。"如果我给自己买了房子，一定让他住进来。"

伯雷街上疾风斜雨。在街灯的黄色光束里，雨滴仿佛无垠的银色鱼群，前仆后继。倏地穿过灯光，转眼又消失在四下的黑暗里。快晚上11点了，克里斯特尔想起一个号码，拨了电话，欠她钱的亲戚没接。她又换了个号码，寄养家庭的妈妈说她家住不下了。就这样一拨再拨，一拨再拨，一拨再拨……

第21章
大头男婴

谢伦娜把拉马尔跟卡玛拉被烧掉的房子用推土机铲平了。她用保险金买了两栋新的复式公寓：虽说有两个出租单位被火烧了，但她一下子又多出了四个单位。辛克斯顿一家看出后窗，眼前只剩一片空地。火灾那晚仅存的痕迹，是卡玛拉跟家人临时搭建的纪念物：填充动物玩偶和照片被一条棉质的童军绳绑在树上。最突出的一张照片上，宝宝身穿复活节的服装；沉着的双眼嵌在小巧的脸蛋上，被衬托得更大了。他们在挑选动物玩偶，有兔子、熊宝宝、一只鹅、一只浣熊，还有一只河马。玻璃花瓶里的蜡烛和可乐罐在树旁围成一圈。

娜塔莎在垃圾袋里翻找，里面装的是朋友从教会配餐室里捡来的童装。她的手指在衣物间温柔地摩挲，一件件迷你的小玩意儿勾起了她的笑意。即将为人母的念头正在她心里萌芽。

"我的宝宝得像我，"娜塔莎说，"我不要宝宝像马利克。他那双眼睛太凸了。"

"你好坏啊！"多琳说。

"他会是全黑的。"

听到聊天的声音，穿着 Cousins Subs 制服的帕特里斯来到餐厅。"你的宝宝生出来会像很多人噢！"她取笑道。

"才不会呢！"娜塔莎笑了出来。

帕特里斯叹气，换了个话题："我们得想办法把马桶修一修。"马桶又堵住了，厨房水槽也是，灰暗色的水面上浮着层铁锈般的橘色油膜。每隔一段时间，就得有人用水桶舀水去倒。这让洗东西变得非常麻烦，料理台上积了一堆脏碗盘。蟑螂和各种蚊虫也闻风而至。

多琳没有为了水管不通的事情打电话给谢伦娜。一来她不想被念叨，再来她不觉得这事谢伦娜会帮忙，毕竟辛克斯顿家还欠着房租。她也没有打电话找工人。就算能凑出钱来修好马桶和水槽，她也不甘心让谢伦娜捡去便宜。任何一个辛克斯顿家的人都不会想给谢伦娜方便，毕竟法庭几天前才寄信给帕特里斯，里头提到她欠了 2,494.5 美元——这是第二与第三次听证会后得到的结论。[1]

"我在那间房子才住了 4 个月，"帕特里斯说。"她竟然说我欠她 2,400 美元！"

"她的意思是你一毛房租都没付过，"多琳说。

"不会吧！这是哪门子的算法！"帕特里斯不可置信地盯着这份"账单"。

她还以为自己大概欠 900 美元。

"你打算怎么办？"

"我也不知道能怎么办。"

辛克斯顿家原本还对房东的良心抱有一丝期望，毕竟他们也付了不少钱。他们家最大的一笔生活支出就是房租，排第二的花费项目根本没法和房租比，所以他们当然希望房子能体面一点，至少各项功能要齐全，东西坏了能报修。但若连身为业主的谢伦娜都不打算修缮自己的房子，那辛克斯顿家也不会越俎代庖。房子先对房客不仁，就别怪房客对房子不义。[2]

出租房的屋况每况愈下，辛克斯顿家的每位成员也是越来越退缩消沉，这形成了一种恶性循环。娜塔莎待在马利克家的时间越来越长。多琳也不煮饭了，晚餐孩子们只能吃能用磨坊牌的*麦片。帕特里斯开始越睡越久。孩子们的成绩明显退步，米奇的老师甚至来电说他可能要留级，主要因为他缺交了太多作业。大家都不打扫卫生了，厨房的地板上布满垃圾。总的来说，不合规格的居住环境会打击人的心理健康：潮湿、霉菌和过度拥挤压抑着人的心情，糟糕的生活条件也让人自惭形秽。

有一说是穷人"总能感受到自己的无关紧要"。[3] 尤其是非裔美国家庭——他们所居住的社区暴力犯罪率之高、贫穷问题之密集，连条件最差的白人社区也难以望其项背。而住在犯罪

---

* 世界五百强企业，全球第六大食品公司，旗下有哈根达斯、绿巨人玉米、湾仔码头水饺和早餐麦片等品牌产品。

热区中的破屋，就等于向社会传达了一条简洁明了的信息：人们都会知道你从哪里来，该到哪里去。[4]"老实说，这地方烂透了，"多琳曾说。没隔多久，鲁比就跑来跟多琳讲，她听说"有个男的在店门口被杀了"。以破屋为家，在贫民窟长大意味着一件事情，那就是你不但要去忍受这样的环境，你还得去接受许多人不必如此的事实。当你讨厌自己的住处、对它充满着无力感，又还得把大部分的收入砸在上面的时候，你就会很少考虑自己的事情。[5]

大一点的孩子若发觉家里让人窒息，他们可以去中央街的公共图书馆喘口气。C. J.、鲁比和米奇最爱在图书馆玩电脑。鲁比上图书馆的第一件事，就是去"巡视她的房子"。没错，免费线上游戏 Millsberry 上有栋她一手打造并且细心呵护的房子。虽然这只是个游戏，但 Millsberry 其实也是通用磨坊公司开发的一款营销工具。鲁比的虚拟房屋位于"黄金谷"的"丰饶大道"上，屋子里有干净到可以当镜子的地板，有床、床单跟枕套，还有一张可以用来写作业的书桌。多琳或帕特里斯原本可以走路到图书馆去上网找（真的）房子，但她们从来没有这么做。部分原因是为了还谢伦娜钱，她们没有多余的资金可以搬家。另外还因为大部分像她们一样的黑人不习惯上网找房子。还有一个原因，是她们全家已经陷入抑郁之中，眼前一片迷茫。

帕特里斯感觉这套房子正在榨干他们的精力。"我们住在这儿，就像一屁股栽进了泥巴坑里，"她说，"没有人在努力，搞得我也不想上进。假如你身边的人都宅着不动，久而久之你也会被感染而不想做任何事。"一天天过去,她开始觉得在田纳西其实也没那么差。

下班时间一到,马利克就冲去找娜塔莎。地点是钱伯斯街跟第四十五街口,惠顿·方济医疗集团旗下的圣约瑟夫院区。娜塔莎看起来已做好心理准备,但同时也很害怕。她一只手抓着床的栏杆,另一只手握紧马利克的手。马利克一想要站起来,娜塔莎就会把他拉回去。他会笑着替她揉背,娜塔莎则把注意力放在呼吸上,就像小两口在生育课时练习过的那样。多琳把两臂交叉在肚子上,一副过来人的模样,在摇椅上观望。

宝宝在夜间 11 点 10 分来到世上,体重超过 3,700 克。这小子有一张圆脸蛋和一头乱发,他棕色的肌肤透着粉红,还有个辛克斯顿家招牌的宽鼻子。

第二天早上,娜塔莎还躺在床上休息。帕特里斯凑近她耳边说:"嘿,妈妈。"她没有睁开眼,笑意却先在她的脸上浮现。

宝宝一个不满意,大家就会轮着抱来抱去,娜塔莎总是舍不得把他送去别人的怀抱。一整天下来,她不知道多少次把他抱到眼前,轻吻他的鼻尖和额头。从马利克脸上,帕特里斯看得出这个新手爸爸有多骄傲,当下她就决定要给宝宝起名小马利克。

隔天娜塔莎把宝贝儿子包在襁褓中,带着他回到了自己的鼠窝。

第22章
如果他们要处罚妈妈

4月,瓦内塔在"旅馆"四周藏了糖果做的复活节蛋,让她的孩子可以找着玩。小肯德尔把找蛋的活儿交给了藤碧和波波。这孩子偶尔给人一种"少年老成"的感觉。他才4岁就不肯牵妈妈瓦内塔的手,也不喜欢在学前班上唱歌。小肯德尔生得十分帅气:他有着精致的嘴唇和浓缩咖啡般深邃的黑色眼睛。直觉告诉他,妈妈已经有太多事情要操心了,而这一点同样也让瓦内塔十分担心。

复活节的前几天,藤碧拉开了火警的警报器。物业的人发现始作俑者之后,要瓦内塔隔天走人。瓦内塔并没有浪费太多时间抗议。她直奔贫民窟的心脏,开始一间间找公寓,丝毫不肯放过任何一个出租招牌,屋况或社区环境都不在她的顾虑之列。她相中一间公寓,除了脏,墙壁还有一大片龟裂,天花板上则有油污。这是一块荒废的住宅区,房屋的外墙上满是帮派涂鸦。她咬着牙,填好申请表。

"这位小姐你这么能忍,是为了小孩吧?"克里斯特尔问道。那个寒冷的夜里,在前廊上,克里斯特尔终于找到一位好心的平辈亲戚,而对方也答应让她过上一夜。这之后克里斯特尔就开始睡在惠顿·方济会的候诊室,她管那个地方叫"圣约瑟夫医院"。另外她也会假装是等车的旅客,混在人群中,睡在美国国铁刚装修过的旧城区车站。某天在公交车站,她遇到一个叫帕特里夏(Patricia)的女人。那天要结束之前,她们就成了室友。克里斯特尔需要有地方住,帕特里夏则计划了好久要远离她那有暴力倾向的老公,因此帕特里夏需要一份可以不靠老公的收入。帕特里夏的年纪是克里斯特尔的两倍,她带着十几岁的女儿住在北区相对安静的一隅,有间独门独院的房子。而克里斯特尔也开始叫帕特里夏"妈妈"。[1]

隔天瓦内塔搬出了"旅馆",她先把随身物品放在姐姐的公寓。姐姐埃博妮住在拉丁教堂附近的果园街,那里是一片住宅区。她和丈夫、三个孩子,以及瓦内塔的妹妹一起挤在三居室的小公寓里。这个家杂物不少,房子本身也相当陈旧,米色地毯上沾了脏东西,几乎每个房间都有床垫,房子的最深处则塞了一个小厨房。瓦内塔并不打算久待,她塞了50美元给姐姐,把自己的孩子安置在其中一个小房间里,然后动身前往市区的法院出庭。当天是德肖恩(D'Sean)回监服刑的听证会。

德肖恩是波波的父亲,而瓦内塔觉得自己还爱着他。不喝酒的时候,他真的是个好爸爸。半年前他因非法持有毒品违反假释令（6个月以后他将符合假释条件），被警察逮捕。法官在审酌案件的事证时，援引了瓦内塔在德肖恩动粗时打的"911"求救电话记录。"10月10日，瓦内塔·埃文斯打了一通电话。没过多久，在10月19日，埃文斯女士又打了通电话。"瓦内塔双手捂面，开始痛哭。那些电话和她把德肖恩踢出去之后的事，她都记忆犹新。德肖恩后来又喝了个烂醉跑回来，把门砸到稀巴烂，接着又将她毒打一顿。事后瓦内塔记得房东一手收走了她交的租金，一手把限期28天的"无条件"驱逐通知单交到她的手里。回监服刑的听证会结束，法官判德肖恩18个月的刑期。瓦内塔本来是滴酒不沾的人，但那天晚上她买了瓶新阿姆斯特丹牌琴酒，在孩子身边喝到不省人事。

这么一睡，克里斯特尔的电话她也没接到。克里斯特尔挂上电话,改拨给她的亲戚和寄养家庭的姐妹。她与帕特里夏"互惠关系"已然崩解，主要是帕特里夏14岁的女儿把克里斯特尔的手机拿到学校，也不知道是搞丢了还是卖掉了。克里斯特尔要帕特里夏赔，但帕特里夏不肯。"我要把你赶出去！"帕特里夏大吼。帕特里夏刚喝了混有邑爵白兰地的葡萄酒，这让她醉意十足。克里斯特尔打电话拉人来壮声势，一帮人正在车上等着。这场两个女人的战争来到了屋外，帕特里夏一个踉跄，跌在地上。居高临下的克里斯特尔顺势提起脚往帕特里夏的脸上踢。气头上的她一蹬，又蹬，再蹬。看到这一幕，克里斯特尔的"好姐妹"冲上来，拿槌子往帕特里夏身上砸。"贱人，你再这样试试看！"加入战局的姐妹先是吼了这么一句，然后拉着克里斯特尔离开。帕特里夏痛得蜷缩着身子,在人行道上一动不动地躺着。克里斯特尔请朋友在"圣约瑟夫医院"让她下车,她要去那里过夜。[2]

尝试找了 73 处地方以后,瓦内塔和克里斯特尔终于申请到了一间月租 500 美元的两居室公寓。一边是急着租房、对房子年久失修睁只眼闭只眼的房客;一边是急着把房出租,对驱逐记录跟前科视而不见的房东。两边一拍即合。这间公寓的木质地板上积了厚厚一层灰,变得黏糊糊的;前门锁不上,房间小到放张双人床就几乎满了;到厨房一看,碗槽水管不通,地板瓷砖也有瑕疵;墙上的橱柜被许多有夹层的纸封死;原本该放燃气炉跟冰箱的地方也空着。但在这种地方竟然有个浴缸。这间公寓位于第七街跟梅伯街的路口,算是南区边陲:透过厨房的窗户,你可以看到圣斯坦尼斯洛斯天主堂的一对尖塔。瓦内塔知道这一带不算安宁,街角的毒贩她从小认识。"这不是什么正经的地方,但我真的没力气再找了,"瓦内塔实话实说,"我不想租这里……但我还有其他选择吗?"

这对新朋友搬进了这间公寓,他们仅有的"行李"是几个垃圾袋的衣服和玩具。克里斯特尔的大部分东西都落在了帕特里夏家,她也不指望能拿回来了。新居唯一的家具是不知道哪任房客留下来的老摇椅沙发。

瓦内塔和克里斯特尔计划在这里待上一年。但人算不如天算,她们才搬来没多久,两人在"旅馆"的旧识克拉拉(Clara)

就跑来用光了克里斯特尔的手机储值。克里斯特尔只好打破窗户爬出去偷接电话线。警察找上门来的时候,克里斯特尔给自己做了两个三明治在路上吃。瓦内塔拿出所有在收容所存下的钱来赔偿被打破的窗户,还叫克里斯特尔不要再回来了。只有做到这个程度,房东才答应放瓦内塔一马,让她和孩子可以留下来。

时隔数日,儿童保护服务局的人打电话到埃博妮的公寓,指名要找瓦内塔。[3]埃博妮打电话去警告瓦内塔,瓦内塔立马想到了克里斯特尔。"我要宰了那个贱货,"她对着妈妈"脆饼"怒吼,"那个贱人竟然向福利机构揭发我!"

"你拿她开刀,她现在就拿你开刀啊,"脆饼说。

"谁叫她先拿刀对着我的小孩!"瓦内塔朝脆饼大喊。

儿童保护服务局要来的消息让瓦内塔大失方寸。她不觉得儿童保护服务局的人会让小孩待在连燃气炉和冰箱都没有的地方。瓦内塔真的一毛钱不剩了,但她还是去了一家位于转角的二手家电行。那儿放着西班牙文的音乐,有一堆用过的洗碗机、烘干机和林林总总的旧家电。老板罗德里格斯先生(Mr. Rodriguez)是个体态发福、发量颇丰的墨西哥人。他拿着手杖,洋洋洒洒地清点着店内那些待价而沽的二手产品,活像拿着教鞭上课的老师一样。

"你这儿最便宜的燃气炉和冰箱多少钱?"瓦内塔直接问了。

"你要不要烤东西?"罗德里格斯操着浓重的口音问。

瓦内塔摇头表示她不烤东西。她只是要充门面,烤箱不能用也没关系。

罗德里格斯把他的手杖指向一台小燃气炉。

"多少钱？"瓦内塔问。

"90美元就好。"

她又摇摇头。"太贵了，便宜点要多少？"

罗德里格斯耸耸肩。

两人开始讨价还价，瓦内塔说服罗德里格斯降价到80美元，还附送他原本想要单卖的燃气管接口。她在另一家店找到了台冰箱，和老板一路杀到60美元。她向一个朋友借钱买这两样东西，答应对方下个月1日还，然后在阿尔迪量贩店为这天的血拼画下句点。在结账柜台，她把冰激凌、三明治等垃圾食品放在输送带尾端，万一食物券不够用的话，这样会较方便把东西摆回去。

搁下杂货后，瓦内塔疲惫地瘫坐在摇椅上，点上一根烟。这下子，就算儿童保护服务局找上门来，她也可以接招了。

又有其他事钻进了她的脑海。瓦内塔还没想好万一自己真的因为抢劫被抓去监狱，小孩子要交给谁管？最近她比较属意日托中心的一位女士。"我可能会疯掉，但至少我知道他们有人照顾。"瓦内塔这么告诉自己。另外，小肯德尔学前班的毕业典礼快到了。瓦内塔想尽可能筹出钱来，替他买双重要日子能穿的新鞋。她希望肯德尔觉得自己很特别，有成就感。在旧城区生活，人生前边的那些里程碑你千万别错过，因为后边那些你不一定过得到。

宣判听证会的早晨,瓦内塔把小孩统统叫起来。待他们吃饱穿暖后,瓦内塔才开始在客厅的地上重新熨烫自己要穿的服装。除了装炉子跟冰箱以外,她没能在公寓里下太多的工夫。这儿仍给人一种空荡且没人住的感觉。肯德尔走到了瓦内塔所在的客厅,他双手叉腰,在黄褐色的晨光里站着。瓦内塔给肯德尔换上了红领的衬衫和新鞋。几英尺外的壁炉架上有一幅学前班毕业典礼的照片,照片里的肯德尔身穿小小的学士袍、头戴学士帽。

"妈妈,"肯德尔开口,"小孩子不应该去法院,他们应该去托儿所或上学。"肯德尔在说这话时并没有不开心,只是觉得这世界有点奇怪,好像哪里不太对劲。他的语气像是在说"狗狗不应该喜欢猫猫"或"4月怎么会下雪"一样。

瓦内塔放下熨斗,深吸口气。"肯德尔,你可以来法院陪我吗?"她重问了一遍昨晚的问题。肯德尔看得出妈妈需要他。"妈妈,我跟你去法院。"他决然地回答。

"如果他们要处罚妈妈,你应该怎么做?"

"像一家人一样照顾弟弟妹妹,听阿姨的话。"

在最后一刻,瓦内塔决定在万不得已的时候请她的亲姐妹照顾孩子。原因她却说不上来。

瓦内塔早早来到了法院,安静地在那套保守的黑色毛衣和长裤底下发抖。她化了妆、戴上耳环,头发也紧紧地盘了起来。她在走廊踱步。除了苦思冥想要和法官说些什么以外,她隔段时间就停下来看那些身着橘色囚衣、脚戴镣铐、步履维艰的受刑黑人。母亲"脆饼"戴着毛帽,身穿冬日大衣出席,一道前来的还有瓦内塔的双胞胎兄弟和妹妹。埃博妮留在家里照顾藤碧、波波和其他小孩。再后来,瓦内塔所属的全圣经浸信教会(All Bible Baptist Church)也来了,包括牧师太太和教区另外一名白人女士。他们都穿着针织毛衣,戴着厚重的眼镜。

时间一到,瓦内塔在公设辩护人的身边坐下。他点着脚,是个身穿全黑西装的白人。真正的法庭跟电视上演的不太一样。电视上的布景像露天戏院一样有包厢,天花板有大大的吊扇,旁听席的木椅也会坐得满满的。但这一天的法庭只是个狭小逼仄的屋子,旁听席也被厚实的玻璃墙隔开——"实况转播"靠的是天花板上的扩音器。

先发言的检方代表是名身材健硕、脸色红润的地区助理检察官。这名检察官的发量稍显稀薄,但胡须修整得颇为讲究。他为瓦内塔所做的不少事情感到惊讶。首先瓦内塔是初犯,而且"有过一些就业记录"。"显然她有上学到十一年级,这样的教育程度算是不错了。听起来虽然有些悲哀,但这比我们看到的多数被告要好,"他继续说道。"她有家庭的支持,这点很好……只可惜她这次犯案的时候,情感和家庭的支持效果明显不够……我相信她此次走了弯路,背后必然有被现实所逼的因素。但被告再怎么不得已,受害者所受的伤害也不会减少一分。"关于后面这一点,助理检察官表示有一位受害者出门都不带钱包了,因为她眼中的社区不再安全。"州政府的立场是我们要树立观念,要让人知道你不可以拿枪去抢人的东西,否则就要坐牢。"

瓦内塔的公派辩护人接着发言。他杂七杂八地讲了一堆，希望法官轻判，但给人言不由衷之感。他说瓦内塔对所作所为坦承不讳，而且本人深有悔意。他说还年轻的她不像其他在外头混过的共犯那么"复杂"。他说拿枪的并不是她，而是她的朋友。而且这宗犯罪实在是被生活所逼。"我认为处罚可以在社区进行，"公设辩护人做出结论，"法官大人不需要把她送去坐牢。"

换瓦内塔自陈，她说她为自己的行为"负完全的责任"，并且当场向受害者和法庭致歉。"事情发生的那会儿，我和孩子的日子都不好过。我们几乎要被房东扫地出门，晚上也快要没电可以点灯。我实在是走投无路，才会一时糊涂。当然这不是我做错事的理由……我现在只求您能对我从轻发落……尤其是看在我孩子的份上。"

再来有一堆人轮番上场替瓦内塔讲话。牧师的太太说，"环境很艰苦，但我看得出她有一颗沉静的心。"母亲"脆饼"贡献了四句话。瓦内塔的双胞胎兄弟说他们"才刚满21岁，"还说，"他外甥跟外甥女每天醒来看到的不应该是哪个阿姨或舅舅，应该是自己的妈妈。"

终于轮到法官陈词。这位年长的白人男性法官开始整理他一路听下来的内容。"所以说，诸位概括了这宗罪行的本质。基本上，被告误入歧途……被现实逼到冲昏了头。我有考虑到这点。但我也注意到从事发到现在，情况并没有任何改变……我是说被告整体的经济条件并没有变好。大律师，我没说错吧？"

"确实没有，"公派辩护人只能如实回答。他曾主张瓦内塔有去找工作，但他没有说明即便瓦内塔每天清晨5点就起床，扣掉找房子、上同等学力课和照顾孩子的时间之后，她没剩多少时间可以求职。他也没有指出做老板的通常不会雇用承认曾犯下重罪的人。

"你说得不错，"法官顺着辩护人的话说。"而且老实讲，除了看不出来被告的状况有变好外，就这段时间所发生的事情而言，被告东奔西走、搬来搬去，我甚至觉得她的处境变得更差了。"

法官说了这么多，基本上的意思是：我们都同意你很穷、很害怕，所以才会犯下如此暴力且伤人的罪过，也同意如果你能继续在老城自助餐厅一周工作五天，无论是把空了的汤锅倒满，还是把被洒在地板上的冷冻优格抹干，我们今天就不用凑在这里大眼瞪小眼了。搞不好你已经存够了钱，搬到一间除过铅又干净的公寓，出门时不会看到有人贩毒、学区又很安全的社区。假以时日，你甚至可以让波波接受癫痫治疗，自己则可以去夜校接受护理训练，圆你长久以来的护士梦。谁知道呢，搞不好你真的会以护士的身份在社会生存，你会有自己的护士帽、护士袍，各种配备一应俱全。若是当上护士，你可以让孩子拥有完全不同的童年，不用像你一样忍受母亲"脆饼"给予你的人生。倘若真是如此，你就能抬头挺胸走在这座冰冷的城市，甚至觉得自己有点价值，觉得自己可以找个男人。他不会给你把枪让你去抢劫，而会与你一起同甘共苦；至少他不会把你的门给打破，也不会当着小孩的面打你。运气好一点，你可以找

第22章　如果他们要处罚妈妈　｜　343

到一个工作稳定的对象。结婚时你们可以订一间小教堂,然后肯德尔会很有面子地挨着新郎,藤碧能穿上蓬蓬裙当花童,波波咧嘴傻笑,摇摇晃晃地递上钻戒,就像你曾梦想的那样。从那天起,你的新郎见人就会介绍你是"我太太"。当然这些都只是一场梦。现实是你的班表被砍了,你家快要被断电了,你跟你的小孩就要被扫地出门、风餐露宿。就在这时,你趁朋友拿枪指着别人脸的时候,一把抢走了别人的钱包。如果说这是一起由贫穷所引发的犯罪,那谁敢保证同样的事情不会再次发生?案发时你穷,现在难道就不穷?大家都清楚问题的根源,我们在这法庭上天天都能看见。但法院就是法院,不是什么慈善机构、就业辅导处,也不是房屋管理局。违法乱纪我们或许没办法"除根",但至少要尽可能"斩草"。

法官叹了口气,现场陷入一片沉默。法庭速记员的双手在键盘上悬着未动,伺机再度启动。肯德尔在外婆"脆饼"的膝上睡去,一呼一吸,几乎没有声音。法官最后宣判:"本案不符合……缓刑条件。被告将由州监狱系统收监81个月,前15个月为先期拘禁,后66个月为延长监管。"*

法警上前,并告知瓦内塔站在原处配合上铐。

"啊,天啊,"脆饼忍不住叫出声。她摇醒了肯德尔,拉着

---

* 鉴于假释制度造成法官判刑与受刑人实际服刑时间的差距太大,"量刑确定制"(truth-in-sentenceing)之改革取消了假释制度,将刑期分为前期的"先期拘禁"(入监服刑)与后期的"延长监管",以免相互干扰。后者类似于假释的"受监控释放"(supervised release)。

他到玻璃前。"快跟妈妈挥手说再见。"

手被铐在背后的瓦内塔转过身来,脸上淌着两行眼泪。肯德尔木讷地看着她,就像妈妈教过他的那样。

在跟教友、主教,甚至自己的牧师发生好几次冲突之后,克里斯特尔告别了加略山五旬节派教会,加入了"国际恢复",这是间位于旧城区四十一街跟伯雷街口的教会,外面看起来是栋不起眼的两层建筑。

某个主日,克里斯特尔坐在从前往后数第三排的位置,随着音乐鼓掌。她身穿黑色衬衫,底下是绿色的裤子。因为衣服不够大,衬衫的扣子跟裤子的拉链都只能扣拉到一半而已。负责主持的黑人女牧师有着一头气势十足的蓬松鬈发,垂在肩上,身上穿着一袭镶有金丝边的白袍。她走起路来像女王一样震慑全场,停下脚步时又仿佛有圣灵的指引。"上帝说他是真理与世界的光。"她说。钢琴前的年轻人飞速移动着手指,音符随之流泻,爵士鼓后的年轻鼓手则拨弄起了镲。"真理!世界的光!我的话你们听见了吗?"

"阿门。"克里斯特尔说。

在被踢出原本与瓦内塔同住的公寓之后,克里斯特尔住进了一间收容所。在交朋友、利用朋友、失去朋友的反复循环和折磨之中,她偶尔能找到干净而温暖的地方睡觉。有处可去的时光像一座通往幸福的桥,而桥梁一断,她又会坠入无家可归的深渊,只能在圣约瑟夫医院或美国国铁车站过夜。有时候她会走上一整夜，天亮了就在公交车上睡。但这样一路走来，她几乎没有错过一次礼拜。

"夏拉拉拉，雅巴秀塔，塔吗吗吗，"女牧师对着麦克风祷告。她口中有如呓语般的"方言"是与上帝沟通的语言，听来像心电图一样抑扬顿挫：短促的开场，接着快速上扬，再颤抖着拉出长尾。"你也是在槽中被压榨着的葡萄吗？*你也在人群中挤着向前，想要看见耶稣基督的那位吗？啊！"她向后退一步，好像被什么看不见的力量反弹回来一样。

"说得好，牧师！"克里斯特尔热切地回应着。她一直觉得补助保障金是比薪水更稳定的收入。你不会被补助保障金背叛，你的班表也不会被砍。"补助保障金就是这样，该来的时候一定会来，"她斩钉截铁地说。但有一天钱就真的没有进来。原来她领钱的资格是成年前申请的，而她成年后的重新审核没通过。这样一来，食物券就成了克里斯特尔仅剩的收入。[4]她想捐血浆换钱，但是她的静脉太细了。她找精神意义上的妈妈、寄养家庭的妈妈，甚至亲生的妈妈帮忙，但她们都只能救急而不能救穷。她倒没有跟教会开口，因为这种事每次都会弄得大家不愉快。实在走投无路了，克里斯特尔只好出卖色相。她一向不是能早起的人，但她入行没多久就发现早上的"客人"最好拉，男人喜欢在上班途中来一发。

"嬷嬷还好吗？"女牧师表达了关心。她口中的嬷嬷，是一

---

* 宗教典故，葡萄喻指接受审判的人类。

左一右被两个人搀住的一位老太太。

"不太好。"

"那我们就放下手头的事情,替她祷告吧。"女牧师在老太太面前跪地。10多名教友将她团团围住,有些跑到椅子上站着,有些把双手放在老太太的头上。"把手伸过来,我们一起祷告!"牧师指挥若定,教友们也言听计从,就连当中还是孩子的教友都没有异议。"哦,耶稣!"女牧师洪亮的声线传入麦克风。"哦,凭着耶稣的宝血,哦,你这死亡的邪灵,你这使人中风的邪灵,出来吧!"

克里斯特尔的双手在肩膀与屁股之间来回挥动,手舞足蹈地复诵着,"凭着耶稣遭到鞭笞的痕迹,主啊,靠着你身上的鞭痕。"

"凭着耶稣的宝血,"牧师继续祷告。"宝血!沙巴巴马秀塔拉!我绑住你了。回来吧,嬷嬷,快回来!"

背景音乐低沉地延续,等待时机。把嬷嬷和牧师围成一圈的教友中开了道缺口,让人可以看见嬷嬷瘫软而血色尽失的脸庞。她仿佛睡着了,又像没了气息。围观者重新阖上了圆圈。几分钟后,人们的声音慢慢变大,开始向外走,旁人这才看到女牧师在亲吻嬷嬷的脸和手。只见嬷嬷站起身来,掌声随即响起。

"赞美主!"女牧师说。她像一个打了胜仗的将军,朝麦克风发出号令,她的膝盖发软但仍不放弃祷告。原本退居幕后的钢琴与鼓钹开始大作,教会里一片轰动。有的人开始在走道上来回奔跑，还有的人放声呼喊、引吭高歌。不知道谁找来一个铃鼓，顺势拍击起来。鼓手正拼命打着钹，钢琴则无高音不欢，非高八度不弹。有个女人一边大叫，一边在原地作势奔跑，汗如雨下。"今天在教会举行的丧礼正式取消！"牧师宣布。

这时的克里斯特尔高举双手，五指分开，脸上是藏不住的笑意。她在跳舞。"主眷顾我，"她在嘶吼，"主会眷顾我！"

第 23 章

宁静俱乐部

来到宁静俱乐部的这天,是司科特连续清醒的第八天。匿名嗜酒者互诚协会旗下的宁静俱乐部,是一家嵌着木板、"烟"雾弥漫的饮料吧。想喝陈咖啡或带冰激凌的根汁汽水吗?那你就来对地方了。"这宝贝会上瘾,"一名警局的常客推荐道,"但我不会为了它去做什么傻事啦。"到了协会成员分享戒酒经验的时刻,一名穿黑色塑料质地的夹克、围黑色方巾,浅肤色的波多黎各女子站上了讲台。她叫安娜·阿尔迪亚(Anna Aldea),曾是个既吞迷幻药又吸可卡因、脾气比牛还倔的机车妹。现在是酗酒者互诚协会的"大姐头"。再过几个月阿尔迪亚即将服务满 10 年,她曾帮助几十个酒鬼完成课程。而在这天的谈话中,她特别介绍了刚接下的新个案。

"我爱你哦,司科特,"她说。"不可以不来哟,事在……"

"……人为。"现场异口同声地回答。

时间回推到一周前,司科特在烂醉了3天后苏醒过来,身无分文且宿醉尚未消退。他力图振作,穿好衣服,离开公寓。这时是周六早上,司科特走在依旧沉睡的密尔沃基街头。他来到了皮托家,把他从床上拉起来。已经戒酒两年的皮托是过来人,很清楚戒毒中的酒鬼需要哪些"法宝":水,很多的水,很多的咖啡、维生素、香烟、食物,当然最重要的是有人盯着。皮托整天和司科特形影不离,晚上还带他去见他的亲兄弟大卫(Daoid,已戒酒14年)。大卫的太太安娜在他们家后院的火堆旁,陪司科特熬到凌晨2点,直至酒吧统统关门。这一天极其反胃、痛苦且漫长——也是司科特多年来头一回一整天都没有吸毒。

戒断的第五天仍旧非常痛苦,但痛苦的感觉有所不同。司科特在皮托家哭了一整天,"我可以感觉到身体在恢复,在变好,"他说,"但毕竟你有一两年,甚至很多年都因为酗酒吸毒而精神恍惚,这对身体的影响不小。"

为了这些刚要开始"醒酒"的伙伴,匿名嗜酒者互诫协会也算是尽心尽力:90天里聚会了90次,也像是上了瘾。当然,这么拼命是为了"新生儿"24小时都有人陪,而新加入的成员就是他们的宝贝。戒酒会用自身的一套支持结构去替代成员原初的酒鬼人脉,总之陪伴不能有罅隙就是了。就这样,每天早上司科特会在酒商8点开店前到皮托家报到,晚上则会在安娜的火堆前等到酒吧不再接受点单。

房东叫司科特走人,是他去戒酒会快要三周那会儿。D. P.新养的斗牛犬先是跑了出去,后来又不知怎么进了楼下邻居的公寓。邻居们继而报警，警察通知房东，想留住长期房客的房东便对司科特和D. P.下了"逐客令"。彼时，司科特每天基本都待在大卫和安娜的家里。他们告诉司科特，干脆睡觉也去他们那儿搞定。

大卫和安娜是工薪阶层，他们的小家是那种所有人都进出自由的"交谊厅"。人们大大方方地走进房门，连敲门都省了，就连开冰箱都不用问。"这里是阿尔迪亚的康复之家，"安娜这样说道，"要不是随时有人在，要不就是电话一直响。"她在家里准备了一大碗一大碗的米饭和豆子，门也从没锁过。

司科特开始睡在阿尔迪亚家的沙发上，还在放学的时候接他们家的小孩下课。没多久，他就跟着大卫做起了泥瓦匠的活计。要是遇到淡季，他也会去回收金属赚钱。司科特喜欢工作，尤其是寻找废铝和废铁，对他来说就像在都会探险一样。即便偶尔得纵身"潜入"垃圾车里，他也可以忍受。大卫是波多黎各人，身材精壮，长着一双眯眯眼，随时都像是在笑，他不见得每次都会付薪水给司科特，但司科特对此毫无怨言。大卫和安娜为他付出了这么多，他还有什么可以抱怨？

一开始，司科特只是单纯喜欢打扫宁静俱乐部。时薪是7.15美元，这样他每周大概有100美元的收入。司科特一般从晚上10点做到凌晨1点，而且他工作的时候是独自一人，正好可以想一些事情。比如说，他觉得自己应该找个对象，只不过除了去同性恋酒吧，他不知道该从哪里找起。去分类广告网站

craigslist.org 上看看？他想到自己妹妹的婚礼，也许他可以回趟家。他祈祷："请让我明天不要吸毒。"

但他最希望的是能继续从事护理工作。他想这会是个"让自己保持清醒的好办法，一旦要开始替别人着想，就得放下自己的那些糟心事"。问题是这条路并不好走，护理委员会不仅撤销了司科特的执照，也还算合情合理地设下了重返行业的高门槛。如今司科特必须要"每年接受不下 56 次的尿检"，这项要求不仅麻烦，费用更将高达数千美元。他必须滴酒不沾五年，并且每周要出席匿名嗜酒者互诫协会两次。[1] 司科特对自己的软弱心知肚明。几年前，在护理委员会还没有让重新核发牌照变得如此困难的时候，他也不敢说自己一定会努力做到。可以确定的是，当目标变得遥不可及，人真的就会轻言放弃。

"能力受损专业人士"的聚会也让他心灰意冷。与会的一名护士说，她先用了将近两年的时间戒酒、外加遵守所有规定，然后又花了一年多的时间才找到工作。话说，与司科特相比她还有硕士学位的优势。

要从被撤销护理执照的状态爬回到完全复职，这当中必须经历很多阶段。领着职权受限的执照——其一就要求不能碰麻醉药品——在护理界求职，诚可谓不易。司科特还算有些人脉。多年来他与几名护理界的亲友依旧保持联系，其中有些人已经飞黄腾达。就拿他的一个阿姨来说，她现在是附近一所州立大学的护理学院院长。只不过，司科特能跟这些人保持联系，意味着他没有把自己既吸毒又没钱的窘境告诉他们。若是突然要去找这些人帮忙,可没有想象中那么容易。司科特曾跟一名身为地方性疗养院负责人的朋友说他过得不错。"所以现在我必须跑回去说:'哦,没有啦,其实我过得特别惨,既吸毒又酗酒的,之前完全是在骗你……'我想我很多顾忌就是这样来的。"司科特并不觉得他有任何后门可走。[2]

在俱乐部打扫了 4 个月,中途只休息过 1 个晚上,司科特开始厌倦了。他很清醒,但也百无聊赖。他每晚的工作就是倒烟灰缸、刷马桶、收工时再给自己打个分数:"A-"或"C+"。休息 21 小时后,这一切又会重新来过。他在嗑药的时候,感觉人生至少还有个方向:把毒品弄到手。现如今他只觉得自己在绕圆圈,而且是一个又小又单调的圈。安娜要求司科特为他晚上睡的沙发付 200 美元的月租,还要他记得用食物券去买自己的生活所需,但这样一来,他就存不了多少钱了。

司科特烦的还不只是在俱乐部工作。想要戒酒的热度消退后,他越看匿名嗜酒者互诫协会越不爽。这种"蜜月期"过后的感觉并不罕见,否则匿名嗜酒者互诫协会里也不会有种说法叫"从粉红色的云端上跌下来"。

"左右矛盾的情绪演变成了单向度的敌意。"司科特说。他觉得很丢脸:晚上动不动就得跑去跟废物般的酒鬼或可卡因成瘾的家伙打交道,一伙人坐在连成半圆形的折椅上,用塑料杯子喝福杰仕牌的速溶咖啡,轮流讲一些恐怖故事。司科特愈发厌恶如此"行礼如仪",他讨厌让陌生人搭肩,讨厌那些老掉牙的措辞——"倚靠上帝的恩典""放开手让上帝接手"——更别提宁静俱乐部里的人们一致认为用美沙酮等处方药来戒毒是作弊。司科特考虑要到县立诊所拿药来缓解对毒品的需求，以及抑郁等戒断反应，但他无法向安娜或大卫开口。这段时间为了让身体排毒，司科特呕吐过、发抖过、痛哭过，但这样努力过后，他环顾四下，看到的依旧是身无分文且无家可归的自己，从早到晚除了累积在匿名嗜酒者互诫协会的时数，还要在三更半夜反复将拖把浸在水桶中清洗。"去××的瘾君子跟酒鬼，"他会在四散着折叠椅的空房间里大吼大叫。"我要发疯了！"

早上7点37分，司科特去"密尔沃基县立行为服务部推广门诊"报到。这间诊所的服务对象是那些没有保险或只有"一般医疗援助项目"，即密尔沃基县公共保险的居民。墙上的告示写道："您的第一次门诊会持续3到5小时。若不能承担花销，您可以选择做志愿者工作来抵医药费。"忙碌的护理师和社工绕过在走廊漫步的病人，等待看诊的病人们显得无所事事。司科特不介意在诊所工作，成为那些忙忙碌碌的社工当中的一员。但他那天不是来当社工，而是来拿药的。他觉得那些匿名嗜酒者互诫协会的家伙没吸过海洛因，所以不会懂他的这种生理需求；他的身体需要某种引信来推一把，让他产生前进的动力。他今天的"第一志愿"不是美沙酮，而是用来治疗阿片类药物成瘾的舒倍生。经历近3小时的等待后，终于叫到了司科特的名字。他站起身来，心中的大石头落地了。

帮他看诊的精神科医师是名高瘦的亚裔人士，理着黑人那种飞机场似的平头，讲话声音很轻，只比悄悄话略微大声些。他领着司科特进了间单调的房间，长方形的格局让人有闯进超大型衣柜的错觉。司科特在沙发上坐下，医生则趴在书桌上读司科特的病历。书桌紧靠着墙，所以司科特一抬头，便能看到医生侧身的轮廓。

"你抑郁多久了？"医师嘴上这么问，眼睛却紧盯着病历。

"很久了。"司科特答道。

"所以你有哪些症状？"

"就是整个人懒懒的，提不太起劲……我在想要不要试试舒倍生。不知道这是不是戒断后的现象。"

"你吸毒多久了？"

"嗯……大概 7 年吧。"

"那你戒掉多久了？"

"4 个月。"

司科特一五一十地交代了他吸毒的经历，医师顿了一下，才又接着往下问。"嗯，"他稍微转了个话题，"这里说你小时候被性虐待过。"

"没错，"司科特有些不悦。

"那是你几岁的事情？"

"我那时候很小。从 4 岁开始吧，直到……"司科特想了一下，"……10 岁。"

"虐待你的是谁？"

司科特对医生说了实话。

"事情是怎么解决的？有通知大人吗？"

"没有，我谁都没有说过。"

"你有为此接受过治疗吗？"

"没有。"

"你有兴趣接受治疗吗？"

"没有。"[3]

司科特走出诊所，手中多了两瓶抗抑郁药。医嘱是每天服用两次 100 毫克的舍曲林，外加睡前服 50 毫克的阿米替林。[4] 司科特问医生，"要是瘾犯了您有什么药可以开给我吗？"对此医生说有相关的治疗计划，却只字未提舒倍生。司科特对此有些不悦，但"三次打击有两支安打"也不能算差了，毕竟还是要到了两种药。外头寒意十足，温度计上显示是零下 1 摄氏度，更别说体感温度了。天寒地冻，积雪在司科特的靴底呀呀作响。

3 个月后，大卫和安娜 12 岁的女儿在衣服堆翻找零钱的时候，发现司科特的几条游泳裤里藏着注射用的针筒。最近刚搬回家住的奥斯卡（Oscar）是阿尔迪亚家的大儿子，他认为这可能是个旧针筒，而这完全说得过去。司科特刚搬来那会儿，时不时会在好久没穿的上衣或牛仔裤口袋里发现"纪念品"。他甚至找到过吸食快克可卡因用的烟斗，看着看着才想起来那是做什么的。这种感觉就像你在洗过的衣服里找到褪色的电影票根一样。但大卫和安娜对他的解释并不买账。当天晚上，在司科特打扫完宁静俱乐部之后，他发现自己的东西堆在了阿尔迪亚家的前廊，上面还附了张便条。他试着推门，但门从里头被锁上了。这可是他住了7个月的"家"。

司科特没有为自己辩解。他一方面不想起冲突，另一方面也不觉得大卫和安娜会愿意听。"他们宁愿相信是我自甘堕落，也不愿去想这针筒可能是他们儿子的。"司科特这样想道。除此之外，现在也不是奥斯卡可以去戒毒的时机，毕竟他才刚当爸爸。司科特心想，自己应该大方一点，就让奥斯卡留下来陪他的女友和刚出生的女儿吧，他要继续吸毒就让他吸吧。

司科特会知道针筒是奥斯卡的，是因为司科特跟他一起注射过毒品。司科特不会说这是"毒瘾复发"，他会说："吸毒让我变得正常。"

祸不单行。司科特发现自己耐着性子撑过的匿名嗜酒者互诚协会和他恨之入骨的团体治疗课程，两样他都白去了，因为护理委员会并不买账。关于恢复护理执照，委员会有自己的程序和玩法，而司科特没有乖乖照办。而关于尿检，委员会设有专门的实验室，鉴于司科特没有使用实验室的相关设施，所以在他没吸毒之后的所有合格检查一概不算数。"我跑了那么多趟，尿了那么多个杯子，连着配合好几周。最后跟他们联络，想确认一切正常，他们却狠狠打了我一巴掌。"

一挫再挫的几天过后，司科特在加油站遇见了海洛因苏西和比利。他们掏出家伙，说是让司科特"叛逆一下"，而司科特也默默收下了。这或许能以个案视之，一如攀岩时脚向后滑了一下那样，只是奥斯卡在这个时候搬回了爸妈家，而他可是个货真价实的瘾君子。自此每逢周末,这两个人就凑在一块儿"放纵"。司科特会在周一前暂停吸毒,这样周五的尿检才能过关。期间,心理辅导和匿名嗜酒者互诫协会的活动他还是照去。只是几个月后,这样的"修行"就无以为继,他开始肆无忌惮地想吸毒就吸毒。

凌晨2点,站在"阿尔迪亚康复之家"的门廊上,司科特只剩下一袋衣服和他的"记忆盒"。他很自然地迈向下一步,那就是打电话给海洛因苏西跟比利。当晚他就睡在他们的拖车里,一切又仿佛重新归零。

时隔数日,苏西正在烤苹果派,司科特打电话给他的妈妈琼。他决定试试看美沙酮的疗法,为此他需要两样东西:一样是他体内的海洛因,这没有问题;另外一样则是150美元,这他拿不出来。1个月前,司科特曾经回老家待了2天,住在他妈妈不大但还算体面的房子里。这两天他去疗养院看了外婆,跟他十几岁的侄女一起打电动,还看他妹妹试穿新婚纱。司科特已经2年没见到他妈妈了。"我要是可以在市区开车,我早就去看你了。"琼给了他这样一句意味深长的道歉。这趟回家算是很开心,司科特感到很放松、心情也很平静,不像上次造访,在琼的眼里,司科特紧张得像只被关在笼里的兔子。"他双腿抖得特别厉害。"琼记忆犹新。琼特意安排了一顿特别的午饭和一场盛大的晚餐,让亲戚们都可以跟司科特见见面。就这样,他怀着被爱的心情回到了密尔沃基,而正是因为有过这样的心情,他才有办法打这通电话。

"那是间美沙酮疗法的诊所，"司科特说。"你知道我在说什么吗？……我会每天过去拿药，然后我的鸦片型毒瘾和抑郁症都会好转……我想要靠自己努力把毒瘾给戒掉。本来我不想让丑事都摊在你们的眼前，但这样好像真的行不通。"说到这里，司科特吸了口气。"妈，我这样说你懂吗？"

琼只懂一件事情，那就是自己的儿子很少开口要求什么东西，而这天他开口了。为此她拿出了150美元。

隔天早上，司科特坐在第十街美沙酮诊所里等待叫号。在这间诊所看诊一共要四个步骤。挂号处收钱、采集处收受你的尿液。遇到熟面孔，护士会在打招呼时喊出他们的绰号或编号。"嘿，院长早！""今天红光满面，运气应该会不错哦，3322号。"接着要去厕所，厕所里装有监视器避免你把尿液调包。最后一站有一道厚重的门，门上贴了一篇从《洋葱报》（The Onion）*上剪下来的文章，标题是《怎么这么慢》（Everything Taking Too Long），文章附上的照片是一名男子盯着微波炉，面露不耐烦的神色。这扇门后就摆着美沙酮的配发机台。一旦获得放行，病人就可以进门用自己的号码"打卡"，然后配发机就会往小塑料杯里喷苦苦的红色液体。

要说密尔沃基什么地方最龙蛇杂处，司科特心中排第一位的

---

* 1988年创立、总部设于芝加哥的小报，特殊之处在于这份报纸非传统的讽刺风格，其幽默之处在于以超现实的眼光将日常的俗事做成警世的重大新闻。2013年停止印刷，转型为数字媒体。

是早上 7 点钟的美沙酮诊所。同样的几扇门，走进来的却有以下这些人：20 多岁、浓妆艳抹、手拿设计款包包的白人女性，完全不懂什么叫轻声细语、得靠助行器才能走路的墨西哥男性，手抱新生儿的白人妇女，戴着耳环、让司科特看得津津有味的大个子黑人男性，胖画家，壮实的工人，身穿粉红女款衬衫、套装长裤的白人女性，西装笔挺、看起来像是会计师的男性，最后是一位驼背的华裔女性、拖着脚步走进诊所，看起来有 80 多岁了。这位华人婆婆一进门，另一个挂着拐杖的波多黎各女人就迎上前去，用拥抱表示欢迎。

"你第一次来？"有人问道。

司科特一转头，是一位年轻的白人小姐。看起来才 18 岁的她绑着马尾辫，脸上有雀斑，还有一口矫正过的白牙。若是说她刚从东区高中田径队里练习完毕，也没有人会怀疑。

司科特点点头，算是回答了问题。

"嗯，听我一句，"年轻女孩凑近说，"我自己是不会想吃这种药的。我是说，他们说要把你们先'拉进来'，再把你们'带出去'，但这些可都是鬼话。他们只是想赚你们的钱。我快记不起自己用了多久的美沙酮了，但我现在还是要服 100 毫克的剂量。"

司科特眉毛一抬，想起了他上次尝试美沙酮，最后让他被送到医院的剂量就是 100 毫克。他回忆自己在离开诊所后立马混合了健得静*和美沙酮，还忍不住喝了杯鸡尾酒。不胜"药力"

---

* 治疗抑郁症的镇静剂，其他的商标名还有阿普唑仑、静安定等。

和酒力的他跌跌撞撞地跑向迎面而来的车流。来到现场处理的警官给他注射了纳洛酮中和药效,但也让他因为戒断反应抽搐不止。再来他被送进了加护病房。

"你付了多少钱?"司科特问。

"370美元。"她说的是每个月。

他点点头,开始寻思下个月的药钱要从哪里来。

轮到司科特,他吞下了红色的美沙酮,往杯子里加了点水摇晃,然后把这"洗碗水"也喝掉了。如果现在少喝了,迟一点的感觉可能会很不一样。

离开之前,司科特跟美沙酮的咨商师见了一面。对方是个黑人,年纪跟他差不多。

"最近30天,你用了几次海洛因?"咨商师问。

"30次。"司科特接着把妈妈借他150美元的事情也说了出来。"我想是我的错吧,我不应该对她期望那么低的,"他说,"也许我习惯拒人于千里之外了。"

"秘密的多寡,决定了人健康与否。"咨商师说。

单靠在宁静俱乐部里赚的钱,没办法同时负担美沙酮和房租,无家可归的司科特住进了一间86床、名叫"客房"的收容所。每天早上司科特都会搭公交车去美沙酮诊所,晚上则和其他游民睡在大房间里的上下铺。美沙酮的副作用包括盗汗跟变胖,性欲也受到了抑制。但它的确有戒毒效果。[5]

大部分人即便开始了美沙酮疗程,也撑不过一年。[6]但司科特没有放弃。一段时间之后,他摇身一变成了"客房"的住房经理,这意味着他又开始帮人做事了。一周有4天的时间,他会在"客房"的一家附属收容所里工作。这家附属收容所藏身于南区的一个安静社区,是栋平凡无奇的三层楼房,但有向外推的凸窗。他的工作包括用漂白水刷洗一遍卧房,还要带老人到后院的野餐桌边。那里有地方让他们坐着抽烟,也有空的福杰仕速溶咖啡罐接他们的烟灰。

坚持了1年的时间,外加自费4,700美元之后,县政府终于同意帮司科特出美沙酮的钱,他每个月只要自费35美元。然后透过"客房"提供的一个永久性的居住方案,司科特顺利搬进了属于他自己的公寓,房租只要他收入的1/3。他选的是在威斯康星大道上的"尊爵公寓住宅"[*],一旁的格兰大道上就有卖场。他一直都想住在闹市区,最初来到密尔沃基,司科特就一直是这间卖场的常客。对于他这个来自艾奥瓦州农场的孩子来讲,这间卖场简直就是人声鼎沸的市集。十四层的尊爵大楼建于1908年,原本是作办公场所和杂耍剧场之用。在改装成公寓建案之后,开发商在此装设了健身中心、室内篮球场、小型的社区剧院,还铺设了绿色的人工草皮。

司科特的公寓位于十楼。干净不说,这地方还有小麦色的地毯、纯白无瑕的墙壁,与人等高的玻璃上有迷你百叶窗,还有宽敞的浴室、可以正常工作的燃气炉和带制冷效果的冰箱。"客房"还附赠了深棕色的情人椅以及一张跟椅子配套的沙发、

---

[*] 由轻工业建筑改装成的公寓住宅。

几盏司科特舍不得把塑封膜从灯罩上撕下来的台灯,还有张他几乎没用上的大床——因为睡沙发的习惯已经改不过来了。屋内甚至有组直立式的洗烘衣机。这一切都好得不可思议。一开始司科特还半信半疑地等着"客房"随时打电话来说是他们搞错了。这公寓的月租本来是775美元,但司科特只需负担141美元。

过了整整一个月,司科特才真正意识到自己住在这里,这公寓是自己的。进入状态后,他立刻给屋里添了条铺在浴室前的地毯、海军蓝的床罩、手工肥皂、香氛蜡烛、抱枕、漱口水、碗盘,外加门口用来放鞋的"欢迎光临"踏垫。住进这处公寓,司科特感觉踏实多了,他开始觉得自己值得用好住好,心里燃起了向前的动力。这天,司科特用从基督教"圣文生修会"拿来的磁铁,在冰箱上黏了一张字条:

五年计划

重返护理界
要赚很多钱
生活尽量省
开账户存钱

在失去执照的两年零三个月之后,司科特终于有办法靠省吃俭用来积攒重新核发牌照所需的检验费用。为此他甚至开始搜集零钱，丢进厨房一个专门的罐子里。

在拖车营里，司科特感觉自己卡住了。"我不知道该怎么样把自己修好，"他回想，"在那里生活，就像天塌下来一样，就像外面的城市都消失不见了一样。"那段岁月里，司科特常常会有自杀的念头，事实上他都想好了要用超剂量的海洛因一口气"爽死"，只可惜这么奢侈的死法他根本负担不起。如果说从前住的拖车代表着地狱，那现在的新家简直就是天堂。这两者差距之大，他开始觉得从前的日子是远离尘嚣、远离文明的"一次大型宿营之旅"。有时候想起从前的光景、想起失去的一切，他会走出公寓，穿过尊爵大楼昏暗有如羊肠般的走廊，来到某个门前。他会扭开门，然后现身于格兰大道卖场的中间，那种感觉像是穿过了某扇"任意门"。走在卖场里，司科特会尽兴地沉浸在灯光、音乐、食物的香味跟人群的感觉中。一瞬间，他会想起多年前曾有过的感受，那种城市里充满着惊奇与希望的感受。

第24章
永无翻身之日

阿琳一边拨电话,一边对乔里做了个"一起加油吧"的招牌表情。第90号的房东在语音信箱留了讯息,要阿琳给他回电。留话的其实是房东的儿子,也就是之前带阿琳看房子的人。20岁出头的房东儿子反戴着棒球帽,头发编了辫子,又绑成了马尾。"叫我帕纳(Pana),"他说。阿琳还记得2003年那会儿做过帕纳爸爸的房客,当时她以月租535美元租了一间两居室,现在则涨到了625美元。所以阿琳这次申请的是月租525美元的一居室。谁也不知道这六年的租金涨幅会如此之大。

电话响了,阿琳在回忆自己是怎么跟帕纳说的。在月收入上阿琳说了谎,她骗帕纳说每个月有250美元的育儿津贴;被驱逐的事情她倒是坦承不讳。一言以蔽之,她简直是在"求租",说是连看房都免了;社区的环境也好,房子的屋况也好,她都不怎么在意。"有什么住什么"是她的想法。"我现在可是待在收容所，没有什么地方会比收容所还差了吧。"她这样说道。

帕纳也给了答复。"嗯，我们核对了你的资料。你还蛮老实的，那我们就合作愉快啰。"

阿琳跳了起来，压低声音喊了一句，"太好了！"

"不过别忘了，你可不能犯错哦。"

"我知道。"

"你的收入很固定，所以你一定要准时交租，也绝对不能惹上任何麻烦。"

阿琳先在电话上谢过帕纳，讲完电话后又谢了上帝。一旦有了笑容，阿琳看起来就判若两人。压力总算是小了一点。至此她跟房东的交手记录是 89 负，外加这宝贵的 1 胜。

乔里回应了妈妈伸出的手，母子俩击掌。他和弟弟得为了搬家而转学，乔里对此不以为意。转学是家常便饭。光是从七年级到八年级，他就换了 5 所学校——但他也不是天天都上学，光算在家暴收容所的那段时间，乔里就连续缺席过 17 天。在阿琳的眼里，上学是奢侈品而不是必需品，是她在找到房子后才会考虑的问题。再说，乔里是她身边最好的帮手，他可以跑遍整条街，一口气记下所有的招租电话，也可以在她带着笔记本去找房子时当贾法瑞的保姆。乔里还是个开心果。遇到不顺心的时候，他老是会逗妈妈笑。他的绝招是即兴编歌，虽然不是很精通。当密尔沃基的街景在公交车窗外流动时，他会像下面这样唱起来：

唉、唉、唉

替我找间房子，让我可以搬进去吧

刚刚那所是我读过的学校

刚刚那条是我住过的街坊

刚刚那间是我熟悉的加油站

我们在找房子噢

很难讲乔里究竟担不担心找房子的事，因为他不会把心情写在脸上。

离开收容所的时候，贾法瑞哭了，他手上紧抓着社工告别时送给他的遥控车和《芝麻街》的艾摩（Elmo）娃娃。"我不敢看。"贾法瑞在车子开走时说。阿琳揉了揉小儿子的头，告诉他能离开收容所是好事情，应该高兴。贾法瑞不懂妈妈高兴的原因是什么，收容所明明既安静又暖和，还有很多玩具。

母子三人的新公寓在条顿大道和银泉路的繁忙路口，算是北部一个比较偏工业区的地段。阿琳爬上阶梯，来到了这栋三层楼的公寓，而乔里跟贾法瑞则嬉笑着搭乘发出咿呀声响的电梯。到了屋里，墙壁新粉刷过，灰色的地毯厚实而干净。有一台小型的空调，每个灯泡上都有灯具。小巧的厨房里有轻木橱柜，而且每个柜子都有完好的把手。阿琳慢条斯理地检查了一遍，完全挑不出任何毛病。她打开窗户，看着窗外驶过的一辆辆车，对街则有一家奥尔钢材供暖的配送中心。她觉得一切都很好，只是有点累。

等所有垃圾袋里的衣服以及一箱箱的罐头食物都搬进屋里后，阿琳坐在地上。她找到一个软软的袋子，用背靠着。她感到很平静，有一种回到家的感觉。和谢伦娜闹上驱逐听证会是两个月前的事了。乔里在阿琳身旁坐下，歪着头靠在她的肩膀上。贾法瑞也有样学样，身子缩在阿琳的腿边，头则枕在妈妈的肚子上。母子三人维持这样的姿势，依偎了好一会儿。

过了几天安稳日子后，阿琳收到了一个噩耗：大家口中的T死了。T是泰伦斯（Terrance），是拉里那边阿琳唯一还有联络的家人。而且用枪把T打死的不是别人，是阿琳也很疼爱的P. A.。同辈的P. A.跟T是亲戚，但争执中T抄起斧头的握柄砸向了P. A.的头，而P. A.一气之下掏出了枪。在拿枪找T算账之前，P. A.先打电话给T的妈妈说他现在要去宰了她儿子。事实证明，他并不是在开玩笑。

T一死，阿琳的生活也跟着乱了套。她为过世的T以泪洗面，也为缅怀T和老朋友们聚在一起。阿琳安排贾法瑞在她处理后事的期间住到他以前寄养妈妈的家里，像贾法瑞这么小的孩子，不适合去那种场合，阿琳是这么想的。有人聊到要在告别式后去庞德罗莎牛排馆，没钱的人只得卖血浆才能一道去吃。

T在街边的告别式设在密尔沃基西北区的丰迪拉克大道旁。与乔里一起抵达现场后，阿琳把花和动物造型的填充娃娃给摆整齐了。这算是一场体面的丧礼：街边装饰着乳白色缎带、题诗、假玫瑰花和几束黄白雏菊、康乃馨与百合组成的花圈。阿琳走到T的家门口,在阶梯上站了会儿,又回到告别式的场地,然后再一次走回到T家的阶梯。

"大家都说时间过得很快,对吧?"乔里若有所思地说,"但我赌告别式上的时间会过得非常慢。"

到了告别式当天的清晨,阿琳穿上了深色的牛仔裤,上身则是洛卡薇尔牌的衬衫外加蓝色的帽衫。走下楼梯的时候,她跟乔里遇到了要上楼的帕纳。

"我有话跟你讲,"他说。"是关于前天晚上的事情。"

阿琳开始快速搜寻起两天前的记忆。对了,前天晚上她打了"911",因为贾法瑞的哮喘犯了。

"我们这儿是别人眼中的妨害设施,"帕纳说,"所以不能让警察过来。"

"来的只有消防队和救护车而已,"阿琳解释,"光凭哮喘是叫不动警察的。"

只是阿琳打电话给"911"并不是唯一的问题。有邻居抱怨阿琳的朋友竟为了要大麻而去敲他的门(这个朋友是特丽莎。她那天在当乔里和贾法瑞的保姆)。还有就是贾法瑞有次被抓到从三楼的窗户丢了不知道什么东西下来。"情况要是不能改善,你们就得搬家。"

走出房门、在前往新匹兹殡仪馆的路上,阿琳摇起了头。"一会儿这里不对,一会儿那里又有问题。"她说。除了担心惹毛帕纳以外,阿琳的食物券也出了状况。变更住址该交的表格和资料她都交了,但审核过程似乎不太顺利。然后就是她得把东西从仓储那儿清出来,而且要快,否则月初一到,她就会为了钱左支右绌——如果钱拿去付仓储费,那就没钱交房租了。T 固然已经离世,而某种程度上,阿琳觉得 P. A. 也不在了。贫穷会逐渐累积,越来越看不到尽头。所谓贫穷,常常意味着祸不单行。种种不幸盘根错节,将人团团包围,身在其中的人只有竭力让自己不要发疯。偶尔会有间隙,让人可以喘口气,但总的来说,生活就像是一档闯关游戏,眼前摆设着一道道关卡。[1] 现阶段阿琳只能庆幸自己还有家可以待、有地方可以睡。

阿琳在殡仪馆的门口犹豫不决。位于西开彼托路的匹兹殡仪馆建于 20 世纪 30 年代,是威斯康星北部的地标。这栋兰侬石建筑采用了时髦的法式折中主义风格,装饰有八角形的楼塔、纤细而雅致的窗户,入口处则有一顶深褐色的天棚,向外延伸至人行道,另外还有陡峭的屋檐线和居高临下的烟囱。乔里紧跟在母亲的身旁,两人一道走进去。灵堂内站满了人,三五成群的孩子们身穿个性的 T 恤,上面印的人脸若不是 T 就是其他同样"英年早逝"的朋友。祖父母那一辈穿着乳白色或棕色的西装出席,头上还戴着搭配得宜的毡帽。T 的亲兄弟大 C 坐在最前排,身穿亮眼的蓝色 T 恤,头上绑着同色系的头巾、脸上挂着一副太阳眼镜。叔叔林克(Link)现身时,耳朵上夹了根抽到一半的香烟,身材壮硕的他缓缓走在灵堂的通道上,他太太则把脸靠在他的背上啜泣。阿琳在后排找了个位子坐下,她对自己在家族中的地位有自知之明。

T 的遗体身穿黑色长袖 T 恤,头戴全新的奥克兰突袭者队球帽，看起来颇为安详；他差一点就满40岁了。低头俯视T的，是打着圆鼓鼓温莎结领带的牧师。"怎么我每次来到这里，看到的都是跟我岁数差不多的人躺在棺材里，年纪轻轻就离开了我们。"他边说边摇头。下一秒他开始爆发，尖锐的口吻中冒着看不见的火光。

"我们之间的爱到哪儿去了？我们对人的关怀到哪里去了？……除了自己，还有谁能帮助我们，我们能靠的只有自己！"

"继续讲！"

"说得对！"

"那是我的宝贝啊！"

仪式结束之后，阿琳在外头加入了叔叔林克和其他几个人的谈话。有人递了罐老英国牌麦芽酒给她，她在雪地上倒了琥珀色的一圈，算是敬T一杯。葬礼后的家宴办在第十三街跟维列特街口，威斯康星非裔美国女性中心的地下室里，吃的是炸鸡配面包、青菜，还有起司通心粉。整顿饭吃下来，亲戚们对阿琳非常欢迎，又抱又亲。她有种被家人簇拥的感觉。这些人不会收留你，也不会借你暖气费，但他们懂得如何把一场葬礼办得热热闹闹的。

隔天，没有电话声响起，于是阿琳继续操持家务，希望把这里打理得更像一个家。她给孩子们注册了新学校，把东西从仓储领了出来，又在家中的墙壁上挂了相片。一个好心的邻居送了张沙发给她。先前，阿琳在第十三街的老公寓总是一团乱，

第24章 永无翻身之日 | 371

因为扫也是白扫：窗户裂了，地毯破了，浴室中的零部件能坏的也都坏了。但帕纳的父亲把屋况维持得很好，只要阿琳也加把劲，这地方绝对有家的样子。阿琳确实也这么做了。她在洗碗槽的上方贴了张小字条给乔里："自己的碗自己洗，没洗的话咱们走着瞧。"而在料理台上她摆了个蜡烛给逆境中的守护神圣裘德。看到阿琳的公寓，人们常会说，"你的房子真美。"甚至有人想当她室友。对于这种要求，阿琳总会满脸傲娇地说一个"不"字。

乔里很努力地适应新学校。按道理说他应该是八年级的学生，但之前的课程落后太多，所以他只有七年级的程度，学习之路上难免磕磕碰碰。除此之外，T 的死也让他心神不宁。据说后来 P. A. 打电话给 T 的妈妈，用的是拉里家的电话，所以警方也把拉里找来问讯，之后又放了他回去。但乔里仍为此非常纠结。案发的那一夜，自己的爸爸为什么会跟 P. A. "一起"？告别式后刚好过了两周，一名老师冲着乔里发飙，而乔里也不甘示弱地反击。气头上的他往老师的小腿踢下去，接着跑回家。接到老师报案的警察于是找上门来。

一听出了这种事情，帕纳就跟阿琳商量：如果她可以周日之前走人，那他会把租金和押金还给她。要是她赖着不走，那他不但会把钱扣下，还会申请驱逐她。所以说，小孩并不是对抗驱逐的免死金牌，有时候他们反倒是创造驱逐条件的"平台"。[2]

阿琳接受了帕纳的条件，而帕纳也"好心"地帮她搬了家。

她把碗盘从干净的壁橱中抽出来,将墙壁上的装饰一一卸下。等阿琳把所有家当塞进垃圾袋和回收箱,帕纳就把东西搬上卡车。他会开车把它们送回仓储。

就这样,阿琳失去了她漂亮的房子。[3]"我是不是被下了咒啊,怎么老是这么倒霉?"她纳闷。"明明我已经很努力了。或许好运就是跟我绝缘吧。"

阿琳打了电话给特丽莎,骗她说房东气炸了,因为他发现特丽莎挨家挨户问有没有人可以让她合租。让阿琳被驱逐的致命一击固然是找上门来的警察,但在外头摸爬滚打这么多年,阿琳也学到了几招:求人帮忙的大绝招就是让对方感到内疚,让他们觉得非得帮忙不可,要是不帮就是个没心没肺的王八蛋。[4]"害我住不下去的是你,现在这种情况你至少要帮我一把吧"。

特丽莎对阿琳说:"快过来吧。"

贾法瑞注意到,第十三街边在办一场新的告别式。"又有人中枪了,"6岁的贾法瑞奶声奶气地说道。回到旧居,两个男生就冲去特丽莎的公寓找小不点,但小不点已经死了,它被一辆车子碾过。特丽莎亲口把这个坏消息告诉了乔里,乔里拼命忍住不哭。他一边绕着特丽莎的公寓走来走去,一边用袖子擦拭止不住的鼻涕。走着走着,他找到一个泡棉的假人人头,特丽莎的公寓四周尽是这些奇怪的东西。乔里跪在假人头的旁边,把脸翻成正面,紧握着拳头打他的脸。乔里一直打、一直打,还低声发出怒吼。一拳拳越来越快、越来越重，也越来越响，阿琳和特丽莎这才大声制止他。

特丽莎对自己耍的"小把戏"直言不讳。纸包不住火，这种事不可能藏着掖着。男人会送上门来，然后特丽莎会带他们去她的"闺房"，并对阿琳说，"看看，我要给我们赚点香烟钱了。"等她再次出现的时候，手中就多了一张10美元或8美元。有一次乔里误打误撞地进了特丽莎的房间，看到一个男人和特丽莎躺在床上，男人的裤子摊在地上，特丽莎则糊了一脸的口红。房子挤了太多人的后果就是这样，个人空间荡然无存，小孩们也很快觉察到大人的勾当。

在特丽莎的新男朋友搬进来之前，她一直没有停止这门"生意"，阿琳发觉这位"男朋友"甚至在背后鼓励特丽莎这么做。她还发现，特丽莎把房租从每个月60美元涨到150美元，应该也是她男朋友的意思。这个男人有一长串的绰号。特丽莎叫他桑尼（Sunny），他30岁左右，刚因为贩毒服完5年的有期徒刑。他身材瘦削，走起路来健步如飞，还会大言不惭地说自己跟5个女人生了9个孩子,也会开黄腔说他带了根"锅铲"给特丽莎。桑尼顺走了特丽莎从嫖客们或福利机构那里攒到的钱。要是特丽莎在路上叫他，他会先当作没听到，然后再找时间凶她，"在外头不要叫我'宝贝'。"委屈的特丽莎会穿着衣服蜷曲在被窝里，或坐在窗台上点一根香烟，层层升起的烟雾有如盛怒的鬼魂灵般生动，而它们仅有数秒存活的时间。

在阿琳搬进特丽莎家之后，桑尼的父母亲也带着他们的女儿住了进来。特丽莎的公寓是一居室，屋况原本就不佳。如今8人同处一个屋檐下，简直要把这地方弄垮。首先撑不住的是马桶，紧接着厨房碗槽也开始漏水；情况随后开始恶化，连地板也积起了水，乔里一踏进厨房就会兴起涟漪。他不得不把旧衣服铺在上面吸水。

"越看越像贫民窟，"阿琳说，"厨房乱七八糟、地板乱七八糟，浴室也是。"她开始思考下一步该怎么办。"这之后会是什么？未来是什么？不会比这更糟了吧。"

接着儿童保护服务局的社工找上门来，一开口就问："贝尔女士在吗？"这天来的不是平常跟阿琳接触的社工，而是一张完全陌生的面孔。这位社工小姐知道阿琳住在这里（这点连谢伦娜都不知道），还知道马桶和碗槽坏掉的事情。社工打开冰箱，皱起了脸。阿琳连忙解释是月底的关系，冰箱才会空空的。她不是没去补货，但怎么买也填不饱8个人的肚子。[5]

儿童保护服务局的人说她会再来看。阿琳为此焦虑到反胃，她怀疑是特丽莎去跟儿童保护服务局告状的。她得逃，得赶紧想法子。于是她打了电话给J. P.，而身为亲戚的J. P.也没让她失望，立刻就去接她，还替她卷了一根大麻。抽大麻果然有用，于是他又卷了第二根给她。"J. P. 总是为我着想，让我不会那么烦躁，"隔天阿琳是这么说的。

终于，密尔沃基的春天来了。融雪后留下的是湿答答的街道和街边被泡软的垃圾。整个贫民窟在那一天意识到出门不用再裹得严严实实的了。大家的反应有些过度:男孩子打起了赤膊、女孩子抹上了防晒油,在还说不上是热的天气里露腿。躺椅和笑声重新出现在了门廊上,孩子们还翻出了跳绳。

在过去的几天时间,阿琳和儿子们单独待在特丽莎的公寓里。她很珍惜这份平静与祥和。特丽莎跟桑尼还有桑尼的家人不知道去哪儿了,对此阿琳没有多想,大概是找亲朋好友串门去了。但5月1日那天,搬家工人突袭了特丽莎的公寓。这些工人戴着手套,一副跃跃欲试的样子。到了现场,他们却狐疑地你看看我我看着你,显然不确定什么该包起来、什么又是该丢的垃圾。这些工人跟贝琳达签了约,贝琳达等等会开着全新的福特牌"征服者XLT型号"的汽车来察看进度,那车还挂着由经销商申请来的临时车牌。已经被放出来的克里斯也到公寓来找特丽莎。贝琳达开始担心起她那些住在第十三街的业主,感觉这里已经不再安全。

阿琳盯着前窗。"我真的受不了了。"她喃喃自语。这是她跟特丽莎同住一个半月的心得。

发辫垂在一边的贾法瑞放学回到家,见着工人正把床垫和梳妆台往外拖,衣服也被一团团地塞进黑色垃圾袋里。面对这样的光景,他倒没有什么反应,既没有哭,也没有问问题,也没有冲进去看自己的某样宝贝还在不在家里。他很平静地转过身,出了家门。

他们在阿琳的妹妹家待了一段时间，妹妹跟她收一个月200美元，但阿琳和儿子都没有自己的房间。在这期间，阿琳失去了她放在仓储的所有东西：玻璃餐桌、在第十三街买的衣柜和梳妆台、空调主机。她有拿钱给大儿子博西交仓储费，也不知道他是把钱给丢了还是偷了。阿琳的社会福利档案也被关闭了，主要是她太多次约见都没去。和之前一样，通知信函又寄到了她之前被驱逐的旧家地址。"补助会停掉是有原因的。"她说。阿琳最后在第十三街和克拉克街口找着了另外一间破旧公寓，就在麦斯特锁具公司的工厂旁边。"希望事情可以到此为止，"她这么跟自己说。因为觉得稳定下来了，阿琳开始找工作。但有一天，去阿比汉堡面试完没多久，她和两个儿子就被抢劫了。两个男人闯进了她的公寓，用枪抵住乔里的脸。阿琳的社工告诉她这地方已经不安全了，于是阿琳只好又逃回某个收容所。房租不断上涨，阿琳好不容易找到的新公寓竟然要月租600美元，而她一个月收到的社会福利支票只有628美元。这样一来，她被断电是迟早的事。到了停电那天，乔里跑去跟拉里住了。贾法瑞则被儿童保护服务局安置在阿琳妹妹那里。

阿琳很是不知所措。"我的心里乱成一团，"她说，"有时候我的身体会不由自主地发抖。我累了，但又睡不着。快要精神崩溃了。我的身体像是要关机一样。"

但阿琳又重新振作了起来。她向迈尔沃阿姨借了钱，恢复了家里的供电，于是两个孩子又回到了她身边。她另外在塔玛拉克街找了间公寓，距离会堂社区浸信会（Tabernacle

Community Baptist Church）不远。这间新公寓没有炉子也没有冰箱，但他们会用插电的电炖锅煮热狗，也会去圣本笃教会的供餐处吃俄罗斯酸奶牛肉，那儿还有些酒鬼做他们的临时饭友。

有时候阿琳会跑去食物厨房。贾法瑞会问："妈，你可以帮我拿一些蛋糕吗？"

阿琳会笑着说，"他们有的话，我一定帮你拿。"

另一边，乔里在思考自己的未来。他想要当个木工，因为他想帮阿琳盖间房子。"别人都觉得我没有办法。但你们等着瞧吧。"他说。

阿琳看着乔里，露出了笑容。"我希望自己能有个不一样的人生，"她说，"希望变成老太太的时候，我可以轻松地跷着二郎腿看我的孩子。我希望他们到时候都能长大，然后你知道的，可以成为有用的人，比我有用的人。而且我们可以在一起生活，每天开开心心。我希望我们有天回忆起现在，可以把这些遭遇都当成趣谈、当笑话看。"

终曲：家与希望

家是我们生活的重心。家是避风港，是我们忙完学习工作之余、在街头历劫种种之后的去处。有人说在家里，我们可以"做自己"。只要离开家，我们就会化身为另外一个人。只有回到家，我们才会褪下面具。

家，是人格的泉源，是我们的身份可以生根、可以开花结果的地方。童年的我们在家里做梦、玩耍、打破砂锅问到底。青少年的我们会退而在家整备，进而离家冒险。再长大一些，我们会希望建立自己的家庭来生儿育女，开创一番事业。家就是这样的基地。说到要了解自己，我们往往都会从自己出身于什么样的家庭说起。

在世界上许多种语言里，"家"的意涵不只是遮风避雨，这个字还会让人联想起温暖、安全感与亲情——就像母亲的子宫一样。古希腊文里，"家"的象形文字常被用来替换"母亲"。中文的"家"

有两层含义,是家人,也是房子。英文里的"Shelter"则由两个拉丁文组合而成:scield（屏障）与tuma（团队）,合起来就是一家人共同聚集在保护伞下的样子。[1] 从古至今,家是生命的基础。家是分享美食的厅堂,是培养安静习惯的地方。家人之间会在这里倾诉梦想,建立传统。

都会的生活也始于万家灯火。家让我们落地生根,将我们集结成社区。以家为单位,我们参与地方政治,怀持团结一致、"远亲不如近邻"的心情与邻居交心。"要逼着一个人站出来关心整个国家的事务,谈何容易?"法国政治学者托克维尔（Alexis de Tocqueville）发现,"但如果说到要在他家门前开一条路,他就会立刻感觉到这件公共意义上的小事会对他的切身利益产生巨大的影响。"[2] 只有将那条门前路看作是大家的路,把某个公园看作是大家的公园,把某间学校看作是大家的学校,我们才会真正成为以公众事务为己任的公民,才会愿意把时间和资源投入到有价值的事由上:无论是要巡守社区、做美化儿童游乐场的义工,还是要竞选加入当地的教育委员会,对于家的认同,都是最重要的契机。

为公共利益贡献一己之力,是民主的引擎,也是社区、城市与各州的生命所系——最终也是我们立国的根基。瑞典经济学家冈纳·米达尔（Gunnar Myrdal）曾写道,为公共事务付出,代表着"美国人心中流露的理想主义与道德情操,"[3] 这股真情流露被称作是"国家之爱""爱国主义""美国精神"。无论挂上怎样的名号,换上怎样的脸孔,其底蕴都是"家"。国家是什么?

不就是都市与城镇的结合吗；都市和城镇是什么？不就是邻里的集合吗；邻里是什么？不就是一个个家庭的组合吗。

美国理应是个让我们自己变得更好，让家庭更好，让社区更好的地方。若要拥有这样的美国，我们必须先拥有一个安稳的家。要不是透过"客房"的永久住屋安置计划，得到了一个价格合理的公寓，司科特怎么能跟海洛因划清界限？怎么能找到游民收容所住房经理这样一份有意义的工作？又怎么能开始自给自足？这之后的他，一直居有定所且神志清醒。然后是辛克斯顿一家。在小马利克出生之后，帕特里斯和多琳终于搬到了田纳西州的布朗斯维尔，一座人口数大约是一万的小镇。他们找到了一个舒服的三居室。从一开始的鼠窝出发，帕特里斯通过了普通教育发展证书考试，取得了高中同等学力，老师佩服得不得了，她也成了那一届成年学生里的模范生。帕特里斯再接再厉，继续在当地的社区大学里选修了电脑和刑法的网课，希望有朝一日能成为一名假释官。她常半开玩笑地说："我好多朋友都是犯人，将来他们都会是我的客户！"

贫穷在美国之根深蒂固与残酷无情，常叫人心灰意冷，我们继而放弃寻找可能的解决方法。但司科特和帕特里斯的故事告诉我们，家可以是一块坚实的立足地。当有这样一个栖身之所时，人们就有可能蜕变成更好的父母、更好的员工和更好的公民。

如果阿琳和瓦内塔不用把收入的七八成拿去交租，她们就可以让孩子衣食无忧、不必整日在街上游荡；她们可以找个社

终曲：家与希望 | 381

区安顿下来，不用一天到晚让孩子转学，这样孩子就有机会交到一辈子的朋友，并在身旁慢慢聚集处世的榜样和良师益友；她们可以去银行开账户储蓄，给孩子买书或玩具，甚至添台电脑放在家里。为了准时交租、拖延被驱逐的命运，为了在流浪时赶紧找到下一个落脚处，她们不知付出了多少时间和精力，而这些时间精力原本可以用来充实她们的人生：读社区大学、运动健身、在职场闯荡，还有可能找个好对象。

现实是，我们"把生来理应不只如此的人贬入了贫穷的境地。"[4] 近百年来，在美国有一个普遍的共识是：居住支出要以在家庭总收入的三成以下为宜。[5] 而直到不久之前，这确实是一个多数租房家庭都能实现的目标。但此一时彼一时——如今在密尔沃基乃至于整个美国，状况日益恶化。美国每年从自家被驱逐的户数，已不是几万户的问题，也不是几十万户的事情。几百万几百万的人流落街头或被迫委身于收容所。[6]

直到最近，很多人还不知道住房问题之严重，也不知道它会造成什么样的后果。唯一知道问题严重性与后果的，是亲历痛苦的那群人。学界、媒体、主政者多年来对驱逐问题视而不见。这三方无视的结果，就是驱逐明明影响了广大穷困家庭的人生，却在社会学的研究工作中付之阙如。所幸新的资料和研究方法让我们有能力评估驱逐的泛滥程度，同时将其产生的效应一一记录。驱逐与穷困社区之间"难兄难弟"的关系，驱逐让家庭、社区与孩子付出的惨痛代价等，我们都已了然于胸。

人先要能安居，心才能安定。心定，才能花心思在持家与社会交际上。安居，孩子才不用东奔西跑，才更有机会在学业上精进及累积。人能安居，社区才能稳定，街坊之间才能培养感情，守望相助的观念才能成形。[7]但对于穷困家庭而言，所谓的安居根本就是遥不可及，因为他们老是从租房处被驱逐。低收入家庭常搬家，这似乎已是共识。但他们为什么这么频繁地搬家，则是学者和政客们都搞不清楚的问题，因为他们根本就没把低收入社区被驱逐的频繁程度放在眼里。[8]从2009到2011年，密尔沃基赤贫人口的搬家事例中，大约有1/4不是出于自愿。若是排除这类（被房东驱逐或被法院查封等的）非自愿状况，低收入家庭的搬家频率其实与一般人无异。[9]大家要是去查一下其他城市驱逐案件的开庭记录，也会得到一个相似的、并且离谱的数据。以2009到2013年间的密苏里州为例，县境涵盖半个堪萨斯城的杰克逊县（Jackson County），平均每天有19笔正式的驱逐通知。2012年，纽约市的法院每天判出将近80笔以未交租为由的驱逐令。同年克里夫兰有1/9、芝加哥有1/14的租房家庭收到了驱逐法庭的出庭通知。[10]人穷，不代表不能过稳定的生活；而穷人的流离失所往往是被胁迫的。

　　除了被剥夺安稳的生活外，驱逐也会导致身家财产的损失。住户不仅要和自在的住家、钟情的母校和熟悉的街坊告别，他们还会失去有形的财产：家具、衣服与书本。要想重建家园谈何容易，金钱和时间的付出势必相当可观，但驱逐却可以将之一笔抹杀。阿琳就这样失去了一切，拉瑞恩和司科特也是同病相怜。驱逐会致使人失业，被解雇的概率会在遭遇驱逐后提升将近15%。无法安居在前、不能乐业紧追在后，失去家园带来的压力与阴影会严重冲击人们在职场的表现。[11] 租房的家庭还常常因为被驱逐失去入住公共住房的资格。因为密尔沃基的房屋管理局会在审核租房申请时计算遭驱逐的次数与欠的房租。换句话说，被租金压得喘不过气和被驱逐逼至绝境的家庭，照理讲应该是最需要政府伸出援手的人，但体制却将这群人拒之门外。[12]

财产、工作、住家被剥夺，找政府部门却无果，也难怪驱逐会让社会学家口中"物质（上的）困窘"（material hardship）雪上加霜。"物质困窘"触及了匮乏的本质。准确一点来说，"物质上的匮乏"评估的是家庭有没有因为负担不起食物或医疗而遭受饥饿或病痛；有没有因为付不出钱来而没有暖气、没有供电或没电话打。据统计，在遭驱逐的第二年，这类家庭相比未遭驱逐的类似条件家庭，经受着高出20%的"物质困窘"，或饥寒交迫，或病痛缠身。被驱逐的家庭在物质困窘上持续高出平均水平，其影响将一直延续至驱逐事件以后的两年。[13]

这些家庭会被迫接受次等的居住环境。在密尔沃基，相对于条件相同但不经常搬家的家庭而言，最近一次搬家属于非自愿性质者，有高出25%的可能遭遇长期的住房问题。[14]

家庭被迫迁居，意味着他们立身的社区将从贫困转变为赤贫，他们将从治安死角搬迁至罪恶的深渊。这是一个"没有最糟，只有更糟"的概念。阿琳原本最喜欢的住处在一个工薪阶层的黑人社区。在市府宣告其不宜居、强迫阿琳搬迁之后，她去了一个充斥着毒贩的公寓社区。就算排除许多重要变量的影响力，我们也可以看到相比自愿搬家的人，遭迫迁者越搬越糟、越住越差。[15]贫穷与犯罪的聚集又会形成新的问题，弱势群体之境遇可谓雪上加霜，毕竟邻里社区决定了我们生活中的大小事：从大人能接触到什么性质的工作机会到小孩得在什么样的学校上学。[16]

然后是驱逐对人精神上的重创。迫迁是一种暴力，这种暴力会把人逼上抑郁一途，严重时更会让人想不开而轻生。以近期刚遭到驱逐的家庭而言，当中每2位母亲就有1位表示有临床抑郁症的各种症状，这一比例是未遭驱逐但其他条件类似者的2倍。即便经过了好多年，有过驱逐记忆的母亲相比同龄人还是会显得闷闷不乐、提不起劲或不够乐观。[17]一个精神科医师团队曾表示，有数名病人在他们被驱逐前夕自戕。悲剧发生之后，这个团队在《精神病学服务》（Psychiatric Services）上发表了公开信，直指驱逐是"自杀的显著前奏"。信中强调这些病人不至于因为遭驱逐而无处可住，所以他们合情合理地把自杀归咎于驱逐本身。"驱逐应当被视为一种创伤性的拒绝行为，"医生们写道，"它意味着人最基本的需求遭到了否定，是极为羞耻的体验。"被认定是因为租房遭驱逐或房屋遭查封而导致的自杀件数，在2005到2010年间增加了1倍，而这也刚好是居住成本狂飙的年份。[18]

驱逐甚至于会影响到迫迁家庭离开的社区。邻居之间可以彼此合作，培养互信，而合作和互信会让社区更加繁盛安全，但这需要时间。社区意识的建立和各种资源的投入，都会因为居民的高流动性受阻。也就是说，驱逐会让社区的"一体感"断裂。只要驱逐存在的一天，明明鸡犬相闻的邻居就依然是陌生人，邻里间合力打击犯罪和促进公民参与的潜力也变得无从发挥。[19]密尔沃基的各社区中，凡是某一年的驱逐率升高，隔年的暴力犯罪率也会同步飙升。这一点即便排除掉之前犯罪率或其他相关因素的影响，也不会有所改变。[20]

失去住处与身外之物、频繁失去工作、被烙上扫地出门的标记、被剥夺政府的住房补助、迫迁至更穷更危险的地方、忍受物质上的困窘、流离失所、抑郁（症）与身体病痛等——这些都是驱逐的后遗症。驱逐不只是将穷困家庭拉入灰暗的低谷、令他们的人生短暂地偏离轨道，驱逐还会从根本上改变他们人生的方向，被驱逐者往往从此踏上了一条艰辛的不归路。人穷，不意味着会被驱逐；而一旦被驱逐，人就会越变越穷。

驱逐带来的影响笼罩着老人和青年，也笼罩在病患和身强体壮者的身上。对于穷困的有色人种和他们的孩子而言，驱逐早已稀疏平常。走进美国任何一间都会区的房屋法庭，你都可以看到妈妈带着孩子坐在冷冰冰的板凳上，等着叫号出庭。在密尔沃基的租房者当中，超过1/5的黑人女性表示曾经在成年后有过遭驱逐的经验，这比例远高于拉丁裔女性的1/12和白人女性的1/15。[21]

密尔沃基多数被驱逐的家庭都有小孩。而综观全美，许多被驱逐家庭的孩子都会落得无家可归的结局。出于无奈，许多遭驱逐的家庭只能委身于糟糕的公寓和不安全的社区，而这两者都会影响孩子的身体健康，损害他们的学习能力，甚至贬低他们的自我价值与自尊心。[22]驱逐会让母亲的抑郁症恶化。长此以往，母亲会提不起劲也无法开心，最后就连孩子们都能感觉到这股寒意。阿琳、瓦内塔和许许多多的父母都想给孩子一个稳定的生活，但驱逐是一道跨不过的鸿沟。驱逐让孩子们在不同的学校、不同的社区间进进出出。好不容易找到地方住，这些家庭还是免不了得把大部分的收入"进贡"给房东，能用在孩子身上的数目少得可怜。[23]穷人过日子原本就已经入不敷出。尽管交不起房租，但人总得有地方住，但问题是他们住的尽是些别人选剩的破房子。[24]我们的城市里已经没有穷人的立锥之地，而这在下一代的心头同样留下了深深的伤痕。

他们所受的种种磨难，叫人内心有愧，因为这些事情明明可以避免。不过，正因为问题可以避免，所以希望尚存。这些问题既非不治之症，也不会永世长存。我们的社会绝对有可能焕然一新，因为集体合作的力量不容小觑。

但有力量之余，我们也得拿出解决方案。其中不能回避的一个问题是：我们相不相信居住正义是生而为人的基本权利？

美国有着崇高的立国精神。开国先贤们高喊人人平等，不容剥夺"生命、自由与追求幸福的权利"。这三种精神紧扣美国传统，先烈们直呼是上帝赋予人权，而稳定的家是三者共同的起点。

终曲：家与希望 | 387

生命与家是一体两面,几乎无法分割而独立存在。有家才有隐私和安全感,人才能获得保护和滋养。自由作为一种概念,其内涵始终不限于信仰自由与人身自由,也包含我们能"茁壮成长"的自由:选择喜欢的职业谋生、习得新的技能。稳定的家让我们有机会实现经济自主,也让我们有条件表达自我。我们能以合理的报酬受雇,也能享受属于个人的自由。

那幸福呢?看到阿琳给他买了双球鞋,乔里脸上闪过的笑容就是幸福;一边哼着赞美诗、一边煮了顿大餐的拉瑞恩正品尝着幸福;因为恶作剧成功而笑作一团的辛克斯顿一家,他们身边也环绕着幸福。毫无疑问,对幸福的追求包含了物质层面的追求:起码要能保障基本的生活所需。只因为贫穷在美国是这般铺天盖地、只因为我们共同做了罔顾一部分人安居乐业的决定,多少人的幸福从此无疾而终、多少人的才华因此无处施展?

在美国,我们确保公民"老有所养"、享受十二年制义务教育和基本的营养,我们认定这些是生在美国的公民的基本权利。我们会确保这些事项,是因为我们知悉必须满足身而为人的需求,如此一来追求活着的尊严才不会是缘木求鱼。而居住何尝不是基本的人性需求?拥有价格合宜的住房,应该是每位公民的基本权利。理由很简单:要是连住得安稳都谈不上,其他事情也会随时分崩离析。

如果让人人有房住是我们的义务,那么该如何踏上执行之路？令人欣慰的是，我们已经做了很多。谈及民众居住的需求，多年来美国取得了颇为丰硕的成果。往前回推几代，美国的穷人会挤在破败的贫民窟，公寓里没有浴厕、热水、暖气甚至窗户，疾病与死亡也异常猖獗。经过几个世代的努力，居住品质显著进步。为了让民众能够负担房价，大胆而有效的方案应运而生。在20世纪中期，居住问题绝对是美国追求进步与发展的首要课题，高楼大厦纷纷拔地而起，取代了原有的贫民窟。"在当时，为新的公共住房剪彩可是件喜事，"已故的住房经济学者路易斯·温尼克（Louis Winnick）曾回忆道，"大城市的市长与议员为了'钓到'选票，在选区盖了许多高层的公共住房。"当公共住房的居民看到自己的新家崭新无比、通风透气；社区周遭绿草如茵，还有许多游乐设施的时候，他们振奋不已。"这地方太美了，"有人这么形容，"就像个度假胜地。"[26]

公共住房原本是贫民窟的替代品，可是没想到，它却慢慢成了贫民窟的接班人。随着政客们掐死资金的投入，公共住房因为年久失修每况愈下。屋内窗户破损、水管堵塞、电梯日益老旧。出了大门，污水的排放口在光天化日之下敞开着，没人收的垃圾也越叠越高。有能力搬的住户都搬走了，剩下的都是弱势中的弱势。未经多少时日，公共住房社区便身陷一片混乱与暴力之中。以圣路易斯（St. Louise）为例，著名的"普鲁伊特－艾戈公寓大楼"（Pruitt-Igoe Towers）于建成后的第十八年，在电视的实况转播中被炸毁。因为什么？那地方可怕到连警察都不敢越雷池一步。放眼全美国，铁球和炸药还造访了许多臭

终曲：家与希望 | 389

名昭著的公共住房项目，像是芝加哥的"罗伯特·泰勒之家"（Robert Taylor Homes）跟亚特兰大的"麦克丹尼尔-格伦之家"（McDaniel-Glenn Homes），这些死气沉沉的公共住房在黑白隔离、杳无人迹的城市一隅投下了深深的阴影。以这些住房项目的发展情况来看，把它们炸掉不仅省钱，也比较人道。这与"一套房子发生过如此难以启齿的事情，索性用推土机把它给铲掉算了"是同一种概念。[27]

在公共住房的残砖断瓦间，所谓的"租房券"凭空而生。无论租房券是好是坏，普鲁伊特—艾戈公寓或罗伯特·泰勒之家的悲剧没有再度上演，美国也终于可以跟这些与公共住房画上等号的暴力、赤贫与政策失误问题分道扬镳。时至今日，由联邦政府出资建设的"住房选择券计划"（Housing Choice Voucher Program）帮助许多家庭在商业租房市场中求得容身之所。在使210万户美国家庭受益后，"租房券"计划俨然成为美国政府予以中低收入家庭最大手笔的居住补贴方案。除此之外，还有120万户美国家庭住在公共住房中。[28]费城、西雅图与奥克兰等城市颠覆了公共住房的设计概念，新的楼房不需要太高，但得足够美观，并且要打散分布在不同的社区当中。整体而言，无论是选择住公共住房或领租房券，租房者一般只需将三成收入用于住房，剩余的由政府补贴。[29]

以公共政策的力量提供条件适宜、价格合理的住房给低收入的美国家庭，绝对有其重大的意义，也能为打击贫穷出一份力。虽然公共住房的住户或租房券的领取者并非个个都是穷人——

当中不乏年长者或身障人士，也有一些中等收入的民众——但年复一年，各种租房补贴项目每年至少让 280 万美国人从贫困中脱身。许多人不必再四处漂泊，家庭可以腾出资源去看病、付交通费或买食物。[30] 我看到很多家庭在候补名单上排了好多年，终于领到租房券后的第一件事情，就是冲到杂货店，用他们"突然多出来"的钱去买东西。他们的冰箱和柜子不再空空如也，他们的孩子也不再弱不禁风、营养不良，或者长期贫血。[31]

不过，很多的家庭可能就没有这种运气。许多孩子——我说的是像乔里、小肯德尔和鲁比这样的孩子——从来没办法吃饱，因为租金先把家里的钱"吃"干净了。2013 年，租房的穷人中有 1% 住在租金管制的房子里、15% 住在公共住房、17% 领取以租房券为主的政府补贴，其余的 67%，也就是 2/3 的贫困租房家庭拿不到联邦政府的任何补助。[32] 政府辅助层面的巨大落差，加上房租与水电燃气价格上涨（但收入并未上涨），也难怪贫困家庭普遍被衣食住行里的"住"榨得身无分文了。[33]

你能想象我们收起大部分的失业保险和社会保障，将那些有需要的家庭拒之门外吗？你能想象我们让来申请食物券的家庭一个个饿着肚子吃闭门羹吗？你知道面对需要栖身之所的贫困家庭，我们正在做的就是这样狠心的事情吗？

贫穷者的住房危机亟待解决。它绝对是美国内政的当务之急——居住问题不但把许多底层家庭逼至财务崩溃的边缘，甚至中等收入的家庭也开始陷入泥淖。当前超过 1/5 的美国租房家庭中，房租占去了收入的一半。[34]再一次让城市恢复生气，让大家"住得起"，是美国没有理由不做、也没有理由做不到的事。

有意义的改变不限于规模的大小，办法也不止一种。有些解决之道得文火慢熬，而且所费不赀，这类做法主要是想釜底抽薪，从根本开始改革。还有些方法的规模不那么浩大，可以即知即行。法律就是我们可以考虑的方向。

提供给穷人的法律援助，自里根时代开始走下坡路，到"大衰退"[*]时期整个溃不成军。结果是现今全美众多的房屋法庭里，九成的房东都备有律师，而九成的房客却孤身一人。[35]濒临驱逐边缘的低收入家庭得不到公设辩护人的帮助。但其实只要有律师的协助，他们能续住的胜率就会提高很多。[36]在房屋法庭内向弱势的低收入家庭提供政府资助的法律服务，会是效益极高的做法——流落街头的憾事可以避免、驱逐可以减至最低、穷人家庭可以得到公平的立足点。

在1963年，划时代的"吉迪恩控告温赖特"[†]一案里，最高法院一致通过，在刑事案件的审判上，无力负担律师费的被告有权获得公设辩护人的代表，理由是确保审判的公平。时隔18年，法院审理了阿比·盖尔·拉西特（Abby Gail Lassiter）的

---

[*] 始于美国次级房贷违约、2007年下半年开始横扫全球的金融海啸。
[†] 吉迪恩（Gideon）于1961年因闯空门的罪名遭判刑五年，审判中法官当庭驳回他根据美国宪法第六条修正案（即获得公平审判与律师代表）提出的公派律师申请。他入监服刑后就此点上诉至最高法院，温莱特（Wainwright）是被告的典狱长。

案子。出身北卡罗来纳州的阿比·拉西特是位身无分文的黑人母亲，在没有律师代其辩护的情况下，她在民事法庭上被剥夺了抚养权。这一次法院的意见出现了分歧，而最终的结论是：民事被告只有在人身自由可能不保时，才能申请公设辩护。羁押当然很惨，但民事案件的判决也可以让人伤心欲绝，不信你可以去问问失去孩子监护权的拉西特。房客经常无法为自己据理力争，非得由律师出面不可，原因是房客可能欠缺相关的法律素养，所以不知道该以哪些法条为自己辩护。这时就需要有律师来提出各种抗辩的理由。另外一种状况是像阿琳那样会紧张过度、或者被法院环境吓到说不出话来的人，若有律师在座，房东就不会小题大做，房客也不会被欺负或误签什么"不平等条约"。要是驱逐没有那么轻而易举，像多琳跟帕特里斯等房客怎么会因为怕被打击报复而不敢举报屋况不安全或不合法？如果有律师帮忙，房客甚至不用自己上场。不用出庭的他们可以照常上班，或者在家照顾小孩。伸张权益原本就是律师的专业，律师说一句的胜算大过他们说十句。

大部分房客一遭遇驱逐就放弃出庭，法院其实并没有兴趣处理这样的案子。真要说，法院还真的希望他们不要出现，因为驱逐的案子每天都有厚厚一叠。房屋法庭的工作人员就算心有余（同情房客），力也不足；因为他们的第一要务是把当天的案件处理完。万一处理不完，次日又会送来新的一堆。所谓的"程序正义"，最后往往只剩下程序，看不见正义：总之先把案子处理完就是了。而如果房客有律师的话，这一点就可以改变。

这会花纳税人的钱，因为我们不仅得付律师薪水；由于业务量的增加，我们还需雇用更多的特聘法官、法官与法庭书记。房屋法庭得有充足的预算，才能名副其实地发挥法院的功能。现在的房屋法庭则比较像驱逐令的生产线：每天只是不停地盖章、盖章、盖章。

把钱用来拯救我们的城市和孩子，绝对是非常有价值的投资。只要提供几小时的法律援助，在"上游"多费点工夫，就可以在"下游"省下许多社会成本。比方说在2005年到2008年间，纽约市的南布朗克斯（South Bronx）向超过1,300个家庭提供法律援助，结果成功驳回了86%的驱逐申请。此项法律援助计划大约花费了纽约市府45万美元。至于后续省下的经费，光算收容所的开销，它就为市府省下了70多万美元。[37] 驱逐的后遗症不可胜数——对公家预算也造成很大的负担。[38]

在民事案件上获得公设辩护的权利已经在世界各国普及，不只法国、瑞典，就连阿塞拜疆、印度、赞比亚和其他许多我们看不起、觉得比美国落后的国家，都已经在人权的保护上做到这个程度。[39] 在追求社会公义的道路上，把公设辩护的范围扩及至房屋法庭，绝对是美国社会迈出的一大步。但话又说回来，光靠律师，并不能根除美国租房驱逐的弊病。因为问题的根本在于房租的飙涨不止，穷人能够承担的房子濒临消失。

若认定"有地方住"是美国人应该享有的基本人权，那我们就要以不同的眼光审视另一项权利：把租房者当成牟利的对象——越弱势的人，就越是房东"拔毛"的目标。美国自立国以来，就不乏具远见者呼吁在公义与私利间找到平衡。这种平衡在保护国民不被追求私利的动机伤害的同时，"并不是要摧毁个人主义，"罗斯福总统（Franklin D. Roosevelt）说，"反而是在保护个体的利益。"[40]限制与保障童工的法律、最低工资规定、职场安全规范与种种我们现在觉得理所当然的保护伞，都是出于人比金钱更重要的判断。

有人会输是因为有人在赢。"任何一种状况会存在于世上，"马丁·路德·金（Martin Luther King Jr.）曾写道，"都只是因为这种状况的背后有人得到好处，而贫民窟就是这种经济剥削的结晶。"[41]

说到剥削，"剥削"是一个从关于贫穷的辩论中被抹去的用语[42]，是直指贫穷不光是低收入所致的证据。的确，贫穷不仅源于人们的收入低，更是商业市场巧取豪夺的产物。透过调整基本工资和增加社会福利来提高穷人的收入固然重要；问题是，这些多出来的钱不见得都能留在穷人的口袋里。要是房租也一起涨，那薪资上涨就没有什么意义了。就像旧城区的杂货店一涨价，食物券的购买力会变弱一样——事实上，这正在许多地方上演。统计显示，日常用品的价格上涨了四成多。[43]贫穷是一体两面造成的结果：收入与花销，投入与产出。而只要剥削存在这个世上一天、只要我们不双管齐下地处理贫穷问题，住房驱逐问题肯定不会有明显的好转和改变。

历史证明了这一切。美国的工人运动曾在19世纪30年代风起云涌,当时劳工的诉求一样是薪资调整。有趣的是,土地资本(地主)在彼时并没有跟工业资本(资方)站在一起,他们反倒是支持起劳工。地主当时的想法是:劳工赚得多,他们收的租金也会变多。100年之后历史重演,但劳工透过罢工所争取来的薪资涨幅,只够给同期快速上涨的房租塞塞牙缝。在两次世界大战之间的那些年,制造业的就业市场扩张,但房市供给(特别是给黑人住的地方)并没有增加,而这就让房东有机会可以占劳工收入增长的便宜。如果说每年2月是驱逐的"淡季",那只是因为城市的穷忙族把"劳动所得税扣抵",也就是政府给低收入家庭的退税额度的一部分或全部,拿去补贴拖欠的房租。在不少案例中,虽然,一年一度的补助帮到了低收入家庭,但同时也让房东捞去了好处。[44]当我们全身心地思考穷人和贫困社区缺乏的到底是什么的同时,我们只看到了他们需要好的工作、需要一张更强的社会安全网、需要模范榜样,却忽略了剥削也是导致贫穷的元凶。房东了然于心,而我们视而不见的一件事是:穷人的钱好赚[45],烂社区是门好生意。

剥削最能见缝插针的地方,就是生活必需品,像住和吃。多达1,200万名美国人办理了等同于高利贷的发薪日贷款,他们借钱可不是为了"打肿脸充胖子"买奢侈品、也不是因为临时有意外的支出,而是因为他们有房租、油费、餐费,或其他的固定账单要付。发薪日贷款只是五花八门的财务吸血鬼中的一只,信用卡的循环利息、为营利性大学提供的学生贷款等,统统在打穷人口袋的主意。[46]如果穷人住、吃、耐用品或贷款利息的负担变重，而教育和抵押借款的回报率又不高（甚至于完全没有任何效益），那他们的实质收入就会比账面数字更少。本质上说这是非常不公平的状况。

因为这种不公平的状况而有利可图的人，或是对其无动于衷的人，会说我们应该尊重市场机制，应该放手让市场自己调整。但这么说的人其实口是心非，因为住房市场中的剥削，其背后的靠山就是政府。让房东能合法漫天喊价的，不就是政府吗？政府补贴高级公寓的兴建，让房租越喊越高，让穷人的选择越来越少；在房客交不出钱的时候，用一次性或持续性的租房补贴代垫给房东的，也是政府。只要房东申请，就会派执法人员去强制驱逐的，还是政府。把驱逐记录登记在案、还昭告天下，等于是在服务房东和讨债公司的，依旧是政府。如果说警察和监狱是为了整治旧城区失业率居高不下的弊病（如治安恶化或黑市），那么民事法庭、治安官还有游民收容所就是在处理都会穷人居住成本飙涨和底层住房市场私有化所带来的余波。[47]

房东很喜欢把自己说得与众不同，但他们和其他赚穷人钱的人没什么两样，说起来他们也是像我们一样的普通人。他们只是在历史与社会结构的剧变中恰巧捡了便宜，赚了些钱，甚至有人因此致富，但他们也就是合法地把房子租给载浮载沉的家庭而已。如果当房东的是我们，这钱是赚还是不赚？遇到穷人就大发慈悲地把租金打五折吗？当租金的支票跳票，会损失几千美元也无所谓吗？虽然我在这里强调剥削的严重性，但这并不表示我们要把房东说成是贪得无厌和狼心狗肺的恶人。强调剥削，是要凸显社会在处理贫穷问题时的矛盾与效率不彰，我们不能光说要帮助穷人，却不去处理他们陷入贫穷的根本原因。强调剥削，是希望大家共同去了解房东、房客，还有我们每一个人，为什么会眼睁睁地看着极度的不平等在社会发生而无动于衷。

无论房东是怎么变成房东的——有人辛苦打拼、有人聪明过人、有人继承财产、有人走运、有人诈欺；但不变的是房租每涨1美元，房东就多赚1美元，而房客就得多付1美元。房东与房客的命运紧密相连，利益却相互对立。都会区房东的利润如果合理，那是一回事，问题在于他们获取的往往是暴利。在美国第四穷的城市里开设破败的拖车营收租，其年收入竟然是全职房客基本工资的30倍，是房客领取的补助保障金的55倍。在这里各执一词的是两种自由：房东靠租金赚钱的自由，房客有能力承担房租、让家人住得安全的自由。[48]

现在有一个办法可以让这两种自由互相持衡：大幅扩大租房券计划的规模，把低收入家庭"一网打尽"，不再出现"漏网之鱼"。我们真正需要的居住政策必须要照顾到不幸的大多数。在数以百万计的贫困家庭在私人租房市场无助挣扎的时候，我们需要这样的政策方案来彰显美国的主流价值：安全、公平、机会平等。在房东想要赚钱的心愿和房客希望有个容身之所的心声之间，对所有人一视同仁的住房政策将为我们开辟一条中庸之道。

这背后的设计理念并不复杂。收入低于一定标准的家庭，就有资格领取租房券。拿着租房券,他们可以自由选择想住的地方,食物券也好像现金般畅通无阻。只要想住的地方不是太贵、太大、太奢华或反过来太简陋、太破烂,我们都应该让租房券派上用场。合理的住房要有不过度讲究但水准以上的设施,价格也要合理。租房券项目的行政人员可以通过民间租房市场中常用的算式来开发精算和分析工具,借此避免房东超收或防止房客挥霍。这个方案可以控制领券家庭花费在住房上的开销占到收入的三成左右,其余的则由租房券支应。

租房券项目的普及可以让美国的房地产行业面貌一新。驱逐的案件数会直线下降,无家可归者也会逐渐绝迹,家庭会感到收入有了实质性的增加。他们可以腾出钱来吃饱一点、投资孩子的教育或自己的事业,也开始储蓄。他们会找回安定的生活,重拾对家和社区的归属感。

放眼发达国家,这样的全民居住方案已经有了许多成功的先例。任何推行此类方案的国家中,收入低于一定标准且符合申请基本要求的家庭都可以领取租房补贴。英国的"住房补贴"(Housing Benefits)之普及,以至于近期有记者报道:"好像问'谁没拿到'会比较快一点。""确实如此,"记者自问自答地说。英国这项(大多都是直接转账给房东的)福利确保了一件事,那就是家庭不会为了付房租而变得一穷二白。荷兰的"住房补贴"(Housing Allowance)也透过类似机制,将理想的房屋提供给全国将近1/3的租房者,这政策大大惠及了荷兰的赤贫群体。[49]

这些国家会依靠租房券来处理问题是有原因的。虽然租房券并非放诸四海而皆准的选项，特别是在生活费偏高的城市；但透过租房券，我们确实能把全国性的政策方案彻底地实施下去。理论上，要解决底层的居住问题，我们可以增加公共住房、提高免税额、协助民众购房、鼓励开发商建房。但这些选项都会立刻遇到一个瓶颈，那就是规模的问题。相较于盖新的公共住房或补贴民间住房市场的开发，发放租房券显然是事半功倍的做法。要靠盖房子，居住问题永远没有解决的一天。考量到法规管制的日趋严峻与兴建成本的不断高涨，要让每个低收入家庭都能住进公共住房，纳税人的负担将会变成天文数字。就算我们出得起这些钱，兴建公共住房也冒着会重蹈覆辙的风险：从前有多少公共住房把穷人拉到同一屋檐下，这等于人为地创造了一个贫民窟。与此同时，种族隔离问题雪上加霜，社会问题也因为贫穷的聚集而发酵。[50]

会不会有人因为政府广发租房券而好吃懒做呢？问得好。有项研究显示租房补贴使工时和薪酬出现小幅的下降，但其余的研究显示不会有这样的影响。[51] 老实说，对于想让民众自给自足的目标而言，"维持现状"的威胁绝对大于任何一种政策方案。被高房租（价）压垮的家庭不可能有闲钱让家人习得一技之长，也没办法让孩子接受课外辅导，积累未来用得上的技能。频繁搬家也会让人没办法稳定在同一处任职。让人有地方可住，跟职业培训或教育一样，是一种人力资源的投资，美国劳动力的素质将因此获得稳定的提升。整体而言，穷人并不想一直窝囊下去，他们不希望钻漏洞、走后门，或是苟延残喘地活着。他们想要发光发热，想要美好的人生，想要当一个"有用的人"：他们很多人想当护理师（这也是瓦内塔的梦想），想经营自己的慈善事业（阿琳的梦想）。一个稳定的家，就是让这些梦想有机会开花结果的沃土。

美国大部分的州都没有规定房东有义务接纳持租房券的家庭，还有不少房东看到租房券就躲，因为他们想回避额外的建筑规范要求或是行政程序的麻烦。若要租房券政策在全美通行，就必须考虑房东的心态以及顾虑。有些建筑规范的确能保障住家的安全性与房屋品质，但也有些则是可有可无。对持租房券入住的公寓施以严格的建筑法管理，会给房东带来不必要的负担，也会使维护成本高涨。[52]但即便将执法和行政流程调整得更加合理"亲民"，为房东提供更多便利，总还是会有些业主（特别是房产位于繁华地段的房东）坚持不收持租房券的租客。他们就是不想让"这些人"住进来。如果我们继续坐视这种歧视不管，那就是在把持租房券的人往特定的社区赶。这么做不仅剥夺了低收入家庭进驻中产以上社区的机会，也会削弱我们借社会政策促进种族融合的能力。因此，通行全美的租房券计划不仅要吸引房东参与其中，还要在执行时拿出公权力。如果种族或宗教歧视是违法的行径，那么全国性租房券政策下的歧视行为同样难为法律所容。

完善而周详的租房券方案，应该确保租金水平合理，调涨房租要以通货膨胀率（物价年增率）作为依据，并且要有具弹性的条款确保房东获取合理的投资报酬率。租房券的实行，理应让房东享受到稳定的租金收益，房客流动率较低，驱逐件数较少。我们若是希望由民间租房市场吸纳多数的低收入家庭，那首要之务就是要让房东有利可图。"让穷人有地方住，说到底就是门生意，"雅各·里斯（Jacob Riis）在125年前说过，"毕竟他们现在会身在此处，就是因为我们的祖先做了笔生意。如果将其当成慈善事业、业余的消遣或是追赶流行，这项事业都会惨遭失败，而且在任何时候或任何地方都不可能成功。"[53]但话又说回来，居住也是生而为人的基本需求，是儿童健康与发展的关键要素。它对经济发展和社区稳定而言太重要了，以至于我们无法将之单纯视为一门生意；它不是露骨的投资工具，也不是类似"摇钱树"或"金母鸡"的存在。

要让租房券政策通行全美并且实现效益最大化，我们必须从成本控管下手。光是广发租房券而没能相对应地稳定租金，就形同全民买单，用纳税人的钱去补贴全美房东的获利。[54]目前的状况是，房东之所以会对持有租房券的房客超收房租，是因为房客根本无力反抗。按照政策主管机关所制定的都会房租上限，在租房券房客集中的贫困社区，市场租金行情往往低于房东向租房券持有者收取的房租。而既然法律都规定可以多收了，房东岂有把钱往外推的道理。于是，"联邦抵用券租房方案"可能会让政府花费的不是几百万或几千万美元，而是几十亿美元的税金，还会让数十万家庭莫须有地失去获得补助的机会。事实上，经济学者主张在不用额外支出的情况下，现行的租房券计划就可以覆盖全美所有的贫困家庭。我们要做的是打击超收，让政策的执行更有效率。[55]

其实就算我们什么都不做，不去管现行租房券计划的效率彰显与否，我们还是有能力向美国所有的低收入家庭提供这项至关重要的福利。2013年，两党政策中心（Bipartisan Policy Center）估计，将租房券计划延伸至各地所有收入低于中位数三成的租房家庭，需额外支出225亿美元，租房补贴的整体支出会因此增加约600亿美元。实际数值应该会比预计低，因为两党政策中心并没有考虑到增加租房券的发放可以省下的钱。它避免了大量无家可归者的出现、减少了医疗成本，也遇到了危机会带来的严重后果。[56] 广发租房券绝不便宜，但美国不至于负担不起。

这个钱我们拿得出来，至于钱要怎么花，我们做过不少决定。这些年来，共和党与民主党的国会议员都曾经限制给穷人的租房补贴，反过来"劫贫济富"地把福利以税务优惠的形式加到拥有房产的富人身上。[57] 时至今日，房屋持有人的税务减免支出已经远超过租房补贴。以2008年，也就是阿琳从第十三街被驱逐的那年来说，联邦政府花在直接租房补贴上的金额不足402亿美元，但业主拿到的税务优惠竟高达1,710亿美元。这个数目相当于美国教育部、退伍军人事务部、国土安全部、司法部与农业部在当年的预算总和。[58] 美国每年花在业主津贴上的钱，包括房贷利息扣抵与资本利得豁免的费用，是全美租房券政策成本预估的3倍。

联邦住房补助最大的受益者，是年收入达到六位数的家

终曲：家与希望 | 403

庭。[59] 如果我们要把公共基金都砸在有钱人身上——像对业主们的优渥待遇这样，我们就应该敢做敢当地承认，而不应该学政客扯谎，说美国这个世界上数一数二有钱的国家没法再为穷人做更多事了。贫穷在美国的延续，是因为我们不愿花这个钱，而不是因为我们缺乏资源。

通行全美的租房券计划只是可行的政策之一。我希望可以看到其他的方案，让美国成为一个居住正义覆盖每个人的国度。成功不必在我，或许也不应该在我，因为凡事都应该因地制宜。适合纽约的做法不见得能在洛杉矶行得通，居住问题的解决方案在繁荣的休斯敦、亚特兰大或西雅图，会和在美国东北部"锈带"上的都会区、佛罗里达的赤贫郊区或美国地景上星星点点的小镇大相径庭。一个城市可能要建楼以兴利，另一个城市则可能要拆屋还地来除弊。美国的都市和城镇类型迥异——不同的风土人情、不同的问题，救赎之道自然不能千篇一律。

无论这团乱局的出口在哪里，有一件事我们可以确定：美国的现状是一种极度的不平等、是不给人机会翻身、是对人类基本需求的否定与罔顾、是看着人无端受苦还去充当帮凶——这种现状对于美国秉持的任何一项价值而言都是莫大的讽刺。任谁都不可能找到一派道德、一条伦理、一部宗教经典或任何一篇圣者的教诲，可以为美国的现状辩护。

关于我的故事：研究始末与回顾

从小到大，我的父亲是一名牧师，母亲四处打工，是标准的劳碌命。我们家的经济条件并不宽裕，燃气被切断的时候，母亲就会在烧柴的炉子上弄晚餐。她懂得如何持家，幼时她在佐治亚州哥伦布市（Columbus）的家对门就是个垃圾场，后来还住过旧金山恶名昭彰的福特饭店[*]。她自己非常好强，也期许着我们这些孩子可以奋发向上。虽然她和父亲都没有能力帮忙出钱，但她还是希望我们可以读完大学。我父亲也以他的方式，让我们牢牢记住这一点。每当我们开车经过一排弯着腰在烈日下挥汗做着"烂"工作的人，父亲就会转头问我们，"你们想一辈子那样吗？"

---

[*] 建于1925年，一家以毒品走私问题泛滥著称的贫民窟旅馆，有"来自地狱的饭店"之称，其所在地应该是洛杉矶，此处的旧金山是作者的笔误。

"不想。"

"那就要读大学。"

所幸有就学贷款和一些奖学金，我成功进入了亚利桑那州立大学，从我家温斯洛（Winslow）开车到学校要4小时。当时我想成为一名律师，所以选了传播、历史与司法等课程。在这些课上，我学到了很多事情。我发现世界上有两个美国，一个是爸妈、主日学校老师、童子军队长说给我听的美国，一个是我在课堂上学到的美国。而这两个美国格格不入。贫穷渗透美国之深，蔓延之广，真的在发达国家中"无人能出其右"吗？美国梦真的已经成了少数幸运儿的专利了吗？有了这种疑问的我开始在工作或研究之余翻找图书馆里的资料，我想知道我的祖国，美利坚合众国的"品性"。

也差不多在那个时候，银行夺走了我从小长大的家。一个朋友和我开了4小时的车回到老家，就为了帮我爸妈搬家。我记得那股深沉的哀伤与难堪，我不知道该如何理解这一切。或许是有某种东西开始在我内心发酵，返校后，我花了几周的时间与当时的女友一起帮助慈善组织"仁人家园"盖房子；每周有几天晚上，我会和坦佩市（Tempe）米尔大道上的游民混在一起。在街上，我认识了老老少少的朋友，他们风趣、真诚、为各自的问题苦恼着。毕业后，我感觉自己需要进一步了解美国的贫困现象。在我眼中，贫穷才是许多问题与苦难的核心，而社会学又是最适合研究贫困的学科领域。于是我申请进入威斯康星大学的博士班。威斯康星大学的所在地是麦迪逊，也就是老密尔沃基人口中"方圆30英里都被现实环绕着的地方"。

在开始以博士生的身份研究贫穷之后,我发现大部分的文献在描述贫穷、解释不平等的时候,都把矛头指向两点。其一是我们看似无法控制的"结构性因素":比方说历史遗留的种族歧视问题,或者是经济的转型与变迁;其二则强调"个人的不足"——这包括文化上的习俗,例如未婚成家,或是"人力资本"的匮乏,比如教育程度偏低。自由派人士比较青睐第一种解释,而保守派则钟情第二种。对我来说,两种说法都是隔靴搔痒。它们把低收入家庭当成"需要隔离开来的动物"看待。在许多以单亲妈妈、帮派成员、无家可归者为主题的著作中,社会学者和记者笔下的穷人都像是独立于社会的存在。穷人被说成是"透明人",或者是"另一个(平行)美国"的一部分。贫民窟则像是"城中之城"。穷人被摒除在关于不平等的讨论外,就好像我们觉得富人与中产阶级的生计与自己息息相关,而其他人包括穷人则可以忽略不计似的。那些动动手指就能影响到低收入家庭和穷困社区的富人,他们在哪儿?那些拿穷人开刀而致富的人,他们在哪儿?我纳闷我们是不是光忙着记录穷人如何打平收支,却忘了问:他们的账单金额为什么如此之高?也忘了问他们的钱究竟都流去哪儿了?

我想要写一本书谈贫穷,但我不想把重点只放在"穷人"和"穷地"之上。贫穷是一张关系网,里面既有穷人,也有富人。对我来说,想了解贫穷,就必须认识到这段关系。这样的想法敦促我出发,踏上探寻之旅。我开始思考有没有一种过程将穷人和富人联系在一起，在当中可以观察到穷人与富人的相互依赖与挣扎。驱逐，就是这样一种过程。[1]

2008年5月，我搬进了托宾的拖车营，机缘是我在报纸上读到里头的居民将面临大规模的驱逐。事情后来并没有如期发展（托宾最终将拖车营出售，连尼和办公室苏西则搬去了别处）。尽管如此，我还是在那儿待了下来，因为我发现在拖车营可以认识很多收到粉红色驱逐通知单的朋友，还方便我追踪托宾和连尼的行动。

我的拖车在公园里是公认的"高档"货。除了干净以外，我的"家"还有木制的外墙和厚实的锈橘色地毯。问题是，我在那儿住了4个月，大部分时间都没有热水。为此我向物业反映过多次，但托宾和连尼始终不当回事，热水器的烟囱一直被放任不管。我甚至挑明了自己是名作家，还会将他们和拖车营写入书中，但他们还是不闻不问。要是我硬开热水器，一氧化碳就会直接灌进拖车内。办公室苏西有试着修过一次，她拿了片木板往烟囱底下一卡，然后叫我可以安心了，但其实热水器和烟囱之间还有约5厘米的空隙。

对我来说，民族志是你想要了解某群人时所做的事情。你要让他们的生活变成一个模子，然后将你自己的生活完全变成他们的形状。要做至如此，你首先要和你想了解的族群打好关系，长时间追踪、观察、体验他们在做什么，包括跟他们一起工作、玩乐，尽可能把他们的行动与人际交往记录下来，直到有一天你走路像他们、说话像他们、思考像他们、对事物的感受也像他们为止。在我们"这一行",直接住在你要调查的"田野"里,对工作而言是颇有裨益的。只有如此,你才可能获得浸入式的体验。说得更实际一点,你永远不知道现场会发生什么大事。租一辆拖车,可以认识一大群人,听到许多八卦传闻,还能对住户担心的事情感同身受,并从他们的角度看待事物。总归一句,我可以全天候观察这一群人的日常生活。

为了展开在拖车营里的田野调查,我先是常去办公室溜达。我的很多邻居也会在那儿消磨个大半天。拉瑞恩手持治安官发的驱逐令、颤抖着走进来的那个晚上,我就在办公室里。我看着拉瑞恩把能付的钱都给了托宾,又看着她拖着身子走出去。她前脚刚回到自己的拖车,我后脚也跟了过去。拉瑞恩给我开门,用衬衫的袖口擦起了眼泪。我们就是这样认识的。在传出我有兴趣和遭遇驱逐经验的人聊聊之后,帕姆要了我的号码,然后自己打电话过来。我们见面的几天后,我开始追踪她的情况,主要是看她们一家如何找新地方住。帕姆跟司科特提到了我的研究,然后司科特要我去他的拖车面谈。某天早上我如期赴约,只见司科特踏出门外说了句:"我们去散个步吧。"然后他又说:"嗯,我就挑明了说。我当过10年的护理师,但后来我染上了止痛剂的毒瘾,然后就失去了全部:我的工作,我的车子,我的家,全都没了。"

怎么会有人在一个拿着记事本和原子笔的陌生人面前,一五一十地交代自己的丑事,至今仍是个谜;怎么会有人自己敞开大门放人进去,我到现在还弄不清。或许,那些身处流浪边缘的房客除了需要一些实质性的东西,像是有电话可打或有车可用,还有一种无形的、心理上的需求。好几个当事人管我叫"心理医生"。他们常向我诉说衷肠。而另外还一个原因,那就是底层的人常觉得自己已经一无所有了,再多讲点也不会怎样。有天晚上在阿尔迪亚康复之家,也就是司科特清醒地住了好几个月的那个地方,司科特冲着在记事本上奋笔疾书的我点点头,丢了个问题给匿名嗜酒者互诫协会的铁杆成员安娜·阿尔迪亚:"马修在这儿会让你紧张吗?"

"××的当然不会啦,"安娜说,"我早就没什么秘密了。"

司科特应和道:"我也没有,你懂的。什么尊严,啥都没了还管什么尊严。"

到了秋天,眼见司科特、拉瑞恩、帕姆还有奈德从拖车营被驱逐之后,我开始在密尔沃基北部找新的地方落脚。有一天我把这事说给保安员伍哥(Officer Woo)听,他是托宾为了安抚维特考斯基议员而不得不雇用的其中一名保安。伍哥的本名是金博尔(Kimball),但他让大家以他小时候的绰号称呼他。伍哥是个很容易和人混熟、也想跟拖车营里的每个人都当朋友的黑人。他习惯穿着 6XL 的特大号 T 恤,上面还挂着他从军需用品店买来的勋章。

"你说你想搬去银泉(Silver Spring)那边吗?"伍哥问,他讲的是密尔沃基从黑人旧城区过渡到北边城郊、像格伦代尔(Glendale)与棕鹿村的地区。

"我想去的是旧城区,"我澄清了一下。

"你想住在马凯特(Marquette)那边?"伍哥不可置信地追问,马凯特是指闹市区那间由耶稣会创办的马凯特大学。

"不是马凯特,我是想找个旧城区的社区住。"

伍哥眯起眼睛看我,他大概想自己是听错了吧。这之后我们又聊了好几次,伍哥才弄懂我是真的想要住在北区,而且是想要去住他所在的那种社区。那些社区的路标放眼望去都是绿色的,不像密尔沃基西北郊区的沃瓦托萨,用的是蓝色的路标。了解我想干吗之后,伍哥就问我要不要去第一街和洛克斯特街口的合租公寓当他的室友,租金含水电费是400美元。我接受了他的提议,把钱付给了房东和房东太太:昆汀与谢伦娜。

我合租的房子位处一栋双联式公寓的二楼,外观是白色的,同时还装饰有绿色。伍哥和我共用同一个客厅、浴厕还有厨房。怕室友"误吃"你食物的话,厨房里的壁橱还可以上锁。我的房间有窗,上头覆盖着当窗帘的厚毛毯;还有一张大床;我从底下翻出了喝完的"经典冰啤"铝罐、匿名戒毒者互诫协会的宣传手册、(脚)趾甲刀和一台装在硬塑料箱里的打字机。公寓后面是条巷子,墙上标记有"帮派弟子"[*]的涂鸦,然后就是一个杂草丛生的小后院,里头有棵一到5月就会下轻柔花瓣雨的樱桃树。从那时开始,到2009年6月,我都住在这间公寓里。

---

[*] Gangster Disciples,源自芝加哥(伊利诺伊州),是当地以非裔为主、最大的黑人帮派。除暴力犯罪外,运(贩)毒、性交易、甚至抢劫,无恶不作。

伍哥跟谢伦娜说过我"在写一本讲房东与房客的书"。谢伦娜答应让我访问，而采访到最后我也提出了自己的诉求。

"谢伦娜，我希望能当你的学徒。"我说。怕她不懂，我进一步解释说自己的目标是要"尽可能进入她的世界，从她的角度来看事情"。

谢伦娜非常配合。"我答应你，"她说，"就照你的意思。"她热爱她的工作，也以这份工作为荣。她希望外界知道"房东的辛苦之处"，她希望更多人停下来想想房东的所言所行。

我开始亦步亦趋地当谢伦娜和昆汀的影子。这之后他们无论是买新房子、筛选房客、把阻塞的污水管道通好，还是递送驱逐通知单，旁边都有我的身影，就好像这些事情是我和他们一起完成的。经由谢伦娜，我认识了阿琳、拉马尔和辛克斯顿一家。透过阿琳，我认识了克里斯特尔；而透过克里斯特尔我认识了瓦内塔。孤零零的多琳很乐意坐下来与我聊天。在我撸起袖子帮忙粉刷帕特里斯的旧公寓之后，拉马尔和我也开始有了"融冰"的迹象。而最后我能与拉马尔"破冰"成功，是因为我打得一手好"黑桃王"，怎么说在大学时代当消防员[*]那会儿我也玩了不少回。

阿琳则比较棘手。起初她拒我于千里之外，我跟她解释我所做的研究时她总是一声不吭。当我想说点什么来避免冷场时，

---

[*] 作者当消防员，融入高危职业人群的经历参见 Matthew Desmond, *On the Fireline: Living and Dying with Wildland Firefighters*（Chicago: University of Chicago Press，2007）。

她又会打断我:"你不用一直讲个不停。"她怕我是儿童保护服务局的卧底。"我不喜欢跟你讲话,"阿琳在我们初识的某次交谈中提到,"倒不是因为你这个人怎样,而是因为我过去的遭遇。我跟(儿童福利)体系结下梁子已久,我现在谁也不相信。"我回复她说我了解,然后把自己以前出版过的书给她看——经验告诉我要在车上放一些自己的旧作,遇到这种想争取信任的状况时会非常好用。这之后,我开始缓慢而又渐进地跟阿琳互动。我规定自己每次会面时的问题不能太多。

其他人觉得我不是警察就是议员派到拖车营的"特务"。还有些人想说我是瘾君子或嫖客(在合租公寓里,伍哥和我有过性工作者的室友)。谢伦娜会介绍我是她的助理,而对托宾来说我什么都不是。

有些房客怀疑我跟房东串通,有这想法的人会对着我说房东是"你的朋友"。在很多场合,他们想听我亲口说出他们的房东有哪些不是,像拉马尔有一次就逼着我承认谢伦娜是"土霸王"。一旦拒绝,拉马尔就会给我贴上"房东同路人"的标签,指控我是她的眼线。有些房东会拒绝谈论某个特定房客的细节,或者会反过来要我对特定的案例发表意见。对此我的一贯立场是尽可能不插手事件(虽然之后我会讲到我曾两次"破戒"),但房东往往会逼着我站队。就我所知,我唯独做成和事佬的那次,是谢伦娜一再问我她应不应该打电话给治安官告阿琳的状。被问到最后,我只得挤出一个"不"字,而她也真的没那么做。事后谢伦娜向我承认:"要是没有你的那声'不',讲真的,执行令应该已经申请下去,就等治安官大驾光临了……要是你没插手,阿琳早就玩完了。"所幸老鹰公司没有收走她的东西,阿琳可以把家当存放在大众仓储。只不过到最后,东西还是因为欠款被当成废弃物处理。

一段时间后,房客和房东都慢慢接受了我的存在,继续过他们的日子。真要说,他们也没那么多闲工夫管我。我会跟着房客去驱逐法庭,开庭时我会坐在他们的身边;我会帮忙他们搬家,跟着他们去收容所和荒废的房子;我会帮忙看孩子、与他们争吵、睡他们的家。我和他们一起上教堂、去做心理咨询、出席匿名嗜酒者互诚协会,参加告别式、迎接新生命。这当中我曾跟着某家人去得克萨斯州,也跟着司科特一同前往艾奥瓦州。人与人相处久了总会有感情,而我们之间渐渐产生了某种姑且可称之为信任的东西;只不过就算是信任,这也是一种极其脆弱、有诸多条件的信任。[2] 时隔多年再见面,阿琳还是会在某个沉默的瞬间问我是不是在替儿童保护服务局工作。

我要搬去北区的决定,伍哥一时间无法理解。但真正为此感到不安的是我在拖车营的邻居们。我把这件事告诉拉瑞恩的时候,她几乎尖叫着表示反对:"不不不,麦特[*],你不知道那里有多危险。"毕可也在一旁附议:"他们那儿可不买白人的账。"

不过实际上,白人在贫民窟里还是享有一些特权。比如说

---

[*] Matt,作者的名字"马修"(Matthew)的昵称。

明明两宗独立的枪击案才刚在我的门前发生，警察对我还是客客气气的，而且速战速决。后来我看着一名警官把巡逻车开到阿琳大儿子杰杰的身旁，戏谑着说道："老兄，你怎么这副德行！"（杰杰有学习障碍，所以走路慢，说话也慢）。我走出公寓想看个究竟，那位警官往我这儿瞟了一眼，随即驱车离开。要不是他看到现场有一名白人男性手拿记事本，很难讲接下来他会做些什么。

这些时刻是常态而非例外。就拿克里斯特尔和瓦内塔与第十五街那位歧视人的房东来说，双方交锋时我就在外头的车上照顾瓦内塔的小孩。克里斯特尔和瓦内塔一回来，立刻向我转述了事情的经过。我从出租招牌上抄下了房东的电话号码，然后隔天打电话过去。我跟男房东约在跟克里斯特尔、瓦内塔同样的地方，然后我报我的月收入是 1,400 美元（跟瓦内塔与克里斯特尔加起来一样）。我说自己有三个小孩（跟瓦内塔相同），还说我想租有浴缸的房子。听完，房东说他有另外一间房子要租，甚至还开他的绅宝载我过去。我向公平住房委员会检举了他，但对方受理后并没有下文，也没有回我电话。

旧城区的朋友对我呵护备至，生怕有人会欺负我。拉马尔会冲他身边那群像他孩子似的年轻人发飙"闹够了没！"意思是叫他们不要再跟我要钱了（虽然只是 1 美元）。有一天在出租屋，楼下一个叫 C. C. 的邻居问我有没有几美元可以借她，她要买垃圾袋。我把钱给她，然后不以为意地回家写稿。但这事让伍哥的小侄女、也就是当时跟我们住在一起的凯莎（Keisha）看到了。她盯着 C.C. 离去，然后自称看到 C.C. 打电话给药头。我对这情形并不清楚，一会儿也就自顾自地去买东西。伍哥回到家，从凯莎那儿了解了情况，立刻气冲冲地打电话给我。"麦特，你不准再给她一毛钱了！"他劈头盖脸就说。"他们觉得因为你跟我们不一样，你不是在这附近出生长大的，所以可以这样揩你的油……我这就××的去楼下叫他们把钱还你。"

"那个，伍哥，是这样……"

"就这样了，麦特。"

伍哥挂上电话。我不知道他后来跟 C.C. 说了什么，总之等我回到家后，C.C. 在门外等我。她戴着假发、穿着遮不了多少肉的吊带衫与七分裤，还有绑带的高跟鞋。她把钱还给了我，我也没多问钱是怎么来的。

我感觉很糟。"你太护着我了。"上楼之后我这么跟伍哥说。

他趴在厨房的洗碗槽上，赤着双臂洗碗。"你是郊区的'白斩鸡'，我们是贫民区的'土鸡'，"他低沉的嗓音像是爸爸在对儿子温情说话，给人一种"这一刻他等了很久"的感觉，"而你愿意来到这里，冒险跟我在这种地方生活，这对我来说是莫大的光荣，我觉得自己有责任照顾好你，我不希望你出任何事情。"

我这么个白人住进旧城区，把旧城区写进书里，但我不仅没有在这里感觉危机四伏，反倒还备受呵护。而这也造成了一种隔阂。旧城区的居民们有时觉察到我的存在，就会变得拘谨起来。初次接触时，不少人会慌忙把地方弄干净还连连道歉。有年轻的小哥哥教我，当被尊称为"先生"（sir）的次数达到一定程度，就能领到所谓的"免死金牌"（gangster pass），当地的帮派就不会动我。而我已记不清自己被邻居们叫过多少次先生了，考量到当时我还是个不满30岁的白人，这样的待遇更是夸张。对于一个想要把生活如实记录下来的人来说，这些礼遇其实给我带来了不小的困扰。要突破这样的隔阂，我能做的就是尽可能脚踏实地在此生活，尽可能让自己从一个莫名其妙的外来者变成一个理所当然、赶都赶不走的外来者。时间久了，大家自然会卸下心防。不过，一旦发现苗头不对，他们还是会立马拉起"防护罩"。

要跟像凯莎这样的"师傅"学习观察事物的功力，需要时间累积。凯莎身上的"雷达"能让她知道何时要竖起耳朵、哪里有重要的线索。我在密尔沃基遇到的师傅不止凯莎一位，很多人都向我示范过该如何看待事情、该如何理解它们。即便如此，我知道自己还是错过了很多东西，特别是刚开始那阶段。这不光因为我是局外人，还因为我老是"过度分析"。心中有一场纷杂的独角戏，让我没办法注意到眼前上演的人生百态。从自我保护的观点来看，这样确实比较安全。我们的一些想法是社交生活的润滑剂。依据各种分类和理论，我们把事情整理得井然有序。苏珊·桑塔格（Susan Sontag）警告过这种自我舒适圈会"掏空这个世界"，蒙蔽我们的双眼。[3]

本书背后的研究工作，牵涉长时间与女性（在她们的家中）相处，而这自然会引发一些疑虑。事实上我曾经两次遭书中的男性指控与他们的女朋友上床。第一次是在奈德和帕姆酒后起争执时，奈德脱口而出："你不是很爱跟麦特讲话吗？你不是当他是××的心理学家吗？你干吗不去跟他做！"奈德气冲冲地离开之后，帕姆才跟我说："他以为我们有一腿，这人没救了吧？"吵完气消，奈德也没有继续谈这件事情。但事发经过几周，我便开始和帕姆保持距离，并且尽可能多地把时间花在奈德身上。另外一次是我去找瓦内塔，那是她被判刑前一个月的事情。当时除了她，还有她在"旅馆"认识的一名年长男性厄尔（Earl）。厄尔痴迷瓦内塔，而瓦内塔也不讨厌对方。这样的厄尔见到我自然不会高兴。为了"宣示主权"，厄尔曾冲着我说："听清楚，她是我的女人，我有权知道自己的女人在做些什么事情。"我于是花了点时间跟厄尔解释我的工作，也拿之前的著作给他过目。我觉得他有可能会伤害瓦内塔——前科累累的他有过家暴记录，或至少有可能甩了她，连同他军人的退休金一并带走。厄尔向我道歉，但这场风波令人深感不安。走的时候我拜托瓦内塔的姐姐埃博妮要看好瓦内塔，而埃博妮也照办了。隔天早上我打电话去确认一切平安。"我不怕他了。"瓦内塔对我说。但我认为还是该稍微提防一下。瓦内塔在出狱后跟厄尔分手，有人朝埃博妮的公寓开了一枪，当时瓦内塔和孩子正住在那儿。大家都觉得这应该是厄尔干的。

身为从事民族志的学者，我从事研究的第一要务就是确保不要让对我敞开大门、让我进入他们人生的人受到伤害。但实际上这个问题相当复杂而敏感，要想确实做到并不容易。[4] 尤其在贫困的社区里，什么都要钱。你为谁做了什么事情，就代表你一定得到了某种好处。你们之间一定有某种交换条件。所以奈德和厄尔觉得我不收分文地开车载他们的女朋友去找房子或办事情,一定是因为我"有所图"。我确实有所图,我图的是他们女朋友的"故事"。他们觉得我怪,对我有所质疑,完全说得过去,而我也带着诚意回应他们。

当我在场时,人们的行为举止和言谈方式会有性别上的差异:我还可以举出其他的例子。出狱后的瓦内塔在卖汉堡的乔治·韦伯连锁餐厅找到了一份整理餐桌的工作,同时还认识了一个叫本(Ben)的男人。本想当卡车司机。有天晚上在他们的公寓里,本突然闪人。"你们还好吧?"我好奇地问。

"不好,"瓦内塔叹口气说,"他觉得我太像男人了。"

"什么意思?"我真的不懂。

"就是说我好像懂太多了……他好像是在说,'你像个男人一样,什么事情到你那儿都一定会有个答案。'"

"你有明明知道答案但装傻过吗?"

"偶尔。"

我第一时间就纳闷起瓦内塔有没有在我面前装傻过:为了表现得更像女人,她又扮过多少次呆呢?

你的一切——你的族裔、性别、出身背景、脾气与秉性,会决定在你身边的是哪些人、别人会跟你分享哪些秘密、让你看到什么东西,如何理解看到的东西。我的身份有时像把钥匙,为我开了些门;有时也像铁鞋,让我在一些状况下举步维艰。说到最后,我们都不可能改变自己是谁,只能尽力而为,关注自己的每一种特质如何与工作产生化学反应，同时不要忘记初衷，把问题牢记在心。[5]

在密尔沃基的那段日子，我是一个全职的田野调查者。大部分时候我都带着一台数字录音机，并把它一直开着；这样我就可以原封不动地把他人说过的话给记录下来。我还带着一本小的记事本，记下形形色色的观察与对话，而且通常是在事件发生的当下写完。我从来不忌讳让人知道我是来写书的，我会记下每一处细节。我会利用深夜和清晨工作几小时，除了把笔记本上的东西打进电脑外，我还会把当天发生的事情整理成文字。而要说我拍过的照片，总数应该不下几千张。光是书里没登场的对象，包括30位房东，我采访的次数就超过100场。我访谈和观察过的角色有法院的法警、社工、房屋检查员、物业经理，还有以拖车营或旧城区为家的居民。

在我离开"田野"后，工作尚未结束。事实上这时我才刚开始进行将各种资料转录为文字档的"长期抗战"。这方面我请了几位高手帮忙，当然我自己也做了不少。等到所有材料都有纸本后，我发现自己记下的东西即便缩成单倍行距，页数也超过了5,000。我开始爬梳这些资料，把照片和文字配对，也在早晚通勤或摇我刚出生的女儿入睡时，听一些我录下的实况。在正式动笔前，我把所有资料来回读了好几遍。[6]我希望能在文字与影音中重温现场，然后再尽我所能让事实在书中还原。还有就是，我真的很想念大家。从密尔沃基的北部跳到马萨诸塞州的坎布里奇（Cambridge）——前者是什么模样大家清楚，后者则是养尊处优的"天堂"——让我有一种强烈的错位感。一开始我满脑子想的都是要回到拖车营或密尔沃基的旧城区。事实上，我也为自己找了很多理由重游旧地。

在写这本书时，我看重的是第一手的观察。遇到我没能亲眼见证的重要事件，我会和多位当事人或目击者对谈，然后再去找新闻报道、病例、法庭记录或房贷文件来交叉比对。书中的任何事件，如果是根据二手资料写成，我都会在章后注中标明。文中如果提到有人"觉得"怎样或"认为"如何，那都是她/他亲口这么对我说过，我如实转述。写到过去发生在某人身上的事情，我会说她/他"记得"或"回想起"怎么回事。为了检验这些细节的真实性，我在那些年曾多次提问同样的问题，看当事人的说法会不会前后矛盾。这个办法非常好用，因为很多当事人原本跟我说的是一套，但事实常证明他们的描述并不完全准确。真相的浮现，有时候需要一点时间。

为了查证书中资料的真实性，我一直很努力地与第三方接触。这代表我不仅会去了解事情本身的起承转合，还会确认这件事到底是不是空穴来风。比方说我就跟威斯康星州儿童和家庭部确认过阿琳遇到的福利制裁是不是真的那么常见。我曾偶然听到阿琳向谢伦娜解释社会福利制裁是什么东西，也曾陪着阿琳去社工那儿把事情厘清。这件事的查证并不麻烦，只要写几封邮件、打几通电话就可以搞定，所以我就顺手这么做了。毕竟就像任何一个辩护律师都会说的那样，及目所见也不见得完全是事实。太多时候我们会对眼前的真相视而不见,太多事情会误导我们的想法。实在确认不了的素材,我就会忍痛舍弃。曾经娜塔莎·辛克斯顿跟我说过她之所以从高中辍学,是因为学校自助餐厅里发生了枪击案。在跟多琳确认过有这回事后,我其实很喜欢这个故事,想在书里找个地方把它放进去,但我后来发现像这种冲动其实应该避免。于是我又分别找了三位密尔沃基公立学校系统的行政人员了解情况,结果这三位职员都没办法证明有枪击案发生在娜塔莎说的时间节点上。真相可能是的确发生了些什么,而这三位职员都搞错了;也可能是娜塔莎说了个大概,但没把细节交代清楚;再不然也可能是娜塔莎说的都不对。在考虑过种种可能性之后,我决定放弃娜塔莎的故事,就像我放弃了另外两个"罗生门"的故事一样。经过一番折腾,书的初稿终于出炉,之后我又请了一位校对。[7]但我自己也没闲着,亲自跑了趟密尔沃基和田纳西州的布朗斯维尔处理未了结的问题。[8]

我经常被人问及我如何"消化得了"这项研究。他们这么问的意思是:目击这种程度的贫穷与苦难后,我的内心受到了怎样的冲击?我想没有一个人知道这个问题触及了我内心最不设防的角落。为此我编了一些言不由衷的回答敷衍大家,就像魔术师扔出的烟幕弹一样。待到烟雾弥漫时,我就可以悄悄下台,不被任何人看出破绽。但如果诚实地回答,我会说这项研究让我心碎,也让我与抑郁为伍了许多年。看到他们努力活着,我也学会了要咬牙撑住。好几次听过他们说"不要这样看我啦!"

之后，我学会了在伤痛面前压抑自己的惊恐，学会从贫穷的缝隙中看到真正的危机。我知道有些事在锦衣玉食的精英眼里叫作懒散或不求上进；但真相是，穷人也需要配速和调剂，不然日子真的会过不下去。对克里斯特尔或拉瑞恩来说，不能把心力都花在今日的危机上，因为明天还会有新的问题。在拖车营和密尔沃基的旧城区，我见证了人的韧性、冲劲与智慧。我听闻了不少欢笑，也目睹了很多伤痛。在田野调查进入尾声的时候，我在日记上这样写道："我觉得自己很污秽，我竟然在搜集这些悲惨的故事与别人的苦难人生，就像是在搜刮什么战利品。"在田野调查中所感受到的罪恶感不但没有随着我的离开而消散，反而还变本加厉地在我内心打转。我觉得自己是个骗子，是个吃里爬外的家伙，我好希望有人能过来随便指控我做错了什么，我打算统统招认。看到大学聚会时放在我面前的一瓶酒，或是收到日托中心每个月寄来的账单，我都会下意识地想到这笔钱可以在密尔沃基变成租金或保释金。光是研究这些人的生活，就已在我的心上烙下痕迹，你可以想象这样的真实人生会有多么辛苦。

随着我与房客和房东的相处时间越来越长，我发现自己心里存在一些根本性的问题，而这些问题是田野调查无法回答的。驱逐到底有多严重？驱逐会产生哪些后果？被驱逐的都是什么样的人？穷困的家庭花了这么多钱在居住上，他们牺牲掉的又是哪些东西？我开始寻找可以回答这些问题的研究。都市贫穷、社区与贫民窟,这些主题一直都在美国的社会学领域占有一席之地,我理所当然地认为一定有人曾经有过相同的疑问。

但结果是没有。我找不到任何研究或现成的资料可以充分回答我内心的疑惑。这让我难以置信,毕竟我所目睹的这些情形在密尔沃基天天上演。我纳闷的是,私人租房市场的发展动态——这明明是美国贫穷问题的一大病灶,但(美国)国内的学术界对此却视若无睹。我后来认识到会有这种令人不解的现象,其原因在于我们研究住房问题时的策略。整体而言,研究贫穷的学者会把注意力集中在公共住房或其他的住房政策上,又或者他们会忽视住房问题,因为他们更感兴趣的是都市社区的特性——比如说不同程度的种族隔离和居民对中产阶级趣味的住房改造项目(gentrification)的抗拒。[9]事实上,私人租房市场是不容忽视的存在。这里是穷人的大本营,租房向他们的生活施加了偌大的影响力。密尔沃基许多(我认识的)家庭都背负着相似的命运,他们因为租房被吃掉大部分的收入,在贫穷与剥夺的泥淖中越陷越深,因为租房不成而遭到驱逐、失去安全感、沦落至无家可归。租房问题决定了他们住在哪里、与哪些人"共组家庭",也板上钉钉地决定了他们身处社区的属性与稳定性。这件事情鲜少被研究,许多状况都被蒙在鼓里。

我曾想要忽略这个问题,把所有时间花在与房东和房客的实际相处上。但当我发现问题不会凭空消失的时候,我决定自己来搜集相关资料。我的第一步是设计问卷来访问密尔沃基私人租房市场中的房客。访问的规模一开始并不大,但因为有麦克阿瑟基金会的资助,我的访问开始有了突破。我把这项研究称为"密尔沃基地区租户调查"(Milwaukee Area Renters Study,MARS)。从 2009 年到 2011 年,大约有 1 100 名租房者在他们家中接受了我们专业采访人员的采访。这些直接向我报告的访谈人员接受着威斯康星大学调查中心的训练与督导。为了让研究的资料具有代表性,我们的采访人员走遍了整座城市,所有的租房个人与家庭都是我们锁定的对象。人手一块手写板与一台联想思考本电脑的同仁们,勇闯密尔沃基最让人心惊胆寒的社区。其中一位伙伴被恶犬咬伤在前、被人抢劫在后。

因为有广大采访人员的"英勇"表现,"密尔沃基地区租户调查"达成了高达 84% 的回应率。能在这个人口流动率很高的贫困地区取得这样的成绩,他们的表现让人肃然起敬。我在田野工作中取得的成果与心得,大大充实了"密尔沃基地区租户调查"的 250 个问题:重点不只在于我问了什么,还在于我怎么问。在拖车营生活的期间,我学到了要问清一个人为什么搬来,其实没有想象中容易。租房者往往会搬出一套说辞,尽最大可能强调这是他们自愿做出的决定。而要询问人为什么被迫搬迁,租房者又会有一整套极其复杂的用语,就像房客对"驱逐"一词也有其独特而严格的定义。就拿我在拖车营的邻居罗丝与蒂姆为例,他们被迫搬离拖车是因为蒂姆工作时伤了背部。他们并没有为了这事上法庭,但他们无疑遭到了驱逐(他们的姓名出现在驱逐记录里)。尽管白纸黑字写得很清楚,但他们并不这样看待自己。"听到你说'驱逐',"罗丝解释,"我脑海里的画面是治安官跑来赶人换锁,然后老鹰公司会把你的家当扔到路边。那才叫驱逐。我们可没有被驱逐。"如果罗丝和蒂姆在受访时被问道:"你有被驱逐过的经验吗?"他们也会答"否"。这样的访查就会严重低估了非自愿搬迁的普遍性。经验告诉我提问题的措辞是一门学问,你得考虑到租房者对驱逐的理解,才能设计出有效的访谈问题。

这项调查搜集了关于住房、居民流动性、驱逐与都市贫穷等方面的资料。它也是我们手头仅有的对都会租房者遭迫迁频率进行广泛预估的一项资料。在整理这些数据的时候,我很惊讶地发现,在密尔沃基,每8名租房者,就有1名至少在受访的近两年内遭遇过一次迫迁——这包括正式或非正式的驱逐,房东的房子遭到查封,或是房子被宣告为危楼、不适合居住。

这项调查还显示将近半数(48%)的迫迁案例属于非正式驱逐:没有经由法院处理,所以记录上是查不到的。这包括房东给钱叫你滚,或者是花钱请几名壮汉把你往街上扔。正式的驱逐相对比较少见,占整体迫迁案件数的24%。另外有23%的迫迁肇因于房东的房子被查封。最后的5%则是建筑物被宣告为危楼而不得居住。[10]

换句话说,我们每见着一件由司法体系裁定的驱逐判决,其背后就有两件法院管不到、任何程序正义都谈不上的驱逐悲剧。如果不把非正式的驱逐列入计算,我们就会严重低估美国城市里正在发生的危机。如果当政者看了被低估的报告形成决议,进而导致资源无法投入、舆论也不予关注,那这些因为人为误判使得驱逐数据不能如实反映现状的研究报告，就不只是学术的对错；它会给许多活生生的人带来切实的伤害。

随着"密尔沃基地区租户调查"的完成，我们掌握了许多新发现，其中驱逐会产生的连带问题就很值得重视。相关的资料将驱逐联结到居住的不稳定性、水准欠佳的屋况、社区品质的下降；甚至连失业都可以算在驱逐头上。在此之上，我结合了一个具全美代表性的资料组，即"脆弱家庭与儿童成长研究"（Fragile Families and Child Wellbeing Study），进一步分析驱逐带来的恶果。结果显示被驱逐家庭"物质困窘"的问题会加剧，他们的身心健康也变得更糟。

即便把泛滥的非正式驱逐排除在外，法庭的正式驱逐记录还是可以给我们一些启示。官方数据准确记录了城市里发生的驱逐案件的频率与位置。于是我毫不客气地提取了从2003年到2013年间所有发生在密尔沃基的驱逐案件，总计有几十万笔。按照这些政府记录所列，每年有近半数由法院正式下令执行的驱逐发生在密尔沃基以黑人为主的社区。同时，女性在这些社区遭驱逐的概率是男性的2倍以上。[11]

最后我另外设计了一项调查来帮助我了解何以有些人可以逃脱驱逐的魔掌，有些人却只能被命运捉弄。为期六周的"密尔沃基驱逐法庭研究"（The Milwaukee Eviction Court Study）在2011年1月和2月，面对面采访了250名出席驱逐法庭的租房者（受访率有66%）。这些紧跟着听证会进行的访问，让我们得以管窥密尔沃基遭驱逐群体的处境和心境。这项访查的资料显示：密尔沃基驱逐法庭上房客年龄的中位数是33岁,其中最年轻的仅19岁,最年长的为69岁。这些人家庭月收入约为935美元,平均房租积欠金额也差不多是这个数目。调查还显示:横在驱逐命运两端的,不只是租金的赊欠而已。分析完材料后,我们发现除在房客积欠的房租,外加家庭收入、种族背景等其他因素,孩子的存在会让房客收到驱逐判决的概率提升至原来的3倍。在驱逐判决上与孩子同住的效应,大约等同于拖欠4个月的租金。[12]

本书用到了多种研究方法和不同的资料来源,它们之间相辅相成的效用也相当显著。我一开始投入这个计划时,有一整组的疑问推动着我前行。随着田野调查的开展,这些问题有的得到了推进,有的依旧悬而未决。还有些问题所在的领域我从未涉猎过,也欠缺对应的概念。所幸在分析完庭审记录与访问资料之后,我终于能从制高点观看整个局面,也更能体会驱逐在弱势社区里的严重程度。我终于可以觉察到驱逐存在的差异性,也不会把不同性质的迁居混为一谈。通过定量研究,我得以知悉自己的观察具有何种程度的代表性。只要情况允许,我会尽量让自己的研究接受统计学上的稽核,借此判定眼下的情形会不会在更广大的人口范围内出现。当整体的比较厘清或精炼出一个观念时,我会回到自己的田野笔记里确认这些数据背后的运作机制。不同方法论之间的"团队合作"不仅发挥了"1+1>2"的效果,还一一突破了单一方法可能存在的盲点。

除了这些大头的努力——包括执行原创的访查、分析庭审记录的大数据——我也寻求了各式各样的证据,一方面巩固我观察内容的有效性,一方面深化我对于各项议题的理解。我分析了密尔沃基警局共计两年的"妨害房产告发单"资料,取得了密尔沃基超过100万条"911"紧急报案电话记录,搜集了房东名下的物业、收租明细、法律文件誊本、公共不动产记录、学校入学档案与心理评估结果。

这种种资料加在一起,拼凑成一幅前所未见的浮世绘。从中我们可以感受到私人租房市场是一股多大的力量,也可以了解到这股力量是如何形塑着美国穷人的家庭与社区生活;从中我们可以知道贫穷带来的各种问题——无法安居、严重的剥夺、弱势社区的高度集中、健康状况的损害,甚至失业——都源于美国城市里缺少穷人可以负担的住房。透过哈佛大学的数据宇宙(Dataverse Network),我已经将所有的访查资料公之于世。[13]

这本书的核心是密尔沃基。威斯康星州的第一大城固然不是一般的城市,但比起为数不多但独具特色、甚至代表着美国都会经验的一线城市,密尔沃基倒也没有那么特别。每个城市都有自己的"生态系统",只是有一些会更加显著。拿密尔沃基来说,它是个相对典型的中型都会城市,有着相对典型的社会经济状况与住房市场,也向租房者提供相对典型的保护措施。[14]比起其他的一些选择,密尔沃基更能反映城市居民生活在印第安纳波利斯(Indianapolis)、明尼阿波利斯(Minneapolis)、巴尔的摩、圣路易斯、辛辛那提(Cincinnati)、加里(Gary)、罗利(Raleigh)、尤蒂卡(Utica)等不是所有美国人都能朗朗上口的地方是怎样一种体验，毕竟这些城市不是美国的骄傲（旧金山、纽约市），也不是美国心中的伤痛（底特律、纽瓦克）。

但话又说回来，我在密尔沃基发现与记录下的这些状况，究竟能不能反映其他地方的实情，最终还是要交由未来的学者与研究去检验证明。我回答了很多问题，同时又留下了更多的问题。我们需要强有力的社会学科把住房当成研究课题，并且将关注的范围扩大到狭隘的政策面与公共住房以外。我们需要一个崭新的社会学分支去研究迁居，去记录驱逐行为的泛滥程度与前因后果。或许更重要的是，我们需要一个有使命感的社会学科去研究不平等现象，尤其是要板起脸来严肃对待私人租房市场中剥削与吃人不吐骨头的问题。

当我经常自问"我的发现能不能代表其他地方的状况？"时，我还是会纳闷：我到底想问什么？我是真心相信驱逐会发生在匹兹堡，却不会发生在阿尔伯克基（Albuquerque）吗？我真的以为这些悲剧是孟菲斯的专利，而绝不会在迪比克（Dubuque）上演吗？在讨论都市贫穷和居住（不）正义这样严肃而普遍的问题时，我们收集的证据倒向了另一个方向。这项研究在美国一座主要城市的核心进行。密尔沃基可不是前不着村后不着店的中欧波兰聚落，也不是蒙大拿州某个人烟罕至、草木也稀稀落落的小镇，更不是才几个人到过的月球表面。[15]密尔沃基的驱逐件数，绝对可以跟其他许多城市的状况相差无几。在密尔沃基被召唤至房屋法庭出庭的人数，看起来与查尔斯顿（Charleston）和布鲁克林（Brooklyn）大同小异。或许当我们自问"一份研究能不能概括其他地方的状况"时，我们真正想问而没有明说的是：其他地方的状况是不是也如此糟糕？又或者我们真正应该问的是：我是不是应该要好好关心一下这些问题了？

近来的民族志，几乎都采用了第一人称。这是一种单刀直入的书写策略，效果也相当显著。对希望自己的民族志作品能被当回事的作者来说，文化人类学者克利福德·格尔茨（Clifford Geertz）认为：作者必须让读者相信他们曾"亲历其境"。"若要让人相信在日常生活中曾真的发生过这么个奇迹，就一定得靠手中的笔。"[16]格尔茨说。说服读者的重大责任，便交到了"第一人称"的手中。我在现场，我亲眼看着事情发生。而正因为我亲眼看着事情发生，你也可以相信事情曾真的这样发生。民族志的作者会在现场把自己缩到最小，但在书里却会把自己放大。我们这么做，是因为第一人称可以传递经验——而经验可以传达（目击者的）权威。

但第一人称的叙事并不是仅有的选择。[17]事实上，若真的想捕捉社交世界里的精髓，第一人称或许是最应该避免的那个选择。"我"的视角就像一把筛子，把所有东西都过滤干净了。在第一人称叙事中，作者和研究对象永远保持在彼此的视线范围内，作者的任何观察都将基于研究对象的反应。无论作者如何小心翼翼，第一人称的民族志还是轻而易举地成了作者的所见所闻。我参与过不少以民族志或报告文学为题的对谈，过程中没有人在谈作品的主题，反倒都在说作者的决策、误判或"伦理人格"。而在以本书为题的学术演讲上,我几乎都会被问到以下这几个问题:"你看到那个场面时感觉如何?""你是怎么获取这些信息的?"这些都是好问题,但我们需要想得更长远一些。在这块富裕的土地上,痛苦与贫困现象依旧举目可见。饥饿、无家可归、不公不义——面对美国当下的这些困境,我更感兴趣的是一场不同的、也更紧急的对话。"我"不重要,一点都不重要。我衷心希望大家若是跟人聊起这本书,你会说到谢伦娜与托宾、阿琳与乔里、拉瑞恩、司科特和帕姆、克里斯特尔和瓦内塔——而在你居住城市的某个角落,可能就有一个家庭,刚从他们的住处遭到驱逐,路边堆满了他们的东西。

抛弃第一人称的立场也是要付出代价的。在本书的脉络里,抛弃第一人称意味着低调地出手干预,然后假装无事发生。我自己招了:这在本书中发生过两次。书里说有"朋友"替阿琳租了一辆 U-Haul 卡车,让她可以从第十三街搬出去;还说瓦内塔向"朋友"借了钱买炉子和冰箱,好让自己在要上门的儿童保护服务局面前增加印象分,其实我就是她们的"朋友"。还有一点很重要是,书里所有人物都没有车子,我有,有时候我会充当他们的司机,载着他们四处找房子。而我不在的时候,他们会搭密尔沃基班次很不固定的公交车,要不就是徒步走来走去。如果没有我的车子(或手机),这些人找房子会更花时间、更费力气。

任何人接受我的访问或花时间回应我的需求,都没有从我这儿领到一毛钱。即便他们开口向我要钱,那也是因为他们逢人就开口要钱。为此我养成了不带钱包出门的习惯,也学着跟身边的所有人一样把"不"字挂在嘴上。要是我刚好有几块零钱在身上,有时候我会顺手给他们,但不给大钱是我的原则。

在密尔沃基,不少人会买吃的给我,我也会买吃的给他们。他们会送礼物给我,我也会送礼物给他们。辛克斯顿一家曾把我拐到地下室,说是希望我出手打一打出故障的锅炉,或许锅炉就能恢复了。想也知道我没这个本事。但等我"铩羽而归"回到一楼的时候,等待着我的却是他们为我准备的生日蛋糕。还有一次,阿琳买了一罐饼干给我,上面还附了张那种会播音乐的卡片。我们决定把卡片放我车上,需要笑的时候就拿出来放一下。司科特到现在还会寄生日卡片给我的大儿子。他会在里头夹一张 10 元美钞当作心意,这是他从无家可归时就开始做的事情。

对一位田野工作者来说,难的不是出发,而是挥别。而最大的道德困境不是被要求出手相助时该如何回应,而是面对他人的无私与付出时要怎样回应。我很幸运可以在密尔沃基遇到书里这些人,他们一次又一次不计理由地帮助我。每当他们这么做,我都会想起他们拒绝屈服于困苦的优雅身影。贫穷再不堪,也动摇不了他们内心深处的良善。

注 释

序曲：冷冽之城

1. Frances Fox Piven and Richard Cloward, *Poor People's Movements: Why They Succeed, How They Fail* (New York: Vintage, 1979), 53–55; St. Clair Drake and Horace Cayton, *Black Metropolis: A Study of Negro Life in a Northern City* (New York: Harcourt, Brace, and World, 1945), 85–86; Beryl Satter, *Family Properties: House the Struggle over Race and Real Estate Transformed Chicago and Urban America* (New York: Metropolitan Books, 2009). 关于被扫地出门这件事情，具全美代表性的历史资料付之阙如。20世纪前半叶的《纽约时报》将被驱逐描述成一件罕见而会使人讶异的事。到了20世纪后半叶，据某些地区性的研究记载，非自愿搬迁在美国的发生频率已是不容小觑。参见 Peter Rossi, *Why Families Move*, 2nd ed. (Beverly Hills: Sage, 1980 [1955]); H. Lawrence Ross, "Reasons for Moves to and from a Central City Area," *Social Forces* 40 (1962): 261–263。

2. Rudy Kleysteuber, "Tenant Screening Thirty Years Later: A Statutory Proposal to Protect Public Records," *Yale Law Journal* 116 (2006):1344–1388.

3. 这项估计所参考的是"美国住房研究"（American Housing Survey, AHS），1991—2013。这些数据是相对保守的，因为当中排除了自称无现金收入、零收入或负收入的租房家庭。AHS 的数据指出：一些租房家庭的居住成本完全超过了家庭收入。对一些家庭来说，这种情况不太可能发生；但对另外一些靠积蓄生活、租金和水电燃气费支出大于收入的家庭来说，这就是极有可能发生的事了。分析完那些居住支出超过收入的租房家庭后，我发现只有少数家庭接受了租金补助（11%）或水电燃气费的补助（5%）（包括持续性的与一次性的补贴）。如果把居住支出完全超过家庭收入的家庭都算进去，你会发现在 2013 年，70% 的穷困租房家庭在居住问题上用去了一半的收入，53% 的家庭用去了 70% 以上的收入。如果将居住支出完全超过收入的家庭排除在外，你会发现有 51% 的穷困租房家庭至少把一半的收入花费在了居住上。将近 25% 的家庭则会花费 70% 以上的收入。正确的数值应该介于这两种假设之间，亦即在 2013 年，花费 50% 以上收入在居住上的租房家庭在 50% 到 70% 之间。而花 70% 以上收入在居住上的租房家庭，比例应该落在 25% 到 50% 之间。

虽然租房家庭总数从 1991 年到 2013 年间增长了将近 630 万户，但在租房上花费三成以下收入的家庭数量却从 1991 年的 130 万户下降至 2013 年的 107 万户。在同一时间段，将收入的 70% 以上投入在租房的家庭数量从 240 万户增加到 470 万户（把自称居住支出完全超过家庭收入的家庭计算在内）；另一种算法则是从 90.1 万户增加到 130 万户（把上述家庭排除在外）。

居住支出（housing costs）包含合同租金、水电燃气费、房产保险费、拖车的停泊费。收入（income）指住户（一家之主）、住在同一个屋檐下的亲属（戚）、与户主没有亲缘关系但居住在同一家庭的家长（primary individual）所能获得的各种工资、薪酬、福利与实物形式的补助（如食物券）的总和。在计算居住支出时，AHS 选择以"家庭收入"（family income）而不是"住户收入"（household income）作为衡量收人的标准，希望这样能够更准确地预估"哪些人的收入可以用来承担居住支出，哪些人可以共同分担生活费用"（但 AHS 对"贫穷"的定义仍以"住户收入"作为标准）。参见 Frederick Eggers and Fouad Moumen, *Investigating Very High Rent Burdens Among Renters in the American Housing Survey* (Washington, DC: US Department of Housing and Urban Development, 2010); Barry Steffen, *Worst Case Housing Needs 2011: Report to Congress* (Washington, DC: US Department of Housing and Urban Development, 2013)。

4. Milwaukee County Eviction Records, 2003-2007, and GeoLytics Population Estimates, 2003-2007; Milwaukee Area Renters Study, 2009-2011. 详细的方法论讨论参见 Matthew Desmond, "Eviction and the Reproduction of Urban Poverty," *American Journal of Sociology* 118 (2012):88-133; Matthew Desmond and Tracey Shollenberger, "Forced Displacement from Rental Housing: Prevalence and Neighborhood Consequences," *Demography* 52(2015): 1751-1772。我为本书特别设计了衡量标准，以便于对密尔沃基全体租房人口的情况进行评估。所有取材自"密尔沃基地区租户调查"的描述性统计（descriptive statistics）都经过了加权处理。

　　AHS 在搜集"租房者为何搬迁"的资料时，向他们提问了以下这个问题"你最近一次搬离原址的原因是什么？"并根据受访租户前一年内最后一次搬迁的情况来公布统计信息。AHS 在 2009 年的调查数据显示，受访前一年搬过家的美国租户中，约有 2.1% 到 5.5% 的人因为以下三种原因被迫迁出之前的住址，分别是私人原因（如房东要搬回自住、租房处被改为独立产权的公寓）、政府干预（如出租屋被判定"低于最低居住标准"，不适宜居住）和遭到房东驱逐。"2.1%"这一数据是根据租户自称的"主要搬迁原因"得出的；这并不准确，因为迫迁的人若是把上述三种原因以外的因素（如住房条件过差）列为他们搬迁的主因，就会被排除在统计数据外。"5.5%"则是纳入所有搬迁原因后得到的结

注释 | 437

果,那些提出多种被迫搬迁理由的租户就会被重复计算。因此,最合理的统计方式应该是上述两种方式的折中。根据"密尔沃基地区租户调查"(2009—2011),在一年内搬过家的受访者中,最近一次搬迁属于迫迁性质的有 10.8%。我估计这个数值更大,但也更加准确,理由是"密尔沃基地区租户调查"掌握了非正式的驱逐数据。若将非正式的驱逐排除在外,这个比例就会降至 3%,接近于 AHS 预估的数据。跟多数有关"物质困窘"(material hardship)的研究一样,AHS 依赖于开放式问题,大大低估了被驱逐在租房者间的普及情况——开放式问题之所以无法完全掌握非正式驱逐的情况,是因为很多租房者并不觉得非正式的驱逐也算驱逐。

5. 据 2013 年的 AHS 统计(表 S-08-RO),我们可以得到那些无力支付全额租金、并认为自己会在短时间内遭到驱逐的贫困租房家庭,在全美所占比例的预估值。AHS 的研究同时显示,全美有超过 280 万个租房家庭认为他们"非常可能"或"有点可能"在两个月内遭到驱逐。参见 Chester Hartman and David Robinson ("Evictions: The Hidden Housing Problem," *Housing Policy Debate* 14 [2003]: 461–501, 461)。亦有研究估计美国人每年遭到驱逐的数目"很可能高达数百万人"。参见 Kathryn Edin and Laura Lein, *Making Ends Meet: How Single Mothers Survive Welfare and Low-Wage Work* (New York: Russell Sage Foundation, 1997), 53。

至于威斯康星州的驱逐估计值:威斯康星大学法学院的社区法律中心(The Neighborhood Law Clinic)已经开始记录州一级的驱逐立案情况(驱逐立案 [filings,即被传召上庭] 不同于驱逐判决 [judgements,指被法庭责令搬迁])。在威斯康星州的所有城市,驱逐的立案数要多于驱逐的判决数。我对密尔沃基由法院判决的正式驱逐比例的统计,是根据驱逐判决数制成的。而驱逐判决数作为一种统计指标,在其他城市会更难获得和被验证。2012 年的驱逐数据分析如下:亚拉巴马州 22,824 次开庭(人口数 480 万);明尼苏达州 22,165 次开庭(人口数

540 万）；俄勒冈州 23,452 次开庭（人口数 390 万）；华盛顿特区 18,600 次开庭（人口数 690 万），威斯康星州 28,533 次开庭（人口数 570 万）。参见 the Epilogue for eviction estimates in cities other than Milwaukee。关于非自愿搬迁的评估方式，参见 Desmond and Shollenberger, "Forced Displacement from Rental Housing"; Hartman and Robinson, "Evictions: The Hidden Housing Problem"。

第1章　房东这一行

1. 密尔沃基租房者的家庭年收入中位数是 30,398 美元，较全市总人口的水准低了将近 5,500 美元。详见 Nicolas Retsinas and Eric Belsky, *Revisiting Rental Housing* (Washington, DC: Brookings Institution Press and the Harvard University Joint Center for Housing Studies, 2008)。
2. 在密尔沃基的哪个地区置产，取决于你的身份背景，特别是你所属的种族和族裔。密尔沃基的房东里，租给同种族或族裔者居多，租给与自身不同种或族裔者为少数。密尔沃基大部分的白人租户（87%）从白人房东处租房，而大部分的黑人租户（51%）向黑人房东租房。整体而言，密尔沃基过半（63%）的房客向白人房东租房。相对于将近 1/5 的人向黑人房东租房，向拉丁裔房东租房的人仅占不到 1/9。

    在拉丁裔的租房者当中，约半数向同属拉丁裔的房东租房，另外半数则向白人房东租房。密尔沃基 41% 的拉丁裔租户认为，他们的房东生于美国境外。当房东向来是移民者打入美国中产阶级的一条路径。在 20 世纪初，密尔沃基的波兰裔移民纷纷垫高房子，盖起了地下室，然后把地下室当公寓给租出去。随着密尔沃基的南部从以波兰裔居民为主转变成以拉丁裔居民为主，来自墨西哥与波多黎各的移民继而转变成了把"波兰公寓"租出去的人。参见 John Gurda, *The Making of Milwaukee*, 3rd ed. (Milwaukee: Milwaukee County Historical Society, 2008 [1999]), 173。

过去几十年，典型的旧城区房东都是白人。但如今你越是深入旧城区，就越有可能发现自己的房东是黑人。在至少 2/3 的居民属于非裔的社区中，有 3/4 的房客的房东是黑人。关于过往在黑人社区里的白人房东，参见 St. Clair Drake and Horace Cayton, *Black Metropolis: A Study of Negro Life in a Northern City* (New York: Harcourt, Brace, and World, 1945), 718。

密尔沃基大部分的租户都是从男性房东手中租房（密尔沃基 82% 的租户表示是向个人而非一对夫妇租房，而在"独行侠"房东之中有 62% 是男性）。按照上述的趋势，谢伦娜应该是一个例外，但当她在拉马尔的家门外以黑人房东的身份下车与她的黑人房客见面时，她又从例外变回了常态。"密尔沃基地区租户调查"（2009-2011）。

3. 我并没有亲眼目击这场事件。该场景的重建是透过与谢伦娜、昆汀以及社会服务团体"社区倡议"（Community Advocates）的社工进行的访谈。

4. 在这当中，每 7 户大致有 1 户的水电燃气会被切断。一个家庭如果住在危险的街区，租的房子又摇摇欲坠，他们的房租负担自然会小于住在闹市区豪宅的富裕家庭，但两者的水电燃气支出是差不多的。在某些案例中，底层租房家庭的水电燃气支出甚至会高过金字塔顶端的租房家庭，原因是前者可能负担不起装设有较厚绝缘隔热材料、双层玻璃窗户的建筑，或有能源之星（Energy Star）认证的家电。以全美而言，需要自行负担水电燃气且年收入在 15,000 美元以下的租房家庭，平均每个月的水电燃气账单是 116 美元；而收入在 75,000 美元以上的家庭，平均每个月会花费 151 美元在水电燃气上。参见 Bureau of Labor Statistics, *Consumer Price Index*, 2000–2013; American Housing Survey, 2013, Table S-08-RO; Michael Carliner, *Reducing Energy Costs in Rental Housing: The Need and the Potential* (Cambridge: Joint Center for Housing Studies of Harvard University, 2013)。

5. We Energies 的服务区域除了密尔沃基，还包括威斯康星州的其他区域以及密歇根州的上半岛（Upper Peninsula），该公司每年处理的窃电案约有4,000件（私人通信，Brian Manthey, We Energies, July 22, 2014.）参见 Peter Kelly, "Electricity Theft: A Bigger Issue than You Think," *Forbes*, April 23, 2013; "Using Analytics to Crack Down on Electricity Theft," *CIO Journal,* from the *Wall Street Journal*, December 2, 2013。

6. 冬天不得中止服务的规定，适用于燃气与电力所供应的暖气。被切断燃气的大致情况是我在2014年7月24日向We Energies公司的布莱恩·曼提（Brian Manthey）了解的。关于逐月的驱逐案件趋势，参见 Matthew Desmond, "Eviction and the Reproduction of Urban Poverty," *American Journal of Sociology* 118 (2012): 88–133, Figure A2。

第2章 凑房租

1. John Gurda, *The Making of Milwaukee*, 3rd ed.(Milwaukee: Milwaukee County Historical Society, 2008 [1999]), 421–422; 同时参见416–418; Sammis White et al., *The Changing Milwaukee Industrial Structure, 1979–1988* (Milwaukee: University of Wisconsin-Milwaukee Urban Research Center, 1988)。

2. William Julius Wilson, *The Truly Disadvantaged: The Inner City, the Underclass, and Public Policy*, 2nd ed. (Chicago: University of Chicago Press, 2012 [1987]); Marc Levine, *The Crisis Continues: Black Male Joblessness in Milwaukee* (Milwaukee: University of Wisconsin—Milwaukee, Center for Economic Development, 2008).

3. Jason DeParle, *American Dream: Three Women, Ten Kids, and the Nation's Drive to End Welfare* (New York: Penguin, 2004), 16, 164–168.

4. State of Wisconsin, Department of Children and Families, *Rights and Responsibilities: A Help Guide*,2014,6.

5. 我并没有亲眼看到拉马尔与其社工的互动，这一段话是根据拉马尔的叙述写成的。我也没有亲眼目击粉刷的过程，现场是根据拉马尔、拉马尔的两个儿子和附近男孩儿的对话记录重建的。

6. 以房东为业是美国家族资本主义（family capitalism）的残余。可供出租的房产会代代相传，第三代甚至第四代的房东也不算少见。参见 Daniel Bell, *The End of Ideology: On the Exhaustion of Political Ideas in the Fifties* (New York: Collier Books, 1961), chapter 2。

7. 20世纪60年代的一项研究显示：在新泽西州的纽瓦克，4/5业主的房租收入在其总收入中所占的比例不到3/4。参见 George Sternlieb, *The Tenement Landlord* (New Brunswick, NJ: Rutgers University Press, 1969)。

8. 同一时期整个美国的劳动力仅增长了50%。详见 David Thacher, "The Rise of Criminal Background Screening in Rental Housing," *Law and Social Inquiry* 33 (2008): 5–30。

9. 作者的计算基于国会图书馆HD1394号档案（非自用不动产，不动产管理）。这一想法受益于Thacher, "Rise of Criminal Background Screening in Rental Housing."一文。

10. 2009年，密尔沃基旧城区的两居室租金行情是550美元，不含水电燃气。租同一区合租公寓的一个房间，房租平均在400美元，含水电燃气。公寓的单间出租利润比较高。"密尔沃基地区租户调查"，2009—2011。

第3章　热水澡

1. 我在之前发表的学术作品中，是以假名来称呼这个拖车营的。但在这里我使用的是真名。

2. Patrick Jones, *The Selma of the North: Civil Rights Insurgency in Milwaukee* (Cambridge: Harvard University Press, 2009), 1, 158, 176–177, 185; "Upside Down in Milwaukee," *New York Times*, September 13, 1967.

3. 关于拉丁裔族群在密尔沃基的发展历史，详见 John Gurda, *The Making of Milwaukee*, 3rd ed. (Milwaukee: Milwaukee County Historical Society, 2008 [1999]), 260。关于种族隔离，参见 John Logan and Brian Stults, *The Persistence of Segregation in the Metropolis: New Findings from the 2010 Census* (Washington, DC: US Census, 2011); Harrison Jacobs, Andy Kiersz, and Gus Lubin, "The 25 Most Segregated Cities in America," *Business Insider*, November 22, 2013。

4. 这个数字是由拖车营从 2008 年 4 月到 7 月间的租约清册得出（连尼让我影印了一份）。这些欠款的估计数值基于夏季月份的总数得出，而这段时间正好是欠租数额和驱逐频率最高的时候，所以这里的数据会有被高估之嫌。

5. 我并没有目睹双方的言辞交锋，而是跟杰里、连尼与其他拖车营的住户访谈之后重建了现场的细节。引号内的字句依据杰里的回忆如实转录。

6. 菲莉斯每个月都会准时交租，但托宾后来还是找理由要驱逐菲莉斯。连尼提议以她养狗为由发驱逐通知单给她。托宾拿出满满三页全用大写写成的褪色租约，上面规定得非常清楚：不得养狗或者其他家畜。但其实托宾和连尼都口头说过可以养，所以养宠物的居民还不少。"基本上我是睁一只眼闭一只眼。"托宾会这么说。连尼建议托宾可以否认口头承诺的东西，然后咬住合约上的字句。租约还禁止在拖车营内喝酒。

第 4 章 大丰收

1. 美国历史上，城市的政客们为了制约房东的权力并改善租户的生活做了许多尝试。从拆除贫民窟（slum clearance）到实施建筑法规——好像问题的根本不是美国存有大量的贫穷现象且欠缺廉租房，而是无序和低效。政客们的处理方式带来了难以预料的后果，许多房客的处境变得更加糟糕。Marc Bloch, *Feudal Society*, Volume 1, *The Growth of Ties of Dependence* (Chicago: University of Chicago Press, 1961), 147; Beryl

Satter, *Family Properties: House the Struggle over Race and Real Estate Transformed Chicago and Urban America* (New York: Metropolitan Books, 2009), 135–145.

2. 个人对于土地持有的权利,最为有力地彰显在驱逐行为上。人类历史记载最早被驱逐的应该是亚当跟夏娃。参见 Lewis Mumford, *The City in History: Its Origins, Its Transformations, and Its Prospects* (New York: MJF Books, 1961),107–110。关于权力与驱逐之间的关联,参见 Hannah Arendt, *The Origins of Totalitarianism* (Orlando: Harcourt, 1968)。

3. 对美国人而言,不管是穷人或是中产,都有一个非常清晰而强烈的愿望——拥有一个家。从拓荒时期以来,自由、公民权与土地所有权这三驾马车并驾齐驱,是美国人心目中的重中之重。要成为美国人,就必须是一家之主。租房子被认为"不利于自由的发展"。1820年,托马斯·哈特(Thomas Hart)在国会发言:"租房会为社会内部的分离埋下恶果,会摧毁爱国之心,会削弱独立精神。"引自 Lawrence Vale, *From the Puritans to the Projects: Public Housing and Public Neighbors* (Cambridge: Harvard University Press, 2000), 96。

4. 以全美 300—349 美元之间的月租水准而言,出租房的空置率从 2004 年的 16% 左右下降到 2011 年的不到 6%。这份计算是根据 Current Population Survey (2004–2013) 得到的。

5. 拖车营的空置率是通过租约清册(2008年4月到7月资料)计算得到的。

6. 这个事件发生在我的田野调查工作之前,并非我亲眼所见。引言的内容基于帕姆的回忆。

第5章　第十三街

1. 1997 年密尔沃基的公平市场租金显示:一居室的公寓要价 466 美元(租金与水电燃气费是全市租金分布中第 40 个百分位数)。如果阿琳租下那间公寓,她每个月就可以有 162 美元的结余。相隔 10 年,同一间公寓的公平市值租金已经涨到了 608 美元，阿琳的社会福利支票却仍旧为 628 美元。若要在这里租房子，就意味着她每月只能靠 20 美元过活。公平市场租金与社会福利补助的资料取自美国住房与城市发展部，威斯康星州儿童和家庭部和威斯康星州平权司。关于靠社会福利补助几乎无法过活的状况，详见 Kathryn Edin and Laura Lein, *Making Ends Meet: How Single Mothers Survive Welfare and Low-Wage Work* (New York: Russell Sage Foundation, 1997)。

2. 2013 年，密尔沃基约有 3,900 户家庭以公共住房为家，5,800 人左右领取租房补贴券，而全市的租房家庭共约 105,000 户。参见 Georgia Pabst, "Waiting Lists Soar for Public Housing, Rent Assistance," *Milwaukee Journal Sentinel*, August 10, 2013。

3. Adrianne Todman, "Public Housing Did Not Fail and the Role It Must Play in Interrupting Poverty," Harvard University, *Inequality and Social Policy Seminar*, March 24, 2014.

4. 对最底层者而言，雪上加霜的是在联邦租房补贴存有破洞的同时，以就业为基础的社会安全网出现了。这一网络旨在通过推行"劳动所得税扣抵"或"为低收入家庭保留公共住房"来为有工作的家庭提供援助。它所带来的结果是：相比 20 年前，如今刚好在贫穷线上下的家庭会接受到较多的资助，远低于贫穷线水平的家庭拿到的补助则远不及 20 年前。对于身陷贫穷的家庭来说，自身收入跟政府的租房补贴都较以往大打折扣。关于家庭的支出模式，详见 Janet Currie, *The Invisible Safety Net: Protecting the Nation's Poor Children and Families* (Princeton: Princeton University Press, 2008); Robert Moffitt, "The Deserving Poor, the Family and the US Welfare System," *Demography* 52(2015): 729–749。关于租房补贴与需求之间的落差，参见 Danilo Pelletiere, Michelle Canizio, Morgan Hargrave, and Sheila Crowley, *Housing Assistance for Low Income Households: States Do Not Fill the Gap* (Washington, DC: National Low Income Housing Coalition, 2008);

Douglas Rice and Barbara Sar, *Decade of Neglect Has Weakened Federal Low-Income Programs: New Resources Required to Meet Growing Needs* (Washington, DC: Center on Budget and Policy Priorities, 2009)。

5. 我没有目睹整个事件。场景根据与阿琳和特丽莎的访谈重建。

6. 密尔沃基市房屋管理局对仅仅是贫穷而想找住处的家庭，已经没有补贴缺额可以提供；但高龄的低收入者和身心障碍者的租房补贴申请仍持续开放。不过市房屋管理局有各种借口可以让申请无法通过，比如申请者有犯罪前科，吸毒或迟交房租的记录，都是构成申请被打回票的缘由。Housing Authority of the City of Milwaukee, *Admissions and Continued Occupancy Policy* (*ACOP*), October 2013, Section 7.4: "Grounds for Denial."

7. 随着服务贫困者的社会福利机制在州政府层级遭到裁减，像贝琳达的公司这类的社会服务中介开始在全美的贫困社区应运而生，弥补需求。这些中介有些是非营利性质，也有些纯粹是将本求利的商业投资。参见 Lester Salamon, "The Rise of the Nonprofit Sector," *Foreign Affairs* 73 (1994): 111–124, 109; John McKnight, *The Careless Society: Community and Its Counterfeits* (New York: Basic Books, 1995); Jennifer Wolch, *The Shadow State: Government and Voluntary Sector in Transition* (New York: The Foundation Center, 1990)。显然，1960 和 1970 年代出版的都市民族志作品并没有提及社会服务中介。读完这些民族志后，唯一合理的结论是距今 50 年前，社工并未在都市底层穷人的生活中扮演特别重要的角色。Carol Stack's *All Our Kin: Strategies for Survival in a Black Community* (New York: Basic Books, 1974) 里仅提到一位社工，对儿童保护服务局或类似的机构几乎只字未提。Liebow 于 1967 年出版了（主要）讲述失业黑人男性的《泰利的街角》(*Tally's Corner*) 一书，当中完全看不到就业中心或就业辅导人员的身影。参见 Elliot Liebow, *Tally's Corner: A Study of Negro Streetcorner Men* (Boston: Little, Brown and Company, 1967)。

8. （1997年前后）立法者在进行社会福利改革时要求各州针对"贫困家庭临时补助计划"（TANF）的受领人发展一套惩处机制。像被认定不配合的领受人将会暂停全数或部分的补贴。在威斯康星第一年推出"W-2"时加入的受益者里，有将近2/3在日后4年中的某个时间节点遭受过裁罚。Chi-Fang Wu, Maria Cancian, Daniel Meyer, and Geoffrey Wallace, "How Do Welfare Sanctions Work?" *Social Work Research* 30 (2006): 33–50; Matthew Fellowes and Gretchen Rowe, "Politics and the New American Welfare States," *American Journal of Political Science* 48 (2004): 362–373; Richard Fording, Joe Soss, and Sanford Schram, "Race and the Local Politics of Punishment in the New World of Welfare," *American Journal of Sociology* 116 (2011):1610–1657.

第6章　鼠窝

1. 若要对模型和方法论有完整的了解，详见 Matthew Desmond, Carl Gershenson, and Barbara Kiviat, "Forced Relocation and Residential Instability Among Urban Renters," *Social Service Review* 89(2015): 227–262。"密尔沃基地区租户调查"资料库中被归类为有长期性（或称延续性）住房问题的租房者，会在受访的前一年中遭遇过下列的任何一个问题：（一）（厨房的）炉子或其他家电故障，（二）窗户破损，（三）房门或门锁损坏，（四）有家鼠、野鼠或其他害虫的侵扰，（五）电线外露或有其他电力问题持续至少3天或以上，（六）没有暖气，（七）没有自来水，（八）水管堵塞至少24小时。为了评估迫迁对居住品质的影响，我们使用了多个双重稳健回归模型（doubly robust regression model），并在模型中应用了广义精确匹配（coarsened exact matching）的技巧。持租房券的房客也被纳入这些分析当中。

2. 非自愿的搬迁会破坏居住的稳定性，这一点无须赘言。但迫迁对居住稳定性的影响并不会随着驱逐与紧接着的搬家而烟消云散。对于驱逐直接造成的（非自愿）搬迁与其后续间接造成的（自愿）迁离来说，将两者联结到一起的是居住满意度：遭迫迁的租房者先出于无奈而接受次等的屋况，日后再设法换地方来改善居住条件。我们在有关"密尔沃基地区租户调查"的研究中以双重稳健回归模型分析了经由广义精确匹配处理的资料组。结果显示：相比没有迫迁经验的租房者，遭遇过迫迁的租房者短时间内再次被迫搬家的概率要高出 24%。此外，遭遇过迫迁、又自行二度搬迁的租房者里，有 53% 的人表示想再搬一次，因为他们希望住在好一点的房子或社区里。相较之下，自愿连续搬家两次的人群里仅有 34% 的人给出这样的答案。换言之，对比第一次搬迁是自愿的人，第一次搬迁是被迫的人在面临二次搬迁时，将原因归结于房屋情况和社区环境的可能性更大。穷人原本就占去了迫迁者的绝大多数，而迫迁又会造成后续居住的不稳定性。参见 Desmond et al., "Forced Relocation and Residential Instability Among Urban Renters."

3. Jane Jacobs, *The Death and Life of Great American Cities* (New York: Random House, 1961), 31–32; Robert Sampson, *Great American City: Chicago and the Enduring Neighborhood Effect* (Chicago: University of Chicago Press, 2012), especially 127, 146–147, 151, 177, 231–232. 关于公共空间使用的民族志研究，参见 Mitchell Duneier, *Sidewalk* (New York: Farrar, Straus and Giroux, 1999)。

4. Jacobs, *Death and Life of Great American Cities*, 271，强调了我的观点。

5. 昆汀的这种"策略"会有一个问题：租户要是没有如实反映屋况，他和谢伦娜的利益就会受到影响。马桶漏水就是一例。

6. 房东有义务在与准房客签约前告知他们房屋中违反建筑法规的部分，City of Milwaukee, *Landlord Training Program: Keeping Illegal and Destructive Activity Out of Rental Property*, 7th ed. (Milwaukee: Milwaukee of Milwaukee, Department of Neighborhood Services, 2006), 12; Wisconsin Administrative Code, ATCP134.04, "Disclosure Requirements."

7. 在密尔沃基的租户中，居住问题是搬家的一大动机。此处的关键词是"响应性迁离"(responsive moves)。响应性迁离既非遭到迫迁（包括遭驱逐、建筑物被宣告为危楼），也并非完全出于自愿（在居住环境上的考量），而是介于这两者之间。"密尔沃基地区租户调查"显示，2009 年到 2011 年间，密尔沃基"响应性迁离"最常见的原因就是住房问题。从受访之日回推 2 年，住房问题占"响应性迁离"成因的比例有 23%，占全数迁离原因的比例有 7%。响应性迁离的背后不是一种正向的推力（小屋换大屋），而是一种负面的拉力（房屋条件每况愈下，致使人想离开）。参见 Desmond et al., "Forced Relocation and Residential Instability among Urban Renters."

8. 这个道理就跟房市泡沫化造成房价大跌时一样，一旦房价低于房贷，数以千计的业主宁可违约，也不愿意继续把钱往无底洞里扔。Timothy Riddiough and Steve Wyatt, "Strategic Default, Workout, and Commercial Mortgage Valuation," *Journal of Real Estate Finance and Economics* 9 (1994): 5–22; Lindsay Owens, "Intrinsically Advantaged? Middle-Class (Dis)advantage in the Case of Home Mortgage Modification," *Social Forces* 93 (2015): 1185–1209.

9. "密尔沃基地区租户调查"，2009–2011。在这 3 年间，一居室公寓房租中位数是 550 美元，三居室则为 775 美元。

　　租房市场的专业化和信息技术的普及，都有可能导致城市中房租价格的收紧；这当中还有商业竞争和价格协调机制（price coordination）等在起作用。凡是大型的房产公司，都爱打着"租金创造者 LRO"（Rainmaker LRO）、"租金推进器"（Rent Push）或"租金放大器"（RENT maximizer）等名号耸动的产品来辅助日常运营。这些繁复的算法根据数以百计的现行和过去房屋市场的指标，每天甚至每小时调整租金。"租金放大器"在全球范围内服务着超过 800 万个住宅单位，主打能"快速针对市场情况进行调整"以协助业主获得"更高的收益"（www.yardi.com）。对于凡事喜欢自己动手的房东来说，房地产自学手册建议房东每个月都要进行市场调查。布莱恩·查维斯（Bryan Chavis）在 *Buy It, Rent It, Profit! Make Money as a Landlord in Any Real Estate Market* (New York: Touchstone, 2009) 一书中建议："你可以打电话到附近的楼群或社区，了解租金水平，借此确认你本身的租金没有偏高或过低。"打电话是特别勤快的人会做的事，其实网络上不止一个网站有现成的资料可查询一间公寓的租金是高于或是低于周遭的租金水平（www.rentometer.com）。

10. "密尔沃基地区租户调查"（2009—2011），加之美国社区调查（2006—2010）的社区层级资料和密尔沃基警察局的犯罪记录（2009—2011）。另外一项参考统计数据是：在密尔沃基治安最差的地区（暴力犯罪率达到75%或以上者），两居室房租中位数是575美元。在治安最好的地区（暴力犯罪率在25%或以下者）则为600美元。

11. Jacob Riis, *How the Other Half Lives: Studies Among the Tenements of New York* (New York: Penguin Books, 1997 [1890]), 11; Allan Spear, *Black Chicago: The Making of a Negro Ghetto, 1890–1920* (Chicago: University of Chicago Press, 1967), 24–26; Joe William Trotter Jr., *Black Milwaukee: The Making of an Industrial Proletariat, 1915–45*, 2nd ed. (Urbana: University of Illinois Press, 2007), 179; Thomas Sugrue, *The Origins of the Urban Crisis: Race and Inequality in Postwar Detroit* (Princeton: Princeton University Press, 2005), 54; Marcus Anthony Hunter, *Black Citymakers: How the Philadelphia Negro Changed Urban America* (New York: Oxford University Press, 2013), 80.

12. 在本书进行田野调查期间，根据"社区倡导者"拟定的减租指南（rent abatement guidelines），如果房子少了个门或蟑螂太多，租户可以扣留5%的房租，马桶坏了可以扣留10%的房租，没有暖气可以扣留25%的房租。

13. 房东名下的房产若是没有满租，也就是还有空房，房租其实是有降价空间的。但有些房东宁可让房子空着也不愿降价。谢伦娜曾经带一名卡车司机看了某个四户合住的复合型公寓楼的一楼，那间房子已经空着两个月了。司机看了看被狗狗摧残过的地毯，摸了摸摇摇欲坠的橱柜门，还用脚在黏腻的厨房地板上挤出了尖锐的声响。"这种环境比我之前住的差多了，"他说，"要不然算380美元一个月？"

"怎么可能。"谢伦娜心生不悦。

单以那个公寓的条件来说，一个月收380美元绝对强于一毛钱都赚不到——问题是这例一开就会损坏这整栋公寓的身价。这处公寓的另外三间房都收600美元的房租。要是谢伦娜接受了卡车司机的条件，让另外三户知道了也会要求降价。如果她统统答应，那四间房各380美元的总收入，还不如她三间房收600美元赚得多。如果她断然拒绝，原本那三户里就会有人搬家，这样她空屋反倒变多了。所以谢伦娜最后没有收那名司机当房客，直接送客锁门。

14. 精确的数字是44%。何谓"长期性"的住房问题，已于本章注解1处提供过详细定义。"密尔沃基地区租户调查"（2009—2011）。

15. "密尔沃基地区租户调查"（2009—2011）曾经比较过两居室的公寓。在20世纪70和80年代，租金上涨的主因是住房质量提升，参见 Christopher Jencks, *The Homeless* (Cambridge: Harvard University Press,1994)，84—89。而在那之后，全美的住房几乎一直停滞不前——真要说的话，2000年到2009年这十年间还有小幅的退步——但同期租金却全面飙升。《美国住房研究》的资料显示，在1993年，大约90.9万处的出租房存在严重的硬件问题。这个数字在2011年上升至了120万户。出现严重硬件问题的房屋在过去二十年呈现稳定增长的趋势（占所有出租房屋的3%左右）。其他衡量出租房屋质量的指标也一样：比方说在1993年，9%的租房者表示曾因为暖气故障而"在24小时或更久的时间内处于极度寒冷的状态"；到了2011年，这项数据微微上升至10%。到了21世纪，全美供出租的房屋都没有经历过大规模的修缮；可与此同时，房租却一直在涨。

16. 一旦这些房子的获利能力归零，无论是因为累积了太多罚单或房子状况差到必须以昂贵的价格进行修缮，谢伦娜就会把它们"放生"，让它们"回归城市"。意思是，谢伦娜将停止缴纳这些资产附带的税费。倘若市政府因为欠税而要查封这些资产，就任其查封。谢伦娜这么做不会触犯税法吗？答案是不会，因为她早已为自己设好了防火墙。她将这些房产登记在一间间不同的有限责任公司名下。就法论法，欠税的不是自然人谢伦娜，而是一间间公司的法人代表。像这样因为欠税而被查封的房地产，密尔沃基每年会出现1,100—1,200件。一旦承接了这些"即将寿终正寝"的烂房子，政府的做法不是拍卖就是拆除。而无论哪一种做法都会减少廉租房的数量。对谢伦娜而言，把这些房子处理掉，既不是什么错误，更不会带来什么财务上的损失。这是她"商业模式"中的基本部分，是当中不可或缺的一环。"凡是我对某一处房产倦了，我就放手，"她亲口说，"把大好的钱浪费在劣质的资产上，说不过去，是吧？"开公司对谢伦娜来说并不麻烦，因为一切都可以在威斯康星州金融管理局的网站上完成。威斯康星州金融管理局只会记录申请人登记的代理者，而不会记录下每家公司的负责人或威斯康星州的税务信息（www.wdfi.org）。密尔沃基欠税遭到查封的房件数估算是从助理检察官凯文·苏立文（Kevin Sullivan）那里获取的（个人通信，2015年8月13日）。

很多处理穷人居住问题的政客和学者可能一辈子都没有踏进过多琳住的那种公寓。按照这些政客或学者的说法，美国在提高穷人居住品质的工作上已经取得了长足的发展。亚历克斯·施瓦兹（Alex Schwartz）曾写道："比起房屋的硬件条件或拥挤的问题，今日美国所面临的更紧迫的问题是住房的'可负担性'（affordability）。"施瓦兹所言呼应了主流的看法。（Alex Schwartz, *Housing Policy in the United States*, 2nd ed. [New York: Routledge, 2010], 26）这个看法本身没有问题，但它容易让人产生一种"'屋况的恶劣与拥挤'是一个问题，'住房的可负担性'又是另外一个问题，并且这两个问题之间没有直接关联"的错觉。有人会认为：既然美国已将廉租房（tenement）夷为平地，也颁布了含铅油漆的禁令，现在只要专心处理可负担房屋不足的问题就行了。事实上这两类问题——恶劣的居住环境和高昂的居住成本——其实是相互交缠的。在最底层的住房市场，这两个问题有着"相濡以沫"的共生关系。

17. Kenneth Clark, *Dark Ghetto: Dilemmas of Social Power* (New York: Harper and Row, 1965), 72; Carol Stack, *All Our Kin: Strategies for Survival in a Black Community* (New York: Basic Books, 1974), 46–47; Kathryn Edin and Timothy Nelson, *Doing the Best I Can: Fatherhood in the Inner City* (Berkeley: University of California Press, 2013), chapter 2.
18. 社会学家琳达·波顿（Linda Burton）把这种年轻人过早暴露在成人世界里的过程，称作是"童年的成人化"（childhood adultification）。参见 Linda Burton, "Childhood Adultification in Economically Disadvantaged Families: A Conceptual Model," *Family Relations* 56 (2007): 329–345。
19. 我没有亲眼看见这件事情，但我看到了那张坏掉的桌子，也跟多琳、帕特里斯、娜塔莎还有帕特里斯的孩子们讨论这件事。按照帕特里斯10岁儿子米奇的说法："你知道，人有时候会有压力、会生气。他们生气就是要把压力发泄出来。"米奇说这件事让他觉得"很丢脸，因为全家都没有面子"。

第7章　病号

1. 从20世纪90年代初期开始到现在，阿片类用药的处方签数量在美国增加了2倍，用药过量的案例同样增加了2倍。Center for Disease Control, *Policy Impact: Prescription Pain Killer Overdoses* (Washington, DC: Center for Disease Control, 2011); National Institutes of Health, *Analysis of Opioid Prescription Practices Finds Areas of Concern* (Washington, DC: NIH News, US Department of Health and Human Services, 2011).
2. Stacey Mayes and Marcus Ferrone, "Transdermal System for the Management of Acute Postoperative Pain," *The Annals of*

  Pharmacotherapy 40 (2006): 2178–2186.

3. 此处的引言和对司科特在担任护理师期间滥用药物的各种描述，皆出自威斯康星护理委员会的惩戒程序记录。细节部分我向司科特求证过。

4. 参见 Wisconsin Statutes 19.31–19.39 and 59.20(3)。

5. City of Milwaukee, *Landlord Training Program: Keeping Illegal and Destructive Activity Out of Rental Property*, 7th ed. (Milwaukee: City of Milwaukee, Department of Neighborhood Services, 2006).

6. "多收租"公司后来变成了亚尔迪租户筛选公司（Yardi Resident Screening），继续提供"恐怖分子、贩毒者、性侵犯与社会福利保险诈骗犯的筛选服务"（www.yardi.com）。美国目前大致有 650 家租户筛选公司。虽然租户筛选公司的简报经常错误百出，但房东对它们的依赖程度还是与日俱增。参见 Rudy Kleysteuber, "Tenant Screening Thirty Years Later: A Statutory Proposal to Protect Public Records," *Yale Law Journal* 116 (2006):1344–388; Mathew Callanan, "Protecting the Unconvicted: Limiting Iowa's Rights to Public Access in Search of Greater Protection for Criminal Defendants Whose Charges Do Not End in Convictions," *Iowa Law Review* 98 (2013): 1275–1308。

7. "这些房客就像是住在玩具屋里的猪（房子很美但人很脏）。"威尔伯·布什（Wilbur Bush）这么跟我说。理着平头的布什是个上了年纪的黑人。穿着皮夹克，挂着黄金十字架。布什从 20 世纪 60 年代起就开始做房东了。他会亲自去看每位准房客现在的住处，而且一定会开冰箱（我陪他去看了现场，他面试房客时我也坐在他的办公室里）。"不知道这样说你懂不懂，"他接着说，"我在做的事情，是在最坏的一堆东西里找到最好的……我去过很多出租房，给 0 分都嫌高。"

8. 有些筛选技巧在那个周六早上并没有介绍到。我从一个二代房东那里听到这么一招：遇到妈妈带着孩子来租房，他第一个看的不是她每个月赚多少钱，也不是她之前住在哪里，而是她的紧急联络人是谁。"如果上面列出来的是自己的爸妈，那我就知道这个约签下去没问题。"但要是上头列的只有自己的妈妈,房东就会再确认一下准房客的姓氏。如果房客的姓氏跟被列为紧急联络人的妈妈不一样,就可以推断她是离过婚或再嫁的,这是加分项。万一准房客跟紧急联络人妈妈的姓氏一样,那她就是单亲妈妈生的单亲妈妈。这类房客他基本不会收。

9. 相比从传统视角看待为何不同的人被分至不同的社区,我想从另一个角度提醒大家注意:究竟是谁在做这个拣选的工作?答案是房东。在芝加哥学派(the Chicago School)的眼里,城市是一个"情感空间"(a space of sentiments),成千上万人独立地决定最适合自己的落脚地,由此带来城市在地理意义和社会意义上的区隔。"假以时日,"罗伯特·帕克(Robert Park)写道,"每个个体都会在城市生活所呈现的不同面貌中,找到最适合自己发展或休憩的环境。"参见 Robert Park, "The City: Suggestions for the Investigation of Human Behavior in the Urban Environment," in *The City*, eds. Robert Park, Ernest Burgess, and Roderick McKenzie (Chicago: University of Chicago Press, 1925), 41。这种出于情感而选择的社区,就像是都会生态系统里的植物栖息地。这些栖息地会发展出自己的意识与生命,把适合在此生存的个体吸引过来。麦肯锡(R. D. McKenzie)认为居住地"分拣"的方向盘掌握在"(不同社区)一股股拣选或吸引的力量"的手里,"这些力量会把适合的人口元素吸收过来,排斥跟自己不合的人口元素。而在这样一拉一推的过程中,都会人口之间就会呈现出生物意义与文化意义上的边界"。R. D. McKenzie, "The Ecological Approach to the Study of the Human Community," in Park, Burgess, and McKenzie, eds., *The City*, 63–79, 78.

在讨论"居住流动性"(residential mobility)时,居住获得模型(residential attainment model)作为影响力最大的一派观点,本身也受到了芝加哥学派对于"流动性"和"社区拣选"看法的影响。但在此模型传统下的学者抽除了芝加哥学派强调的情感与道德,带入了重视实用性与经济发展的一面。居住获得模型视(居住)流动性是"人往高处爬"的结果。都市在他们眼里不是一座座彼此隔绝的道德孤岛的拼贴，而是彰显着强势与弱势者地理分布的图景。按照这种观点来看，人会搬家是想要"更上一层楼"，是拿经济资本去换得居住资本。参见 John Logan and Richard Alba, "Locational Returns to Human Capital: Minority Access to Suburban Community Resources," *Demography* 30 (1993): 243–268; Scott South and Kyle Crowder, "Escaping Distressed Neighborhoods: Individual, Community, and Metropolitan Influences," *American Journal of Sociology* 102 (1997): 1040–1084。

但上述两种观点都忽略了很重要的一点，那就是城市社区是一个市场、是一种商品。拿旧城区而言——旧城区掌握在那些并不居于其中的所有权人手里。因此，应该把各种市场因素，特别是房东视为社区拣选与居住流动性理论的核心变量。参见 John Logan and Harvey Molotch, *Urban Fortunes: The Political Economy of Place* (Berkeley: University of California Press, 1987), 33–34。

10. 关于不同社区之间的差异，参见 Robert Sampson, *Great American City: Chicago and the Enduring Neighborhood Effect* (Chicago: University of Chicago Press, 2012); Peter St. Jean, *Pockets of Crime: Broken Windows, Collective Efficacy, and the Criminal Point of View* (Chicago: University of Chicago Press, 2007)。

11. 参见 John Caskey, *Fringe Banking: Check-Cashing Outlets, Pawnshops, and the Poor* (New York: Russell Sage Foundation, 2013); Gary Rivlin, *Broke, USA: From Pawnshops to Poverty, Inc.* (New York: Harper, 2010)。

第8章　400室的圣诞节

1. Matthew Desmond, "Eviction and the Reproduction of Urban Poverty," *American Journal of Sociology* 118 (2012): 88–133.

2. 2013年，密尔沃基县审理了将近64,000件民事案件，数量几乎是刑事案件的 2 倍。以全美而言，2010 年新增的民事案件有 1,380 万件；刑事案件在数量上相形见绌，只有 1,060 万件。Wisconsin Circuit Court, *Caseload Summary by Responsible Court Official, County Wide Report* (Madison, WI: Wisconsin Courts, 2014). Court Statistics Project, *National Civil and Criminal Caseloads and Civil/Criminal Court Caseloads: Total Caseloads* (Williamsburg, VA: National Center for State Courts, 2010).

3. 一位在密尔沃基的低收入社区拥有大约 100 个收租单位的房东告诉我，每个月他要把 5 天预告驱逐通知单发给大约三成的房客。通知里都会注明要收取 50 美元的罚金。据他估计，九成的驱逐通知都会以和解收场，剩下的一成则会真的付诸驱逐。这样计算，他每个月可以收到的罚款是 1,350 美元，一整年下来光罚款收入就超过了 16,000 美元。

4. "密尔沃基驱逐法庭研究"（Milwaukee Eviction Court Study, 2011）。除了查访房客以外，这项研究还记录了从 2011 年 1 月 17 日至 2 月 26 日之间每个工作日（仅一天例外）的出庭状况。在这总共 6 周、1,328 起案件里，有 945 起案子的当事人房客没有出庭，结果大多数都接获了驱逐判决。在出庭的房客当中，略高于 1/3 的人与房东签订了和解协议。和解有些达成了，也有些房客最后还是会走上被驱逐之路。1/4 的人得择日再度出庭，理由是文件资料有误，或者因为他们的案件过于复杂而必须由特聘法官转呈正式法官审理。12% 的驱逐案件会遭到撤销。其余的 29% 则会收到驱逐判决。

其他州或城市的正式庭审记录显示，驱逐法庭的缺席率落在 35%—90% 之间。参见 Randy Gerchick, "No Easy Way Out: Making the Summary Eviction Process a Fairer and More Efficient Alternative to Landlord Self-Help," *UCLA Law Review* 41 (1994): 759–837; Erik Larson, "Case Characteristics and Defendant Tenant Default in a Housing Court," *Journal of Empirical Legal Studies* 3 (2006): 121–144; David Caplovitz, *Consumers in Trouble: A Study of Debtors in Default* (New York: The Free Press, 1974)。

5. 我跟乔纳森·米吉斯（Jonathan Mijs）一起汇总整理了2011年1月17日至2月26日期间（密尔沃基驱逐法庭研究）所有的庭审记录，并将其与房客所在社区的信息进行对照。房客所在社区的信息是在把驱逐记录中的地址加以地理编码（geocoding）后得到的。另外，我和哈佛大学地理分析中心合作，一起计算了房客住址与驱逐法庭之间的距离（以车程英里数与时间计算）。在这些基础上，我建立了统计模型，尝试根据房客（与房客所在社区）的不同信息来解释他们出席庭讯概率的高低。但最终这个模型得到的是一个空集。无论房客欠房东多少钱，房客前往法庭来回要多长的时间，还是房客的性别：任何一项因子和出庭率之间都没有显著关联。我还调查了房客所处社区的一些情况，像是社区的驱逐率、贫穷率与犯罪率。我想看看这些数据会不会与房客缺席驱逐法庭的现象有所联系。结果是不会。我尝试了各种变量，但在统计学意义上它们与房客是否出席驱逐法庭并无关系。资料中欠缺一种可以显示缺席驱逐法庭或多或少是随机行为的模式。其他研究也得到了类似的结论。"社区倡议者"的一名成员就跟我说过："说到出席驱逐法庭……嗯，他们得吃饭，得坐公交车，得找人看孩子。这一样样考量都只能由当时的情形决定。"参见 Barbara Bezdek, "Silence in the Court: Participation and Subordination of Poor Tenants' Voices in Legal Process," *Hofstra Law Review* 20 (1992): 533–608; Larson, "Case Characteristics and Defendant Tenant Default in a Housing Court."

6. "密尔沃基驱逐法庭研究"（2011）。欲进一步了解"密尔沃基驱逐法庭研究"的内容，参见 Desmond, "Eviction and the Reproduction of Urban Poverty"; Matthew Desmond et al., "Evicting Children," *Social Forces* 92(2013): 303–327。根据2013年"美国住房研究"（Table S-08-RO），71%的贫穷租房家庭在3个月内曾收到过驱逐通知单，皆因未准时交租。

7. "密尔沃基驱逐法庭研究"（2011）。2013年的"美国住房研究"曾向所有的租房者提问：若遭驱逐，你们会搬去哪里（Table S-08-RO）？大部分受访者都极其天地说他们会"搬到新家"。若把上述假设性的提问换成一个实质意义的问题，那些已经收到驱逐判决的房客会说对于要搬去何处他们毫无头绪。

8. "密尔沃基驱逐法庭研究"（2011）。
9. 在密尔沃基最穷困的黑人社区里，每年在每 33 名男性租房者里，就有 1 名会被法院判处驱逐。相较之下，在密尔沃基最底层的白人社区里，每 134 名男性和每 150 名女性房客中，只有 1 名遭到驱逐。我对"最穷困"底层社区的理解是人口普查区的分组（census block group）中至少有四成家庭生活在贫穷线以下。至于白人 / 黑人社区，我的定义是至少 2/3 的居民属于白人或黑人。由于驱逐记录中并未涵盖性别资料，我使用了两个办法将性别因素纳入计算。首先，我让两名研究助理依据 9,000 名的房客的名字判定他们的性别。其次，在菲力克斯·艾尔沃特（Felix Elwert）的协助下，我参考了美国新生儿申请身份证的资料。双管齐下，我得出了几乎完全相同的估计值。另外，每年家庭遭驱逐率的计算是将某年当中发生的驱逐件数除以当年的出租单位数量。针对每个社区（人口普查区分组），我估算男性和女性房客被驱逐的比例（将某一性别的遭驱逐者数除以该性别的成年租房者人数）。所有的统计数据都按照年度和各个区块分组计算，并在此基础上得到每年的平均值。关于这些估计值的计算方法，更详尽的解释参见 Desmond, "Eviction and the Reproduction of Urban Poverty."

就 2003 年到 2007 年之间的数据而言，法庭下令驱逐的案件数在以拉丁裔为主的社区中是 276 件，在白人社区是 1,187 件，在黑人社区则是 2,759 件。跟黑人社区中的女性一样，拉丁裔社区中女性遭受驱逐的比例较高。平均起来，在赤贫的拉丁裔社区，每年每 86 名男性和每 40 名女性租房者中，就会有 1 名被法庭判定驱逐。而非正式驱逐与房东房产遭到查封的数字更令人触目惊心。在 2009 到 2011 年间，密尔沃基大约 23% 的拉丁裔租房者在受访的前 2 年中曾遭到迫迁，包括经由正式或非正式的驱逐、房东房产遭到查封或是建筑物遭宣告为危楼。他们非自愿流动的比例几乎是黑人租房者的 2 倍,因为他们的房子被查封的可能性较高。若不把房东房产遭查封的状况纳入非自愿迁离普及率的计算,那么受访前 2 年曾经历迫迁的租房者比例会从 13.2% 降至 10.2%,白人与黑人租房者迫迁的比例分别从 12% 跟 10% 下降至 9% 跟 7%;更大的影响呈现在了拉丁裔族群的非自愿流动性上。不把房东房产遭查封的状况纳入后,拉丁裔租房者迫迁的比例一口气从 23% 降至 14%。"密尔沃基驱逐法庭研究"(2003—2007),"密尔沃基地区租户调查"(2009—2011)。

10. 在贫困的黑人社区里,女性比男性更可能在正式的经济体中工作,主要是不少男性身上背着前科,失业率很高。许多房东都不会接受失业者或有前科者的租房申请。在旧城区,女性比男性更有可能提供签约时所需的书面资料,包括薪资收入的支票或福利补助等政府津贴。在密尔沃基,处于工作年龄的黑人男性中有半数失业。30 多岁就坐过牢的黑人占半数以上——这对"孪生"的趋势多少有些关联。WUMN, *Project Milwaukee: Black Men in Prison*, Milwaukee Public Radio, July 16, 2014; Marc Levine, *The Crisis Continues: Black Male Joblessness in Milwaukee* (Milwaukee: University of Wisconsin—Milwaukee, Center for Economic Development, 2008). 审计研究显示,相对于背景清白的黑人求职者,密尔沃基的雇主更有可能回电给有犯罪前科的白人求职者。背负犯罪前科的黑人求职者将在职场上面临双重弱势。Devah Pager, "The Mark of a Criminal Record," *American Journal of Sociology* 108 (2003): 937–975.

通常法庭记录只记下签订租约的人,这表示来自贫困黑人社区的女性其实并没有比男性遭驱逐的比例高,而是比起没被记载在租约上的男性,这些女性更容易累积正式的驱逐记录。只不过,在黑人社区里,即便考虑到未载明于租约上的成年人,两性在正式驱逐的比例上仍旧存在差距。"密尔沃基驱逐法庭研究"(2011)考量了家庭中所有的成年人,包括未列名于传票与诉状(Summons and Complaint)上的人,结果发现各种族裔与性别族群中遭正式驱逐者,黑人女性仍旧最多。在出席驱逐法庭的家庭里，黑人女性占居住于其中的成年人的半数；而在收到驱逐判决的家庭当中，黑人女性占了居住其中成年人的44%。黑人女性不仅在驱逐记录的比例上明显较高，实际上迁离的比例也真的比较高。黑人女性遭驱逐的高比例，不是简单一个租约上选男或选女就可以解释过去的。

另外需要考虑的是，相比男性房客，旧城区的女性房客更难正常交租。虽然许多黑人男性被排除在职场外，但有工作的黑人男性工时较长，薪资报酬也优于黑人女性。2010年密尔沃基全职劳动者的年收入中位数显示，黑人男性的年收入平均为33,010美元，黑人女性则为29,454美元——二者之间的差距相当于密尔沃基一间普通公寓5个月的房租。许多旧城区的女性还要承担更多的花销，单亲妈妈的家庭尤是如此，而单亲妈妈的家庭又占密尔沃基黑人家庭的大头。这些家庭没办法从孩子的父亲那里得到定期的、经济上的支持。对比无须承担监护权的爸爸，带着孩子的单亲妈妈必须找更大更贵的房子来租，从而无法像独善其身的爸爸那样随便找个朋友家的沙发睡或租个小间。谢伦娜手上那些位于密尔沃基旧城区的合租公寓，月租是400美元（含水电费）。这比阿琳等单亲妈妈花费550美元（不含水电费）租的两居室公寓要便宜得多。考虑到密尔沃基居住人口的上限（被广泛地解读为一间卧房只可以有两组"心跳"），许多房东不会把小面积的出租单位租给单亲妈妈。一个家庭中"心跳"的组数越多，就代表他们需要更多的卧房，也代表他们的租金负担越重。参见 City of Milwaukee Code of Ordinances, Chapter 200: Building and Zoning Code, Subchapter 8: "Occupancy and Use." 参见 Desmond, "Eviction and the Reproduction of Urban Poverty."

11. Manny Fernandez, "Still Home for the Holidays, When Evictions Halt," *New York Times*, December 21, 2008.

12. "第二请求"针对的是未交付的房租，"第三请求"对应则是房产损坏的赔偿。在驱逐法庭上，这两种请求是一并受理的，所以法律术语才会合称"第二、第三请求"。

13. 在2006年到2010年间，密尔沃基小额索偿法庭每年处理大约12,000笔驱逐案件，但房东扣押房客薪资或银行账户的件数只有区区200件。我在计算这5年的平均值时排除了2009年扣押成功的件数，因为那一年的件数出乎意料地高达537件。关于驱逐与扣押的申请件数，参见State of Wisconsin, *2010 Annual Report: Milwaukee County Circuit Court, First Judicial District*, 2。关于扣押与驱逐的明文法令，参见*Wisconsin Statues* §814和§815。

14. 密尔沃基的房东培训课程强烈建议房东将金钱判决纳入正式的庭审记录。"我最要提醒各位去做的一件事情是，花5美元的小钱，去申请将判决纳入记录的手续，"讲师凯伦给了学员这样的建议，"聪明的话，你就应该把法院的金钱判决加入房客的信用记录中，这样无论他们走到哪里，大家都会知道他们欠你钱……我希望大家去登记判决，举手之劳，不仅为了你自己，还为了我们所有需要调出信用报告来看的同行……搞不好隔个两年，你会接到对方打电话来：'我是乔治·琼斯，还记得我吗？''嗯，您是？''我三年前跟您租过房子。您名下有一笔750美元的判决是我欠的。我可不可以还您500美元，然后请您高抬贵手放我一马？'"凯伦还建议房东要把判决可以纳入记录的事情告知房客："我会把法院判决的结果登记在你的信用记录上，这样你以后就不用想借钱或任何东西了。所以，建议你不要让自己的信用记录产生污点。"

15. 其实就算房东没有取得任何金钱判决，"追回租"公司（www.rentrecoveryservice.com）也还是会将房客的资料通报给主要的信用管理部门。

16. 在密尔沃基乃至全美的各大城市，法律都不会保护欠租的房客。房东之间流传的一句话是："重点是有没有欠，而不是为什么欠。"换句话说，法庭一般不会管为什么交不出房租，在他们眼中迟交就是迟交。尽管阿琳可以把房子的问题摊开来讲，甚至可以带上佐证的照片，但这么做也无济于事。曾经有一名老太太在没有电的状态下住了一个月，只因为房东维修线路的动作慢吞吞，最后她也遭到驱逐。特聘法官得知此事后的反应是："这或许是事实，但这并不是今天的重点。"还有一次是在驱逐法庭上，一名法官耐着性子听完房客描述她浴缸里有污水、地板还腐烂了后，说了这么一句："讲这么多，你房租就是没准时交嘛。"

17. 有的房客收集了一些证据，但他们陈述证据的方式可能会"帮倒忙"（讲得太笼统或太弯来绕去，语气太冲或太弱）。你要是认为说话的方式和语气不会在房客、房东与法庭人员间的阶级、性别、种族关系中产生"化学反应"的话，那可就太天真了。在房东培训课程当中，学员学到的是："越大声、越闹腾、越激动，你就输得越快。所以请你咬紧牙关，撑到最后。"就算不熟悉驱逐案件的处理流程，房东们至少也是受过教育的中产阶级。凭这一点就足以跟法院的职员、特聘法官、正式法官拉近距离。社会阶级越是接近，他们所说的就越是同一种"语言"，说话的措辞和语气也越是相近。

18. 在密尔沃基，我认识的房东和物业经理之间，这一点是共识。他们都觉得法庭体系摆明了偏向房客那边，都觉得有产阶级在司法中没得到公平的立足点。他们觉得驱逐法庭的特聘法官老爱在应该直接发布"财产返还令"的时候搞"我们来商量一下吧"的把戏。连尼算是他们中的异类，他跟我说法庭体系"曾经偏心房客，但那已经是过去式了"。

第9章 外送服务

1. 按照莫德维拉·克肯道尔（Maudwella Kirkendoll），也就是"社区倡议者"首席运营官的说法（个人通信，2014年12月19日），2013年有946个家庭受益于"无家可归预防方案"。此计划当年的年度预算是64.6万美元，全数来自州政府和市政府拨发给住房与城市发展部的经费。

2. 治安官办公室寄给房客的通知上写着："搬家工人不会取走冰箱或冷冻库里的食物。"搬家工人当然不会把食物送去担保仓库，他们会把食物丢在路边。

3. Jacob Riis, *How the Other Half Lives: Studies Among the Tenements of*

New York (New York: Penguin Books, 1997 [1890]), 129. 关于人在匮乏时期的心理状态，参见 Sendhil Mullainathan and Eldar Shafir, *Scarcity: Why Having So Little Means So Much* (New York: Times Books, 2013)。

4. 在经历过金融风暴时的法拍屋危机之后，美国好几个州终于通过立法，房东应事先将房屋遭查封的情况告知房客。2009 年 5 月，美国国会通过了保护房客免遭房屋查封的法令（Protecting Tenants at Foreclosure Act），法拍屋的"买卖不破租赁"正式入法，法拍屋的新业主必须尊重原有租约的效力。但在 2014 我跟着密尔沃基驱逐队行动的贴身观察中，好几名房客都说他们搞不清楚自己的房东是谁。法拍屋的危机造成城市房产在不动产公司、物业管理公司、与炒房客之间不停转手，光业主是谁就把租房者搞得一头雾水。参见 Vicki Been and Allegra Glashausser, "Tenants: Innocent Victims of the Foreclosure Crisis," *Albany Government Law Review* 2 (2009): 1–28; Creola Johnson, "Renters Evicted En Masse: Collateral Damage Arising from the Subprime Foreclosure Crisis," *Florida Law Review* 62 (2010): 975–1008。

5. 助理治安官约翰跟几名搬家师傅向我描述了这段驱逐场景。

6. "密尔沃基地区租户调查"显示，有些低收入家庭苦于所谓的"双重弱势"：既住在破落的社区，又身陷贫穷的人脉圈。也有些家庭身处的环境相对低劣，手头的人脉关系却还过得去。还有些家庭住在不错的社区，但欠缺好的人情关系网。Matthew Desmond and Weihua An, "Neighborhood and Network Disadvantage among Urban Renters," *Sociological Science* 2 (2015): 329–350. 亦可参见 Kathryn Edin and Laura Lein, *Making Ends Meet: How Single Mothers Survive Welfare and Low-Wage Work* (New York: Russell Sage Foundation, 1997), 189; Xavier de Souza Briggs, "Brown Kids in White Suburbs: Housing Mobility and the Many Faces of Social Capital," *Housing Policy Debate* 9: 177–221; Matthew Desmond, "Disposable Ties and the Urban Poor," *American Journal of Sociology* 117 (2012): 1295–1335; Carol Stack, *All Our Kin: Strategies for Survival*

in a Black Community (New York: Basic Books, 1974), 77–78。

7. Jacob Rugh and Douglas Massey, "Racial Segregation and the American Foreclosure Crisis," *American Sociological Review* 75(2010): 629–651; Signe Mary McKernan et al., *Less than Equal: Racial Disparities in Wealth Accumulation* (Washington, DC: Urban Institute, 2013); Thomas Shapiro, Tatjana Meschede, and Sam Osoro, *The Roots of the Widening Racial Wealth Gap: Explaining the Black-White Economic Divide* (Waltham, MA: Institute for Assets and Social Policy, 2013).

8. 连尼的租房清册显示，在拉瑞恩开始拖欠租金的那个月，拖车营里同时有47个家庭没有正常交租，其中拖欠金额最少的是3.88美元，而拖欠最多的就是布兰妮。

9. 我问房东是根据哪些因素来驱逐房客的，他们的回答往往是一些"标准答案"，如经济上的考量。在我跟房东们长时间相处后，我认为真相绝对远比"标准答案"复杂且无据可依。

10. 虽然在地位上有分高低，但男性房东跟他们的男性房客都经历过"男子气概"的社会化洗礼，懂得男性间互动的节奏与姿态，所以他们在沟通上的障碍较低。就拿驱逐记录上的房东而言，男房东和女房东的比例差不多是3∶1。密尔沃基驱逐法庭记录（2003—2007）。

11. 我观察到一些男性会在收到驱逐通知单后躲着房东，也有一些女性马上跑去跟房东摊牌。性别差异影响着人际互动，我们对男/女性"应该有的反应"保持有某种期望或成见。当女性匆匆忙忙找房东对峙的时候，就会被贴上无理或"越线"的标签。以鲍勃·赫尔夫戈特（Bob Helfgott）为例，他当房东20多年，在穷困社区里有几十笔房产。他觉得女同性恋都是些难搞的房客。"那些拉拉，"他边说边叹气，"她们好像永远有生不完的气，我真的要被她们逼疯了。她们很糟糕，什么都可以抱怨。"参见 Cecilia Ridgeway, "Interaction and the Conservation of Gender Inequality: Considering Employment," *American Sociological Review* (1997): 218–235。

12. Lewis Mumford, *The City in History: Its Origins, Its Transformations, and Its Prospects* (New York: MJF Books, 1961), 107, 110.
13. 托宾与连尼已经忍无可忍。但不得不提的一点是，拉瑞恩差点就可以躲过被驱逐的命运了，就像她从前也会跟家人借钱来渡过难关一样。跟熟人或亲友开口求助不失为一种成功率较高的做法，但这条路对黑人女性来说相对走不通。比起白人女性，黑人女性之所以会更"躲躲闪闪"，背后的原因是黑人女性的人脉关系相对匮乏。白人女性往往可以结交到一些社会经济地位高的友人，她们也因此较有机会从被驱逐的威胁中脱困。参见 Colleen Heflin and Mary Pattillo, "Poverty in the Family: Race, Siblings, and Socioeconomic Heterogeneity," *Social Science Research* 35 (2006): 804–822; Matthew Desmond, "Eviction and the Reproduction of Urban Poverty," *American Journal of Sociology* 118 (2012): 88–133。
14. 我并没有亲眼看见这场事件。现场重建参考了与拉瑞恩、戴夫·布里顿，还有几位搬家工人跟拖车营住户的访谈。
15. 根据新法（威斯康星州第 76 号法案，州议会第 179 号提案），威斯康星的房东可以任意处置遭驱逐房客的物品。也就是说，他们可以选择直接清除住户的财物，不必负担储存之责。在新法辩论的期间，布里顿兄弟曾自掏腰包来押注反方阵营，希望能挡下这个法案，只可惜对手的实力太过强大、资金太过充足。西南威斯康星出租公寓从业人员公会、威斯康星不动产经纪人协会、威斯康星出租公寓从业人员公会等团体不仅合流支持新法，甚至还有下指导棋之嫌。最后新法亦如他们所愿成形。有人做了以下的评论："新法的受益者是房东跟'好'房客，而'坏'房客（也就是无法正常交租的房客）会觉得新法很碍事。"参见 Tristan Pettit, "ACT 76—Wisconsin's New Landlord-Tenant Law—Part 1: Background and Overview," *Tristan's Landlord-Tenant Law* (blog), November 21, 2013。

第10章　随叫随到的瘾君子

1. 在贫困社区，你常常听到大家对外宣称"自扫门前雪"（I keep to myself），但实际去这些社区走一遭，你会发现真正这么做的人少之又少。亚历山德拉·墨菲（Alexandra Murphy）发表过一篇论文"'I Stay to Myself': What People Say versus What They Do in a Poor Black Neighborhood,"（University of Michigan, Department of Sociology），当中探讨了这套"说归说，做归做"的拉扯与张力。
2. 黑市的大部分"就业机会"都会扯上毒品或性交易。在街上贩毒或接客的小年轻们只是冰山一角，还有更多被职场放逐的失业者沦为房东的廉价劳工。为了赚点现金或抵点房租，他们心甘情愿地为房东修缮房子。关于正式与非正式经济体之间那条模糊的分界线，参见 Sudhir Venkatesh, *Off the Books: The Underground Economy of the Urban Poor* (Cambridge: Harvard University Press, 2006)。

第11章　贫民窟是个好地方

1. 学术界和司法界普遍认为，租金水平会对市场压力（如城市里闲置房屋的比例）或政府政策干预（如法律扶助）做出一定反应。有时候房东涨价，是他们凭直觉了解到房客有能力多交一点。就算独腿里基付不出来，贝琳达可以。谢伦娜喜欢说："里基要面对残酷的现实，他的房租势必得涨，他也可以搬走，我无所谓……反正我确定贝琳达那儿一定还有新的房客。总之我要涨50美元房租。"
2. 从技术层面来讲，若房屋通过租金合理性检查（rent reasonableness inspection），且持有租房券的租客愿意支付差价，那么总房租（gross rent）的确可能超过公平市场租金。
3. Deborah Devine, *Housing Choice Voucher Location Patterns: Implications for Participant and Neighborhood Welfare* (Washington,

DC: US Department of Housing and Urban Development, 2003); George Galster, "Consequences from the Redistribution of Urban Poverty During the 1990s: A Cautionary Tale," *Economic Development Quarterly* 19(2005):119–125.

4. "密尔沃基地区租户调查"（2009—2011）, US Department of Housing and Urban Development, Final FY 2008 *Fair Market Rent Documentation System*.

5. Robert Collinson and Peter Ganong, "Incidence and Price Discrimination: Evidence from Housing Vouchers," working paper, Harvard University and the US Department of Housing and Urban Development, 2014; Eva Rosen, *The Rise of the Horizontal Ghetto: Poverty in a Post-Public Housing Era*, PhD diss.(Cambridge: Harvard University, 2014).

6. "密尔沃基地区租户调查"为我们探究持有租房券的人是否被多收房租提供了一个很好的切入点。因为该研究涵盖了领取和未领取补助的租房者样本。在跟克里斯丁·珀金斯（Kristin Perkins）合作的过程中，我们将"密尔沃基地区租户调查"和不动产公司登记资料中的住址进行了交叉比对，借此我们掌握了一份精确而详细的资料。资料里涵盖了室内面积（平方英尺）、建筑年份、每平方英尺的房屋鉴价结果、建筑类型（双联式或独栋）、便利措施（壁炉、空调、车库）和居住问题的有无或多寡。另外我们也搜集了关于邻里生活品质的数项指标。指标中包括特定地区的贫穷率、人口的种族构成，中位数的房屋价值等。再来我们把社区中的便利设施（距离最近的公园、公交车站、杂货店，以及学区内学校的平均分数）等变量纳入考量范畴。最后我们得到了一组有关租房者的人口学变量。借助经济学上的 Hedonic 模型，预计租房券和租房行为之间存在显著的关联。而租房券的溢价（每月在49—70美元左右）依模型的设定略有不同。持有租房券的人反而遇到了更多的居住问题。这不禁让人质疑：多付钱有没有换得较新的设备？资料中是不是没有呈现出其他的好处（欲详阅完整的模型资料，参见 Matthew Desmond

and Kristin Perkins, "Are Landlords Overcharging Voucher Holders?" Working paper, Harvard University, June 2015.）。2010 年，密尔沃基有5,455 户家庭通过租房券补贴了住房支出。根据手头的 Hedonic 模型（包括 27 个控制变量和租房券月均 55 美元的溢价），我们估算出每年光是在密尔沃基，"住房选择券计划"（Housing Choice Voucher Program）就会多花掉纳税人 360 万美元（每月溢价 55 美元 × 12 个月 × 5,455 户领取租房券的家庭）。根据密尔沃基市政府的资料，以租房券补贴单户家庭的平均成本是每个月 511 美元（2010 年资料），换算成全年的成本就是 6,126 美元。将 360 万美元除以 6,126 美元，得到的商大约是 588。也就是说，如果持有租房券的人没有被超收房租的话，市府就能多帮助 588 个家庭。时至今日，许多不动产投资的手册里甚至以专章来说明把房子租给持有租房券的租客是如何的有利可图。这类手册可参见 Carleton H. Sheets, *Real Estate: The World's Greatest Wealth Builder* (Chicago: Bonus Books, 1998), 121。

7. Charles Orlebeke, "The Evolution of Low-Income Housing Policy, 1949 to 1999," *Housing Policy Debate* 11(2000): 489–520, 502.

8. 国会在辩论"瓦格纳—埃琳德—塔夫脱住房案"（Taft-Ellender-Wagner Bill），也就是《1949 年住房法案》（Housing Act of 1949）的前身时，全美房地产协会的主席称公共住房是"共产主义的最前沿"。该协会进行了激烈的"钱斗"——他们将自身的诉求透过广播和社论传达给社会大众，还发动了房地产协会会员去影响各地的国会议员。要不是建筑业及其工会得有工程可做，没有出手，否则全美房地产协会是有胜算的。"塔夫塔—艾连德—华格纳法案"最后以五票之差通过。要是历史走上了另一条路，联邦条例中的公共住房法就付之阙如了。参见 Louis Winnick, "The Triumph of Housing Allowance Programs: How a Fundamental Policy Conflict was Resolved," *Cityscape* 1(1995): 95–118,101; Lawrence Vale, *From the Puritans to the Projects: Public Housing and Public Neighbors* (Cambridge: Harvard University Press, 2000), 238–241。

20世纪中叶,也有房地产开发商支持将公共住房项目下宝贵的都会区土地分放给私营企业,但这些只是个案而非通例。再者,这些开发商并非支持公共住房本身,他们只是想借由支持公共住房的建设来彻底铲除贫民窟并把土地拿到手。Arnold Hirsch, *Making the Second Ghetto: Race and Housing in Chicago, 1940-1960* (New York: Cambridge University Press, 1983), 104-134.

9. 参见 Philip Tegeler, Michael Hanley, and Judith Liben, "Transforming Section 8: Using Federal Housing Subsidies to Promote Individual Housing Choice and Desegregation," *Harvard Civil Rights-Civil Liberties Law Review* 30(1995): 451-486; Housing and Community Development Act of 1974, Pub. L. No. 93-383, § 101(a)(1),(c)(6),88 Stat 633,633-634。

10. 关于出租房遭到查封的情况,参见 Gabe Treves, *California Renters in the Foreclosure Crisis, Third Annual Report* (San Francisco: Tenants Together, 2011); Vicki Been and Allegra Glashausser, "Tenants: Innocent Victims of the Foreclosure Crisis," *Albany Government Law Review* 2 (2009); Matthew Desmond, "Housing Crisis in the Inner City," *Chicago Tribune*, April 18, 2010; and Craig Karmin, Robbie Whelan, and Jeannette Neumann, "Rental Market's Big Buyers," *Wall Street Journal*, October 3, 2012. 各家的不动产投资手册早在崩盘前就鼓吹要投资法拍屋与危楼。"危楼可以真真正正地让人致富。"1998年的一本投资专论就这么大言不惭地说过。"银行不喜欢法拍屋,但炒房团喜欢,因为法拍屋是可以很快买入的便宜货。"Sheets, *Real Estate*, 231,234.

11. Dwight Jaffee, Anthony Lynch, Matthew Richardson, and Stijn Van Nieuwerburgh, "Mortgage Organization and Securitization in the Financial Crisis," in *Restoring Financial Stability: How to Repair a Failed System*, eds. Viral Acharya and Matthew Richardson (Hoboken: John Wiley & Sons, 2009), 61-82.

12. Kenneth Harney, "Even with Great Credit and Big Down Payment,

Home Loans Will Cost More in 2011," *Washington Post*, January 8, 2011.

13. 一项预算显示，法拍屋经查封后的平均折价是 27%。John Campbell, Stefano Giglio, and Parag Pathak, "Forced Sales and House Prices," *American Economic Review* 101 (2011): 2108–2121.

14. 我并未在现场目睹房门先后倒在鲁比与多琳身上的事，但事后我确实有看到门板从门轴上脱落，以及多琳肿胀的脚踝。另外我也跟辛克斯顿家的其他人证实过此事的真实性。

第12章 "一次性"关系

1. 这么做是为了让房客无缝接轨、让公寓不会有任何空档。
2. 我并没有亲眼看见这一事件，而是事后根据与阿琳、克里斯特尔、谢伦娜的谈话重建了现场。
3. 近期的一项研究显示，青少年在长大离开寄养家庭后，有 1/3 到半数的人在 26 岁前有过无家可归的经历。Amy Dworsky, Laura Napolitano, and Mark Courtney, "Homelessness During the Transition from Foster Care to Adulthood," *American Journal of Public Health* 103 (2013): S318–323.
4. 在日常谈话中，拖车营或旧城区的居民总是一会儿说自己没有朋友，一会儿说自己有很多朋友；一会儿说自己身边都是至亲，一会儿又说自己跟他们很是疏离。心情的剧烈变化使他们对社会关系和人情网络的描述变得极不稳定：前一天是万里无云，翌日却又倾盆大雨。我开始辩证地看待他们的言辞；我将它们视作主观意见，而非客观证据。换句话说，我不会凭借他们所言来判定其社会关系的真实面貌。我遇到困难的地方不仅在于如何判断某个居民与他人是否真的有交情，还在于如何去问出别人为他做了什么、而他又做了什么去报答人家。付出会提升人的自我价值，而收取则会降低自我价值。在救世军处舀汤给有需要的人和拿碗去接别人赠予的汤，二者带来的感觉完全不同。不难想象，人有可能会高估他们的付出，并低估他们的获得。民族志给了我机会去验证什么是"说一套，做一套"。驱逐则提供了一个特殊的情境，让我们可以把他们口中自己从亲友那里得到的帮助和他们实际获得的好处进行对照。被驱逐的经验可以让人在短时间内变熟悉，还可以考验人与人之间感情深浅与否，以及承诺的执行度。我们"肉眼"观察不到的许多真相，都会在驱逐的情境下浮上台面。Matthew Desmond, "Disposable Ties and the Urban Poor," *American Journal of Sociology* 117 (2012): 1295–1335.

5. Carol Stack, *All Our Kin: Strategies for Survival in a Black Community* (New York: Basic Books, 1974), 93, 33, 43.

6. 像补助保障金与食物券这样的公共计划便是如此。如果你住在别人的屋檐下，在他或她的餐桌上吃饭，那你的补助保障金就会减少1/3。家庭人口数越多，领到的食物券就越多——但大家庭领到的食物券总额再多，也多不过每个成员分开领食物券的总和。比方说，一对男女登记组成一个家庭，那他们每个月可以领到食物券的金额上限是347美元。但如果他们分开领，那每人每月可以领足189美元，乘2就是378美元。且除了少数的例外，住在一起的家庭必须合并申请发放食品救济券的"补充营养援助计划"（Supplemental Nutrition Assistance Program），而不得分开申领。参见 US Department of Agriculture, Food and Nutrition Service, Supplemental Nutrition Assistance Program, *Applicants and Recipients*, December 30, 2013. 关于补助保障金上的规定，参见 US Social Security Administration, "Simplifying the Supplemental Security income Program: Options for Eliminating the Counting of In-Kind Support and Maintenance," *Social Security Bulletin* 68(November4, 2008); Brendan O'Flaherty, *Making Room: The Economics of Homelessness* (Cambridge, Harvard University Press, 1996), 222。关于依赖亲属与"抚养未成年儿童家庭援助计划"的详情，见 M. Lisette Lopez and Carol Stack, "Social Capital and the Culture of Power: Lessons from the Field," in *Social Capital and Poor Communities*, eds.

Susan Saegert et al. (New York: Russell Sage Foundation, 2001), 31–59。即便排除收入这项变量的影响，在密尔沃基领取补助保障金的租房者相较于其他人还算住得宽松。"密尔沃基地区租户调查"（2009—2011）。

7. 说到基本需求的满足，穷亲戚一向是比中产亲戚更可靠的资源。参见 Desmond, "Disposable Ties and the Urban Poor"; Stack, *All Our Kin*, 77–78。

8. 像阿琳这样的单亲妈妈是没办法靠社会福利收入让收支平衡的。平均而言，社会福利补助、食物券跟补助保障金加总起来，只能支应单亲妈妈约 3/5 的生活费用。就算兼差赚钱或向社会服务机构求助，很多人还是得咬牙度日。挨饿、不能添置冬衣、不能看病，都是常态。Kathryn Edin and Laura Lein, *Making Ends Meet: How Single Mothers Survive Welfare and Low-Wage Work* (New York: Russell Sage Foundation, 1997)。

9. 范例参见 Lee Rainwater, *Behind Ghetto Walls: Black Family Life in a Federal Slum* (Chicago: Aldine, 1970), 73; Sandra Susan Smith, *Lone Pursuit: Distrust and Defensive Individualism Among the Black Poor* (New York: Russell Sage Foundation, 2007)。欲了解详情，可参见 Desmond, "Disposable Ties and the Urban Poor."其他民族志学者也曾在穷困社区中记录过类似的人脉动态。参见 Elliot Liebow, *Tally's Corner: A Study of Negro Streetcorner Men* (Boston: Little, Brown and Company, 1967), 163–165, 182; Rainwater, *Behind Ghetto Walls*, 73。当然这些情感流动可以在社会的各个层级观察到。比方说，中产阶级就经常有向素昧平生者寻求情感抚慰的倾向，这在飞机上相当常见，所以它被称为"飞机上的陌生人"现象。穷人依赖"一次性"的人际关系，在性质上与中产向陌生人求助并没有什么不同。但两者在程度上还是有所差别。穷人会经常性地依靠这种关系来满足吃住等基本需求。

10. 邻里跟社区在人们眼中并不只是孩子的学区或普通的生态环境指标而已。人们会用很私人的角度去观察社区，觉得社区的许多东西都无法量化但又非常强大。这股强大的力量会让他们对城市中的某块地区趋之若鹜或唯恐避之不及。

11. 祖母在一年前过世后,克里斯特尔就破罐破摔,没再去管食物券的事情。这项福利继而过期失效了。她记得祖母的死让她陷入了抑郁的深渊。"我什么都不管了,就是整天睡、洗澡、吃,然后回家又继续睡。我整个人都关机了——我对所有的人事物都没了兴趣。"克里斯特尔的例子,再次说明了心理创伤会怎样使贫穷恶化。

12. 乔里这么说,显然克里斯特尔也用了侮辱人的字眼称呼乔里。

第13章　E-24号拖车

1. 在密尔沃基北部,白人房东经常雇用黑人当物业经理,替他们看管房子。谢伦娜说:"不少年轻白人会从布鲁克菲尔德到旧城区买这些破玩意儿……然后聘请黑人经理替他们管房子……要找那些长得凶神恶煞的黑人才行,这样事情才会顺顺利利的。这些黑人经理会吼人,而且效果显著。"谢伦娜的意思是,这些物业经理会毫不犹豫地对不乖乖交租的房客嚷嚷。参见 Jennifer Lee, "Cultural Brokers: Race-Based Hiring in Inner-City Neighborhoods," *American Behavioral Scientist* 41 (1998): 927–937。

2. 贷款和交清贷款的记录取自密尔沃基地契登记处(Milwaukee County Register of Deeds)。

3. 托宾和连尼的租金清册显示:在大多数月份,闲置没出去的拖车数为5辆,拖欠租金的房客有40名,每月平均欠租金额为340美元。在每月闲置5辆拖车的情况下,剩余的126辆拖车平均创造550美元的租金收入。而每年租金拖欠金额的总数可达163,200美元(40人×340美元×12个月)。实际的数字应该不会这么夸张。原因有二:首先,托宾并没有每个月都执行40笔驱逐。这意味着大部分房客都会找办法"处理"他们的欠租。再者,拖欠租金的预估值是根据夏季月份的总和(拖车营从 2008 年 4 月到 7 月的租约清册）得到的，而这几个月份正是欠租和驱逐的高峰。尽管如此，我还是选择用这些可能高估的租金损失来推导出较为保守的数值。托宾的固定运营费用中包含了连尼和办公室苏西的薪水和租金折扣（两人合计将近 5 万美元）。其中连尼的年薪跟被免掉的租金数额为 42,600 美元（薪水 36,000 美元加上免除的 6,600 美元房租），而办公室苏西的薪水跟租金减免一共只有 6,400 美元（托宾认为苏西是临时工，他付给苏西的报酬是时薪 5 美元，每周的工时为 20 小时，5 美元 ×20 小时 ×52 周，加上租金减免 1,200 美元，总共就是 6,400 美元）。在设施维护方面,园区内有将近 20 辆拖车是租房者"自有"的，他们自行承担着大部分的维修账单。就算把请人割草和捡垃圾的钱都算进去，常规的维修成本也鲜少超过每月 5,000 美元。和上述一样，我还是把这个高估的数值保留了下来。托宾要缴纳的房产税在 2008 年是 49,457 美元，水费是 26,708 美元（两笔数据都出自公开的记录）；至于燃气和电费则由房客自行负担。那驱逐法庭产生的各项费用呢？托宾平均每月申请 3 笔正式的驱逐，但除非事情十分棘手，否则他不会请律师。这也意味着他每年花在驱逐法庭、治安官跟律师上的费用要小于 7,000 美元 [如果托宾平均每个月驱逐 3 个人，那他在驱逐法庭上的花费就是 3,222 美元（89.5 美元 ×3 笔案件 ×12 个月）。考虑到要不定期地付钱给治安官、搬家工人和律师，我把这个数字乘上 2，最后取整数得到 7,000 美元]。垃圾呢？连尼告诉我两辆垃圾车的月度账单是 800 美元，所以全年是 9,600 美元。照明呢？托宾自掏腰包（在电线杆上）装设了夜间照明系统,园区一到晚上是会亮的。按照威州能源公司的标准费率计算，照明费的年度花销是 5,000 美元（包含园区办公室的电费）。其他开销？广告和连尼领取的租金分红我额外列了 15,000 美元的预算。这样算下来，每年还可结余 446,635 美元。我把一次性的大笔维修支出排除在上述的计算外，像托宾在园区安放的减速路障。理由是这些大笔花费是不定期的，出现的频率也不高。连尼觉得我算得太客气了，他认为托宾每年至少可以"净赚个 60 万吧"。

第14章 能忍则忍

1. John Gurda, *The Making of Milwaukee*, 3rd ed. (Milwaukee: Milwaukee County Historical Society, 2008 [1999]), 174.
2. 根据我的经验,弱势社区里鲜有"抗争文化"(oppositional culture)的存在。或者说,那里显然缺少了这样一种文化。
3. Robert Fogelson, *The Great Rent Wars: New York, 1917–1929* (New Haven: Yale University Press, 2014), 85, 86.
4. Frances Fox Piven and Richard Cloward, *Poor People's Movements: Why They Succeed, How They Fail* (New York: Vintage, 1979), 12, 4.
5. Fogelson, *Great Rent Wars*, 88.
6. 我将负二项回归模型(negative binomial regression model)套用在"密尔沃基地区租户调查"(2009—2011)的完整样本上,从而有了这项发现。为了衡量"社区支持"的强度,我向受访者提问他们有没有向现居社区里的邻居提供过以下的帮助:(一)付账单或买生活杂货,(二)找工作,(三)修房子或修车,(四)给予情感支持,(五)帮忙照顾小孩。至于"邻里劣势"的衡量,我使用了包括中位数家庭收入、暴力犯罪率、低于贫穷线家庭比例、18岁以下的人口、未具高中学历居民比例、接受政府补助居民比例、房屋空置率等因素在内的量表。在我与安卫华(Weihua An)联合作完成的一份报告显示:"邻里劣势"与"社区支持"间存在正相关,且不受收入、教育程度、居住流动性、种族、年龄、性别、就业状态和人脉组成等因素影响。就算有部分住在弱势社区的居民与家境优渥的有产者或接受过高等教育的知识分子私下有交情,他们愿意与邻为善的程度也不会跟少了这些关系(或教育背景)的人有任何差别。我们还发现,邻居间交换礼物的情况在弱势社区相当普遍。这一行为也没有受到居民的人脉影响。参见 Matthew Desmond and Weihua An, "Neighborhood and Network Disadvantage among Urban Renters," *Sociological Science* 2 (2015): 329–350。

7. 贫困邻里中的支持体系有助于居民填饱肚皮、因应变局。但它也会让穷人暴露在重度的创伤经验和偶发的暴力事件中。Bruce Western, "Lifetimes of Violence in a Sample of Released Prisoners," *Russell Sage Journal of the Social Sciences* 1(2015):14-30.

8. Harvey Zorbaugh, *The Gold Coast and the Slum: A Sociological Study of Chicago's Near North Side* (Chicago: University of Chicago Press, 1929), 70.

9. 我将定序逻辑回归模型（ordered logistic regression model）套用在"密尔沃基地区租户调查"（2009—2011）的完整样本里。结局变量（outcome variable）是政治能力（political capacity）。我向受访者提问："社区的居民有没有可能组织起来，联手改善社区环境和生活品质？"选项则包括：（一）完全不可能，（二）有点可能，（三）还算可能，（四）相当可能，（五）非常可能。解释变量（explanatory variable）是居民主观感知到的"邻里创伤"（neighborhood trauma）。受访者被问及：在本社区居住的期间，你是否有邻居曾（一）被驱逐，（二）入监服刑，（三）遭受家庭暴力，（四）药物或毒品成瘾，（五）未成年儿女被社会服务机构带走并安置，（六）有亲友遭谋害身亡。我汇总了受访者的答案。完整的模型显示：在控制政治参与经验、在社区的居住时间、社区的贫穷程度、犯罪率和若干人口学因子后，政治能力与"邻里创伤"之间仍存在着显著的负相关。参见 Matthew Desmond and Adam Travis, "Perceived Neighborhood Trauma and Political Capacity," unpublished manuscript, Harvard University, 2015。关于社会失序远比失序本身重要的观点，参见 Lincoln Quillian and Devah Pager, "Black Neighbors, Higher Crime? The Role of Racial Stereotypes in Evaluations of Neighborhood Crime," *American Journal of Sociology* 107 (2001): 717-767; Robert Sampson, Great American City: Chicago and the Enduring Neighborhood Effect (Chicago University of Chicago Press, 2012)。

10. 我们在对密尔沃基地区租户进行调研的过程中,向受访者提问:"你会如何形容你的房东?"两名独立作业的工作人员会给受访者的回答赋值,最低是 1 分,最高是 10 分。像"贫民窟的土霸王"(slumlord)与"混账东西"(asshole)这类的字眼一般只给 1 分,而像"无可挑剔"(excellent)、"很有爱心"(loving)这样的赞誉就可以拿到 10 分。如果是比较隐晦的批评或夸奖,就给它们中间的分数。将两名程序员得到的分数做平均处理后,就会产生整体的评价。密尔沃基大部分的租房者会拥有一位"6 分"的房东。居住支出负担处于极端值的房客并不会因此特别讨厌或喜欢房东。但房子住起来问题重重的房客确实会以较为负面的眼光看待自己的房东。

11. 房客知道在拖车营有闭园危机的时候应该团结起来,毕竟这是他们的"非常时期"。而风头一过,园区的一切又回归了常态。大伙儿开始得过且过,任房东予取予求,还无视驱逐事件中隐含的政治论述(和政治能力)。他们怨的不是房东,反而是议员。他们确实针对某些事件写过请愿书,但这份请愿的诉求是要让某位制造麻烦,还打小报告的女人搬走。"我们希望驱逐车位编号 S12 的乔伊(Joy),以免日后生出更大的事端……"请愿书里这么写着,"若要彻底解决这个问题,就得赶在别人私底下出手前请她走人,我们觉得事情没必要搞到那种地步。"这份后来被称为"乔伊问题请愿书"(*Petition Against Joy*)的文件获得了 40 名房客签名。

第 15 章　妨害行为

1. 心理学家已经证实:当自我保护(self-preservation)的求生本能和同理心(empathy)狭路相逢,人们通常会选择自保。参见 Keith Campbell et al., "Responding to Major Threats to Self-Esteem: A Preliminary, Narrative Study of Ego-Shock," *Journal of Social and Clinical Psychology* 22 (2003): 79–96.

2. "Dot your eyes"在这里的意思是"把你打成熊猫眼"。"Scary"一般指"恐惧、害怕"，此处是说人"胆小、怯懦"。

3. 在 20 世纪，随着美国的现代化程度及其警力的成熟，公民被要求不得在案发现场逗留，并且必须退到黄色封锁线外。追诉和惩戒行为人的工作由州政府一手操办。到了 20 世纪 60 年代，许多反越战的示威群众被标准配给的警棍打到头破血流。公民高声抗议警察在少数族裔社区中实施的暴行。贪污腐败的流言蜚语在各地四散。洛杉矶的华兹（Watts）因为暴动陷入火海，暴力犯罪节节升高。面临接踵而来的社会变迁，美国民众对一整套刑法体系渐渐产生了质疑。而 1974 年发生的事件可以算是"致命一击"：罗伯特·马丁森（Robert Martinson）检视了 231 笔相关研究，并在《公众利益》(*The Public Interest*) 期刊上发表了如下结论："排除个别特例，见诸于资料的教化和矫正都未能使再犯率有显著的降低。""做什么都没用。"为政者与犯罪学学者只有叹气的份。司法体系发觉手头的权力大打折扣，做了一系列摸不着头脑的回应。他们一方面赋予警方更大的权力与更多的资源，另一方面又引进了不具司法警察身份的行为人来控制犯罪。关于由第三方来维持治安（third-party policing）的兴起与特性，参见 Matthew Desmond and Nicol Valdez, "Unpolicing the Urban Poor: Consequences of Third Party Policing on Inner-City Women," *American Sociological Review* 78 (2013): 117–141; David Garland, *The Culture of Control: Crime and Social Order in Contemporary Society* (Chicago: University of Chicago Press, 2001); Lorraine Mazerolle and Janet Ransley, *Third Party Policing* (Cambridge: Cambridge University Press, 2005)。

4. Reinier Kraakman, "Gatekeepers: The Anatomy of a Third-Party Enforcement Strategy," *Journal of Law, Economics, and Organization* 2 (1986): 53–104.

5. Desmond and Valdez, "Unpolicing the Urban Poor," Table S1. Mazerolle and Ransley, *Third Party Policing*.

6. 妨害条例曾是反毒战争中的一大利器。而在 2008 年到 2009 年，密尔沃基地区列载的 1,666 起妨害行为里,仅 4% 涉及毒品相关的犯罪。关于导出这些数据的方法论,参见 Desmond and Valdez, "Unpolicing the Urban Poor," 122–125。

7. "黑人/白人社区"在此处指人口普查的分组中至少 2/3 居民是黑人/白人的社区。"符合开单标准的地址"是在 30 天内曾拨打 3 通及其以上报案电话的住址。多数的妨害行为清单会发去黑人社区。原因并不是黑人社区里犯罪猖獗,单纯是那儿的人"比较黑"。即便控制了犯罪率、报案件数、社区的贫穷率和其他相关的变量,黑/白社区被开单的频率差距也仍旧存在。想象一下:两名女性同时报案说被家暴。她们一个住在黑人占八成的社区,另一个住在黑人只占两成的白人社区。第一名女子的房东被开单的概率要比第二名高 3.5 倍以上。就算控制了(根据不同住址/社区的家暴率计算得到的)家暴热线发生频率这项变量,上述的现象也不会有任何改变。Desmond and Valdez, "Unpolicing the Urban Poor."

8. 这项分析可能会让人质疑:近期家暴案件数量减少,究竟应该"归功"于家暴定罪的范围变大,还是财产妨害条例的常规化阻碍了正常的报案。参见 Cari Fais, "Denying Access to Justice: The Cost of Applying Chronic Nuisance Laws to Domestic Violence," *Columbia Law Review* 108 (2008): 1181–1225。

9. 还有些房东在收到妨害行为清单后的反应是叫房客不要老打"911"报案。他们常跟房客说,遇事不要报警,先跟房东通气。一名向"身心障碍人士"提供租房服务的房东曾把这样的告示贴在其名下房产的外墙上:"请勿打'911'报案/您可能会因为拨打非紧急电话而遭到警方罚款/有类似需要请拨(414-×××-××××)/找一位道恩(Dawn)的先生为您服务。"他们甚至还用驱逐或罚款来威胁房客。在收到妨害行为名单后,一名房东寄信给所有房客:"房客中若有去电密尔沃基警局投诉妨害行为,或是滥用'911'紧急报案电话者,一概罚款……每通 50 美元。"

10. Wisconsin Coalition Against Domestic Violence, *Wisconsin Domestic Violence Homicide Report: 2009* (Milwaukee: Wisconsin Coalition Against Domestic Violence, September 2010).
11. 密尔沃基于2011年修订了自治条例。修订条例的时间点就在我跟警察局、公设辩护律师和住房法方面的专家分享我的研究成果后不久。现在的清单上会特别强调"妨害行为"不包含家暴、性侵和被跟踪等情况。踏出这一步后,密尔沃基加入了芝加哥、麦迪逊、新泽西菲利浦斯堡(Phillipsburg)和纽约东罗彻斯特村(Village of East Rochester)等城市的行列,正式在房产妨害条例中禁止以重复家暴报案为由发出名清单。但它们只是少数、是例外。光是把家暴报案从妨害行为的名单"下架",就可以保障被虐待的妇女不被法律玩弄吗?这不太可能。原因有二。

首先,家暴案件经常湮没在警方欠缺细节和分类的材料里。分明是家暴,档案中记录的却是"财产损失"(Property Damage)——其实是前男友一脚把门给踹了,或"持有刀械"(Subject with Weapon)——其实是丈夫用两把美工刀把妻子给划了。虽说家暴、性侵和被跟踪的情况被排除在妨害行为的范畴外,但密尔沃基的自治法规仍将像人身攻击、骚扰和误用报警电话等情况列在法律容许告发的妨害行为里(共计32项)。而在上述情况中,仍旧有可能出现类似家暴的犯罪行为。

其二,把补破网的工作寄托在房东身上可不是什么明智的选择。理论上,房东如果不检举妨害行为就会面临巨额的罚款。有些房东的确会跟警方反映问题,也有些会直接驱逐房客(这是一种比较省事的做法)。要"改善妨害行为"的时候,10个房东有8个不会深究事情的前因后果。他们会直接驱逐房客,或威胁再报案就要申请驱逐。改善现况的办法其实有很多——警察可以加强训练、提供及时有效的援助,政府可以在立法层面将妨害行为锁定在毒品和噪声问题上——在这个节骨眼,我们应该"大刀阔斧",而不是拿手术刀"慢工出细活"。房产妨害的法令带来了诸多问题,也我们看到地方政府在资源匮乏时是如何拱手让出人权和司法的程序正义。"妨害的房客"(nuisance tenant)很多是无辜的,而无辜与否在此无关痛痒——房产妨害条例本来就是一种在法院权限外运作的政策。除非房客把事情闹大，否则证据根本没有机会公之于世。除了对程序正义持有疑虑外，司法学者还倡言财产妨害条例违反了宪法（美国宪法第四修正案：保证公民的人身安全及财产免遭非法搜查/扣押）和成文法（《公平住房法案》）对人权的保障。在60年前，司法学者迦勒·傅特（Caleb Foote）曾经说过这样一段话："这些恶法之所以能被继续容忍，是因为在底层住房市场苟延残喘的家庭太穷、太弱势，连明摆着是他们的东西都没法争取。"傅特当年用这段话批判了美国的游民法（vagrancy laws）。60年后，我们可以同样用它来批判房产妨害条例。参见 John Blue, "High Noon Revisited: Commands of Assistance by Peace Officers in the Age of the Fourth Amendment," *Yale Law Journal* 101 (1992):1475–1490; John Diedrich, "Domestic Violence Victims in Milwaukee Faced Eviction for Calling Police, Study Finds," *Milwaukee Journal Sentinel*, August 18, 2013; Caleb Foote, "Vagrancy-Type Law and Its Administration," *University of Pennsylvania Law Review* 104 (1954): 603–50; Karen Phillips, *Preliminary Statement, Grape v. Town/Village of East Rochester*, No. 07 CV 6075 CJS (F) (W.D.N.Y. March 16, 2007)。

第16章 雪地上的灰烬

1. 那天晚上我一开始跟谢伦娜和昆汀在赌场。拉马尔与卡玛拉玩牌的场景是根据相关资料重建的。我访问了拉马尔、卢克、埃迪和社区少年们，还检视了由法医和消防安全专家撰写的报告。从赌场回来之后的发展则都是我亲眼所见。

2. 一个世纪前就有母亲发出哭喊了。彼时，恶火肆意侵袭廉租公寓。出于成本考虑，这些公寓一般没有防火设备。时至今日，当城市里的贫民窟深陷火海、徒留一片残垣断壁的时候，我们仍能听见母亲们的哭喊。在芝加哥，1947年到1953年间，贫民窟中发生的火灾就带走了

180多条生命。当中 63 人是孩子，是不到 10 岁的孩子。引发火灾的元凶——过于拥挤、粗制滥造的建筑工程——还会在发生火灾时使居住于此的人无可逃遁。20 世纪 60 年代到 20 世纪 70 年代初期，有不少房东为诈领保险金，一把火烧了自家的房子。骇人的是，这些房子不见得都是空房，有时里头还住着人。现在，相比住在精装公寓的同龄人，劣质住房里的孩子有高出 10 倍的可能死于火灾。按照雅各·里斯（Jacob Riis）的说法，入夜后的火警是"人类经验里少有的骇人事件"。这句话的出处是：Riis, *How the Other Half Lives: Studies Among the Tenements of New York* (New York: Penguin Books, 1997 [1890]), 35–36, 88。关于贫民窟的火警，参见 Jacob Riis, *Battle with the Slum* (Mineola: Dover Publications, 1998[1902]), 89; Marcus Anthony Hunter, *Black Citymakers: How the Philadelphia Negro Changed Urban America* (New York: Oxford University Press, 2013), chapter 3; Arnold Hirsch, *Making the Second Ghetto: Race and Housing in Chicago, 1940–1960* (New York: Cambridge University Press, 1983), 25–26; Thomas Sugrue, *The Origins of the Urban Crisis: Race and Inequality in Postwar Detroit* (Princeton: Princeton University Press, 2005), 37; Beryl Satter, *Family Properties: House the Struggle over Race and Real Estate Transformed Chicago and Urban America* (New York: Metropolitan Books, 2009), 335; Douglas Parker et al., "Fire Fatalities among New Mexico Children," *Annals of Emergency Medicine* 22 (1993): 517–522。

第 17 章　这就是美国

1. 让自己变得"无家可归"，从而获得补助。参见 Adrian Nicole LeBlanc, *Random Family: Love, Drugs, Trouble, and Coming of Age in the South Bronx* (New York: Scribner, 2004)。
2. 身在严酷的环境下，人们的所作所为也会跟着残酷起来。"没有长时间挨过饿的人往往会低估饥饿的影响力,"心理学者A.H.马斯洛(A. H. Maslow)说,"衣食无忧者被较高层次的需求控制。在他们眼中,这些需求才是最重要的。"很多思想家和所谓的大师们都没有意识到这点——他们想解释贫困社区的暴力问题,却从未设身处地地考虑,挣扎于匮乏和苦难的人身上,还会有多少的理智。

岁物丰成的年头,邻居全无龃龉。而若遇到饥荒,他们还是会为了从运粮卡车上扔出的面包互相撕咬、张牙舞爪。又或者按照马斯洛的说法:"一旦'面包'没了,人就只有为'面包'活了。"考虑低收入社区的暴力行径时,我们还要想到贫穷对人的压迫,以及严重剥夺带来的沉重情绪和认知负担。否则我们就无法真正掌握像阿琳和克里斯特尔这些人的生命经验。A. H. Maslow, "A Theory of Human Motivation," *Psychological Review* 50 (1943): 370–396, 375, 387. 关于人在极端恶劣的生存环境下做出的反应, 参见 Elie Wiesel, *Night* (New York: Bantum Books, 1982 [1960]), 95; Tim O'Brien, *The Things They Carried* (New York: First Mariner Books, 2009 [1990]), 64–81。

人会对像是饥荒、极度贫穷这类的结构性问题做出回应。让'贫穷文化'(culture of poverty)一词众所周知的人类学家奥斯卡·刘易斯(Oscar Lewis)认为,一些思维定式、行为习惯会产生某种"意识",反过来强化催生出它们的环境与条件。在"意识"的作用下,这些行为和思想构成了一种近乎"文化"的东西。在某种文化模式下,人的言与行不断趋同;它不会稍纵即逝,或因势而动。但刘易斯的这个模型忽略了在人与结构性问题间占有一席之地,并决定了各族群的语言/习惯/信仰系统/行为举止孰强孰弱的各种社会与政治体系。

在穷乡僻壤那些教学资源匮乏的学校,学生的常用语言匮乏、批判思考能力往往较低下。就算他们以后搬迁到安全繁荣的社区,这些不足之处还是会如影随形。把这些因为教学资源匮乏产生的语言模式和思考体系视作"贫穷文化"的证据,认为它们是贫困家庭自身的发明,就等于在无视落后的公共文化设施(如学校)对低收入家庭造成的冲击。

我们不会觉得有钱人之所以有钱，是因为他们发明了某种"富裕文化"吧？他们有钱是因为他们出身于精英的社会文化体系，这套体系形塑着他们的行为举止、习惯与世界观。由这些技巧和存在方式组成的"星丛"，反过来会让他们顺风顺水地进入其他精英体系分支。或许，被视为"富裕文化"的东西，不过是富裕本身。卡罗尔·斯塔克（Carol Stack）在 *All Our Kin: Strategies for Survival in a Black Community* 一书中有着非常精辟的见解："许多据称可以代表贫穷文化的特质……其实仅仅是贫穷的定义而已。"关于贫穷文化，参见 Oscar Lewis, *Five Families: Mexican Case Studies in the Culture of Poverty* (New York: Basic Books, 1959); Michele Lamont and Mario Luis Small, "How Culture Matters: Enriching our Understanding of Poverty," in *The Colors of Poverty: Why Racial and Ethnic Disparities Persist*, eds. David Harris and Ann Lin (New York: Russell Sage Foundation, 2008), 76–102; Mustafa Emirbayer and Matthew Desmond, *The Racial Order* (Chicago: University of Chicago Press, 2015), chapter 6; Matthew Desmond, "Relational Ethnography," *Theory and Society* 43 (2014): 547–579。

第18章 用食物券买龙虾

1. Jason DeParle, *American Dream: Three Women, Ten Kids, and the Nation's Drive to End Welfare* (New York: Penguin, 2004); John Gurda, *The Making of Milwaukee*, 3rd ed. (Milwaukee: Milwaukee County Historical Society, 2008 [1999]).
2. 等待，是贫困者生活经验的一部分。参见 Javier Auyero, *Patients of the State: The Politics of Waiting in Argentina* (Durham: Duke University Press, 2012)。
3. Social Security Administration, *Understanding Supplemental Security Income SSI Resources* (Washington, DC: SSA, 2014).

4. "某天我写到这一段，别人可能不太容易看懂。"我说。

"你要把这些写进书里吗？"拉瑞恩问。

"是啊，我是这么打算的。我猜他们会说：'这人搞什么啊？她刚被扫地出门，差不多是无家可归了。她跟自己的哥哥住在一起，谁知道这种日子能过多久。她刚与社工会面完，恢复了食物券资格。都这副鬼样子了，还要用分期预付去订购一台1,500美元的62英寸大电视？'"

"他们不懂也没关系。我也不懂很多人在做的事情，但他们也还是照做不误。"

"如果那些人现在就坐你面前问，'拉瑞恩，你为什么会这么做？'你会怎么跟他们说？"

"我会说我就想这么做。"

5. 走进低收入家庭，看到门口摆着一双全新的耐克鞋或是房里的大屏幕电视，有些中产阶级的朋友会觉得不可思议，甚至感到愤怒。保守派的智库和媒体会报道这样的文章："有平板电视的人，还能算穷人吗？""空调、有线电视、Xbox游戏机：在美国到底何为贫穷？"自由派则试着不去讨论这些行径。在破败的公寓里有一台昂贵的电视？有钱穿新鞋的小孩中午只能吃学校的营养午餐？事实上，电视和球鞋的主人很可能还没把账结清；一些过时的电视机型在促销时可能只要50美元就能买到；街角小店里也有些打折的耐克球鞋。市区服装店里的价格标签都是给那些不会杀价的白人小孩看的。还有就是，那台"吸睛"的大屏幕电视可能会让你忽视房间里本应具有的东西。贫困家庭也好、富裕家庭也好，都会在屋里装电视。但绝大多数贫穷的美国人没有电脑。拉瑞恩在享用她的龙虾大餐时，却连一台电话都没有。参见Tami Luhby, "Are You Poor if You Have a Flat-Screen TV?" *CNN Money*, August 13, 2012; Robert Rector and Rachel Sheffield, *Air Conditioning, Cable TV, and an Xbox: What Is Poverty in America*? (Washington, DC: The Heritage Foundation, 2011); US Energy Information Administration, *Residential Energy Consumption Survey*, 2012。

这是自由派的古老传统——无视贫穷中令人不忍卒睹、让人坐立难安的那一面。而因为像卡罗尔·斯塔克（*All Our Kin*, 24）说的，自由派的名嘴与学者不愿意直视贫穷的这些面向，所以他们只能为这些不堪的现象出面道歉。但又像威廉·朱利叶斯·威尔逊（William Julius Wilson）在 *The Truly Disadvantaged: The Inner City, the Underclass, and Public Policy*, 2nd ed. (Chicago: University of Chicago Press, 2012 [1987]), 6, 12 中所说："为了不让穷人觉得不受尊重或被污名化，他们的行为都不能被讨论；而这也会让自由派的论述变得隔靴搔痒。"美国民众要的答案，是这些行为的解决方案。不把人当人的方式有两种：一种是否定人的全部美德，另一种是洗清他们的所有罪恶。

6. 人会因为得到翻身脱贫的机会，而在行为上改弦易辙吗？答案是很有可能。行为经济学者和心理学家们证明了"贫穷本身使人心力交瘁"，而心力交瘁意味着人会"变笨"、会因一时冲动而误判情势。再者，一旦贫困家庭得到有意义的经济援助，他们的反应往往是积累资产、偿还债务。近期的一项研究发现，将在那些劳动所得税扣抵（一种租税扣抵制度，向低收入和中等收入的个人和夫妇，特别是拥有儿童的夫妻提供补贴，1975 年首次实施。当劳动所得低于一定金额时，部分税赋可以抵免，以弥补社会安全税的负担）超过 1,000 美元的父母中，有近四成的人会将相当数量的退税存下来；有将近八成五的人会拿退税去处理债务。对持续退税的期待，给了父母们希望。他们觉得存钱有了动力和目标，觉得脱贫看得到曙光。参见 Sendhil Mullainathan and Eldar Shafir, Scarcity: *Why Having So Little Means So Much* (New York: Times Books, 2013), 60, 66; Abhijit Banerjee and Sendhil Mullainathan, "The Shape of Temptation: Implications for the Economic Lives of the Poor," National Bureau of Economic Research Working Paper, No. 15973 (2010); Reba Mendenhall et al., "The Role of Earned Income Tax Credit in the Budgets of Low-Income Households," *Social Service Review* 86 (2012): 367–400。

7. 被扫地出门的代价是很昂贵的,它使得租户无法存够钱支付新住处第一个月的房租以及押金。

8. 公共住房里绝大多数的居民非老即残。关于老年人住宅数量的增长,参见 Lawrence Vale, *From the Puritans to the Projects: Public Housing and Public Neighbors* (Cambridge: Harvard University Press, 2000), 285-290。关于公共住房居民的组成,参见 Alex Schwartz, *Housing Policy in the United States*, 2nd ed. (New York: Routledge, 2010), chapter 6。

9. 根据驱逐记录和其他一些民事诉讼来驳回公共住房申请(补助)的做法,曾引发过不小的争议。拉瑞恩后来发现,法院的材料可能有误,而在此基础上得到的驱逐记录也有可能是不准确的。这说明了房东手头有着偌大的权力——他们凭借一面之词(而非事实),将单亲妈妈、家暴受害者等特定群体玩弄于股掌间。关于民事法庭记录令人担忧的准确性,参见 Rudy Kleysteuber, "Tenant Screening Thirty Years Later: A Statutory Proposal to Protect Public Records," *Yale Law Journal* 116 (2006); David Thacher, "The Rise of Criminal Background Screening in Rental Housing," *Law and Social Inquiry* 33 (2008): 5–30。

10. 被拒绝、申请被驳回会严重打击人的自信心和精力——这是我们在讨论贫穷问题时应该关注的面向。为申请一间公寓或一份工作,遭到 10 次、20 次、甚至 40 次的拒绝——这样的结果令人崩溃。有关社区选择或失业的理论,常常理所当然地认为低收入人群是"理性的行为人",懂得权衡利弊、做出明确的抉择。事实上,这些人大多是"疲惫的将就者",无数次尝试皆以失败告终后,他们"哀莫大于心死"地接受弱势社区里的破房子;不管工作有没有前途、合不合法,都照做不误。被拒绝所带来的耻辱感,不仅逼着人接受不理想的生活环境,还会消磨他们追求美好未来的意志。关于找"入门级"工作被拒绝的经历,参见 Philippe Bourgois, *In Search of Respect: Selling Crack in El Barrio* (New York: Cambridge University Press, 1995), chapter 4; Katherine Newman, *No Shame in My Game: The Working Poor in the Inner City* (New York:

Vintage, 1999), chapter 3。

11. 几个月后,贝蒂收到一封托宾的来信,信里威胁她不准收留拉瑞恩,否则就要换她被驱逐。拉瑞恩回复说,她愿意向托宾支付自己欠下的租金和诉讼费用。但托宾说的金额是庭审记录上的两倍。为了把钱还给托宾,拉瑞恩拖欠了要给老鹰仓库的租金,结果她的东西统统被没收。那些家具、照片、分期预付买来的珠宝,都被拿去公开拍卖,由捡便宜的人用天知道的价格买下或是被扔进垃圾场。

第19章 小不点

1. 对低收入者而言,住房没有保障是导致工作不稳定的重要因素。我和卡尔·格什森(Carl Gershenson)将配对技术和离散风险模型(discrete hazard model)运用于"密尔沃基地区租户调查"的资料组上。得到的结果是,如果低收入的工作者并非出于自愿失去住处,那他们失业的可能性也会显著提高。我们检视了工作相对稳定和工作相当不稳定的两类租房者,观察被驱逐对他们造成的影响。结果发现,无论对哪一类租房者而言,被迫搬迁都是致使失业的一大元凶。Matthew Desmond and Carl Gershenson, "Housing and Employment Insecurity Among the Working Poor," *Social Problems* 63 (2016): 46–67.

2. 蒂娜的遭遇值得深思。身为要抚养三个孩子的单亲妈妈,蒂娜在一家景观设计公司兼差,负责资料录入和接听客服电话。在她收到驱逐通知单后,托宾就开始打电话到蒂娜的公司,威胁她付清积欠的600美元,否则就要执行驱逐(蒂娜表示自己只欠了100美元)。为了不向驱逐通知单低头,蒂娜出席过好几次庭审,有时还为此旷工。案件尚未有结果,几名治安官和老鹰公司的一个搬家队就跑去了她的拖车营。蒂娜十几岁的女儿挡了他们一阵子,最后等蒂娜回来,向他们说明了情况。蒂娜开始另寻住处,但因为公开的驱逐案件记录和糟糕的信誉,好几个房东都不肯收她。没过多久,蒂娜的工作表现也开始出现波动。她大受打击、倍感失落，开始接连请病假。就算勉强到了公司，也时常犯错，像是忘记把客服电话登入系统什么的。据她所言，这都是驱逐案的压力所致。某一天，蒂娜实在没忍住，趴在办公桌前啜泣，同事和上司就在一旁围观。法官认同蒂娜的租金被多收，但她依旧遭到了驱逐。蒂娜只得靠着朋友和熟人的接济过夜。后来她带着女儿搬进了一个对她"感兴趣"的男人家里。那个男人家距离蒂娜的公司很远，而她开的车又经常抛锚。种种原因下，她开始频繁地迟到和旷工。深秋时，蒂娜被解雇了。

蒂娜的案例揭示了驱逐与失业间的多重关联。驱逐的折磨与破坏力影响到了她的出勤，也打击了她的工作能力。被迫流离失所且无力扭转现实境遇，蒂娜只得越搬（离公司）越远，而这又增加了她迟到和旷工的风险。得依靠萍水相逢的男人才有地方栖身，更是额外增添了人际交往上的难题。

3. Thomas Sugrue, *The Origins of the Urban Crisis: Race and Inequality in Postwar Detroit* (Princeton: Princeton University Press, 2005), 53.

4. 母亲们的这些信件写于 1946 至 1948 年间，去函的目的是申请底特律的公共住房。Detroit Housing Commission, *"Children Not Wanted" :The Story of Detroit's Housing Shortage Victims Told in Their Own Words* (Detroit: Detroit Housing Commission, 1948).

5. Jim Buchanan, *Fair Housing and Families: Discrimination Against Children*, Public Administration Series, Bibliography, P1732 (Monticello: Vance Bibliographies, 1985).

6. Mary Ellen Colten and Robert Marans, "Restrictive Rental Practices and Theory Impact on Families," *Population Research and Policy Review* 1 (1982): 43–58, 49.

7. Edward Allen, "Six Years After Passage of the Fair Housing Amendments Act: Discrimination against Families with Children," *Administrative Law Journal of American University* 9 (1995): 297–359.

8. 不同于众所周知的种族或性别歧视，美国人大多对法律明确规定不得歧视儿童一事浑然不知。详见 Rigel Oliveri, "Is Acquisition Everything? Protecting the Rights of Occupants Under the Fair Housing Act," *Harvard Civil Rights-Liberties Law Review* 43 (2008): 1–64, 65。根据全美人口样本所做的一份报告显示,大部分受访者对种族歧视、宗教歧视和能力歧视都有一定的了解,但只有38%的人知道"法律明文禁止对育儿和未育儿家庭实施区别待遇"。参见 Martin Abravanel and Mary Cunningham, *How Much Do We Know? Public Awareness of the Nation's Fair Housing Laws* (Washington, DC: US Department of Housing and Urban Development, 2002), 10. 或 US Department of Housing and Urban Development, *Live Free: Annual Report on Fair Housing* (Washington, DC: US Department of Housing and Urban Development, 2010)。Fair Housing of Marin, *Discrimination against Families with Children in Rental Housing* (San Rafael: Fair Housing of Marin, 2002); Gulf Coast Fair Housing Center, *An Audit Report on Race and Family Status Discrimination in the Mississippi Gulf Coast Rental Housing Market* (Gulfport: Gulf Coast Fair Housing Center, 2004)。

9. "密尔沃基地区租户调查"(2009—2011)。

10. 奈德确实居无定所,四处游荡。但他还是会像非裔美国社会学家、泛非民权人士杜波依斯(Du Bois)所说,从贬低黑人等行为中得到"心理层面的薪资给付"。参见 *Black Reconstruction in America* (Cleveland: Meridian Books, 1969 [1935]), 700。

11. 社会学家一直以来都认为,羞耻带来的压力是贫困黑人社区中许多婚姻关系破裂的元凶。对那些失业的男性而言,每天两手空空地面对家人,这样的耻辱积累到一定程度后,抛家弃子就显得没那么羞耻了。停留在固定的(婚姻)关系中,就意味着"与失败共生,与自己的不堪日复一日地打照面……出于自我保护,这些做丈夫的就会重回街头"。而单亲妈妈就没有这种在街角"当鸵鸟"的权利。详见 Elliot Liebow, *Tally's Corner: A Study of Negro Streetcorner Men* (Boston: Little, Brown

and Company, 1967), 135–136。同时参见 Kathryn Edin and Timothy Nelson, *Doing the Best I Can: Fatherhood in the Inner City* (Berkeley: University of California Press, 2013)。

12. Orlando Patterson, *Rituals of Blood: Consequences of Slavery in Two American Centuries* (New York: Basic Civitas Books, 1998), 134; Nancy Scheper-Hughes, *Death Without Weeping: The Violence of Everyday Life in Brazil* (Berkeley: University of California Press, 1992), 276.

13. Carl Nightingale, *On the Edge: A History of Poor Black Children and Their American Dreams* (New York: Basic Books, 1993), 76–77; Patterson, *Rituals of Blood*, 133–134. 在奴隶制和佃农（sharecropper）制的年代，黑人父母往往以高压的手段管教孩子，这是为了让他们"准备好面对由白人掌权、黑人生活如履薄冰的世界。" Jacqueline Jones, *Labor of Love, Labor of Sorrows: Black Women, Work, and the Family from Slavery to the Present*, rev. ed. (New York: Basic Books, 2010), 96. 后来到了诸如"吉姆·克劳"（对黑人的蔑称）等黑人隔离法案盛行的种族隔离年代，黑人父母时不时会训练子女要表现得卑顺、服从命令。"在底层的（黑人）家庭里，"有人观察，"孩童所受的教育是他是个'黑鬼'，必须好生侍奉白人，因为白人是他们没得选的老板。"当时的黑人家庭间流传着一种说法是："世界属于白人，你们这些黑鬼跑错地方了。"参见 Jennifer Ritterhouse, *Growing Up Jim Crow: How Black and White Southern Children Learned Race* (Chapel Hill: University of North Carolina Press, 2006), 98。

　　而在今天，穷困的母亲们所发挥的支持作用变小了，投入的情感少了，对孩子们的需求、渴望和梦想也不再表现得那么关心。这些母亲较少拥抱孩子，也鲜少夸奖他们。在经济上受剥夺严重的母亲会更常打骂孩子。社会学者奥兰多·派特森（Orlando Patterson）直言："底层非裔美国家庭对儿女的教养，有朝施虐发展的倾向。"这类令人忧心的模式，有一个标准的解释是："贫穷会让做母亲的人易怒、抑郁外加焦虑，进而削弱其以正面态度教养孩子的能力。双亲一旦变得易怒、抑郁和焦虑，他们对孩子就更倾向使用惩罚，而非鼓励。"我们所谓的恐惧：它带有的大量缺点，它带来的大量创伤，会吸干一个母亲的快乐。而易怒、抑郁和焦虑的不仅仅是穷困的母亲。这些症状不单是贫穷者的专利，贫穷的专利就只有贫穷而已。让阿琳成为"声色俱厉"的母亲的，正是在贫困中教养子女的经验。她们这种带刺的冷酷是一种为了对抗贫穷的保护手段、防御机制。参见 Patterson, *Rituals of Blood*, 133。有大量文献将非支持性与处罚性的育儿风格与儿童较低的自尊、好斗和反社会行为联系在一起。参见 Robert Bradley and Robert Corwyn, "Socioeconomic Status and Child Development," *Annual Review of Psychology* 53 (2002): 371–399; Elizabeth Gershoff, Rashmita Mistry, and Danielle Crosby, eds., *Societal Contexts of Child Development: Pathways of Influence and Implications for Practice and Policy* (New York: Oxford University Press, 2013); Vonnie McLoyd, "How Money Matters for Children's Socioemotional Adjustment: Family Processes and Parental Investment," *Health Disparities in Youth and Families* 57 (2011): 33–72。

在发展中国家，孩子生病的母亲，会因为匮乏带来的压力，而认为她们的宝宝"一心求死"。她们会自我安慰说："小家伙还没有感觉。"借以自我麻痹，放任自己漠不关心。"在这里，"人类学者南希·薛珀-休斯（Nancy Scheper-Hughes）曾在描述巴西的一个贫民窟时写过，"能当一位勉强及格的母亲，必须付出超人般的努力"。参见 Scheper-Hughes, *Death Without Weeping*, 342, 128, 361。

第20章　没人想住在北边

1. 我没有亲眼见过工友在收容所的住户中找性伴侣，但克里斯特尔、瓦内塔和其他我在"旅馆"认识的女士都印证了此事。在后续的访谈中，救世军的工作人员表示从未听闻住户跟工友有暧昧的互动。

2. 这些管理穷人的机构,将"同是天涯沦落人"的落魄个体凑在一起之余,还成了发展"露水姻缘"的温床。社会福利办公处、食物厨房、求职中心、酗酒者互诫协会、美沙酮门诊、游民收容所,甚至驱逐法庭中等候开庭的区域都是这类例子。"一次性"的关系会在这些场所擦出火花。关于各个组织机构在人情关系网中扮演的角色,参见 Mario Small, *Unanticipated Gains: Origins of Network Inequality in Everyday Life* (New York: Oxford University Press, 2009)。
3. 按照瓦内塔的说法,波波会有癫痫的症状,是因为被日托中心的员工摔到了头。
4. Elliot Liebow, *Tally's Corner: A Study of Negro Streetcorner Men* (Boston: Little, Brown and Company, 1967); Matthew Desmond, "Disposable Ties and the Urban Poor," *American Journal of Sociology* 117 (2012): 1295–1335.
5. 参考瓦内塔的庭审记录,以及她本人的自述。
6. 密尔沃基市房屋管理局在"住宅许可与续住政策说明"(*Admissions and Continued Occupancy Policy*, 2011)中表示,该委员会"不接受请求,也不具有义务,去协助那些……有犯罪记录的申请者,申请人的家庭成员同样不得参与暴力、伤害、毁损或其他类型的犯罪活动"(第 16 页)。
7. 关于民众对种族融合的接纳或排拒,我们现有的知识大多出自实验室里的研究。这些研究一致认为,黑人是种族融合的拥趸,白人则主张黑白之间有所区隔。一份研究里的多数黑人受访者表示,他们理想中的社区是黑白人口各半;而多数白人受访者明言,他们会搬离黑白混杂的邻里。走出实验室,去看看真正在找房子的家庭,你会发现截然不同且令人不安的真实情况:白人搬家时会极度排斥住进黑人社区;事实上,黑人也怀有同样的心态。我从来没遇到过黑人房客说想搬进"黑白融合的社区",尽管他们只要从一个黑人居民占大多数的社区中搬走,就能为种族融合出一份力。事实上,我听他们(像克里斯特尔)说过想要"摆脱那些混账黑人"。在旧城区以外的地方找房子的时候,阿琳表示:"我只对跟我同肤色的人有意见。"娜塔莎也提到过，"黑人根本不懂规矩……只要有得选，我一定会搬走（到郊区）！鬼才想留在这里，一天到晚都有枪声砰砰作响。"

你根本没法从上述言论中找到种族融合的（正面）意愿；相反，你只能看见对黑人占大多数的社区的（负面）排斥。关于以种族偏好为题的研究，参见 Reynolds Farley et al., "Stereotypes and Segregation: Neighborhoods in the Detroit Area," *American Journal of Sociology* 100 (1994): 750–80; Reynolds Farley et al., "Chocolate City, Vanilla Suburbs: Will the Trend toward Racially Separate Communities Continue?" *Social Science Research*, 7 (1978): 319–344。

8. 在 2009 年到 2011 年间，密尔沃基有五成的房客是通过人脉找到的房子，45% 的房客全凭自己找，经由市房屋管理局或其他福利机构找到住处的，仅占 5%。靠自己找到房子的房客中，约半数白人房客凭借的是互联网的力量；另有 1/3 的白人是看到招租启事后找的房子。而在靠自己找到房子的黑人房客中，1/3 是通过招租广告，另外 1/3 是透过报纸、各地公寓协会出版的红皮书和其他书面材料，上网找房子的黑人只有 15%。也就是说，租房对黑人而言纯属"离线作业"。58% 的黑人房客是透过人脉找的房子，而在白人租户中，这一比例只有 41%。绝大多数房客所依赖的"人脉"都是亲戚朋友，白人租户依靠朋友的概率是依靠家庭成员的 2 倍。有研究显示，比起其他族裔，黑人求职者接受人脉协助的程度较低。而"密尔沃基地区租户调查"却大异其趣地发现，黑人在找房子时倚赖人脉的程度最高。对比参见 Sandra Susan Smith, *Lone Pursuit: Distrust and Defensive Individualism Among the Black Poor* (New York: Russell Sage Foundation, 2007)。

9. 根据负责人蒂姆·波勒林（Tim Ballering）所言，"便宜租"旗下有 322 间房屋提供出租，受托管理的单位则有 484 间（截至 2014 年 7 月）。

10. "我们的政府无须照顾穷人和挨饿的人，那是教会的工作。"拉瑞恩很尊敬的达里尔牧师如是说。政界的保守派人士也经常会传达类似的看法。2013 年，共和党国会议员道格·拉玛尔发（Doug LaMalfa）的发言代表了党内不少同仁的心声。他主张低收入的美国人应该由"教会来帮助"，因为教会的援助"发自内心……而不是出于职权或是命令"。而在看到拉瑞恩和克里斯特尔这些人向教会寻求帮助的经历后，我们不禁怀疑，人心是否足够宽容到可以满足他人繁复而持久的需求。要知道，穷人所需不只是时不时的杂物救济，也远远不是这里那里的几百美元救济（"我对社会工作的认知等于零，"达里尔牧师承认）。按照圣经的描述，早期教会可以扶弱济贫，前提是信徒"变卖产业和财物，按照各人的需要分给他们"（《使徒行传 2:44》）。而现在的基督徒鲜有做此等牺牲的意愿。达里尔牧师就对拉瑞恩的"穷人心态"（poverty mentality）很是失望，也对她不"努力工作，量入为出"感到痛心疾首。巴伯牧师常点名克里斯特尔，骂她老做些对于 18 岁年轻人而言无可厚非的事情，像是在外面待到很晚什么的。达里尔牧师和巴伯牧师都是神职人员，也都在过去向穷人伸过援助之手，而如今他们觉得自己不应该再这么帮下去了。政府的政策或补贴或许未臻完美，但至少这两样东西不会考验人性悲悯的极限。拉尔玛发的言论引自 Michael Hilzik, "Families on Food Stamps Would Suffer while Farms Get Fat," *Los Angeles Times*, June 14, 2013。关于今天的黑人教会在旧城区扮演的角色，参见 Omar McRoberts, *Streets of Glory: Church and Community in a Black Urban Neighborhood* (Chicago: University of Chicago Press, 2003)。关于宗教性的体验，参见 Timothy Nelson, *Every Time I Feel the Spirit: Religious Experience and Ritual in an African American Church* (New York: NYU Press, 2004)。

11. Douglas Massey and Nancy Denton, *American Apartheid: Segregation and the Making of the Underclass* (Cambridge: Harvard University Press, 1993); Camille Zubrinsky Charles, "The Dynamics of Racial Residential Segregation," *Annual Review of Sociology* 29 (2003): 167–207.

12. Lewis Mumford, *The City in History: Its Origins, Its Transformations,*

and Its Prospects (New York: MJF Books, 1961), 417. 同时参见 Lewis Mumford, *The Culture of Cities* (New York: Hartcourt, Brace, and Company, 1938)。

13. Elizabeth Blackmar, *Manhattan for Rent, 1785–1850* (Ithaca: Cornell University Press, 1989), 199.

14. Mumford, *City in History*, 462–463; Blackmar, *Manhattan for Rent*; Jacob Riis, *How the Other Half Lives: Studies Among the Tenements of New York* (New York: Penguin Books, 1997 [1890]).

15. 房东执行这项特权的程度之彻底，让法官不得不出手将某些谋生工具排除在可扣押的范围外。参见 Frank Enever, *History of the Law of Distress for Rent and Damage Feasant* (London: Routledge and Sons, 1931); David Caplovitz, *The Poor Pay More* (New York: The Free Press, 1967), 162–163。

16. Jacqueline Jones, *The Dispossessed: America's Underclasses from the Civil War to the Present* (New York: Basic Books, 2001), chapter 1.

17. 在1928年，密尔沃基99%的黑人靠租房生活。Joe William Trotter Jr., *Black Milwaukee: The Making of an Industrial Proletariat, 1915–45*, 2nd ed. (Urbana: University of Illinois Press, 2007), 70.

18. Arnold Hirsch, *Making the Second Ghetto: Race and Housing in Chicago, 1940–1960* (New York: Cambridge University Press, 1983), chapter 1; Marcus Anthony Hunter, *Black Citymakers: How the Philadelphia Negro Changed Urban America* (New York: Oxford University Press, 2013), chapter 3; Allan Spear, *Black Chicago: The Making of a Negro Ghetto, 1890–1920* (Chicago: University of Chicago Press, 1967), chapter 8; Thomas Sugrue, *The Origins of the Urban Crisis: Race and Inequality in Postwar Detroit* (Princeton: Princeton University Press, 2005), 51–55; Alex Schwartz, *Housing Policy in the United States*, 2nd ed. (New York: Routledge, 2010), 21.

19. Beryl Satter, *Family Properties: House the Struggle over Race and Real Estate Transformed Chicago and Urban America* (New York: Metropolitan Books, 2009), 6; 同时参见 Spear, *Black Chicago*, 148; Trotter, *Black Milwaukee*, 180。

20. Michael Bennett, *When Dreams Come True: The GI Bill and the Making of Modern America* (McLean: Brassey's Publishing, 1966); Ira Katznelson, *When Affirmative-Action Was White: An Untold History of Racial Inequality in Twentieth-Century America* (New York: Norton, 2005).

21. 今日黑人的房屋自有率为全美最低的43%，白人则以73%的比例领跑各个族裔。参见 Robert Callis and Melissa Kresin, *Residential Vacancies and Homeownership in the Third Quarter 2014* (Washington, DC: US Census Bureau, October 2014), Table 7; Ta-Nehisi Coates, "The Case for Reparations," *The Atlantic*, June 2014。

22. Satter, *Family Properties*, 430n7.

23. 依据"密尔沃基地区租户调查"（2009—2011），特雷西·索伦伯格（Tracey Shollenberger）和我设计了一个使用普通最小平方方法（Ordinary Least Squares, OLS）的回归模型：比照租房者先前所在社区的贫穷程度和犯罪率，推算他们现居社区的情况。针对所有两年内搬过家的租房者，我们检视了他们最近一次的搬家经历，将人口统计学的一系列影响因素（种族、教育程度、家庭结构、有无住房补助）和一些有可能影响居住地选择的人生变故或转折（失业、孩子出生等）纳入考量后发现：相较自发性迁移，迫迁仍旧使贫穷程度和犯罪率产生了超过1/3个标准差的增幅。

第21章　大头男婴

1. 谢伦娜向帕特里斯索要了"双重赔偿损失"（double damages）。密尔沃基的房东有权对在驱逐命令到期后滞留的房客索讨双倍的日租金（威斯康星州法 704.27）。这项规定的意图在于：当遭到驱逐的租户赖着不走，妨碍房东重新出租时，可以弥补损失的房租收入。谢伦娜一般不会这么做，但在帕特里斯那儿她破了例。为什么？"因为她把我们和解的路子堵死了！她太会耍嘴皮子了。"谢伦娜说。

2. 参见 Elliot Liebow, *Tally's Corner: A Study of Negro Streetcorner Men* (Boston: Little, Brown and Company, 1967), 63。由于居住条件差而可能引起的疾患包括气喘、铅中毒、呼吸系统并发症、发展迟缓、心脏病和神经系统失调。某知名的医疗期刊继而将不合格的屋况称作是"公共卫生危机"。只要在糟糕的房子里住上一段时间，就有可能对身体健康造成持久的负面影响，这对孩子来说尤甚。关于住房和健康之间的关联，参见 Samiya Bashir, "Home Is Where the Harm Is: Inadequate Housing as a Public Health Crisis," *American Journal of Public Health* 92 (2002): 733–738; Gary Evans, Nancy Wells, and Annie Moch, "Housing and Mental Health: A Review of the Evidence and a Methodological and Conceptual Critique," *Journal of Social Issues* 59 (2003): 475–500; James Krieger and Donna Higgins, "Housing and Health: Time Again for Public Health Action," *American Journal of Public Health* 92 (2002): 758–768; Wayne Morgan et al., "Results of a Home-Based Environmental Intervention among Urban Children with Asthma," *New England Journal of Medicine* 351 (2004): 1068–80; Joshua Sharfstein et al., "Is Child Health at Risk While Families Wait for Housing Vouchers?" *American Journal of Public Health* 91 (2001): 1191–1192。

3. Lee Rainwater, *Behind Ghetto Walls: Black Family Life in a Federal Slum* (Chicago: Aldine, 1970), 476.

4. Robert Sampson, *Great American City: Chicago and the Enduring Neighborhood Effect* (Chicago: University of Chicago Press, 2012); Patrick Sharkey, *Stuck in Place: Urban Neighborhoods and the End of*

Progress toward Racial Equality (Chicago: University of Chicago Press, 2013).

5. Julie Clark and Ade Kearns, "Housing Improvements, Perceived Housing Quality and Psychosocial Benefits from the Home," *Housing Studies* 27 (2012): 915–939; James Dunn and Michael Hayes, "Social Inequality, Population Health, and Housing: A Study of Two Vancouver Neighborhoods," *Social Science and Medicine* 51 (2000): 563–587. 关于地域歧视，参见 Loïc Wacquant, *Urban Outcasts: A Comparative Sociology of Advanced Marginality* (Malden, MA: Polity Press, 2008), chapter 6。

第22章　如果他们要处罚妈妈

1. 和帕特里夏同住的期间，克里斯特尔不管碰到谁问起都会说她和"妈妈"住一起。由此推测，她给调研员的应该也是这个答复。即便配备有人情网络的分析术语，我们现有的分析工具尚且无法把握像克里斯特尔这类人所处的人际关系的复杂性。参见 Nan Lin, *Social Capital: A Theory of Social Structure and Action* (New York: Cambridge University Press, 2002); Mario Small, *Unanticipated Gains: Origins of Network Inequality in Everyday Life* (New York: Oxford University Press, 2009); Matthew Desmond, "Disposable Ties and the Urban Poor," *American Journal of Sociology* 117 (2012): 1295–1335。

2. 我没有亲眼目击这件事的来龙去脉。我在多次访问克里斯特尔后重建了当时的情形。当这些"陌生人"之间脆弱但又热烈的关系以破裂告终时——或者正如他们常常表现的那样，以拳脚相向告终——会在旁观者和街坊间生出嫌隙，会侵蚀社区和整个人际网络的稳定。被当成是朋友的人"用后即弃"，会让人失去对他者的信任。依靠"一次性"的人际关系，既是社会不稳定的"恶果"，也是社会不稳定的"成因"。

克里斯特尔的亲戚和养父母家的姐妹都与她年纪相仿。所以他们不大可能收留她或资助她。那些平辈亲戚能做的，就是干架的时候出来挺她。

3. 关于儿童保护服务局在穷困黑人家庭的生活中是一种什么样的存在，参见 Christopher Wildeman and Natalia Emanuel, "Cumulative Risks of Foster Care Placement by Age 18 for U.S. Children, 2000–2011," *PLOS ONE* 9 (2014): 1–7; Dorothy Roberts, *Shattered Bonds: The Color of Child Welfare* (New York: Basic Books, 2002)。

4. 2010年，《纽约时报》的报道指出，每50名美国人，就有1人住在全家单凭食物券过活的家庭中。参见 Jason DeParle, "Living on Nothing but Food Stamps," *New York Times*, January 2, 2010。

第23章 宁静俱乐部

1. 资料来源是司科特在威斯康星护理委员会（Wisconsin Board of Nursing）前接受的惩戒议程。

2. 许多影响重大而所费不赀的决策，往往是基于一些成见做出的：如穷人与一些薪酬优渥、受过高等教育以及拥有住房的亲友缺乏联系。而"混居"（mixed-income housing）就是为了"让低收入的居民有机会触及就业机会和社会中的行为榜样"。像"搬向希望"（Moving to Opportunity）这类的社区重置计划，其设计宗旨是将低收入家庭联结到"社会化与富裕程度较高的社会网络"。而事实上，很多穷人都不乏向上流动的人脉。粗略计算，密尔沃基每6名租房者中，就有1名虽然住在弱势社区，但人脉却能辐射至身处不那么弱势的社会网络的人。不过光是跟中产阶级有某种联系是不够的。或许是"社会资本"的研究方兴未艾，许多学者倾向把认识有钱有权者等有利于社会化（prosocial）的人际关系，想象成是一种可以"拥有"的东西、一种可以变现的资源。但拿司科特的状况来说，这些人脉究竟能否派上用场，还得视你的本事而定。关于为了

注释 | 501

打击"社会孤立"而设置的社会方案，参见美国住房与城市发展部的 *Moving to Opportunity for Fair Housing Demonstration Program: Final Impacts Evaluation* (Washington, DC: Office of Policy Development and Research, 2011); US Department of Housing and Urban Development, *Mixed-Income Housing and the HOME Program* (Washington, DC: Office of Policy Development and Research, 2003)。有关空间孤立（住宅区的贫民窟化）会造成社会孤立（人脉网的贫民窟化）的经典理论，参见 William Julius Wilson, *The Truly Disadvantaged: The Inner City, the Underclass, and Public Policy*, 2nd ed. (Chicago: University of Chicago Press, 2012 [1987]); Douglas Massey and Nancy Denton, *American Apartheid: Segregation and the Making of the Underclass* (Cambridge: Harvard University Press, 1993)。关于邻里与人脉弱势的细致分析，参见 Matthew Desmond and Weihua An, "Neighborhood and Network Disadvantage among Urban Renters," *Sociological Science* 2 (2015): 329–350。

3. 分明是在吸毒，但司科特有时候会说他在"自行疗愈"，护理师的术语可不是这样用的。太多的措辞被挪用来掩盖问题根部的烂疮。天知道有多少在生活压力下用来自我麻醉的做法，被美其名曰为"文化"。

4. 精神科医师问司科特，"你想直接加到一天 200 毫克的舍曲林，还是看状况再加？""直接 200 好了。"司科特答得斩钉截铁。200 毫克算是挺高的剂量，但因为他以前也这么用干过，现在降下来实在没有道理。

5. 美沙酮只要一上新闻，那画面常常是惨不忍睹。司科特开始治疗计划的那一年，美沙酮占阿片类止痛剂处方笺量的比重不足 2%；而在阿片类止痛剂用药过量的死亡案例中，却有 1/3 是美沙酮造成的。医界认为，美沙酮涉及的死亡案例之所以如此触目惊心，是因为越来越多人拿治疗毒瘾的美沙酮来止痛。自 1964 年启用以来，单论治疗海洛因毒瘾和降低海洛因对社会的冲击，美沙酮之效用的确值得称许。作为一种"全阿片类激动剂"（full opioid agonist），美沙酮满足了成瘾者的瘾头。剂量拿捏得宜的话，患者完全可以恢复日常生活。证据一致显示，美沙酮降低或消除了海洛因的使用，减少了吸毒过量或吸毒造成的犯罪案例，促进了病患的健康，也帮助不少人活出更充实、更有意义的人生。说到海洛因成瘾的治疗，美沙酮的效果绝对大过匿名嗜酒者互诫协会等只靠意志力（abstinence-only）的辅导课程。"美沙酮的坏事在外面传得沸沸扬扬，"一名专家说，"但那些因为每天服用美沙酮而可以好好工作、慢慢克服恶习，进而恢复正常生活的病患有上万人甚至数十万人，只是他们的故事从来没被报道过。"司科特也在这几（十）万人的行列中。发表上述言论的专家是彼得·弗烈德曼（Peter Friedmann），引用自哈洛·波列克（Harold Pollack）撰稿，"This Drug Could Make a Huge Dent in Heroin Addiction. So Why Isn't It Used More?" *Washington Post*, November 23, 2013。亦可参见 Herman Joseph, Sharon Stancliff, and John Langrod, "Methadone Maintenance Treatment (MMT): A Review of Historical and Clinical Issues," *The Mount Sinai Journal of Medicine* 67 (1999): 347–364. Center for Disease Control, "Vital Signs: Risk for Overdose from Methadone Used for Pain Relief—United States, 1999–2010," *Morbidity and Mortality Weekly Report* 61 (2012): 493–497。

6. Sally Satel, "Happy Birthday, Methadone!" *Washington Monthly*, November/December, 2014.

第24章　永无翻身之日

1. 若把城市里的穷人按"居无定所／生活尚且稳定""无可救药／还有得救""一副混街头的模样／打扮还算体面"一分为二，就会错以为他们暂时性的、常发生变动的生活状态是一贯如此。稳定／不稳定对穷人家庭而言，不是一成不变的，而是一种时长时短的间歇状态。很多问题之间存在着某种连锁反应：亲人遭受杀害的伤痛会让人深陷抑郁，抑郁致使失业，失业引发驱逐，被驱逐就意味着变成无家可归的游民，而无家可归又会加深抑郁的症状……以此类推。为政者和他们的幕僚倾向用一发银色子弹（在哥特小说中，银色子弹是狼人的克星，一发即可毙命）解决问题。实际上，霰弹枪"一网打尽"的效果可能更好。关于连番厄运如何让低收入家庭"没有最惨，只有更惨"，参见 Timothy Black, *When a Heart Turns Rock Solid: The Lives of Three Puerto Rican Brothers On and Off the Streets* (New York: Vintage, 2009); Matthew Desmond, "Severe Deprivation in America: An Introduction," *The Russell Sage Journal of the Social Sciences* 1(2015):1–11; Kristin Perkins and Robert Sampson, "Compounded Deprivation in the Transition to Adulthood: The Intersection of Racial and Economic Inequality among Chicagoans, 1995–2013," *The Russell Sage Journal of the Social Sciences* 1(2015):35–54; Bruce Western, "Lifetimes of Violence in a Sample of Released Prisoners," *The Russell Sage Journal of the Social Sciences* 1(2015):14–30。

2. 在密尔沃基的社区，孩子越多，驱逐发生的频率就越高。排除贫穷家庭在社区所占的比例、种族的构成等变量后，儿童数量与驱逐频率的正比关系仍旧成立。2010 年，在儿童占人口总数不到一成的社区里，每 123 个租房家庭中有 1 个家庭会被驱逐。但在儿童占四成或以上的社区中，每 12 个家庭就有 1 个会被驱逐。其他条件相同的情况下，社区中儿童的所占比每增加 1%，社区的驱逐率就会增加 7% 左右。这些估算根据 2010 年 1 月 1 日到 12 月 31 日间密尔沃基县法院的驱逐记录整理而成。用于评估"儿童占人口比例"与"驱逐案件数量"相关性的统计模型是零膨胀泊松回归（zero-inflated Poisson regression）。细节描述参见 Matthew Desmond et al., "Evicting Children," *Social Forces* (2013) 92: 303–327。

3. 这种痛苦可能会一直持续下去。在被驱逐的两年后，跟阿琳有相同遭遇的母亲还是要比同龄人更容易罹患抑郁。参见 Matthew Desmond

and Rachel Tolbert Kimbro, "Eviction's Fallout: Housing, Hardship, and Health," Social Forces 94(2015):295–324. 同时参见 Marc Fried, "Grieving for a Lost Home," in *The Urban Condition: People and Policy in the Metropolis*, ed. Leonard Duhl (New York: Basic Books, 1963), 151–71; Theresa Osypuk et al., "The Consequences of Foreclosure for Depressive Symptomatology," *Annals of Epidemiology* 22 (2012): 379–387.

4. 另外一招是在出手前先调查对方有哪些"资源"。在穷困的社区里，面对上门求助的邻人，最好的拒绝方式是："我无能为力。"但也有"高人"会让你没机会说出这句话。他们不会问"能载我一程吗？"而会问"你车里有油吗？"不会问"能分点食物给我吗？"而会问"你吃过了吗？"如果对方知道你车里有油、冰箱里又有吃的，你就很难再找理由赶人家走。穷人在日常生活中摸索出的这套生存之道和政治界或教育界花费几百万美元发现的募款秘诀并无二致。开口要东西是一门"艺术"。懂得如何求助——以及相应地，何时伸出援手或拒绝帮助——是在贫困中生存的丛林法则。

　　求社工帮忙也自有一套规则。不要客气，因为太客气会被当空气；但也不能太贪心、太积极、太"剑走偏锋"，因为儿童保护服务局会上门来查你。我遇到过一位爱喝酒的女性，33岁，是两个女孩的妈妈。她说自己酗酒是因为小时候受过创伤。"我记得，连当时闻到的气味都记得，"她说，"你有看过咨询师吗？"我问。"没有，虽然我想，但他们问得太多、管得太多。曾有人莫名其妙地跑去加州的儿童局检举我，他们并没有抓到什么把柄，但被人这样侵门踏户……跟孩子说三道四，我还是很难受。"要是这位母亲将自己的遭遇和用酒精自我麻痹的经历一五一十地告诉有关部门，她的孩子还能保住吗？她不知道答案，也不准备去弄明白。

5. 我没有亲眼看见这段互动，此处根据阿琳的转述所写。

终曲：家与希望

1. Lewis Mumford, *The City in History: Its Origins, Its Transformations, and Its Prospects* (New York: MJF Books, 1961), 13；关于词源学（etymology）的见解，在此特别要感谢罗文·富拉德（Rowan Flad）与沙穆斯·汗（Shamus Khan）。
2. Alexis de Tocqueville, *Democracy in America* (New York, Perennial Classics, 2000), 511.
3. Gunnar Myrdal, *An American Dilemma*, Vol. 2, *The Negro Social Structure* (New York: McGraw-Hill Publishers 1964 [1944]), 810.
4. Plato, *The Republic* (New York: Penguin Classics, 1987), 312. 原文是 men（男人），我将之改成了 people（人）。
5. Mary Schwartz and Ellen Wilson, *Who Can Afford to Live in a Home? A Look at Data from the 2006 American Community Survey* (Washington, DC: US Census Bureau, 2007).
6. Chester Hartman and David Robinson, "Evictions: The Hidden Housing Problem," *Housing Policy Debate* 14 (2003): 461–501.
7. Gary Evans, "The Environment of Childhood Poverty," *American Psychologist* 59 (2004): 77–92; Shigehiro Oishi, "The Psychology of Residential Mobility: Implications for the Self, Social Relationships, and Well-Being," *Perspectives on Psychological Science* 5 (2010): 5–21; Robert Sampson, *Great American City: Chicago and the Enduring Neighborhood Effect* (Chicago: University of Chicago Press, 2012).
8. 事实上，我们可以在学者中间观察到一种中产阶级式的偏见。他们想当然地认为，搬家是计划当中的事。关于居住流动性研究中的"蓄意偏见"（intentionality bias），进一步参见 Matthew Desmond and Tracey Shollenberger, "Forced Displacement from Rental Housing: Prevalence and Neighborhood Consequences," *Demography* (52)2015:1751–1772。

关于穷人在居住上的高流动性，参见 David Ihrke and Carol Faber, *Geographical Mobility: 2005 to 2010* (Washington DC: United States Census Bureau, 2012); Robin Phinney, "Exploring Residential Mobility among Low-Income Families," *Social Service Review* 87 (2013): 780–815。

9. 这项发现来自一个负二项模型（negative binomial model）。该模型估算了租房者的搬家次数，并将家庭收入、种族、教育水平、性别、家庭状况、年龄、犯罪前科，还有三种近期生活中遭遇的重大打击（失业、分手／离婚、被驱逐）纳入计算范畴。分析发现：控制"非自愿搬迁"这项变量后，在其他条件相同的情况下，低收入与流动率存在正相关。相比那些躲过迫迁命运的租户，曾经历过迫迁的房客在流动率上要高出1.3 倍。参见 Matthew Desmond, Carl Gershenson, and Barbara Kiviat, "Forced Relocation and Residential Instability Among Urban Renters," *Social Service Review* 89: 227–262。"密尔沃基最穷困的租房者"是指收入分布位于底部 1/4 的租房家庭（即年收入低于 12,204 美元）。"密尔沃基地区租户调查"（2009–2011）。

10. 关于密苏里州杰克逊县的情况，参见 Tara Raghuveer, "'We Be Trying': A Multistate Analysis of Eviction and the Affordable Housing Crisis," B.A. thesis. (Cambridge, MA: Harvard University, Committee on the Degrees in Social Studies, 2014)。2012 年，纽约市的房屋法庭经手了 28,743 笔驱逐判决，外加 217,914 笔以未交租为由提出的驱逐申请。参见 New York City Rent Guidelines Board, *2013 Income and Affordability Study*, April 4, 2013。克利夫兰作为一个有 95,702 户租房家庭的城市，在 2012 和 2013 年累计有 11,072 笔与 11,031 笔驱逐申请——这意味着每年将近有 12% 的租房家庭会收到驱逐法庭的开庭通知。参见 Northeast Ohio Apartment Association, *Suites* Magazine, "Eviction Index," 2012–2013; American Community Survey, 2013。芝加哥在 2012 年大约有 32,231 笔驱逐申请，相当于该市租房存量的 7%；参见 Kay

Cleaves, "Cook Eviction Stats Part 5: Are Eviction Filings Increasing," StawStickStone.com, February 8, 2013。

11. Matthew Desmond and Carl Gershenson, "Housing and Employment Insecurity Among the Working Poor," *Social Problems* 63(2016):46–67.

12. 驱逐会推动房价上涨，使事态进一步恶化。简单地说，房东会把受租金管制的房子里的房客赶走，再以高于市场行情的价格把房子出租。即便是没有租金管制的出租单位，房东也照赶不误；因为向新房客涨房租要比向旧房客涨容易。以密尔沃基的公寓而言，租户每多住一年，他交纳的房租就会比其他条件相同的房客少将近 58 美元。流动促进涨租，而驱逐正在不断地创造流动。Matthew Desmond and Kristin Perkins, "Are Landlords Overcharging Voucher Holders?," working paper, Harvard University, June 2015. 在旧金山，根据《埃利斯法案》（Ellis Act）判定的驱逐案件数——业主常利用《埃利斯法案》将受租金管制的房子登记成独立产权公寓（condo）或可按市价收租的单位——在 2010 年 3 月到 2013 年 2 月间成长了 170%。Marisa Lagos, "San Francisco Evictions Surge, Report Finds," *San Francisco Gate*, November 5, 2013.

13. Matthew Desmond and Rachel Tolbert Kimbro, "Eviction's Fallout: Housing, Hardship, and Health," *Social Forces* 94(2015):295–324.

14. Desmond et al., "Forced Relocation and Residential Instability Among Urban Renters."

15. 滞后应变量回归模型（lagged dependent variable regression models）的结果显示：相对于自愿搬迁，一次强制性搬迁的经历会使社区的穷困程度和犯罪率产生超过 1/3 个标准差的增幅。不分模型，在预测社区生活品质随着搬迁下降的指标中，要数种族（租房者是否为非裔）和搬迁性质（是否迫迁）的信度跟效度最高。Desmond and Shollenberger, "Forced Displacement from Rental Housing."

16. Sampson, *Great American City*; Patrick Sharkey, *Stuck in Place: Urban Neighborhoods and the End of Progress toward Racial Equality* (Chicago:

University of Chicago Press, 2013).

17. 这项发现记录在我和瑞秋·金布罗（Rachel Kimbro）联名发表的《驱逐之后果》（"Eviction's Fallout"）中。我们用"二分指标"（dichotomous indicator）检测了一些母亲身上的抑郁症状。母亲们会被问及一系列问题，主要和她们近12个月的生活状态有关。问题依据的是"复合国际诊断访问简表"（Composite International Diagnostic Interview Short Form〔CIDI-SF〕）。我们向受访者提问：过去一年里，她们是否曾连续两周或以上出现烦躁不安(dysphoria, 抑郁症的状态)或失乐(anhedonia, 无法感受到正常人认知中的愉悦）的状况。如果有，我们会继续追问这些症状是否会在两周内天天发生，且每次发生会持续将近一天的时间。如果依旧是肯定的回复，我们就会列举更详细的问题，包括：（一）对事物失去兴趣，（二）感觉疲惫，（三）体重变化，（四）失眠，（五）难以集中注意力，（六）觉得自己没有价值，（七）有想死的念头。受访的母亲如果觉得自己有烦躁不安或失乐的其中一项，还符合上述七个症状的任意两个，"复合性国际诊断访谈表—短版—重度抑郁分数"（CIDI-SF MD）达到3分或以上的话，就会被归为疑似抑郁症的个案。这项研究发现有力改变了抑郁量表的割点（cut-point），也深刻影响了受测者自陈抑郁症状的负二项模型。参见 Ronald Kessler et al., "Methodological Studies of the Composite International Diagnostic Interview (CIDI) in the US National Comorbidity Survey (NCS)," *International Journal of Methods in Psychiatric Research* 7 (1998): 33–55。

18. Michael Serby et al., "Eviction as a Risk Factor for Suicide," *Psychiatric Services* 57 (2006): 273–274. Katherine Fowler et al., "Increase in Suicides Associated with Home Eviction and Foreclosure during the US Housing Crisis: Findings from 16 National Violent Death Reporting System States, 2005–2010," *American Journal of Public Health* 105 (2015): 311–316.

19. Sampson, *Great American City*.

20. 这一结果参考的是 2005 年到 2007 年间密尔沃基社区层级的资料。利用滞后反应模型（lagged-response model），我预测了某个社区一整年的暴力犯罪率。当中我控制的变量包括该社区前一年的暴力犯罪率和驱逐率，也包括贫穷家庭、非裔美国人、18 岁以下人口、教育程度在高中以下的人口、领取租房补贴的家庭在社区所占的比例。最终的模型记录显示：社区的暴力犯罪率与其前一年的驱逐率存在显著的关联性（B = .155. p< .05）。参见 Matthew Desmond, "Do More Evictions Lead to Higher Crime? Neighborhood Consequences of Forced Displacement," working paper, Harvard University, August 2015。

21. "密尔沃基地区租户调查"（2009—2011）。

22. United States Conference of Mayors, *Hunger and Homelessness Survey* (Washington, DC: United States Conference of Mayors, 2013); Martha Burt, "Homeless Families, Singles, and Others: Findings from the 1996 National Survey of Homeless Assistance Providers and Clients," *Housing Policy Debate* 12 (2001):737–780; Maureen Crane and Anthony Warnes, "Evictions and Prolonged Homelessness," *Housing Studies* 15 (2000):757–773.

    关于居住品质不良和治安环境不佳对儿童健康造成的影响，参见 Julie Clark and Ade Kearns, "Housing Improvements, Perceived Housing Quality and Psychosocial Benefits from the Home," *Housing Studies* 27 (2012): 915–939; Tama Leventhal and Jeanne Brooks-Gunn, "The Neighborhoods They Live In: The Effects of Neighborhood Residence on Child and Adolescent Outcomes," *Psychological Bulletin* 126 (2000): 309–337。

23. Joseph Harkness and Sandra Newman, "Housing Affordability and Children's Well-Being: Evidence from the National Survey of America's Families," *Housing Policy Debate* 16 (2005): 223–255; Sandra Newman and Scott Holupka, "Housing Affordability and Investments in

Children," *Journal of Housing Economics* 24 (2014): 89–100.

24. 换到其他的市场，要是某样商品太贵，民众可以选择不买或买少一点。遇上油价大涨的日子，百姓可以选择少开车。玉米歉收使牛肉价格上涨时，人们可以少吃点汉堡。但遇到房租或水电价格大涨，大多数贫困的美国人并不能换住便宜一点或小一点的房子，因为他们居住的城市中并不存在这样的选项。根据 2013 年的"美国住房调查"（American Housing Survey，表 C-02-RO），在贫穷线以下的租房家庭中有 98% 左右住在至少有一间卧室的公寓里，68% 住在有两间或两间以上卧室的公寓。在密尔沃基，97% 的租房者生活在一卧、二卧或三卧的公寓里。参见"密尔沃基地区租户调查"（2009—2011）。小户型公寓在美国城市里已然绝迹。在 20 世纪 70 和 80 年代，超过 100 万间廉租单人房（single-room occupancy，SRO）因为住房新标准的颁布与实施而消失，抑或在精装修后用以满足较为富裕的房客的需求。详见 Whet Moser, "The Long, Slow Decline of Chicago's SROs," *Chicago Magazine*, June 14, 2013; Brendan O'Flaherty, *Making Room: The Economics of Homelessness* (Cambridge, Harvard University Press, 1996), 142–147; James Wright and Beth Rubin, "Is Homelessness a Housing Problem?" *Housing Policy Debate* 2 (1991): 937–956; Christopher Jencks, *The Homeless* (Cambridge: Harvard University Press, 1994), chapter 6。

如果不想因为搬迁而远离他们的工作、朋友、家人和熟悉的社区，低收入房客就只有做"二房东"，接纳额外的房客，进而使人均住房的面积缩小（租金也对应地减少）。但许多房东并不允许这么做。就算房东愿意对政策规定的入住人数上限睁一只眼闭一只眼，公寓人一多就意味着维修成本和水费也会"水涨船高"。密尔沃基大部分（75%）的租房家庭无须承担水费。关于房东与物业经理如何看待居住人数、维修成本与水费账单之间的关联，我们可以参考乔·帕拉钦斯基（Joe Parazinski），一位在旧城区生活和工作的白人大楼管理员的言论。"如果我允许（更多）人搬进来，房子里有可能一下子会挤满 10 个人。嗯，

10个人每天要冲10次澡……还有马桶,原本一天要冲20次的马桶,现在变成要冲200次。洗衣机呢?洗衣机现在要多洗多少人份的脏衣服……把这些乱七八糟的花费叠加起来,数目可就不小了。"

倡议居住权益的社工往往认为人多是个问题,但租房子的穷人却觉得人多才能解决问题——"人满为患"固然有一些负面影响,但穷人面临的更严重的问题是住的地方"不够挤"——他们多花了不少冤枉钱,住在自己无法负担的大房子里。美国大多数贫困的租房家庭都"不够挤";这些家庭里,每间卧室入住人数在1.5人以上的占24%。在密尔沃基,每间卧室入住人数超过2人的家庭只占全部租房家庭的8%。按照每间房住超过两个人就算是"拥挤"的定义来看,密尔沃基仅有4%的白人房客、8%的黑人房客和16%的拉丁裔房客居住在拥挤的公寓里。密尔沃基将近半数的成年房客未与其他成人同住。说到居住安排,密尔沃基的非裔美籍房客算是最孤立的群体:他们当中只有35%的人与另外一名成年人同住,远低于白人房客的58%与拉丁裔房客的69%。在密尔沃基的所有房客中,32%的人独居,16%的人只和孩子同住,53%的人与另外一名成年人同住。黑人房客中有39%独居;相较之下,白人的独居比例约为33%,拉丁裔为14%。黑人房客中有26%只与孩童同住,显著高于白人房客的9%与拉丁裔房客的17%。不过,部分受访的房客可能隐瞒了和其他成年人同住的事实,尤其是在房东不知情的情况下。在"密尔沃基驱逐法庭研究"(2011)中,受访的房客被要求列出所有与他们共同生活的成年人。采访者们向调查对象解释说,他们的信息将被保密,然后问他们:"可以说说与你同住的成年人吗?即便他们的姓名不在租约上,即便你的房东并不知道他们的存在。"驱逐法庭上的房客总共列出了375名合作的成年人,其中有70名并不是租赁人。在传票和诉状(Summons and Complaint)上未列出的成年人当中,以黑人男性为最大宗(总计32人),接下来是黑人女性(总计24人)。这样看来,我对于黑人房客独居(或未与其他成年人同居)的比例预估应该有"灌水"之嫌,实际情况应该没那么高。但这并不会改变我认为"租房处普遍拥挤"和"政客专家们对拥挤表示担心"两者其实对不起来的看法。"美国住房调查"（2013），表 C-02-RO；"密尔沃基地区租户调查"（2009—2011）。

研究资料已有显示，拥挤状况会导致不利结果，但是并没有足够有效的证据能证明，拥挤就是原因所在。参见 Gary Evans, Susan Saegert, and Rebecca Harris, "Residential Density and Psychological Health among Children in Low-Income Families," *Environment and Behavior* 33 (2001): 165–180; Dominique Goux and Eric Maurin, "The Effect of Overcrowded Housing on Children's Performance at School," *Journal of Public Economics* 89 (2005): 797–819; Claudia Solari and Robert Mare, "Housing Crowding Effects on Children's Well-Being," *Social Science Research* 41 (2012): 464–476。

25. Alex Schwartz, *Housing Policy in the United States*, 2nd ed. (New York: Routledge, 2010), 23.

26. Louis Winnick, "The Triumph of Housing Allowance Programs: How a Fundamental Policy Conflict was Resolved," *Cityscape* 1 (1995): 97. 引言来自查德·费迪垂克（Chad Fredidrichs）导演的纪录片《普鲁特—艾格计划的迷思》（*The Pruitt-Igoe Myth*, 2011）。

27. Alex Kotlowitz, *There Are No Children Here: The Story of Two Boys Growing Up in the Other America* (New York: Random House, 1991); Arnold Hirsch, *Making the Second Ghetto: Race and Housing in Chicago, 1940–1960* (New York: Cambridge University Press, 1983).

28. 公共住房的存量自 1991 年以来，已经下降了 20% 左右。Peter Marcuse and W. Dennis Keating, "The Permanent Housing Crisis: The Failures of Conservatism and the Limitations of Liberalism," in *A Right to Housing: Foundation for a New Social Agenda*, eds. Rachel Bratt, Michael, Stone, and Chester Hartman (Philadelphia: Temple University Press, 2006), 139–62; Rachel Bratt, Michael, Stone, and Chester Hartman, "Why a

Right to Housing Is Needed and Makes Sense: Editor's Introduction," in Ibid., 1–19; Schwartz, *Housing Policy in the United States*.

29. 更确切地说，租房券弥补了房客无力支付的差额，使其能达到"给付标准"（payment standard）。这是由当地发放租房券的市房屋管理局所设定的补贴上限。这个方案将 3/4 的租房券发放给收入低于该地区收入中值的三成，或在贫穷线以下的家庭（低于其中之一即可），剩余的则会分发给收入为地区中值 80% 的家庭。

30. Joint Center for Housing Studies of Harvard University, *America's Rental Housing: Evolving Markets and Needs* (Cambridge: Harvard University, 2013); ABT Associations Inc. et al., *Effects of Housing Vouchers on Welfare Families* (Washington, DC: US Department of Housing and Urban evelopment, 2006); Michelle Wood, Jennifer Turnham, and Gregory Mills, "Housing Affordability and Family Well-Being: Results from the Housing Voucher Evaluation," *Housing Policy Debate*, 19 (2008): 367–412.

31. Abt Associations Inc. et al., *Effects of Housing Vouchers*; Alan Meyers et al., "Public Housing Subsidies May Improve Poor Children's Nutrition," *American Journal of Public Health* 83 (1993): 115. 同时参见 Sandra Newman and Scott Holupka, "Housing Affordability and Investments in Children," *Journal of Housing Economics* 24 (2014): 89–100.

32. "美国住房调查"（2013），表 C-17-RO。这些估算排除了被归类为有"其他收入证明"（other income verification）（占低于贫穷线租房家庭的 3%）与"补贴未申报"（subsidy not reported）（占低于贫穷线租房家庭的 1%）的两类家庭，因为无法确认这些家庭是否领取了补贴。Matthew Desmond, "Unaffordable America: Poverty, Housing, and Eviction," *Fast Focus: Institute for Research on Poverty* 22 (2015): 1–6.

33. 关于公共住房的资金需求，参见 Meryl Finkel et al., *Capital Needs in the Public Housing Program, Contract # C-DEN-O2277-TO001, Revised*

Financial Report, Prepared for the US Department of Housing and Urban Development (Cambridge: Abt Associations Inc., 2010)。

34. 这项估计值与全美多个资料组保持一致。其中包括美国住房调查（American Housing Survey）、美国社区调查（American Community Survey）、收入与福利参与调查（Survey of Income and Program Participation）和消费者支出调查（Consumer Expenditure Survey）。参见 Frederick Eggers and Fouad Moumen, *Investigating Very High Rent Burdens Among Renters in the American Housing Survey* (Washington, DC: US Department of Housing and Urban Development, 2010)。

　　负担不起房子的问题不囿于美国。在过去几十年里，世界各地有数百万人口从乡村和小镇迁出，搬入城市。1960 年，全球范围内有 1/3 左右的人口住在都会区。现如今，这个数字已经过半。城市实质性收入的大幅提升缓解了贫困问题；但是，城市的成长还伴随着地价与房价的飙升。全世界的城市住房支出都在噌噌往上涨——尤其在一些"大都会"——那里的房地产市场汇聚了来自全球各地的资本。投资热钱不断垫高房价，把低收入住户拼命往外赶。在非洲最大的城市拉各斯（Lagos，位于尼日利亚），60% 的居民需要拿收入的五到七成交纳房租，虽说大部分人的住所只有一居室而已。印度德里的商业区租金已经可以和曼哈顿中城分庭抗礼。一项近期的研究估计，以全球而言，居住负担能力与实际房价（租）的差额（housing affordability gap）达到了 6,500 亿美元，也是世界所有国家 GDP 总额的 1%。全球大约有 3.3 亿个城市家庭居住在不合标准或难以负担的房子里，住房租金占去了他们三成以上的收入。按照目前"从乡村到城市"的人口流动趋势和全球收入水平的预测，到 2025 年，花大钱住破房子的家庭会达到 4.4 亿户左右，相当于 16 亿人口。在城市化的浪潮中，无法承担城市住房的人口正以百万为单位，越变越多。参见 Joseph Gyourko, Christopher Mayer, and Todd Sinai, "Superstar Cities," *American Economic Journal: Economic Policy* 5 (2013): 167–199; McKinsey Global Institute, *A Blueprint for Addressing* the *Global Affordable Housing Challenge* (New York: McKinsey, 2014); Pedro Olinto and Hiroki Uematsu, *The State of the Poor: Where Are the Poor and Where Are They Poorest?* (Washington, DC: World Bank, Poverty Reduction and Equity, 2013)。

35. Russell Engler, "Pursuing Access to Justice and Civil Right to Counsel in a Time of Economic Crisis," *Roger Williams University Law Review* 15 (2010): 472–498; Russell Engler, "Connecting Self-Representation to Civil Gideon," *Fordham Urban Law Review* 37 (2010): 36–92.

36. D. James Greiner, Cassandra Wolos Pattanayak, and Jonathan Hennessy, "The Limits of Unbundled Legal Assistance: A Randomized Study in a Massachusetts District Court and Prospects for the Future," *Harvard Law Review* 126 (2013): 901–989; Carroll Seron et al., "The Impact of Legal Counsel on Outcomes for Poor Tenants in New York City's Housing Court: Results of a Randomized Experiment," *Law and Society Review* 35 (2001): 419–434.

37. Seedco, *Housing Help Program, South Bronx, NYC* (New York: Seedco Policy Center, 2009).

38. 密尔沃基将近半数的迫迁是非正式的：没有走法律渠道，也没有记录在册。非正式驱逐俨然成了房东最爱用的赶人方法。贫困家庭一旦找到法律援助，房东就不大乐意出庭了。房客本可以坚持主张出庭，但不少人宁可和房东私了，因为他们不想身上背有"记录"。因此，任何法律援助的发起方都应该考虑当下法庭保留记录的做法。

保留记录、公开信息的做法，使司法系统产生了极大的变化：驱逐记录成了一种"武器"，庭上的法官和庭下的房东都会以此要挟房客，让他们放弃陈词的权利。与其上庭争个脸红脖子粗，房客倒不如直接跳过司法程序：房东要你走，你就静静地走。如果出庭只能换得法院下令赶人外加背上驱逐记录，那我必须直言，美国的司法体系真是大有问题。

美莎（Meysha）和切斯特（Chester）是一对贫困的黑人夫妇，他们遭到了房东的驱逐；后者要求他们搬离那座问题丛生、危险破败的房子。据房客称，房东说在她把房子修好之前，他们可以免费住在这里；房东则说才没这回事。双方唯一的共识是屋况极差：电线外露、部分房间地板凹陷，下雨的时候还会有水灌进屋里。看过屋子的照片后，法律专员将案子转呈给法官。等到正式开庭那天，房东太太带着律师，拿出一份协议要他们签，上面写着他们得尽快搬离。但美莎和切斯特有两个十多岁的女儿还在读书，所以他们想留下来等房子修好。出于这样的考虑，他们打算在陪审团面前争取留下来的机会。法官这样解释了他们手上的选项：如果他们同意离开，"（房东太太）会略过（本案中提及）驱逐的部分，所以在公开记录上不会记载你们是被驱逐的……如果觉得自己该付的租金都付了，或是有其他理由可以在法律层面为自己辩护，你们可以一五一十地告诉我。这是一条路。另外一条路是跟房东签约，自行离开，这样双方都可以省去不少麻烦。因为……如果租约到期了你们不搬，那（房东）就得自掏腰包找治安官把你们的东西移到街上，到时候他们肯定会把这笔费用算在你们欠的账上。真要到了那一步，你们会非常辛苦，感到遗憾、不适，还很残忍"。

"请问，"切斯特开口，"如果我们的合约里说，我们在她修好房子前不用付房租呢？"

"这样的话，我们就要开庭来审审看，判断合约的真假，在法律上有没有效力。"法官答道。

美莎和切斯特跟法官请求给他们几分钟讨论。"就算打官司也赢不了的，"美莎小声说，"只是输多少钱的问题罢了。"

最后他们接受了房东太太的条件。

一些未被驱逐或逮捕过的人主张，庭审记录应当开诚布公，这样才有利于我们建立一个"自由开放的社会"。他们认为，增设法庭记录的权限是在替不民主的政府操作铺路：秘密警察、私下抓人、黑牢，天知道还会有别的什么东西。相对于记录遭滥用是如何"真实"地摧残着许多家庭的生活，这些凭空想象的疑虑似乎只是空中楼阁。数以万计的美国家庭（包括许多从未犯法的家庭）正被法庭的驱逐记录逼得走投无路。让我们先来处理真实存在的问题吧，不要为那些根本不存在的问题杞人忧天。

39. Martha Davis, "Participation, Equality, and the Civil Right to Counsel: Lessons from Domestic and International Law," *Yale Law Journal* 122: 2260–2281; Raven Lidman, "Civil Gideon as a Human Right: Is the U.S. Going to Join Step with the Rest of the Developed World?," *Temple Political and Civil Rights Law Review* 15 (2006): 769–800.

40. 引用自 Cass Sunstein, *The Second Bill of Rights: FDR's Unfinished Revolution and Why We Need It More Than Ever* (New York: Basic Books, 2004), 3。

41. 引用自 Beryl Satter, *Family Properties: House the Struggle over Race and Real Estate Transformed Chicago and Urban America* (New York: Metropolitan Books, 2009), 215。

42. "剥削"一词在威廉·朱利叶斯·威尔逊（William Julius Wilson）的 *The Truly Disadvantaged: The Inner City, the Underclass, and Public Policy*, 2nd ed. (Chicago: University of Chicago Press, 2012 [1987]) 中综述正统马克思主义的部分出现过两次。还有两次是在威尔森的 *When Work Disappears: The World of the New Urban Poor* (New York: Knopf, 1996)，他在该书中描述了黑人是如何排斥正统马克思主义的。洛伊克·华康德（Loïc Wacquant）的 *Urban Outcasts: A Comparative Sociology of Advanced Marginality* (Malden, MA: Polity Press, 2008) 列举了四处"剥削"的例子，但其中仅有一处是在指穷人被富人剥削（123n7 页）。"剥削"在道格拉斯·梅西（Douglas Massey）和南希·丹顿（Nancy Denton）的 *American Apartheid: Segregation and the Making of the Underclass* (Cambridge: Harvard University Press, 1993) 里"登场"过一次；是在 176 页，指旧城区居民间的不法性关系（sexual liaison）。在素德赫·文卡特斯赫（Sudhir Venkatesh）的 *American Project: The Rise and Fall*

of a Modern Ghetto (Cambridge: Harvard University Press, 2000) 里，"剥削"也只在 150 页出现过一次，指的是住宅区的租房者遭到帮派分子剥削。而在哈林顿（Harrington）的 The Other America 中，"剥削"同样只出现过一次（32 页）。至于其他在内容上着重探讨穷人的苦难，却从未出现"剥削"一词的现代经典作品有：Kathryn Edin and Laura Lein, *Making Ends Meet: How Single Mothers Survive Welfare and Low-Wage Work* (New York: Russell Sage Foundation, 1997); Charles Murray, *Coming Apart: The State of White America, 1960–2010* (New York: Random House, 2012)。

43. 关于贫困社区中的食物售价，参见 Chanjin Chung and Samuel Myers, "Do the Poor Pay More for Food? An Analysis of Grocery Store Availability and Food Price Disparities," *Journal of Consumer Affairs* 33 (1999): 276–96; Marianne Bitler and Steven Haider, "An Economic View of Food Deserts in the United States," *Journal of Policy Analysis and Management* 30 (2011): 153–176。

44. Lizabeth Cohen, *A Consumers' Republic: The Politics of Mass Consumption in Postwar America* (New York: Knopf, 2008), 40; Elizabeth Blackmar, *Manhattan for Rent, 1785–1850* (Ithaca: Cornell University Press, 1989), 237–238; Jacob Riis, *How the Other Half Lives: Studies Among the Tenements of New York* (New York: Penguin Books, 1997 [1890]), 30; Allan Spear, *Black Chicago: The Making of a Negro Ghetto, 1890–1920* (Chicago: University of Chicago Press, 1967); Matthew Desmond, "Eviction and the Reproduction of Urban Poverty," *American Journal of Sociology* 118 (2012): 88–133. 众人当中，民主党前参议员丹尼尔·帕特里克·莫伊尼汉（Daniel Patrick Moynihan）可说慧眼独具。他意识到，若要了解城市里按种族划分的贫困现象，"剥削"绝对是问题的核心。他在美国劳动部做的一份震惊全场的报告中指出："白人往往只能看到黑人被歧视或是贫穷的处境……对于白人来说真正

困难的,是理解长达 300 年的剥削对黑人社会之肌理产生了怎样的影响……这才是伤害真正的所在之处。除非它可以被弭平和修复,再多的努力也难以终结美国社会上的歧视、贫穷和不公不义。" Daniel Patrick Moynihan, *The Negro Family: The Case for National Action* (Washington, DC: US Department of Labor, 1965).

45. 我能想到这点得归功于萨特(Satter)的 *Family Properties*。

46. 关于这些抢钱吸血的勾当,参见 Alan Andreasen, *The Disadvantaged Consumer* (New York: The Free Press, 1975); Michael Lewis, *The Big Short: Inside the Doomsday Machine* (New York: Norton, 2010), 20; David Caplovitz, *The Poor Pay More* (New York: The Free Press, 1967)。关于发薪日贷款如何运作,参见 Pew Charitable Trust, *Payday Lending in America: Who Borrows, Where They Borrow, and Why* (Washington, DC: Pew, July 19, 2012); Gary Rivlin, *Broke, USA: From Pawnshops to Poverty, Inc.* (New York: Harper, 2010)。

47. 关于市场跟政府、社会关系之间密不可分的关系,参见 Mark Granovetter, "Economic Action and Social Structure: The Problem of Embeddedness," *American Journal of Sociology* 91 (1985): 481–510; Karl Polanyi, *The Great Transformation: The Political and Economic Origins of Our Time* (Boston: Beacon Press, 2001 [1944])。关于贫穷与警方执法之间的关联,参见 Megan Comfort, "When Prison Is a Refuge: America's Messed Up," *Chronicle of Higher Education*, December 2, 2013; David Garland, *The Culture of Control: Crime and Social Order in Contemporary Society* (Chicago: University of Chicago Press, 2001); Loïc Wacquant, *Punishing the Poor: The Neoliberal Government of Social Insecurity* (Durham: Duke University Press, 2009); Bruce Western, *Punishment and Inequality in America* (New York: Russell Sage Foundation, 2006); Alice Goffman, *On the Run: Fugitive Life in an American City* (Chicago: University of Chicago Press, 2014)。

48. Oliver Cromwell Cox, *Caste, Class, and Race: A Study in Social Dynamics* (New York: Doubleday and Company, 1948), 238.

49. Katie Dodd, *Quarterly Benefits Summary* (Newcastle-upon-Tyne: Department for Work and Pensions, 2015); Hugo Priemus, Peter Kemp, and David Varady, "Housing Vouchers in the United States, Great Britain, and the Netherlands: Current Issues and Future Perspectives," *Housing Policy Debate* 16 (2005): 575–609; BBC News, "Housing Benefit: How Does It Work?," November 9, 2011.

50. 相较于租房券，尚无研究可以证明，补助项目能以较低的价格提供同等质量的住房。关于公共住房与租房券的政策成本比较，参见 Janet Currie, *The Invisible Safety Net: Protecting the Nation's Poor Children and Families* (Princeton: Princeton University Press, 2006), chapter 4; Amy Cutts and Edgar Olsen, "Are Section 8 Housing Subsidies Too High?," *Journal of Housing Economics* 11 (2002): 214–243。

关于租房券持有者与公共住房住户的社区生活质量对比，参见 Sandra Newman and Ann Schnare, "'…And a Suitable Living Environment': The Failure of Housing Programs to Deliver on Neighborhood Quality," *Housing Policy Debate*, 8 (1997): 703–741; Edgar Olsen, "Housing Programs for Low-Income Households," in *Means-Tested Transfer Programs in the United States,* ed. Robert Moffitt (Chicago: University of Chicago Press, 2003), 365–442。

51. Brian Jacob and Jens Ludwig, "The Effects of Housing Assistance on Labor Supply: Evidence from a Voucher Lottery," *The American Economic Review* 102 (2012): 272–304; Mark Shroder, "Does Housing Assistance Perversely Affect Self-Sufficiency? A Review Essay," *Journal of Housing Economics* 11 (2002): 381–417; Sandra Newman, Scott Holupka, and Joseph Harkness, The Long-Term Effects of Housing Assistance on Work and Welfare," *Journal of Policy Analysis and*

Management 28 (2009): 81–101.

52. 事实上，许多推行住房方案的国家并没有设定最低住房标准，这与美国在有限范围内实施租房券的情况有所不同。当一个国家的所有公民都负担体面的房子时，就无须设定最低住房标准了。房子若是不合心意，房客完全可以拿着租房券去住别的地方。参见 Priemus et al., "Housing Vouchers in the United States, Great Britain, and the Netherlands," 582。

53. Riis, *How the Other Half Lives*, 201.

54. 即便让租房券方案通行全美，我们的问题也无法全部解决。尤其在供需吃紧的市场，租房券不能保护所有租户，使他们免受租金上涨的威胁。唯有政府的大力调控（例如租金管制），抑或市场的变动（例如扩大住房供给），才有可能达成保护租房者的目标。

事实上有一些（不算多的）证据显示，现行的租房券方案正在推高所有人的房租——持有租房券的人和一般租房者的房租都变贵了。原因很简单：如果数以百万计的穷人离开民间租房市场，转之投靠公共住房，民间的租房需求就会下降，租金也会同步下降。如果将这些手持租房券的房客重新引向民间租房市场，那么民间租房的需求就会增加，房租也会同步上升。一项研究发现，在租房券发放较多的城市里，租金的涨幅也较高。总的来说，租房券对一般房客造成的负担，要大过它对弱势群体的帮助（参见 Scott Susin, "Rent Vouchers and the Price of Low-Income Housing," *Journal of Public Economics* 83 (2002): 109–152.）许多"房东指南"都提出了如下的建议："房东要定期查看公共住房的租金行情，包括政府出资的补贴标准，以此作为租金设定的一项参考。"(Bryan M. Chavis, *Buy It, Rent It, Profit!:Make Money as a Landlord in Any Real Estate Market* [New York: Touchstone, 2009], 70.) 但也有研究显示，大量的租房券持有者并不会影响出租房的整体价格。比方说，"实验性住房补助方案"（Experimental Housing Allowance Program, EHAP）发现租房券对于市场租金的影响微乎其微。威廉·阿普加尔（William Apgar）认为造成这种结果的原因在于，租房券在市场并未实现完全饱和；租金在研究期间还有可能被人为压低了。参考 EHAP 的资料，美国国家经济研究所（National Bureau of Economic Research）和都市研究机构（Urban Institute）主持的模拟研究显示："无论租户是否接受补贴，住房补贴确实会诱发租金上涨；它还会使房东减少，甚至放弃对未达到补贴项目标准的出租单位的投资。" 参见 William Apgar Jr., "Which Housing Policy Is Best?," *Housing Policy Debate* 1 (1990): 1–32, 9。同时参见 Michael Eriksen and Amanda Ross, "Housing Vouchers and the Price of Rental Housing," working paper, University of Georgia, 2015。

55. Matthew Desmond and Kristin Perkins, "Are Landlords Overcharging Voucher Holders?," working paper, Harvard University, June 2015; Cutts and Olsen, "Are Section 8 Housing Subsidies Too High?"; Olsen, "Housing Programs for Low-Income Households." 关于居住成本的管控，参见 Tommy Andersson and Lars-Gunnar Svensson, "Non-Manipulable House Allocation with Rent Control," *Econometrica* 82 (2014): 507–539; Richard Arnott, "Time for Revisionism on Rent Control?" *Journal of Economic Perspectives* 9 (1995): 99–120。

    美国住房与城市发展部近期公布了一项计划：面向住房券持有人，提供"更符合当地租房市场情况"的补贴。该计划提出了一种随各州邮政编码（ZIP code）变化的"小区域公平市场租金"（Small Area Fair Market Rents）。相较于现行规定，它能顾及更大范围的给付标准。参见 US Department of Housing and Urban Development, "Establishing a More Effective Fair Market Rent (FMR) System; Using Small Area Fair Market Rents (SAFMRs) in Housing Choice Voucher Program Instead of the Current 50th Percentile FMRs; Advanced Notice of Proposed Rulemaking," *Federal Register* 80 (June 2, 2015): 31332–31336。

56. Bipartisan Policy Center, *Housing America's Future: New Directions for National Policy* (Washington, DC: Bipartisan Policy Center, 2013),

chapter 4. 关于推估政策成本的技术资料，参见 Larry Buron, Bulbul Kaul, and Jill Khadduri, *Estimates of Voucher-Type and Emergency Rental Assistance for Unassisted Households* (Cambridge, MA: Abt Associations, 2012)。2012 年，联邦预算在房屋所有人身上的投入累计达 2,000 亿美元。参见 Will Fischer and Barbara Sard, *Chart Book: Federal Housing Spending Is Poorly Matched to Need* (Washington, DC: Center for Budget and Policy Priorities, 2013)。针对开放注册的租房券计划，还有一项研究也试着做了成本推估，参见 William Grigsby and Steven Bourassa, "Section 8: The Time for Fundamental Program Change?," *Housing Policy Debate* 15 (2004): 805–834。这项研究估计，若将租房券计划扩大到各地中位数收入五成以下的租房家庭，需要额外投入 430 亿美元，这在当时等于联邦支出的 2.5%。

57. Schwartz, *Housing Policy in the United States*, 45–47.

58. Ibid. Executive Office of the President, *Budge of the United States Government: Fiscal Year 2008* (Washington, DC: Office of the President, 2008).

59. Harrington, *The Other America*, 157–158. A. Scott Henderson, *Housing and the Democratic Ideal: The Life and Thought of Charles Abrams* (New York: Columbia University Press, 2000); Peter Dreier, "Federal Housing Subsidies: Who Benefits and Why?," in *A Right to Housing: Foundation for a New Social Agenda*, eds. Rachel Bratt, Michael, Stone, and Chester Hartman (Philadelphia: Temple University Press, 2006), 105–138.

关于我的故事：研究始末与回顾

1. 更完整的说明，参见 Matthew Desmond, "Relational Ethnography," *Theory and Society* 43 (2014): 547–579。同时参见 Mustafa Emirbayer, "Manifesto for Relational Sociology," *American Journal of Sociology* 103 (1997): 281–317; Eric Wolf, *Europe and the People Without a History*

(Berkeley and Los Angeles: University of California Press, 1982); Stanley Lieberson, *Making It Count: The Improvement of Social Research and Theory* (Berkeley and Los Angeles: University of California Press, 1985)。

2. Mitchell Duneier, *Sidewalk* (New York: Farrar, Straus and Giroux, 1999), 337–339.

3. 有人认为民族志是一种"方法"。在此基础上看事情，会提出许多跟方法论有关的问题：研究计划要怎么得到审查委员会（institutional review board, IRB）的批准？田野笔记该如何撰写？我自己倾向把民族志想成一种感受力、一种观察方式，诚如人类学家哈里·沃尔科特（Harry Wolcott）所言，民族志不是一种可以"去做的事情"，而是"我们活在世上的本质状态"。以这种方式看待民族志，就会提出一些不同的问题：怎么和陌生人交谈？如何观察得更敏锐、更深入？把民族志当成一种观察力，就可以在进入田野前事先培养一些技巧或纪律。通过日复一日地锻炼，你就可以蜕变为一名真正的民族志研究者。等到你真正踏入田野的时候，一切都显得驾轻就熟了（还可以帮你把"手机瘾"给戒掉）。详见 Harry Wolcott, *Ethnography: A Way of Seeing* (Lanham: Rowman Altamira, 1999)。关于解释中的歪曲和篡改，参见 Susan Sontag, "Against Interpretation," in *A Susan Sontag Reader* (New York: Farrar, Straus and Giroux, 1982), 99。

4. 住在拖车营那会儿，我并不知道司科特抑郁到想用过量吸毒的方式自杀。他曾经想向我借一大笔钱，我当时拒绝了他。现在想起来，还是有些后怕，因为我差点就把钱借他了。

5. 参见 Mustafa Emirbayer and Matthew Desmond, "Race and Reflexivity," *Ethnic and Racial Studies* 35 (2012): 574–599。

6. 我没有使用任何处理定性资料的软件。

7. 这位校对是吉莉安·布拉希尔（Gillian Brassil）。在她签完保密协定后，我将所有的田野笔记都托付给了她。为确保事件的真实性，吉莉安完成了背景调查（包括警方的资料、各种法律条款，等等），进行了将近30

次独立采访,还浏览了公共档案,我的田野笔记、照片以及数码录音的转录文件。除了要求我列出书中记录的几处细节材料外,吉莉安还随机抽选了本书一成的手稿,要我说明对应的场景或田野笔记中相关的记录。多数情况下,她还会要求有照片或官方文件来佐证我的论述。

8. 我提供了(全书或部分有关的章节的)稿子给所有在书中登场的人。某些情况下,我会把相关的段落念给当事人听,以核实细节。

9. 一些爱钻牛角尖的政客和研究贫穷问题的学者总爱把住房政策的旁枝末节拿出来辩论。就算只是服务于城市小部分穷人的政策,他们也可以问上100个问题。谷歌学术搜索引擎显示,4,800多篇学术论文和著作中出现了"搬向希望"一词。这项旨在将家庭迁出贫困社区的社区再安置倡议是一个大胆而又重要的计划,服务的家庭数量大约有4,600个。从比例上看,每一个从该计划受益的家庭都可能出现在上述的研究中。对于仅服务2%人口的公共住房政策,我们所知甚多;而对于旧城区房东与他们所持有的房产,我们的了解却相形见绌;但后者才是大部分贫民窟穷人居住的地方。对于少数低收入家庭才能享受到的租房券计划,我们成竹在胸;而对于大多数低收入家庭如何在民间租房市场维持生计,我们却没能做更深入的研究。1995年,理查德·阿诺特(Richard Arnott)观察到经济学者"把全部心思扑在租金管制的研究上,却忽视了更重要的房屋政策问题……近十年来,重要的学术期刊上没有发表过任何一篇讨论低收入人口住房问题的论文"。Richard Arnott, "Time for Revisionism on Rent Control?," *Journal of Economic Perspectives* 9 (1995): 99–120, 117.

10. Matthew Desmond and Tracey Shollenberger, "Forced Displacement from Rental Housing: Prevalence and Neighborhood Consequences," *Demography* 52(2015): 1751–1772.

11. Matthew Desmond, "Eviction and the Reproduction of Urban Poverty," *American Journal of Sociology* 118 (2012): 88–133.

12. 我们通过双重稳健逻辑回归模型和配对技术,评估了接受驱逐判决的概率。"密尔沃基驱逐法庭研究"（2011）。模型参见 Matthew Desmond et al., "Evicting Children," *Social Forces* (2013) 92: 303–327。

13. 可前往网址：https://thedata.harvard.edu。

14. 密尔沃基的住房单位里有一半以上是租房者。这一比例与（芝加哥、休斯敦、巴的摩等）城市相当。就房租中值而言，密尔沃基在美国（外加美属波多黎各）共 4,763 个县里排第 1,420 位。租金水平与密尔沃基相近的城市包括俄勒冈的波特兰，北卡罗来纳州的夏洛特，印第安纳州的加里以及路易斯安那州的巴吞鲁日。在密尔沃基这样多数中上阶级家庭都已买房的城市，租房者的处境就会比较艰难。而在波士顿、洛杉矶等有租户工会（tenant union）传统，且租房人口的经济条件较多元的城市中，房客就可以获得较为切实的保障。尽管如此，美国大部分城市对租房者的保护措施与密尔沃基并无二致。波士顿和洛杉矶则比较像是特例。参见 National Multifamily Housing Council, *Quick Facts: Resident Demographics* (Washington, DC: National Multifamily Housing Council, 2009); US Department of Housing and Urban Development, *50th Percentile Rent Estimates for 2010* (Washington, DC: US Department of Housing and Urban Development, 2010)。

15. 转述自 Elliot Liebow, *Tally's Corner: A Study of Negro Streetcorner Men* (Boston: Little, Brown and Company, 1967),15。

16. Clifford Geertz, *Works and Lives: The Anthropologist as Author* (Stanford: Stanford University Press, 1988), 5.

17. 第一人称民族志叙事的兴起，是人类学后现代转向的产物。人类学的后现代转向，把关注点放在作者的政治立场和偏见上。在这之前，主流的民族志都是以第三人称书写。你几乎看不到 The Taxi Dance Hall（1932）或 Street Corner Society（1943），甚至 Tally's Corner（1967）的作者在字里行间现身。

致　谢

给在密尔沃基认识的每一个人：谢谢你们一直以来的帮忙。谢谢你们大方地让我观察你们的家与工作场所，我从你们身上学到的，远远超过了这本书所能表达的。谢谢你们的耐心、勇气、慷慨与坦诚相待。

我的编辑阿曼达·库克（Amanda Cook）先把初稿来回读了几遍，然后用单倍行距给我写了份长达30页的意见。谢谢你，阿曼达，感谢你精辟的解读、广阔的视野、毫不保留的付出以及最重要的——谢谢你懂得我想表达什么。我还想要感谢皇冠（Crown）出版集团的其余团队成员，包括对严肃的非虚构作品认真以待的莫莉·斯特登（Molly Stern）和目光敏锐的艾玛·贝瑞（Emma Berry）。

吉尔·尼霖（Jill Kneerim），我的经理人，凡事深思熟虑且坚决果断，谢谢你与我并肩作战把出版策划弄出来，这是个艰辛也能让人看清很多事情的过程。我欠吉儿一分情，也欠所有在尼霖与威廉斯（Kneerim and Williams）版权代理的每位同仁一份大大的感激。

开始动笔写这本书的时候，我还在威斯康星大学麦迪逊分校（University of Wisconsin at Madison）攻读社会学。我的论文指导老师穆斯塔法·艾米尔巴耶（Mustafa Emirbayer）是名真正的社会学人，他花了无以计数的时间看我的论文，并不断鞭策我向前。谢谢你，穆斯塔法老师，谢谢你把这么多的"看家本领"传授给我。罗伯特·豪泽尔（Robert Hauser）为本书提供了各方面的支持，包括资助我在威辛康辛大学读完最后一个学期。露丝·洛佩兹·特利（Ruth López Turley）与费利克斯·埃尔韦特（Felix Elwert）让我在统计学和许多其他事物上受益良多。蒂莫西·斯米丁（Timothy Smeeding）协助我把一些想法和观察联结到公共政策上。查德·戈尔德贝格（Chad Goldberg）、迈拉·马尔克斯·费里（Myra Marx Ferree）、道格拉斯·梅纳德（Douglas Maynard）与帕米拉·奥利费（Pamela Oliver）都提供了他们宝贵的时间与意见。

威斯康星大学调查中心帮助我设计并执行了"密尔沃基地区租户调查"与"密尔沃基驱逐法庭研究"。我想感谢调查中心的所有同仁，特别是凯莉安·迪洛瑞托（Kerryann DiLoreto）、查利·帕立特（Charlie Palit）、洁西卡·普莱斯（Jessica Price）与约翰·史蒂文森（John Stevenson），他们的付出远超过自身的职责所在（与我的预算）。

在写这本书的过程当中，哈佛大学的老师与同学们让我获益良多，为此我想感谢布鲁斯·韦斯特恩（Bruce Western）从头到尾读了我的书稿。他在根本上形塑了我对美国贫穷现状与司法体制的认知。我要谢谢罗伯特·桑普森（Robert Sampson）深化了我对于城市、犯罪与社会科学之功能的见解，要感谢威廉·朱立尔斯·威尔森（William Julius Wilson）为我设定议题，一路以来给我鼓励。我要感谢凯瑟琳·艾丁（Kathryn Edin），谢谢她不但给我可靠的建议，还让我感染到她的乐观的心态。谢谢克里斯托弗·詹克斯（Christopher Jencks）不准我抄捷径打混，谢谢德瓦·佩哲（Devah Pager），他看事的澄澈与待人的慷慨让我十分受用。感谢克里斯托弗·温席普（Christopher Winship）激发了我们关于理论与研究方法的许多对话，没有他这研究就不会是现在的模样。感谢米歇尔·拉蒙特（Michele Lamont）将我对不平等的理解延伸至美国以外的地方。其他不吝于提供我洞见的还有威廉·艾波加（William Apgar）、玛丽·裘·贝恩（Mary Jo Bane）、杰森·贝克菲尔德（Jason Beckfield）、劳伦斯·波波（Lawrence Bobo）、亚历山大·基勒沃德（Alexandra Killewald）、珍·曼斯布里吉（Jane Mansbridge）、奥兰多·帕特森（Orlando Patterson）、詹姆斯·奎恩（James Quane）、马里奥·史莫（Mario Small）与玛丽·华特斯（Mary Waters）。德博拉·德·罗瑞尔（Deborah De Laurell）向我提供了数不清的帮助，包括就书稿给我意见。南西·布兰柯（Nancy Branco）与道蒂·卢卡斯（Dotty Lukas）是替我申请研究经费补助的好帮手,谢谢两位。另外我还要特别谢过一位布里斯本的出租车司机。

为了这个研究,我有幸与许多优秀的研究助理与教师同仁合作。为此我想感谢安卫华、莫尼卡·贝尔(Monica Bell)、托马斯·费里斯(Thomas Ferriss)、卡尔·葛申森(Carl Gershenson)、瑞秋·托伯特·金柏洛(Rachel Tolbert Kimbro)、芭芭拉·奇维亚特(Barbara Kiviat)、强纳生·米吉斯(Jonathan Mijs)、克莉斯汀·柏金斯(Kristin Perkins)、崔西·奋伦伯格(Tracey Shollenberger)、亚当·特拉维斯(Adam Travis)、尼可·瓦德兹(Nicol Valdez)、奈特·维尔莫斯(Nate Wilmers)与瑞雪儿·温克勒(Richelle Winkler)。洁思敏·珊德尔森(Jasmin Sandelson)对我整份稿子提出了很有见地的观点。

哈佛学人协会(The Harvard Society of Fellows)为我提供了一个温暖而充满活力的求知环境,这也是一片能让我思考与写作的园地。在协会里我特别想致意的有丹尼尔·艾伦(Daniel Aaron)、劳伦斯·大卫(Lawrence David)、沃特·吉尔伯特(Walter Gilbert)、乔安娜·高迪(Joanna Guldi)、诺亚·费尔德曼(Noah Feldman)、莎拉·强森(Sarah Johnson)、凯特·曼(Kate Manne)、伊莱恩·斯卡里(Elaine Scarry)、阿马蒂亚·森(Amartya Sen)、莫拉·史密斯(Maura Smyth)、瑞秋·史登(Rachel Stern)、威廉·陶德(William Todd)、格伦·威尔

（Glen Weyl）、温妮·王（Winnie Wong）跟努尔·雅尔曼（Nur Yalman）。凯利·卡兹（Kelly Katz）与黛安娜·摩尔斯（Diana Morse）：谢谢你们的热情招待，让我可以在绿屋咖啡（Green House）写出这本书。

在哈佛法学院（Harvard Law School），艾斯米·卡拉梅洛（Esme Caramello）与已故（但令人缅怀不已）的大卫·格罗斯曼（David Grossman）教会了我贫困法律（poverty law）的利弊。安妮·哈灵顿（Anne Harrington）、约翰·杜兰（John Durant）以及福兹海默宿舍（Pforzheimer House）里的每一位，都是我和我家人归属感的来源。

这本书能顺利成形，出力甚多的有推动"住有多重要？"（How Housing Matters）计划的麦克阿瑟基金会，还有福特基金会、美国哲学学会（American Philosophical Society）、国家科学基金会（National Science Foundation）、美国住房与城市发展部、荷洛维兹社会政策基金会（Horowitz Foundation for Social Policy）、贫穷研究机构（Institute for Research on Poverty）、威廉·F.米尔顿基金（William F. Milton Fund）、联合住房研究中心（Joint Center for Housing Studies）、哈佛大学文理学院（Harvard University's Faculty of Arts and Sciences）与约翰·F.肯尼迪政府学院（John F. Kennedy School of Government）的马尔坎·维纳社会政策中心（Malcolm Wiener Center for Social Policy）。

法庭资料科技有限公司（Court Data Technologies）的贝

瑞·维德拉（Barry Widera）协助我搜集了数十万笔驱逐记录。哈佛大学地理分析中心（Center for Geographic Analysis）的杰佛瑞·布劳森（Jeffrey Blossom）完成了庞大资料组的地理编码，并在其中融入了人口估计值。

克莉西·葛里尔（Chrissy Greer）与丽莎·卡拉卡西安（Liza Karakashian）很精准地记录了极其复杂的民族志资料。对于在威斯康星期间给我的各种指导，我想要感谢的有蒂姆·波勒令（Tim Ballering）、大卫·布里屯（David Brittain）、艾波·哈特曼（April Hartman）、迈克尔·齐耶尼兹（Michael Kienitz）、莫德威勒·克肯道尔（Maudwella Kirkendoll）与布莱德利·沃更兹（Bradley Werginz）。

吉莉安·布拉希尔（Gillian Brassil）是位像有强迫症又像机器人般永不疲倦的资料校对，她的付出让这本书更加出色。迈克尔·卡尔莱纳（Michael Carliner）为我解答了许多关于住房数据与政策的问题。玛莉咏·佛卡德（Marion Fourcade）在巴黎政治学院（Sciences Po）招待了我一周的时间，而我正是在做客期间对着大张白纸勾勒出了这本书的轮廓。一路上许多人为我指点迷津，同时还不忘给我打气，为此我想要感谢伊莱珈·安德森（Elijah Anderson）、哈维尔·奥耶罗（Javier Auyero）、雅各·艾弗瑞（Jacob Avery）、薇琪·毕恩（Vicki Been）、罗杰斯·布鲁贝克（Rogers Brubaker）、梅根·康福特（Megan Comfort）、凯尔·克罗德（Kyle Crowder）、约翰·迪耶德里（John Diedrich）、米契尔·杜尼耶尔（Mitchell Duneier）、英格丽·古尔德·艾伦（Ingrid Gould Ellen）、罗素·恩格勒（Russell Engler）、小乔瑟夫·"皮可"·伊伍齐耶（Joseph "Piko" Ewoodzie Jr.）、丹尼尔·菲特（Daniel Fetter）、盖瑞·阿伦·范恩（Gary Alan Fine）、赫伯·甘斯（Herbert Gans）、菲利浦·葛夫（Phillip Goff）、马克·葛兰诺维特（Mark Granovetter）、苏齐·霍尔（Suzi Hall）、彼得·哈特-布林森（Peter Hart-Brinson）、切斯特·哈特曼（Chester Hartman）、克里斯多福·赫伯（Christopher Herbert）、尼尔·富里格史坦（Neil Fligstein）、柯林·杰洛麦克（Colin Jerolmack）、妮基·琼斯（Nikki Jones）、杰克·卡兹（Jack Katz）、沙默斯·汗（Shamus Khan）、艾瑞克·克林能伯格（Eric Klinenberg）、艾沙·克勒-豪斯曼（Issa Kohler-Hausmann）、约翰·勒维·马丁（John Levi Martin）、凯特·迈克尔伊（Kate McCoy）、亚莉山卓·墨菲（Alexandra Murphy）、蒂姆·尼尔森（Tim Nelson）、阿曼达·帕雷（Amanda Pallais）、安德鲁·帕帕克里斯托司（Andrew Papachristos）、玛莉·帕提佑（Mary Pattillo）、维克忒·里欧斯（Victor Rios）、艾娃·罗森（Eva Rosen）、梅根·桑戴尔（Megan Sandel）、芭芭拉·萨尔德（Barbara Sard）、希拉瑞恩·希尔沃（Hilary Silver）、亚当·司列兹（Adam Slez）、黛安·冯恩（Diane Vaughan）、洛伊克·瓦匡特（Loïc Wacquant）、克里斯多福·威尔德曼（Christopher Wildeman）、艾娃·威廉斯（Eva Williams）与罗伯特·维勒（Robb Willer）。

我要感谢所有看过《扫地出门：美国城市的贫穷与暴利》并不吝于给我指教的书评人，以及数十名看过本书相关学术论文但我叫不出名字的读者。我很感激有机会能在许多机构展示

致谢 | 535

这本书的部分内容，并且在交流当中得到了许多宝贵的意见与回馈，为此我要感谢的有：公共政策分析与管理协会（Association for Public Policy Analysis and Management）、美国社会学协会（American Sociological Association）、澳洲国立大学（Australian National University）、布兰迪斯大学（Brandeis University）、大英社会学协会（British Sociological Association）、布朗大学（Brown University）、住房政策中心（Center for Housing Policy）、哥伦比亚大学（Columbia University）、杜克大学（Duke University）、哈佛大学（Harvard University）、哈佛商学院（Harvard Business School）、哈佛法学院（Harvard Law School）、哈佛公共卫生学院（Harvard School of Public Health）、居住正义网（Housing Justice Network）、伦敦国王学院（King's College London）、伦敦政经学院（London School of Economics）、美国国家低收入住房联盟之立法论坛（National Low Income Housing CoalitionLegislative Forum）、密尔沃基的马凯特大学（Marquette University）、麦克斯·普朗克-巴黎政治学院中心（Max Planck-Sciences Po Center）、麻省理工学院（Massachusetts Institute of Technology）、纽约法学院（New York Law School）、纽约大学法学院（New York University Law School）、西北大学（Northwestern University）、美国人口协会（Population Association of American）、普渡大学（Purdue University）、莱斯大学（Rice University）、斯坦福大学（Stanford University）、纽约州立大

学水牛城分校（State University of New York at Buffalo）、巴黎大学（Université de Paris）、丹麦奥胡斯大学（University of Aarhus）、阿姆斯特丹大学（University of Amsterdam）、加州大学柏克莱分校暨伯尔特法学院（University of California at Berkeley & Boalt Law School）、加州大学洛杉矶分校（University of California at Los Angeles）、芝加哥大学（University of Chicago）、乔治亚大学（University of Georgia）、密歇根大学（University of Michigan）、宾夕法尼亚大学（University of Pennsylvania）、昆士兰大学（University of Queensland）、得州大学奥斯汀分校（University of Texas at Austin）、华盛顿大学（University of Washington）、威斯康星大学麦迪逊分校（University of Wisconsin at Madison）、约克大学（University of York）、都会事务协会（Urban Affairs Association）、西岸贫穷研究中心（West Coast Poverty Center）、耶鲁大学（Yale University）与耶鲁大学法学院（Yale Law School）。

我想把这本书献给我的妹妹米歇尔（Michelle）。她为我带来了源源不绝的灵感，因为我在她身上看到了纯然的求知欲和对贫穷者的恻隐之心。我要向德斯蒙德家的莎凡（Shavon）、尼克（Nick）与梅根（Maegan）说声谢谢，谢谢你们总是支持我，爱护我。我还要谢谢两个小不点，史特林（Sterling）与华特（Walter），你们是我的光，是我生命中的喜悦。泰莎——我还能说什么呢？谢谢你成为我的精神支柱，是你给我力量，让我可以完成这本书。一直以来你都在我的身边。对于你的智慧、牺牲与爱,我无以言表,唯有感念于心。"你坚定,我的圆圈才会准 / 我才会终结在开始的地点。"*

---

* Thy firmness makes my circle just/And makes me end where I begun,选自约翰·多恩(John Donne)的《别离辞:节哀》("A Valediction: Forbidding Mourning")。这里是将妻子比喻为坚定的圆心,牵引着丈夫在圆上绕行一周后又回归原点。

索 引

（按汉语拼音顺序排列，页码参见本书边码）

113 号本地工会（Local 113 union）169

《1949 年住房法案》（Housing Act of 1949）366n

99 美元肉品组合（$99 meat deal）163–164

A

阿比汉堡（Arby's）121–124, 291

阿尔迪亚，安娜（Aldea, Anna）270, 271, 272, 273, 275–276, 319

阿尔迪亚，奥斯卡（Aldea, Oscar）275, 276

阿尔迪亚，大卫（Aldea, David）271–272, 273, 275–276

阿尔迪亚，皮托（Aldea, Pito）91, 177–178, 270–271

阿拉伯人（Arabs）53

阿里 [大楼经理]（Ali [building manager]）232–233, 234, 239

阿利斯 - 查莫斯公司（Allis-Chalmers plant）24

阿米替林（amitriptyline）275

阿普唑仑（Xanax）36, 278

阿塞拜疆（Azerbaijan）305

阿塔雅修女（Atalya, Sister）248

阿泰亚实验室（Athea Laboratories）24, 27

埃博妮 [瓦内塔的姐姐]（Ebony [Vanetta's sister]）248, 260, 262, 264, 325

埃弗布赖特公司（Everbrite）117

埃文斯，"脆饼"（Evans, Shortcake）243, 262, 264, 265, 266, 267

埃文斯，瓦内塔（Evans, Vanetta）243–247, 248–249, 252, 253–254, 259–263, 268, 295, 299, 310, 320, 322, 324–325, 335, 383n

宣判听证会（sentencing hearing of）263–267

艾奥瓦州（Iowa）82, 183, 184, 279, 321

艾滋病（AIDS）83, 86

爱丁堡（Edinburgh）250

安托万[特里的男朋友]（Antoine [Terri's boyfriend]）153

奥巴马，巴拉克（Obama, Barack）46, 155

奥黛莎[拉瑞恩的姐姐]（Odessa [Larraine's sister], 120–121

奥尔钢材供暖（Auer Steel and Heating）284

奥克兰，加利福尼亚州（Oakland, Calif.）302

奥克兰突袭者队（Oakland Raiders）86

奥斯本，奥兹（Osbourne, Ozzy）229

B

巴伯牧师（Barber, Minister）247, 248, 253, 385n

巴尔的摩，马里兰州（Baltimore, Md.）333

巴克"大哥"[拉马尔的邻居]（Buck "Big Bro" [Lamar's neighbor]）20–23, 27, 136–137, 139, 140, 198, 201

巴黎（Paris）250

百瑞牌雾化器（PARI Proneb Ultra nebulizer）56

百视达（Blockbuster）244

邦克，司科特·W.（Bunker, Scott W.）51–52, 80, 81–87, 91–93, 169, 177, 178–179, 180, 182–185, 270–281, 294, 295, 296, 318, 319, 321, 335, 336, 355n, 388n, 389n, 404n

在匿名酗酒者互诫协会（in Alcoholics Anonymous）270–274, 276

药物成瘾（drug use of），83–84, 86, 179

北卡罗来纳州（North Carolina）304

贝蒂女士[拖车营租户]（Betty, Ms. [trailer park tenant]）224–226, 379n

贝尔，阿琳（Belle, Arleen）1–3, 9, 19, 53–61, 62–63, 152, 159–160, 161, 162–166, 186–187, 192–196, 208–213, 231–235, 239–241, 242, 243, 282–292, 295, 296, 297, 299, 300, 304, 310, 312, 320–321, 322, 327, 335, 336, 349n, 361n, 362n, 369n, 376n, 382n, 383n–384n, 390n

在驱逐法庭上（in eviction court）100–107

驱逐记录（eviction record of）101

第十九街跟汉普顿街上的老家（Nineteenth and Hampton house of）235

被谢伦娜驱逐（Sherrena's eviction of）94–96, 158–159, 187

第十三街的公寓（Thirteenth Street apartment of）53–54, 58, 60–61, 76, 107, 140, 187–190, 207–208, 209, 212–214, 240, 241

贝斯特韦斯特饭店（Best Western Hotel）28

本[瓦内塔的男朋友]（Ben [Vanetta's boyfriend]）325

比克管理公司（Bieck Management）130, 172–173, 182, 221, 222

比利[海洛因苏西的男朋友]（Billy [Heroin Susie's boyfriend]）85–87, 276

毕克[罗伯特；拉瑞恩的哥哥]（Beaker [Robert; Larraine's brother]）, 111,

121, 132, 133, 167–168, 169, 217, 218, 220–221, 222, 224, 322

"别人的钱"（"OPM"["other people's money"]）151

波波[瓦内塔的儿子]（Bo-Bo [Vanetta's son]）243, 259, 260, 264, 266, 267, 383n

波塔瓦托米赌场酒店（Potawatomi Casino）125, 197–198, 199, 246

剥削（exploitation）249–252, 305–307

"补破口者"（Repairers of the Breach）60

补助保障金（Supplemental Security Income [SSI]）23, 24, 32, 35, 40, 60, 61, 67, 85, 120, 147, 153, 157, 158, 161, 168, 174, 181, 208, 268, 308, 368n–369n

和"财力上限"（"resource limit" and）217

《不要惧怕管教》（Don't Be Afraid to Discipline [Peters]）2

布兰森，密苏里州（Branson, Mo.）183

布朗克斯，纽约（Bronx, N.Y.）4, 148, 304–305

布朗斯维尔，田纳西州（Brownsville, Tenn.）78, 294, 327

布朗特[搬家工人]（Brontee [mover]）116

布里顿，戴夫（Brittain, Dave）113, 114, 115, 116, 117, 119–120, 124, 132, 364n

布里顿，吉姆（Brittain, Jim）113, 132, 364n

布里顿，汤姆（Brittain, Tom）113, 132, 364n

布利斯[帕姆的女儿]（Bliss [Pam's daughter]）48, 50, 237, 239

布鲁克菲尔德，威斯康星州（Brookfield, Wis.）142, 151, 152, 369n

布鲁克林，纽约（Brooklyn, N.Y.）334

C

C. C.[作者所租房子的邻居]（C.C. [rooming house neighbor]）323

Cousins Subs[快餐店], 73, 77, 99, 256

查尔斯顿，南卡罗来纳州（Charleston, S.C.）334

查克芝士（Chuck E. Cheese's）35

城市化（urbanization）250

次贷公司（subprime lending industry）90, 125

"脆弱家庭与儿童成长研究"（Fragile Families and Child Wellbeing Study）331

D

D.P.[司科特的室友]（D.P. [Scott's roommate]）177–179, 271

达布斯先生（Dabbs, Mr.）126

达里尔牧师（Daryl, Pastor）126–127, 218–219, 384n– 385n

大C[T的哥哥]（Big C [T's brother]）286

大规模监禁（mass incarceration）98

大楼经理（building managers）128–129

大迁徙（Great Migration）251

大衰退（Great Recession）303

大萧条（Depression, Great）3–4, 24

大众仓储（Public Storage）211–212, 224, 321

代理收款人（representative payee）61

戴顿，田纳西州（Dayton, Tenn.）85

索引 | 541

道恩 [拖车营租户]（Dawn [trailer park tenant]）82, 85, 172, 181

得克萨斯州（Texas）321

德基 [机修工]（Dirky [mechanic]）228, 239

德马库斯 [卢克的朋友]（DeMarcus [Luke's friend]）20, 21–22, 27

德文 [卡玛拉的男朋友]（Devon [Kamala's boyfriend]）198, 201, 202

德肖恩 [波波的父亲]（D'Sean [Bo-Bo's father]）260

邓恩，苏西 ["办公室苏西"]（Dunn, Susie "Office Susie"）34–35, 36, 37, 38, 41–43, 46, 52, 85, 88, 124, 129, 168–169, 172, 173, 174, 175, 317, 370n

狄克逊主教（Dixon, Bishop）248

迪比克，俄亥俄州（Dubuque, Iowa）334

迪哥 [毕可的狗]（Digger [Beaker's dog]）111

底特律，密歇根州（Detroit, Mich.）333

"地租"（"lot rent"）46

"第三街码头"餐厅（Third Street Pier restaurant）58

第十街美沙酮诊所（Tenth Street Methadone Clinic）277–279

第十六街高架桥（Sixteenth Street Viaduct）33, 80–81

蒂姆 [搬家工人]（Tim [mover]）113, 114, 115, 116, 119, 120

蒂姆 [拖车营租户]（Tim [trailer park tenant]）330

蒂娜 [拖车营租户]（Tina [trailer park tenant]）37, 380n

蒂尼 [昆汀的帮工]（Tiny [worker on Quentin's crew]）140, 143

佃农（sharecroppers）251

都会生活（civic life）294

断电、断燃气（utilities, disconnecting of）15–16

多户住宅存量报告（Multifamily Housing Inventory Report）223

多瑞吉透皮贴片（Duragesic patches）83

"多收租"公司（RentGrow）88, 356n

E

E-24 号拖车（E-24 [trailer]）173–174

俄勒冈州（Oregon）345n

厄尔 [瓦尼塔的男朋友]（Earl [Vanetta's boyfriend]）324–325

儿童（children）227–231, 299, 332

儿童保护服务局（Child Protective Services [CPS]）68, 181, 230, 234, 244, 262, 263, 289, 291, 320, 322, 335, 391n

儿童保育（child care）25

儿童医院（Children's Hospital）232

F

发薪日贷款（payday lenders）90, 306

法国（France）305

法律援助（legal aid）303–305

法拍屋 / 房屋遭查封 [因丧失抵押品赎回权]（foreclosures）4, 11, 91–92, 116, 124–125, 151, 157, 252, 298, 331

由租户居住（renter-occupied）150

法院正式纪录（docketed judgments）103

凡尔纳 [昆汀的叔叔]（Verne [Quentin's uncle]）140, 142

犯罪（crime）70, 89

范妮 [多琳的好朋友]Fanny [Doreen's best friend], 67–68

妨害房产告发状（nuisance property citations）332

妨害房产条例（nuisance property ordinance）190–192

妨害行为（nuisance activity）188–189

房产短线买进与卖出（property flipping）151

"房产复还"令状（"writ of restitution"）40–41

房东（landlords）4, 9, 10, 12, 13, 28, 89, 102, 128–129, 180, 250, 303, 306, 307–308

 考量（discretion of）128–29

 歧视（discrimination by）229–231, 249, 252, 310–311

 和公平市场租金（FMR and）148–149

 贫民窟（ghetto）251

 亏损（losses of）11

 不愿维护屋况（maintenance avoided by）75–76

 和妨碍房产条例（nuisance property ordinance and）190–192

 暴利（profits of）252

 租户的看法（renters' opinions of）182

 筛选行为（screening practices of）88–91, 246

 对持有租房券的人多收钱（voucher holders overcharged by）148–149, 311

"房东培训课程"（Landlord Training Program）88–89, 90–91, 361n–362n

房客筛选报告（tenant screening reports）4

房屋法庭（housing courts）4, 303–304

房屋检查员（building inspectors）16, 75–76

房屋市场繁荣（housing boom）151

房屋损坏（property damages）102

房租（rents）4, 148, 151, 306

 扣住（withholding of）75

非裔美国人（African Americans）76, 125, 251, 257, 395n

费城，宾夕法尼亚州（Philadelphia, Pa.）75, 251, 302

分期预购（layaway）217–218, 377n

芬太尼（fentanyl）83–84

佛罗里达州（Florida）72, 312

《福布斯》（Forbes）13

福利（welfare）58

福利改革（welfare reform）25

福特饭店 [旧金山]（Ford Hotel [San Francisco]）315

抚养未成年儿童家庭援助计划（Aid to Families with Dependent Children）25, 161

G

哥伦比亚圣玛丽医院（Columbia St. Mary's Hospital）57

哥伦布市，佐治亚州（Columbus, Ga.）315

格尔茨，克利福德（Geertz, Clifford）334

格拉德斯通，菲莉斯 [拖车营租户]（Gladstone, Phyllis [trailer park tenant]）40, 348n

格拉姆林·佩雷斯，劳拉（Gramling Perez, Laura）101–103, 104–106

格兰大道卖场（Grand Avenue mall）279–280, 281

格林湾（Green Bay, Wis.）46, 48, 49

格伦 [拉瑞恩的男朋友]（Glen [Larraine's boyfriend]）118–119, 131, 218

格伦代尔，威斯康星州（Glendale, Wis.）319

个别化教育计划（Individualized Education Program [IEP]）55

工会（unions）24, 112

工人运动（labor movement）306

公共住房（public housing）13, 59–60, 61, 149, 223–224, 225, 230, 244, 297, 301–302, 309, 329

公平市场租金（Fair Market Rent [FMR]）148, 349n, 365n

《公平住房法案》[《权利法案；1968 年》]（Fair Housing Act [Civil Rights Act; 1968]）34, 230, 252, 375n

公平住房委员会（Fair Housing Council）322

排队（wait for）59

"国际恢复"教会（Restoration International Ministries）267–268, 269

国王帮 [黑帮]（Kings [gang]）177

H

Harbor Room 同性恋酒吧（Harbor Room [gay bar]）85

哈佛大学 Dataverse Network（Harvard Dataverse Network）333

海洛因（heroin）48, 51, 86–87, 183, 274, 276, 277

海洛因苏西 [拖车营租户]（Heroin Susie [trailer park tenant]）35, 51, 85–87, 178, 179, 183, 276, 277

海信空调（Hisense air conditioner）90

汉堡王（Burger King）161

荷兰（Netherlands）309

黑焦油海洛因（black-tar heroin）86

黑市（underground economy）141

红皮书（RedBook）69, 154, 162, 384n

红十字会（Red Cross）203, 210, 212

互联网（Internet）245, 257–258, 384n

护理执照（nursing license）272–273, 276

华盛顿公园（Washington Park）152

华盛顿特区（Washington, DC）59, 230–231

会堂社区浸信会（Tabernacle Community Baptist Church）291

惠顿·方济会医疗集团旗下圣约瑟夫院区 [圣约瑟夫医院]（Wheaton Franciscan–St. Joseph Campus [St. Joseph's Hospital]）258, 260, 261, 268

霍尔，贝琳达 [代理收款人]（Hall, Belinda [representative payee]）61–62, 74, 143, 290, 350n, 365n

J

J. P. [阿琳的表兄弟]（J. P. [Arleen's cousin]）234, 235, 290

基督教（Christianity）126–127

基督教青年会（YMCA）112

"吉迪恩控告温莱特案"（Gideon v. Wainwright）303–304

"吉姆·克劳"法（Jim Crow）251, 382n

集体效能（"collective efficacy"）70

加勒比（Caribbean）144

加里，印第安纳州（Gary, Ind.）333, 405n

加利福尼亚州（California）215, 391n

加略山五旬节派教会（Mt. Calvary Pentecostal Church）246–248, 253, 267

家（home）293–294, 300

家得宝（Home Depot）142

家庭暴力（domestic violence）191–192

贾法瑞[阿琳的儿子]（Jafaris [Arleen's son]）1, 2–3, 53, 54, 55–57, 60, 62, 160, 162, 164, 165, 190, 193, 194–195, 209, 212, 213, 231–232, 234–235, 239–241, 283–284, 285, 288, 290, 291

"监狱潮"（prison boom）161

建筑规范（building codes）310

缴租义务的绝对责任制（doctrine of absolute liability for rent）250

教育（education）296, 310

教育部（Education Department）U.S., 312

杰达[帕特里斯的女儿]（Jada [Patrice's daughter]）64, 154

杰克逊县，密苏里州（Jackson County, Mo.）296

杰拉德，"杰杰"[阿琳的儿子]（Gerald "Ger-Ger" [Arleen's son]）57, 59, 163, 234, 322

杰拉尔丁[比克管理公司的办公室经理]（Geraldine [Bieck's office manager]）221–222

杰里·李[拉瑞恩的丈夫]（Jerry Lee [Larraine's ex-husband]）117–118

洁美[拉瑞恩的女儿]（Jayme [Larraine's daughter]）117, 118, 121–123, 217, 220–221

金，马丁·路德（King, Martin Luther, Jr.）34, 305

金博尔，保安员"伍哥"（Kimball, Officer "Woo"）319–320, 321, 322, 323

金钱判决（money judgments）103, 105

"紧急援助"（Emergency Assistance）51, 112

《精神病学服务》（Psychiatric Services）298

警察（police）68, 70, 190, 191

旧金山，加利福尼亚（San Francisco, Calif.）315, 333, 392n

救世军（Salvation Army）368n

就业团（Job Corps）66

拒缴租金（rent strikes）180

军人抵押贷款（GI mortgages）251

K

Klausner的"拉撒路系列"功能沙发（Klausner "Lazarus" reclining sofa）90

卡达希，威斯康星州（Cudahy, Wis.）121, 218, 236, 238

卡罗尔[房东]（Carol [landlord]）208–210, 212

卡玛拉[谢伦娜的租户]（Kamala [Sherrena's tenant]）137–138, 198, 199, 200, 201–203, 255, 375n

卡姆[琼的丈夫]（Cam [Joan's husband]）82

开放住房法案（open housing law）34

凯拉·梅[帕特里斯的女儿]（Kayla Mae

索引 | 545

[Patrice's daughter]）64, 154, 200
凯莎 [伍哥的侄女]（Keisha [Woo's niece]）323, 324
堪萨斯城，密苏里州（Kansas City, Mo.）5, 296
坎布里奇，马萨诸塞州（Cambridge, Mass.）326
康丽根公司（Culligan）82
柯林 [布道师]（Colin [preacher]）139–140
科科 [辛克斯顿家的狗]（Coco [Hinkston family dog]）64, 78, 79
克拉拉 [克里斯特尔和瓦内塔的朋友]（Clara [Crystal and Vanetta's friend]）262
克拉丽莎 [司科特的妹妹]（Clarissa [Scott's sister]）82
克莱门特，西塞尔（Clement, Sissell）99
克里斯 [特丽莎的男朋友]（Chris [Trisha's boyfriend]）140, 141, 186, 187–188, 190, 193, 290
克利夫兰，俄亥俄州（Cleveland, Ohio）5, 296, 392n
克林顿，比尔（Clinton, Bill）25
克罗尔，克里斯廷（Kroll, Kristin）49, 228, 231, 238
克罗尔，劳拉（Kroll, Laura）49–50
克罗尔，奈德（Kroll, Ned）46–48, 49–52, 80, 82, 178, 179, 227–230, 231, 235, 236–239, 319, 324, 325, 381n
克洛尔德，理查德（Cloward, Richard）180
客房 [收容所]（Guest House [shelter]）279, 280, 294

空置率（vacancy rates）47
"扣押权"（"privilege of distress"）250
夸德制图（Quad Graphics）51, 66, 161
快克可卡因（crack cocaine）27, 49, 53, 60, 161, 179
"快速刷分"（"rapid rescore"）156

L

Luminess Air 化妆品（Luminess Air makeup）121
拉丁教堂（Hispanic Mission）260
拉丁裔（Hispanics）34, 346n, 395n
拉丁裔社区（Hispanic neighborhoods, 114, 125, 236, 237, 359n–360n
拉多娜 [准房客]（Ladona [prospective tenant]）147–149, 152
拉斐特，路易斯安那州（Lafayette, La.）68
《拉格兰奇》[歌曲]（"La Grange" [song]）47–48
拉里 [阿琳的前男友]（Larry [Arleen's ex-boyfriend]）57–58, 234, 240, 284, 287, 291
拉西特，阿比·盖尔（Lassiter, Abby Gail）304
莱恩 [拉瑞恩的姐夫]（Lane [Larraine's brother-in-law]）92, 121, 126, 127, 218, 222
赖因克，帕姆（Reinke, Pam）40, 46–47, 48–52, 80, 82, 169, 178, 179, 227–230, 231, 235–239, 318, 319, 324, 335, 349n
兰德马克信用合作社（Landmark Credit Union）156
兰迪"窝囊废"[拖车营租户]（Randy

546 | 扫地出门

Shit-Pants [trailer park tenant]）82
朗，凯伦（Long, Karen）88–89, 90–91, 361n–362n
劳动所得税扣抵（Earned Income Tax Credit）306, 350n, 378n
劳森，连尼（Lawson, Lenny）32–33, 34, 35–36, 38–39, 42, 45–46, 47, 48, 87–88, 111, 127–129, 130, 168–173, 175, 181, 221, 317, 320, 348n, 349n, 362n, 363n, 364n, 370n
劳氏（Lowe's）142
老城自助餐厅（Old Country Buffet）244, 266
老肯德尔 [小肯德尔的父亲]（Big Kendal [Kendal Jr.'s father]）243
老人住房（senior housing）223
老鹰搬家寄存公司（Eagle Moving and Storage）113–117, 119–120, 124–126, 131–132, 168, 218, 221, 222, 321, 330, 379n–80n
乐瑞卡（Lyrica）42, 133
里根，罗纳德（Reagan, Ronald）303
里基"独腿"（Ricky One Leg [Sherrena's tenant]）98–99, 140, 146, 365n
里斯，雅各（Riis, Jacob）311, 375n
理查德兹，埃迪（Richards, Eddy）20, 23–24, 26, 27, 137, 139, 198, 201, 375n
理查德兹，拉马尔（Richards, Lamar）10–11, 13–14, 20–23, 25–27, 30–31, 64, 69, 71, 76, 134–140, 142, 152, 197, 198–199, 200, 201, 202, 203, 255, 320, 321, 322, 346n, 347n, 375n
理查德兹，卢克（Richards, Luke）20, 23–24, 26, 27, 137, 138, 139, 140, 198, 200, 202, 375n
利他林（Ritalin）56, 71
莉娜食品超市（Lena's Food Market）99
联邦医疗补助（Medicaid）225
联邦房屋管理局（Federal Housing Administration）156
联合法院自动程序 [CCAP]（Consolidated Court Automation Programs [CCAP]）87, 88, 145, 208
联盟旗（Confederate flag）48
廉租公寓（tenements）75, 250
两党政策中心（Bipartisan Policy Center）311
林克叔叔（Link, Uncle）286
《另一半人如何生活：纽约居住状况研究》[里斯著]（How the Other Half Lives: Studies Among the Tenements of New York [Riis]）115, 375n
"流动送餐"（Meals on Wheels）168
鲁宾 [拉瑞恩的弟弟]（Ruben [Larraine's brother]）121, 130, 131, 222
鲁弗斯 [捡垃圾的]（Rufus [junk collector]）38, 172, 174
罗比 [拖车营租户]（Robbie [trailer park tenant]）169, 170
"罗伯特·泰勒之家" [芝加哥]（Robert Taylor Homes [Chicago]）243, 301, 302
罗达 [克里斯特尔的阿姨]（Rhoda [Crystal's aunt]）160, 162
罗德里格斯先生 [家电行老板]（Rodriguez, Mr. [appliance store owner]）262–263
罗杰 [社区服务部调查员]（Roger [DNS inspector]）170–172
罗拉 [谢伦娜的朋友]（Lora [Sherrena's

索引 | 547

friend]）28, 30–31
罗利，北卡罗来纳州（Raleigh, N.C.）333
罗马（Rome）179
罗斯福，富兰克林·D.（Roosevelt, Franklin D.）305
罗斯福新政（New Deal）251
萝丝 [拖车营租户]（Rose [trailer park tenant]）181, 330
洛杉矶，加利福尼亚州（Los Angeles, Calif.）312, 405n
旅馆 [无家可归者避难所]（Lodge, the [homeless shelter]）2, 51, 84, 212, 242–244, 245, 246, 248, 259, 260, 262, 324, 383n

M

Mainstay Suites 酒店（Mainstay Suites）58
马德湖（Mud Lake）222
马丁 [阿琳的兄弟]（Martin [Arleen's brother]）163
马凯特大学（Marquette University）319
马利克 [娜塔莎的男朋友]（Malik [Natasha's boyfriend]）76, 77, 78, 156, 255, 257, 258
玛丽 [拖车营租户]（Mary [trailer park tenant]）37
玛西亚·P. 科格斯公众事业中心（Marcia P. Coggs Human Services Center）113, 215–216
吗啡（morphine）83
迈尔沃 [阿琳的阿姨]（Merva [Arleen's aunt]）158, 291
迈克尔，"米奇" [帕特里斯的儿子]（Michael "Mikey" [Patrice's son]）64, 65, 66, 70–71, 135–136, 154–155, 257, 355n
麦迪逊，威斯康星州（Madison, Wis.）249, 374n
麦克阿瑟基金会（MacArthur Foundation）329
"麦克丹尼尔-格伦之家" [亚特兰大]（McDaniel-Glenn Homes [Atlanta]）301
卖方支付款（vendor payment）210
梅伯里，克里斯特尔（Mayberry, Crystal）159–161, 162, 163, 164–166, 186–189, 190, 192–196, 207–214, 241–249, 252–254, 259–260, 261–262, 267–269, 320, 322, 328, 335, 369n, 376n, 383n, 384n, 385n, 387n
梅费尔购物中心（Mayfair Mall）56
梅根 [拉瑞恩的女儿]（Megan [Larraine's daughter]）117, 118, 123, 217
梅诺米尼河谷（Menominee River Valley）25, 33, 114
《美国大城市的死与生》[雅各布斯著]（Death and Life of Great American Cities, The [Jacobs]）70
美国公民自由联盟（American Civil Liberties Union）101
美国国会（Congress, U.S.）34, 230, 231, 349n, 363n, 366n, 384n
美国国会图书馆（Library of Congress）28, 348n
美国国铁（Amtrak station）260, 268
美国国土安全部（Homeland Security Department, U.S.）312
美国南北战争（Civil War, U.S.）250

美国农业部（Agriculture Department）U.S., 312

美国汽车公司（American Motors）24–25

美国司法部（Justice Department, U.S.）88, 312

美国退伍军人事务部（Veterans Affairs Department, U.S.）312

《美国退伍军人协会》[杂志]（*American Legion*）178

美国住房与城市发展部（Housing and Urban Development, U.S. Department of [HUD]）223, 231, 349n, 362n, 402n–403n

 设立公平市场租金（FMR set by）148, 349n, 365n

美国最高法院（Supreme Court, U.S.）303–304

美沙酮（methadone）277–279

美莎和切斯特 [密尔沃基租户]（Myesha and Chester [Milwaukee tenants]）398n–399n

孟菲斯，田纳西州（Memphis, Tenn.）34, 334

米达尔，冈纳（Myrdal, Gunnar）294

米拉 [司科特的上司]（Mira [Scott's crew chief]）91, 92, 178, 179, 182–183

米勒啤酒厂（Miller Brewery）152

米特斯，梅瑞狄斯 [米特斯夫人的女儿]（Mytes, Meredith [Mrs. Mytes's daughter]）173

米特斯夫人 [拖车营租户]（Mytes, Mrs. [trailer park tenant]）35, 36, 37, 173–174, 179

密尔沃基安全学会（Milwaukee Safety Academy）88

密尔沃基地区技术学院（Milwaukee Area Technical College）82

密尔沃基地区租户调查（Milwaukee Area Renters Study [MARS]）329–331, 344n, 345n, 346n, 348n, 351n–352n, 353n, 354n, 360n, 363n, 365n–366n, 371n–372n, 380n, 384n, 386n, 394n, 395n

密尔沃基房产投资人联盟（Milwaukee Real Estate Investors Networking Group [RING]）27–30

密尔沃基公共图书馆，威斯康星州（Public Library, Milwaukee, Wis.）107

密尔沃基公立学校（Milwaukee Public Schools）211, 327

密尔沃基警察局（Milwaukee Police Department）21, 188, 191–192, 207–208, 353n, 374n

 妨害房产告发单（nuisance property citations of）332

密尔沃基驱逐法庭研究（Milwaukee Eviction Court Study）331–332, 358n, 359n, 360n, 395n

密尔沃基市议会（Common Council [Milwaukee city council]）36, 38, 44–45

密尔沃基市房屋管理局（Housing Authority of the City of Milwaukee）59–60, 148, 267, 297, 350n, 383n, 384n, 396n

 "名单"（"the List" of）59

密尔沃基，威斯康星州（Milwaukee, Wis.）1–3, 4–5, 15, 16–17, 26, 27, 46, 47, 58, 69, 76, 78, 82, 112, 113,

索引 | 549

144, 181–182, 189, 207, 223, 245, 277, 278, 295, 296, 297, 298, 299, 316, 319, 324, 327, 328, 329–333, 334, 335, 336, 344n, 345n, 346n, 347n, 348n, 349n, 350n, 352n, 353n, 354n, 355n, 358n, 359n–360n, 361n, 362n, 363n, 364n, 366n, 368n–369n, 372n, 373n, 374n–375n, 384n, 386n, 388n, 390n, 392n, 393n–395n, 398n, 405n

20世纪30年代非裔美国人的死亡率（African-American 1930 death rate in）251

阿特金森大道（Atkinson Ave. in）208, 235

市议会（Common Council of）36, 38, 44–45

东部（East Side of）34, 83

就业（employment in）24–25

驱逐法庭（eviction court in）94–107

丰迪拉克大道（Fond Du Lac Avenue in）11, 99, 285

格兰大道卖场（Grand Avenue mall in）279–280, 281

拉丁裔社区（Hispanic neighborhoods in）114, 125, 236, 237, 359n–360n

房源（housing stock of）17

租房券（housing vouchers in）149

房东培训课程（Landlord Training Program in）88–89, 90–91, 361n–362n

授权委员会 Licenses Committee of, 36, 40

尊爵公寓住宅（Majestic Loft Apartments in）279–281

北部（North Side of）2, 9–10, 25, 29–30, 33, 34, 37, 95, 99, 114, 119, 137, 150, 152, 163, 208, 223, 232, 235, 238, 245, 260, 284, 286, 319, 322, 326, 369n

妨害房产条例（nuisance property ordinance in）190–92

人口下降（population decline in）10

贫困（poverty in）24–25

房租（rents in）74–75, 151–152

种族隔离（segregation in）33–34, 249–50

第十六街高架桥（Sixteenth Street Viaduct in）33, 80–81

南部（South Side of）28, 33, 34, 35, 37, 114, 117, 124, 177, 218, 223, 228, 236, 245, 261, 279, 346n

条顿大道（Teutonia Avenue in）88, 163, 284

西部（West Side of）152

密尔沃基县法庭（Milwaukee County Courthouse）95, 99

密尔沃基县立行为服务部推广门诊（Milwaukee County Behavioral Services Division Access Clinic）274–275

密尔沃基县，威斯康星州（Milwaukee County, Wis.）103, 148, 215, 274, 357n, 364n, 390n, 405n

治安官办公室（Sheriff's Office of）41, 42, 113–114, 115, 119, 124, 131, 362n 密尔沃基县小额索偿法庭（Milwaukee County Small Claims Court）95–100, 101–103, 104–106

密尔沃基自治条例（Milwaukee Code of

Ordinances [MCO]）188
免费法拍屋名单（Free Foreclosure List）151
《民权法案》，1964年（Civil Rights Act [1964]）34
《民权法案》[《公平住房法案》]，1968年（Civil Rights Act [Fair Housing Act; 1968]）34, 230, 252, 375n
民族志（ethnography）334–335
《民族志：一种看见的方式》[沃尔科特著]（Ethnography: A Way of Seeing [Wolcott]）404n
明尼阿波利斯，明尼苏达州（Minneapolis, Minn.）333
"明文协议"（stipulation agreements）40, 96, 157

N

纳粹（Nazis）48
纳洛酮（Narcan）278
纳撒尼尔[拉多娜的儿子]（Nathaniel [Ladona's son]）147
南北战争战后重建（Reconstruction）250–251
南布朗克斯，纽约州（South Bronx, N.Y.）148, 304–305
南部基督教会（Southside Church of Christ）126–127
南方（South）251
南方邦联（Confederacy）250
匿名戒毒者互诚协会（Narcotics Anonymous [NA]）84, 91, 177, 182, 320
宁静俱乐部（Serenity Club）270, 272, 273–274, 276, 279

纽瓦克，新泽西州（Newark, N.J.）333, 347n–348n
《纽约时报》（New York Times）4, 34, 388n
纽约市，纽约州（New York, N.Y.）75, 148, 296, 304–305, 312, 333, 397n
租金战争（rent wars in）180
纽约市苏豪区，纽约州（neighborhood, New York, N.Y.）148
奴隶制（slavery）250
诺比舒咳（Robitussin）183
女性，和被驱逐（women, evictions and）97–98, 299

P

P. A. [T的亲戚]（P. A. [T's cousin]）284, 285, 287
Pick 'n Save超市（Pick 'n Save）183
PPG工业集团（PPG Industries）130
帕布斯特酿酒厂（Pabst brewery）25
帕纳[房东的儿子]（Pana [landlord's son]）282–283, 285, 287–288
帕特里夏[克里斯特尔的室友]（Patricia [Crystal's roommate]）260, 261, 262, 387n
庞德罗莎牛排馆（Ponderosa Steakhouse）284
皮文，弗朗西丝·福克斯（Piven, Frances Fox）180
匹兹堡，宾夕法尼亚州（Pittsburgh, Pa.）334
便宜租[租房公司]（Affordable Rentals）245–246, 252, 384n
贫民窟（slums）250, 301

索引 | 551

贫穷（poverty）5, 24–25, 89, 285–86, 299, 316, 317
   聚集（concentrated）309
   剥削与（exploitation and）305–306
   绝望（hopelessness of）219, 256–257
   根深蒂固与残酷无情（persistence and brutality of）295
"咆哮的20年代"（Roaring Twenties）180
扑热息痛（Percocet）83, 179
普鲁伊特-艾戈公寓大楼［圣路易斯］（Pruitt-Igoe Towers [St. Louis]）301, 302

Q

铅与石棉信息中心公司（Lead and Asbestos Information Center, Inc.）29
铅中毒（lead poisoning）230
强的松（prednisone）56
乔里［阿琳的儿子］（Jori [Arleen's son]）1, 2–3, 54–55, 57, 58, 60, 62, 160, 162–163, 164, 165, 166, 190, 194–195, 209, 211, 212, 213, 214, 232, 233, 234, 235, 239–241, 282, 283, 284, 285, 286, 287, 288, 289, 291–292, 300, 302, 335
乔治·韦伯早餐店（George Webb restaurant）175, 246, 325
切尔西［谢伦娜的租户］（Chelsea [Sherrena's tenant]）156, 157
亲属关系网络（kin networks）161–162
琼［司科特的母亲］（Joan [Scott's mother]）82, 277, 279
驱逐（evictions）3–4, 40, 45–46, 89, 90, 158–159, 179–180, 304, 306, 308, 334
   被驱逐后（aftermath of）69–70

在圣诞节前后暂停（Christmas breaks from）101
社区效应（community effect of）252, 298
社区群起反抗（community resistance to）4
互相传染蔓延（as contagious）51–52
成本（cost of）114
后果（effects of）5, 296–299, 331
"非正式驱逐"（"informal"）4, 330
由租户"促成"（initiated by renters）74
丢工作（and job loss）227, 296–297
房东的考量（landlord discretion in）128–129
男性逃过驱逐的手段（men's tactics for avoiding）129
与欠租的关系（nonpayment of rent and）128
与妨害房产条例（nuisance property ordinance and）190–192
自杀的前奏（as precursor to suicide）298
驱逐率（rates of）4, 5, 295–296, 330–331
在夏季飙高（summer spike in）15–16
房客的逃避心态（tenant denial of）115
两个选择：卡车或者路边（truck or curb option in）2
28天"无理由"终止通知（twenty-eight-day "no cause"）45–46
两个部分（two parts of）102
低估普遍性（underestimating the prevalence of）330–331

与女性（women and）97–98, 299

驱逐暴动（eviction riots）3–4

驱逐法庭（eviction court）94–107, 155–156, 331–132

驱逐记录（eviction records）101, 103

驱逐业务（eviction moves）113–117, 119–120

去工业化（deindustrialization）25

全美房地产经纪人协会（National Association of Realtors）149

全美房地产协会（National Association of Real Estate Boards）149, 366n

全美自助仓储经纪人公司（Self Storage Brokers of America）28

全圣经浸信教会（All Bible Baptist Church）264

《权利与义务指南》，威斯康星州儿童和家庭部（Rights and Responsibilities guide, Wisconsin Department of Children and Families）25–26

R

Rent-A-Center 公司（Rent-A-Center）90

R-W 实业（R-W Enterprises）117

"人际纠纷"[妨害行为]（"Trouble with Subjects" [nuisance activity]）191

仁人家园（Habitat for Humanity）316

日内瓦（Geneva）250

瑞典（Sweden）305

S

萨塞克斯（Sussex, Wis.）51

桑尼[特丽莎的男朋友]（Sunny [Trisha's boyfriend]）289, 290

桑塔格，苏珊（Sontag, Susan）324

沙尔尼，托宾（Charney, Tobin）36–37, 38–40, 41–43, 44–47, 50, 51, 52, 80, 81, 85, 87, 88, 111, 128, 129–130, 131, 169–170, 171, 172, 173, 174–176, 177, 182, 218, 221, 228, 317, 318, 319, 320, 321, 335, 348n, 364n, 370n, 379n, 380n

《傻瓜简历指南》（Resumes for Dummies）125

珊曼莎[特洛伊事实上的老婆]（Samantha [Troy's common-law wife]）175, 176

珊米[拉瑞恩的外甥女]（Sammy [Larraine's niece]）218, 219

珊卓拉[帕姆的女儿]（Sandra [Pam's daughter]）48, 237, 239

舍曲林（Zoloft）275, 389n

社会保障（Social Security）121, 169, 303, 356n, 359n

社会发展委员会（Social Development Commission）112

社会福利制裁（welfare sanctions）327

社区，受驱逐的影响（community, eviction's effect on）252, 298

社区倡议者（Community Advocates）112, 346n, 353n, 358n–359n, 362n

社区创伤（neighborhood trauma）181–182

社区服务部（Neighborhood Services, Department of [DNS]）15, 16, 18, 36, 68, 76, 170

社区巡守（Neighborhood Watch）294

"社区之钥"[装置艺术]（"Community Key" [installation]）215–216

索引 | 553

圣本笃教会（St. Ben's）291

圣彼得大教堂[罗马]（St. Peter's [Rome]）179

《圣经》（Bible）2, 123, 126, 139, 159, 248

圣路易斯，密苏里州（St. Louis, Mo.）301, 333

圣裘德（St. Jude）287

圣斯坦尼斯洛斯天主堂（St. Stanislaus Church）261

圣文生修会（Society of St. Vincent de Paul）280

圣约瑟夫医院，见"惠顿·方济会医疗集团旗下圣约瑟夫院区"

圣约沙法特大教堂（Basilica of St. Josaphat）1, 179

失业（unemployment）141

失业保险（unemployment insurance）303

施丽兹酿酒厂（Schlitz brewery）25

石棉（asbestos）29

食物券[根据"补充营养援助计划"发放]（food stamps [Supplemental Nutrition Assistance Program; SNAP]）25, 215, 216–217, 268, 285, 303, 308

收容所[旅馆]（shelter [the Lodge]）2, 51, 84, 212, 242–244, 245, 246, 248, 259, 260, 262, 324, 383n

收入停滞不前（incomes, stagnation of）4

"收租车"（"rent collector" [car]）9–10

授权书（Letter of Authority）113

授权委员会，密尔沃基（Licenses Committee, Milwaukee）36, 40

舒倍生（Suboxone）274, 275

舒喘宁（albuterol）56

舒斯特百货（Schuster's department store）215

数据挖掘公司（data-mining companies）4

"双重成交的套利艺术"[谢伦娜的简报]（"Art of the Double Closure, The" [Sherrena's presentation]）, 198

私人租房市场（private housing market）329–330

斯科基，伊利诺伊州（Skokie, Ill.）36

斯塔克，卡罗尔（Stack, Carol）161, 351n, 378n

苏珊[拉瑞恩的姐妹]（Susan [Larraine's sister]）121, 126, 127, 218, 222

T

塔巴莎[社工]（Tabatha [social worker]）144–145, 154, 157

塔弗，昆汀（Tarver, Quentin）10, 11–12, 13, 14, 15, 18–19, 26, 27, 30, 63, 71–72, 73, 95, 102, 138, 140–143, 144, 145–147, 152, 153–154, 162, 186, 197–198, 199–200, 201–202, 213, 319, 320, 346n, 352n, 375n

塔弗，谢伦娜（Tarver, Sherrena）3, 9–13, 23, 25, 26–28, 29–31, 55, 62–63, 71, 72–74, 75–76, 77, 98–99, 134–135, 136, 137, 138, 140–141, 142, 143, 144–146, 147–150, 160, 192, 193, 194, 196, 197–198, 233, 242, 256, 257, 284, 289, 319, 320, 321, 327, 335, 346n, 352n, 353n–355n, 361n, 365n, 369n–370n, 375n, 386n

"从信用重建到申办房贷"一条龙服务（credit-repair-to-home-loan services

of）156–157

决定驱逐阿琳（decision to evict Arleen and）94–96, 159, 187

第十八街跟莱特街交叉口的房产（Eighteenth and Wright property of）20, 21, 64–66, 69, 70, 134, 145, 154, 198–203

在驱逐法庭上（in eviction court）100–107

驱逐拉马尔（eviction of Lamar by）10–11, 13–14

周转资金（financing of）151

房屋失火（fire at property of）199–203, 255

家（home of）18

置产（houses bought by）152

去牙买加度假（Jamaica vacation of）144, 153

维护（maintenance by）73

收月租（monthly rents collected by）152–154

房子发生枪击案（shooting at house of）14–15

第十三街的房子（Thirteenth St. property of）16–19, 53, 60–61, 76, 107, 140, 160, 187, 188–89, 190, 207–208, 209, 212–214

塔耶[娜塔莎的前男友]（Taye [Natasha's ex-boyfriend]）77

《抬起你的头》[歌曲]（"Keep Ya Head Up" [song]）54

泰迪[拖车营租户]（Teddy [trailer park tenant]）51–52, 80–82, 84–85, 87, 91, 92

泰伦斯"T"[拉里的家人]（Terrance "T" [Larry's relative]）284–285, 286, 287

谭美[拖车营租户]（Tam [trailer park tenant]）172, 181

唐尼[拖车营租户]（Donny [trailer park tenant]）169, 170

特拉维斯[奈德的朋友]（Travis [Ned's friend]）228, 238

特里[谢伦娜的租户]（Terri [Sherrena's tenant]）152–154

特丽莎[谢伦娜的租户]（Trisha [Sherrena's tenant]）60, 61, 140, 186–187, 188, 189–190, 212, 285, 288–289, 290

特洛伊[拖车营流浪汉]（Troy [trailer park tramp]）175, 176

藤碧[瓦内塔的女儿]（Tembi [Vanetta's daughter]）243, 259, 264, 267

田纳西州（Tennessee）91, 258

通用磨坊[麦片]（General Mills）257

透纳，杰森（Turner, Jason）25

图派克（2Pac）54

托克维尔（Tocqueville, Alexis de）294

托马斯[拖车营租户]（Thomas [trailer park tenant]）224

U

UPS快递（UPS）146

W

"湾景"，密尔沃基，威斯康星州（Bay View, Milwaukee, Wis.）83, 178

"亡命之徒"[飙车党]（Outlaws [biker gang]）39

威诺纳，明尼苏达州（Winona, Minn.）

索引 | 555

82

威诺纳州立大学（Winona State University）82

威斯康星大学（Wisconsin, University of）173, 316

威斯康星大学调查中心（University of Wisconsin Survey Center）329

威斯康星儿童和家庭部（Wisconsin Department of Children and Families）25–26, 327, 349n

威斯康星非裔美国女性女性中心（Wisconsin African American Women's Center）287

威斯康星护理委员会（Wisconsin Board of Nursing）84, 355n

威斯康星巡回法庭数据库（Wisconsin Circuit Court Access）87

"威斯康星要工作" [W-2]（Wisconsin Works [W-2]）25, 208, 210, 351n

W-2 T 子项目（W-2 T placement in）58, 208

威斯康星州（Wisconsin）25, 84, 87, 175, 192, 225, 243, 333, 345n, 347n, 351n, 355n, 364n

威州能源公司（We Energies）15, 42, 244, 347n, 370n

《唯独恩典》《读经教材》（*By Grace Alone* [workbook]）139

维柯丁（Vicodin）82, 83, 179

维特考斯基，泰瑞（Witkowski, Terry）36, 40, 45, 88, 130, 174, 175, 176, 182, 319

蔚蓝大厦，密尔沃基（Blue, The [Milwaukee tower]）223

温尼克，路易斯（Winnick, Louis）301

"温暖满怀"（Wraparound）19, 158

温斯洛，亚利桑那州（Winslow, Ariz.）315

《我们这一族：黑人社区中生存的策略》（*All Our Kin: Strategies for Survival in a Black Community*）161, 351n, 378n

沃尔玛（Walmart）25, 219

沃伦，杰里 [拖车营租户]（Warren, Jerry [trailer park tenant]）39–40, 129, 348n

沃瓦托萨，威斯康星州（Wauwatosa, Wis.）151–152, 319

无家可归（homelessness）268, 299, 302, 308

针对该人群的方案（programs for people facing）112

无家可归预防方案（Homelessness Prevention Program）112, 362n

伍兹公寓（Woods Apartments）222

物业管理（property management）28, 129, 252

物质困难（material hardship）297, 331

X

西艾利斯，威斯康星州（West Allis, Wis.）229, 236

西奥 [拖车营]（Theo [trailer park tenant]）173, 174

西乐葆（Celebrex）42

西雅图，华盛顿州（Seattle, Wash.）302, 312

希尔兹，肯（Shields, Ken）28–29

席拉·M.["妨害房产的"租户]（Sheila M. ["nuisance" tenant]）192

夏洛特，北卡罗来纳州（Charlotte, N.C.）405n

"先租后买"（rent-to-own ventures）156

线上游戏 Millsberry（Millsberry [online game]）257

橡树溪，威斯康星州（Oak Creek, Wis.）121

小不点[阿琳的猫]（Little [Arleen's cat]）55, 195, 209, 212, 240, 241, 288

小凯莱布"C. J."[多琳的儿子]（Caleb Jr. "C.J." [Doreen's son]）64–65, 67, 70–71, 77, 78, 138, 155, 257

小肯德尔[瓦内塔的儿子]（Kendal Jr. [Vanetta's son]）243, 259, 263–264, 267, 302

小拉里，"博西"[阿琳的儿子]（Larry Jr. "Boosie" [Arleen's son]）57, 234–235, 291

小马利克[娜塔莎的儿子]（Malik Jr. [Natasha's son]）258, 294

肖尔伍德，威斯康星州（Shorewood, Wis.）151

辛克斯顿，多琳（Hinkston, Doreen）14, 26, 64–65, 66–70, 71, 72, 74, 75–79, 99, 107, 154, 197, 199, 200, 203, 255, 256, 294, 304, 320, 327, 367n

被驱逐（eviction of）145, 155–156, 157

月收入（monthly income of）67

辛克斯顿，鲁比（Hinkston, Ruby）64–65, 67, 70–71, 72, 77, 78, 79, 154, 155, 200, 257, 302, 367n

辛克斯顿，娜塔莎（Hinkston, Natasha）64–67, 68, 71, 76–79, 143, 145, 154, 155–156, 198, 200, 255–256, 257, 258, 327, 355n, 384n

辛克斯顿，帕特里斯（Hinkston, Patrice）14, 26, 30, 64–66, 67, 68, 69, 71–74, 75–76, 77, 78, 98, 99, 134, 135, 142, 143, 154, 155, 200, 201, 256, 257–258, 294–295, 304, 320, 355n, 386n

辛克斯顿一家（Hinkston family）64–67, 68–69, 71, 77, 143, 144, 145, 157, 200–201, 255, 256–258, 294, 300, 320, 335–336, 367n

第三十二街的公寓 Thirty-Second Street apartment of, 66, 67, 68, 69, 70, 74, 79

辛辛那提，俄亥俄州（Cincinnati, Ohio）333

新奥尔良，路易斯安那州（New Orleans, La.）67

新匹茨太平间（New Pitts Mortuary）62, 285, 286

"凶神恶煞"[黑帮]（Vice Lords [street gang]）141

休斯敦，得克萨斯州（Houston, Tex.）312

酗酒者互诚协会（Alcoholics Anonymous [AA]）270, 271, 272, 273–274, 276, 319, 321, 383n, 389n

《选举法案》，1965 年（Voting Rights Act [1965]）34

学院路移动房屋营/拖车营（College Mobile Home Park）32–33, 34–43, 44–47, 48, 50, 51–52, 80, 81–82, 85–86, 87–88, 92–93, 111–112, 121, 124, 126, 127–131, 132–133, 168–176, 179, 180–181, 182–183, 220, 221–222,

索引 | 557

224–225, 228, 237, 281, 317–318, 319, 321, 322, 330, 348n, 349n, 363n, 364n, 368n, 370n, 372n
E-24号拖车（E-24 trailer in）173–174
借之营利（profit from）175–176
名声（reputation of）85

Y

押金（security deposits）103
 金钱判决（and collecting money judgments）103–104
牙买加（Jamaica）28, 144, 149, 153, 154
雅各布斯，简（Jacobs, Jane）70
亚利桑那州立大学（Arizona State University）315–316
亚特兰大，佐治亚州（Atlanta, Ga.）312
麦克丹尼尔-格伦之家（McDaniel-Glenn Homes in）301
眼镜蛇帮 [黑帮]（Cobras [gang]）177
《洋葱报》（Onion, The）277–278
耶稣基督（Jesus Christ）126–127, 225–226, 248
耶稣教堂（Church of the Gesu）107
业主身份（homeownership）251–252
一般医疗援助项目（GAMP [General Assistance Medical Program]）274
伊利诺伊州（Illinois）29, 67, 243
医疗补助（health-care subsidies）25
抑郁（depression）298
银泉，威斯康星州（Silver Spring, Wis.）319
银行（banks）150
瘾君子 [快克可卡因成瘾者]（hypes [crack cocaine addicts]）136–137, 141

印第安纳波利斯，印第安纳州（Indianapolis, Ind.）333
印度（India）305
英国（Great Britain）309
"硬钱"（"hard money"）151
"永久性贫民窟"（"perpetual slums"）70
尤蒂卡（Utica, N.Y.）333
友好慈善超市（Goodwill）132
"有效筛选"（ScreeningWorks）88
"狱友快线"公司（Prisoner Connections LLC）13
约翰 [助理治安官]（John [Sheriff's deputy]）114, 115, 116, 117, 119–120
约翰逊，林登（Johnson, Lyndon）34
约翰逊长老（Johnson, Elder）248
越南战争（Vietnam War）22

Z

赞比亚（Zambia）305
詹金斯，拉瑞恩（Jenkins, Larraine）40–43, 92, 111–113, 117–119, 120–124, 126–133, 167–169, 181, 216–226, 296, 300, 318, 319, 322, 328, 335, 363n, 364n, 377n–378n, 379n–380n, 384n, 385n
芝加哥，伊利诺伊州（Chicago, Ill.）5, 87, 141, 148, 251, 252, 296, 374n, 375n, 392n
 黄金海岸（Gold Coast in）148
 罗伯特·泰勒之家（Robert Taylor Homes in）243, 301, 302
南部（South Side of）148
职业培训（job programs）310
治安官办公室，密尔沃基县（Sheriff's Office, Milwaukee County）41, 42,

113–114, 115, 119, 124, 131, 362n
滞纳金（late fees）100
中产阶级趣味的住房改造项目
　（gentrification）329
种族隔离（segregation）33–34, 249–250,
　309, 329
种族主义（racism）48, 174, 228, 237, 238,
　239, 249, 250–252, 382n
住房（housing）5, 301, 329
　成本（costs of）4, 58
　歧视（discrimination in）34
　廉租房的供不应求（high demand for
　　cheapest）47
　居住权（as right）300–301, 312–313
住房补贴[荷兰]（Housing Allowance
　[Netherlands]）309
住房补贴[英国]（Housing Benefit [Great
　Britain]）309
住房选择券计划（Housing Choice
　Voucher Program）302, 311, 366n
"追回租"公司（Rent Recovery Service）
　104, 362n
自杀（suicide）298
自助仓储（self-storage）29
棕鹿村，威斯康星州（Brown Deer, Wis.）
　156, 319
租房补贴（rent assistance）147–149
租房补贴项目（rental assistance
　programs）302
租房券（housing vouchers）147–149, 302
　大幅扩大租房券计划的规模
　　（expansion of）308–312
租房券项目（voucher programs）147–
　149, 302
　扩大规模（expansion of）308–312
　房东多收租户租金（landlords
　　overcharging tenants through）
　　147–149, 311
租房者（renters）180
租房者协会（tenants' union）112
租户（tenants）：
　躲避房东（avoidance of landlords by）
　　128–29
　在驱逐法庭（in eviction court）94–107
　工资被扣押（garnishing wages of）29
　收到金钱判决（money judgments
　　against）103
　获得公设辩护的权利（right to counsel
　　for）303–305
　水电费负担（utilities responsibility of）
　　15–16
租金管制（rent controls）180
租金证明计划（rent certificate program）
　149
尊爵公寓住宅（Majestic Loft Apartments）
　279–281

索引 | 559

本书封面采用的照片中呈现的情景发生于美国亚利桑那州的菲尼克斯（Phoenix），拍摄时间为2020年9月30日。照片中的一家租户因欠租被法院判处驱逐，当地的县治安官正在依照法院判决执行驱逐令。